矮塔斜拉桥施工管理技术
——记永州市九嶷大桥

赵春齐　著

汕頭大學出版社

图书在版编目（CIP）数据

矮塔斜拉桥施工管理技术：记永州市九嶷大桥 / 赵
春齐著. -- 汕头：汕头大学出版社，2022.7
　　ISBN 978-7-5658-4732-5

　　Ⅰ．①矮… Ⅱ．①赵… Ⅲ．①斜拉桥－桥梁施工－施
工管理－永州 Ⅳ．①U448.275.51

　　中国版本图书馆CIP数据核字(2022)第134630号

矮塔斜拉桥施工管理技术：记永州市九嶷大桥
AITA XIELAQIAO SHIGONG GUANLI JISHU JI YONGZHOUSHI JIUYI DAQIAO

作　　者：赵春齐
责任编辑：陈　莹
责任技编：黄东生
封面设计：皓　月
出版发行：汕头大学出版社
　　　　　广东省汕头市大学路243号汕头大学校园内　邮政编码：515063
电　　话：0754-82904613
印　　刷：廊坊市海涛印刷有限公司
开　　本：710mm×1000mm　1/16
印　　张：23.25
字　　数：381千字
版　　次：2022年7月第1版
印　　次：2023年1月第1次印刷
定　　价：98.00元
ISBN 978-7-5658-4732-5

内容提要

  矮塔斜拉桥作为一种新颖的桥梁结构形式，广泛应用于桥梁建设中。本书依托永州市九嶷大桥的建设，归纳总结了桥梁全过程的施工、监控、监测、检测的各项管理技术，从矮塔斜拉桥的概述开始，按照施工步骤分别介绍了桩基础、承台、墩柱、现浇梁、索塔、施工监控、健康监测和成桥检测的全部内容。

  本书可为从事矮塔斜拉桥施工和管理的工程技术人员提供各类施工经验参考，也可为各类桥梁施工管理人员针对矮塔斜拉桥建设进行更深入的研究探讨提供帮助。

前　言

　　首座矮塔斜拉桥建成以来，由于其结构特点突出，便于施工和管理，有利于控制施工造价，这种桥型愈发受到广大桥梁工程师的青睐。矮塔斜拉桥的跨径和箱梁宽度也越来越大，可以预计今后矮塔斜拉桥将有更加广阔的发展前景。

　　我有幸以永州市城市建设投资发展有限公司现场负责人的身份参与了永州市九嶷大桥的全过程建设。九嶷大桥是永州市首座大型斜拉桥，跨湘江西路和湘江东路，顺接九嶷大道。该桥是连接永州市一市两区（冷水滩区和零陵区）的重要通道。桥梁全长1564.66m，主线桥梁长1183.56m，匝道桥长381.1米。其中主桥长380米、桥宽34米，孔跨布置为（70+2×120+70）米。

　　九嶷大桥2016年9月9日开工，2019年9月29日通车。我作为建设单位现场负责人，以工地为家，坚守了1000多个日日夜夜，桥梁建设时期的所有关键节点、关键工序，我都驻守在施工现场把关。永州城投的李世旺董事长，亲切地称呼我为"赵大桥"。在此，我非常感激李董事长对我的信任与栽培，非常感谢李董事长提供的封面照片；非常感谢永州城投的同事们对我的关心与帮助；也非常感谢施工单位中铁十七局集团项目总工徐汝宝；监理单位湖南和天项目管理公司项目总监张向东；设计单位中交通力建设股份有限公司黄春亮；监控单位交通运输部公路科学研究所王龙；检测单位交通运输部公路科学研究所吴寒亮的通力配合；所有为九嶷大桥建设贡献了力量、为我提供了帮助的工程师们，一并向大家致敬！

　　我在建设过程中收集了桥梁的各项技术资料，整理和编纂了一本适合于广大从事矮塔斜拉桥施工管理的工程技术人员阅读和参考的技术性文本，本书也可作为初中高级相关的路桥技术人员进行研究和进一步深化与发展的参考资料。

　　全书共9章，包括矮塔斜拉桥的概述、桩基础、承台、主墩、现浇梁、索塔、施工监控、健康监测、成桥检测的全过程施工管理技术，每个章节理论与实践相结合，从管理的要点到具体实施方法方案，都有详细的介绍和经验总结。对于新入行的桥梁建设者来说是一本比较基础的科普读物，对今后的矮塔斜拉桥施工管理也有一定参考作用。

由于矮塔斜拉桥的结构相对复杂，特别是施工技术一直在飞速创新和发展之中，有碍于我的学术水平的限制，加之时间仓促，书中难免出现错误与疏漏，存在各种不足之处，敬请读者批评指正。（邮箱：zhaochunqi@163.com）

赵春齐

2021年于广东岭南职业技术学院

目　录

第一章 矮塔斜拉桥概述

自古以来，中国一直是基建大国。雄伟壮观的万里长城，气势磅礴的都江堰，鬼斧神工的故宫，代表着古代劳动人民的建筑智慧。

在桥梁建设方面，古代的工程师们很早就懂得利用自然材料修筑拱桥，垂直荷载通过弯拱传递给拱台，使得其具有良好的结构稳定性。距今1400余年的赵州桥，依然屹立如初，就是其中的杰出代表。然而，面对大江大川，由于技术及材料的限制，无法修筑大跨度桥梁，难以跨越自然水系，只能依赖渡船。

近现代以来，桥梁施工技术飞速发展，梁式桥、斜拉桥、悬索桥等施工技术突飞猛进，其中，一种脱胎于反拱形梁的新型组合结构桥梁诞生了，它就是矮塔斜拉桥，一种介于普通梁式桥和常规斜拉桥之间的桥型。

第一节 矮塔斜拉桥的发展

一、矮塔斜拉桥的定义及特点

与常规斜拉桥一样，矮塔斜拉桥也是一种桥面体系主要受压、索体系受拉的桥型，由塔、梁、索3种基本构件组成。矮塔斜拉桥的塔高约为跨度的1/2 ~ 1/18，拉索应力幅值一般小于50MPa，约为常规斜拉桥1/3 ~ 1/2。

相比于梁式桥，矮塔斜拉桥的跨径更大，根部梁高相同的矮塔斜拉桥与普通梁式桥，前者跨径通常是后者的两倍左右；相同跨径的两种桥型，矮塔斜拉桥一般主梁高度较小，因此上部结构重量小，整体的抗震性能也显著增强。

相比于常规斜拉桥，矮塔斜拉桥塔高度小，刚度大，主梁具有较大的抗弯刚度，因此不需要设置端锚索便可以使得全桥的整体刚度得到保证。当跨径相同时，矮塔斜拉桥比常规斜拉桥的斜拉索长度短，布置更集中，因此振动引起的应力幅较小，桥梁的抗风振能力也随之提高。

二、矮塔斜拉桥的起源及发展

1988年法国工程师Mathivat在设计Arret Carre高架桥替代方案时提出，斜拉索在桥塔上不再截断，而是通过索鞍锚固在主桥的两侧，取消斜拉板，取而代之的是类似于外置预应力筋的斜拉索来受力。这便是矮塔斜拉桥的雏形。

1994年日本建成了世界上第一座矮塔斜拉桥——小田原港桥（图1-1），主桥跨径布置为（74m+122m+74m），桥梁宽度为13m。是双主塔双索面，塔、梁、墩固结的刚构体系矮塔斜拉桥，拉索穿过塔顶部的鞍座后将其锚固在主梁之上。

图1-1　小田原港桥

2000年我国第一座矮塔斜拉桥——芜湖长江大桥（图1-2）建成，它是采用钢桁架梁作为桥梁主梁的公铁两用桥。该桥主桥为双塔双索面，主桥跨径布置为（180m+312m+180m）。由此拉开了矮塔斜拉桥在我国建设的序幕。

2001年建成的福建漳州战备桥（图1-3），是我国首座公路预应力混凝土矮塔斜拉桥，主桥跨径布置为（80.8m+132m+80.8m），塔高16.5m，桥宽27m。

图1-2　芜湖长江大桥

图1-3　漳州战备桥

　　此后，我国陆续修建了济阳黄河公路大桥、重庆嘉悦大桥、江肇高速西江大桥、番禺沙湾特大桥、大连长山大桥等多座矮塔斜拉桥。

第二节　永州市九嶷大桥的来历

　　永州市是湖南省辖地级市，古称零陵，坐落于湖南的西南部，潇、湘二水汇合处，雅称"潇湘"，是国务院批复的国家历史文化名城之一。永州市下辖2个区8个县，代管1个县级市，总面积2.24万平方公里，地势三面环山、地貌复杂多样。永州境内通过湘江北上可抵长江，南下经灵渠可通珠江水系，自古代便是重要的交通要塞，是湖南通往广西、海南、粤西及西南各地的门户。

随着永州市中心城区建设的不断进步与发展，为满足日益增长的交通需求。解决城区湘江两岸的越江交通压力，对跨湘江桥梁的建设又提出了新的要求，在新发展的带动下，新建一座大跨径的城市桥梁，不仅有助于满足加快永州市融城步伐、实现永州市冷水滩区和零陵区完美对接、实现经济腾飞、完善城市交通网、合理组织交通流的需要，也可满足湘江东西两岸经济文化交流、方便两岸人民生活出行的需求。同时，新建一座地标性建筑，也能有效增强人民的自信心，提升城市的整体品位。因此，九嶷大桥的建设正式启动。

九嶷大桥在规划阶段暂定名为长丰二桥，在设计、施工阶段更名为城南大桥，桥梁通车前，经网络公开投票征集桥名。因《史记·五帝本纪》载：舜"南巡狩，崩于苍梧之野，葬于江南九嶷，是为零陵"，加之桥址附近为湖南九嶷职业技术学院所在地，于是九嶷大桥高票当选。

一、桥型方案比选

永州市中心城区湘江上目前已有4座跨江桥梁，包括曲河大桥（3×86m双曲拱桥）、潇湘大桥（90+155+90m预应力混凝土连续刚构桥）、宋家洲大桥（与拦河大坝合一）、永州大桥（56+2×90+56m预应力混凝土变截面连续箱梁）。这些桥梁的桥型较单一，造型普通。因此，九嶷大桥设计时力求避免与湘江上已建桥梁在建筑造型上的雷同，凸现九嶷大桥的个性，以反映桥梁结构形式的丰富、多样性，以及塑造城市形象。

1. 总体思路

湘江作为长江主要支流之一，发源于湖南省永州市蓝山县紫良瑶族乡蓝山国家森林公园的野狗岭，河源为潇水，在永州市的萍岛汇合广西来水后称湘江。湘江干流在永州市境内有223公里，以丰富的人文和自然资源享誉中外，是永州城市形象的主要构架之一。

规划中的湘江风光带是以自然、生态、景观为特征的城市文化、休闲开放空间，兼有观光游览、休闲娱乐、健身等功能的城市滨江景观带。它将对促进区域经济发展，提高人民群众生活质量，提升整个永州市人文、环境品位发挥重要作用。

　　九嶷大桥位于规划中的湘江风光带内。作为位于风光带内的大桥，它不仅仅是一项交通工程，它的建设还应从城市可持续发展和环保理念的角度去认识，使湘江的环境和文化资源得到充分的保护和挖掘；同时要与风光带环境相协调，凸显出滨江特色，展示出城市历史和现代文化内涵；桥梁在形式上应吸取众家之长，别具一格；同时要发挥桥梁的景观功能，使建成后的桥梁不但成为永州市新的风景线，更成为湘江风光带和城市的标志性建筑。

　　综上所述九嶷大桥的桥型方案构思遵循以下基本原则：

　　（1）按照规划要点和工程建设的要求，在满足交通水利、防洪、通航、抗震等主要功能的前提下，应选择技术先进、安全可靠、耐久适用、经济合理的桥型。

　　（2）桥型应美观，建设过程应有利于环保，并考虑因地制宜、就地取材、便于施工和后期养护。

　　（3）在建筑造型及美学上应能体现永州以及湖湘文化，并与现有湘江风光带环境相协调、融合，形成山水洲城浑然一体的现代生态园林城市。

　　（4）突破自我，强调设计的个性原则。

　　2．桥梁选型方案

　　（1）方案一：（56+2×90+56）m预应力混凝土变截面连续箱梁

　　该方案依据《内河通航标准》（GB50139-2014），按Ⅲ-（2）级航道，通航净宽75m（单向），选用预应力混凝土变截面连续箱梁，跨径布置为（56+2×90+56）m，分为上、下行两座独立桥梁。

　　上部构造：主梁断面为单箱单室箱形截面，箱梁底面高度按1.8次抛物线变化，箱梁根部梁高（箱梁中心线）为5.2m，跨中梁高为2.5m；箱梁顶板全宽15.99m，顶板厚度28cm，设有2%的单向横坡；底板宽度7.5m。

　　下部构造：采用D2.2m桩基础，承台配实体桥墩。

　　施工方案：基础采用水上搭工作平台进行钻孔的方法施工，承台采用钢吊箱或钢套箱施工，主梁采用挂篮悬臂浇筑施工。

　　（2）方案二：（70+2×120+70）m预应力混凝土矮塔斜拉桥

　　该方案依据《内河通航标准》（GB50139-2014），按Ⅲ-（2）级航道，通航净宽75m（单向），选用预应力混凝土矮塔斜拉桥，主孔布置为（70+2×120+70）m。

上部构造：上部主塔位于主梁中间，单索面，塔梁固结、墩梁分离的连续体系。主梁采用箱型断面，单箱三室，标准梁高2.5m，在塔根两侧各20m范围内，梁高由2.5m过渡到4.2m。

下部构造：采用D2.0m桩基础，承台配实体桥墩。

施工方案：基础采用水上搭工作平台进行钻孔的方法施工，承台采用钢吊箱或钢套箱施工，主梁采用后支点挂篮悬浇施工。

（3）方案三：（45+180+45）m钢管混凝土下承式提篮式系杆拱

该方案依据《内河通航标准》（GB50139-2014），按Ⅲ-（2）级航道，通航净宽150m（双向），选用钢管混凝土下承式提篮式系杆拱，主孔布置为（45+180+45）m。

上部构造：拱圈拱轴线采用悬链线，净矢跨比1/4。拱肋为变截面四肢矩形格构型钢管混凝土结构，高2.5～3.8m，宽1.75m。横桥向主拱向内倾斜9度，形成提篮形状。

下部构造：采用D2.5m桩基础，承台配实体桥墩。

施工方案：基础采用水上搭工作平台进行钻孔的方法施工，承台采用钢吊箱或钢套箱施工，上部结构系杆采用预制梁拼装顶推施工，钢管拱采用梁上拼装转体施工。

（4）方案四：（75+180+75）m双索面自锚式钢悬索桥

该方案依据《内河通航标准》（GB50139-2014），按Ⅲ-（2）级航道，通航净宽150m（双向），选用三跨双索面自锚式钢悬索桥，主孔布置为（75+180+75）m。

上部构造：主梁采用钢箱梁断面，梁高为2.5m，桥面宽度为32m，桥塔采用H形，塔柱采用变厚度矩形实体断面。

下部构造：采用D2.0m桩基础，承台配塔柱。

施工方案：基础采用水上搭工作平台进行钻孔的方法施工，承台采用钢吊箱或钢套箱施工，钢箱梁采用驳船运送，临时索夹吊装施工。

3. 选型分析

针对九嵕大桥所提出了4个桥型方案均能较好满足桥梁功能及现行技术标准和规范要求，但各方案施工难易、工程造价、技术难度、景观效果有较大差异，具体比较见表1-1：

表1-1 桥型方案比较表

序号		方案一	方案二	方案三	方案四
方案描述		连续梁桥	矮塔斜拉桥	下承式提篮拱桥	自锚式悬索桥
桥梁全长（m）		1183.56	1183.56	1173.48	1171.34
主桥长度（m）		532	532	540	570
引桥长度（m）		635.84	635.84	633.48	601.34
造价	建安费（万元）	20725.8	22328.9	26579.5	28690.1
	总造价（万元）	25755.4	27711.6	32898.6	35474.2
	建安费每平方米造价（元）	5546.0	5809.5	6507.9	7519.4
主要优缺点		桥型结构线条简洁明快、施工工艺成熟、后期养护费用低、造价较经济；桥型相对普通、美观上相比其他方案稍差	桥型结构形式较新颖，漂亮美观，可作为城市标志性建筑；后期养护费用较高、造价较高、施工难度较大	桥型结构优美、气势宏伟，可作为城市标志性建筑；后期养护费用高、造价高、施工难度大	桥型结构新颖、造型美观、结构轻巧、具有将视线引向航线部分；可作为城市标志性建筑；后期养护费用高、造价高、施工难度大

4. 最终桥型选择

永州市中心城区跨湘江大桥中已有预应力混凝土连续梁桥，且预应力混凝土连续梁桥景观效果较差，无法成为城市地标性建筑，因此方案一被排除。下承式提篮拱桥，建设难度大，造价高，因此方案三被排除。由于桥梁上游6公里处为永州机场，九嶷大桥位于航道爬升段，自锚式悬索桥的高度无法满足航空限高，因此方案四被排除。在满足航空限高的前提下，矮塔斜拉桥结构新颖，外形美观大气，工程造价合理，亦可作为城市地标式建筑，最终九嶷大桥主桥采用矮塔斜拉桥的形式进行方案设计（效果图见图1-4）。

图1-4　九嶷大桥效果图

第三节　永州市九嶷大桥设计情况

一、自然地理概况

1. 地形地貌

九嶷大桥位于永州市冷水滩区青草铺村和阳甸村境内，横跨湘江，属于河流侵蚀堆积地貌。桥梁为近东西走向，与湘江近于垂直，湘江边缘两侧比较陡峭，呈"U"形，受到河流侵蚀和堆积作用，形成河间地块。桥位东西两侧农田密布，沟渠纵横，地势平坦。

2. 气候、气象

桥位区气候处热带湿润气候，春夏之间雨量集中，多年平均降雨量1278.2mm，4—6月雨量占41.7%，7—9月雨量较少，秋季多旱，暑热期长，年平均气温17.9℃，极端最高气温39.9℃，极端最低气温-8.5℃，平均风速17m/s，最大风速26m/s。

3. 水文

桥位区最大的水体为湘江，为湖南省主要干流之一，桥位处水流总体由南向北方向流淌。其上下游均建有水电站，其中十年、二十年、五十年、一百年、三百年历史一遇洪水位分别为100.4m、101.2m、102.13m、

102.88m、104.1m。根据《湖南省永州市城南大道涉河桥梁防洪评价报告》显示，九嶷大桥设计洪水标准采用300年一遇，设计洪水位为104.10m。九嶷大桥位于湘江主干流上，为主要航道，航道等级为Ⅲ级。

桥位区农田遍布，沟渠纵横，地表水较为发育，主要受到降雨的补给，顺着沟渠流入湘江。湘江水位变化受上下游电站影响，落差2～3.0m，且泄水时流速变化大。

桥位区地下水主要有第四系覆盖层中的孔隙水和基岩裂隙水。孔隙水主要赋存于第四系覆盖层砂卵石层，与湘江水连通性好，水量较丰富，地下水埋深较浅，水位、水量受季节性影响较大，落差幅度2～3.0m。基岩裂隙水主要赋存于节理裂隙中，裂隙多充泥且裂隙短小，水量贫乏，主要受大气降水及地表水的补给，沿着基岩裂隙以渗流的形式补充。

二、区域地质概况

1. 区域地质构造

九嶷大桥近区域在大地构造位置上处于华南褶皱系二级构造单元湘桂褶皱系内。地处弧顶向西突出的祁阳弧形构造南翼反射弧，南侧为南陵纬向隆起带，近区域内褶皱和断裂构造均由北北西逐渐转为北北东的弧形。在楚江圩–零陵分布由厚–巨厚层紫红色砂岩构成的白垩系盆地。根据勘察结果，结合中华人民共和国地质图零陵幅（G-49-XV1）1∶20万区域地质资料，桥位区未见新构造运动痕迹，下伏基岩桥位区广泛分布，层位稳定，地质单一，岩层产状为245°∠29°，区域稳定性较好。

2. 地质岩性

桥位区内覆盖层主要以粉质黏土、细砂及卵石为主，下伏基岩为白垩系下统神皇山组（K1S）地质，岩性为粉砂质泥岩夹泥质粉砂岩。现对本次勘探揭露的地质，按由新至老的顺序分述如下：

第四系全新统（Qh）：种植土、粉质黏土、细砂、卵石。

白垩系（K）：粉砂质泥岩、Ⅰ全风化层、Ⅱ强风化层、Ⅲ微风化层。

3. 水文地质

场地内地表水较为发育，主要受大气降雨的补给，沿着沟渠流入湘江。根据勘察期间地下水位测定，结合1∶20万区域水文资料，该桥位区地下水稳定标高一般在95.0～97.0m，泄洪时水位一般92.0～95.0m，含水层主要为细砂和卵石层，随着湘江水位变化而变化。地下水与湘江水连通性较好，水量较丰富。受上下游电站泄洪时影响及降雨的影响，桥位区湘江水位高差变化较大，且变化速度快，对桥梁基础施工影响都极为不便，需采取相应措施。

根据水质分析报告：地下水及地表水为微腐蚀性，一般情况下，当地下水为微腐蚀性时，对钢筋混凝土结构可以按无腐蚀的情况处理。

4. 地震

根据《中国地震动参数区划图》（GB 18306—2015），桥位所在地区地震动峰值加速度<0.05g，地震动反应谱特征周期为0.35s。根据《城南大桥场地地震安全性评价》指出，对应地震基本烈度为Ⅵ度，地震动峰值加速度0.05g。

根据规范《公路桥梁抗震设计细则》（JTGT B02-01-2008）3.1.2及3.14，桥梁设防类别为B类，抗震设防措施等级为7度。

三、九嶷大桥基本设计参数

1. 平面设计

桥梁平面根据总体路线走向确定，主桥范围内位于直线上。由于主塔及索面布置的需要，主桥桥面宽度34m，整幅式单箱五室箱梁断面。

2. 纵断面设计

考虑到与两侧引桥及立交的顺接，主桥西侧纵坡为1.22%、东侧纵坡为1.55%，竖曲线半径为10000m。主桥采用预应力混凝土矮塔斜拉桥，桥梁轴线与水流方向正交，通航净空和通航净宽控制纵断面设计。

3. 横断面设计

主桥桥面标准布置：3.75m（人行道）+0.25m（路缘带）+3.5m（非机动车道）+2×3.75m（机动车道）+0.5m（路缘带）+0.5m（墙式护栏）+2m（索塔锚固区）+0.5m（墙式护栏）+0.5m（路缘带）+2×3.75m（机动车道）+3.5m（非机动车道）+0.25m（路缘带）+3.75m（人行道）=34m。

4. 桥跨布置

主桥为（70+2×120+70）m预应力混凝土矮塔斜拉桥。

5. 主要工程数量（表1-2）

表1-2 主要工程数量表

序号	项目名称			单位	数量
1	下部结构	墩台身		座	219
		承台		座	115
		钻孔桩	直径1.2m	根	8
			直径1.5m	根	158
			直径2.0m	根	97
			直径2.2m	根	32
			直径2.5m	根	12
2	上部结构	主塔21m		个	3
		环氧钢绞线斜拉索		组	54
		（70+2×120+70）m连续梁		联	1
		（4×40）m连续梁		联	2
		（40+41.5+41.5+40）m连续梁		联	1
		（29+29.5+29.5+29）m连续梁		联	1
		（16.5/16.5+13.5/13.5）m连续梁		联	2
		（17.5+17.5）m连续梁		联	1
		（4×25）m连续梁		联	1
		（3×16）m连续梁		联	4
		（4×16）m连续梁		联	1
		（4×13.5+4×15.5）m连续梁		联	1
		（4×13+4×15.5）m连续梁		联	1
3	附属结构	螺旋楼梯		座	4

四、九嶷大桥结构设计要点

1. 上部结构

（1）主梁

主桥为（70+2×120+70）m预应力混凝土矮塔斜拉桥，边中跨比值为0.583，其中10#塔梁墩固结，9#、11#塔梁固结，墩梁分离，设滑动支座，8#、12#墩设滑动支座。

根据预设的施工方式（包括支架现浇、挂篮悬浇和吊架现浇），主梁按划分为以下梁段：主墩墩顶0#梁段长10m（对称于主墩中心线向两侧各5m），采用支架现浇施工；1#—6#梁段长3.0m，采用挂篮悬浇施工；7#—15#梁段长均为4m，均采用挂篮悬浇施工；边跨现浇段长8.88m，采用支架现浇施工（一次性浇筑完成）；边、中跨合龙段长为2m，采用吊架现浇施工。

主梁采用C55混凝土，截面形式为变高度、直腹板单箱五室整幅式箱梁截面。主梁顶板宽34m，两侧悬臂翼缘板宽4m。

塔梁固结处主梁根部中心梁高H根＝4.8m（不包括中央分隔带位置顶板加厚18cm），跨中及边跨现浇段中心梁高H中＝2.5m（不包括中央分隔带位置顶板加厚18cm），H根/L＝1/25，H中/L＝1/48，在塔根部两侧各21m范围内，梁高由4.8m按2次抛物线变化至2.5m。中、边跨合龙段为等高截面梁段，长2m，边跨现浇段为等高截面，长8.88m。

腹板厚度由根部80cm在3m的范围内（0#梁段）线性渐变为50cm；在边跨现浇段由端横梁80cm在3.5m范围内线性渐变为50cm，其余梁段均为50cm。

斜拉索锚固箱室箱梁顶板厚度由根部60cm在3m范围内（0#块）线性渐变为45cm；在边跨现浇段由端横梁60cm在3.5m范围内线性渐变为45cm，其余梁段均为45cm。

非斜拉索锚固区箱室箱梁顶板厚度由根部60cm在3m范围内（0#块）线性渐变为28cm；在边跨现浇段由端横梁60cm在3.5m范围内线性渐变为28cm，其余梁段均为28cm。

底板厚度由根部80cm在3m范围内（0#块）线性渐变为47.05cm，剩下根部18m范围内由47.05cm按二次抛物线渐变为25cm，边跨现浇段底板厚度由55cm在3.5m范围内渐变到25cm，其余梁端均为25cm。

翼缘板悬臂长4m，端部厚20cm，根部厚60cm，按线性变化。

在每跨箱梁无索区距塔中心18m处在顶板中心设直径80cm的检修孔，各内腹板设80cm×80cm人洞。拉索区每根拉索设1道加劲横隔板，间距4m。加劲横隔板在中室（斜拉索锚固区）的厚度为40cm，边室的厚度为30cm，拉索区横隔板在中室设80cm高、80cm宽的人洞，在边室设80cm高、130cm宽的人洞，人洞底缘距底板顶缘20cm。

主梁底板平置，顶板横向对称于箱梁中心线设置向外2%的双向横坡，横坡由内外侧腹板不同高度形成。行车道区域桥面铺设8cm混凝土调平层+10cm厚沥青混凝土；人行道下桥面设8cm混凝土保护层，2.0m宽的中央分隔带加高

18cm，并涂防水层，以利于防水。

主梁采用三向预应力体系，纵桥向顶板预应力钢束、边跨底板预应力钢束、中跨底板预应力钢束均采用高强低松弛钢绞线，标准强度$f_{pm}=$1860MPa，张拉控制应力均采用$0.75f_{pm}=1395$MPa。纵桥向顶板预应力钢束编束类型有$12\Phi s15.2$、$7\Phi s15.2$；边跨底板预应力钢束编束类型为$12\Phi s15.2$；中跨底板预应力钢束编束类型有$12\Phi s15.2$钢绞线。顶板束布置沿程仅设平弯线形，部分合龙束在锚固点附近局部设置竖弯，分批锚固在箱梁腋托内；底板钢束设置竖弯，锚固在齿板及梁端。预应力管道采用内径为90mm和70mm塑料波纹管，采用真空压浆工艺灌浆。

在边跨合龙段附近，为了满足顶板受力要求设置了纵向加强钢束，采用$15\Phi s15.2$高强低松弛钢绞线，标准强度$f_{pm}=1860$MPa，张拉控制应力为$0.75f_{pm}=1395$MPa。钢束采用两端张拉，锚固在齿板及梁端。

竖向预应力钢束布置于箱梁腹板内，采用$\phi32$JL785级精轧螺纹钢筋，预应力张拉控制力为568kN。顺桥向间距为50cm，在箱梁顶板上进行单端张拉，张拉须采用专用的千斤顶，并在张拉达吨位后拧紧螺母致使油压下降。次日对竖向预应力进行复拉，张拉力达到设计要求。预应力管道采用内径为50mm的塑料波纹管，采用真空压浆工艺灌浆。

主梁顶板横向预应力钢束采用$3\Phi s15.2$高强低松弛钢绞线，标准强度$f_{pm}$$=1860$MPa，张拉控制应力为$0.75f_{pm}=1395$MPa，顺桥向间距为50cm，采用两端张拉。预应力管道采用内径为72x22mm扁形塑料波纹管，采用真空压浆工艺灌浆。

主梁横隔板预应力钢束采用$19\Phi s15.2$高强低松弛钢绞线，标准强度$f_{pm}$$=1860$MPa，张拉控制应力为$0.75f_{pm}=1395$MPa，采用两端张拉。预应力管道采用内径为100mm塑料波纹管，采用真空压浆工艺灌浆。

（2）斜拉索

斜拉索采用环氧喷涂钢绞线索，规格统一取$43\Phi s15.2$，钢绞线标准强度$f_{pm}=1860$MPa，拉索安全系数2.18～2.61。斜拉索在塔顶处采用分丝管鞍座抗滑锚固体系，其锚固体系采用单根可换式抗滑锚固装置，在主梁处采用可换式拉索群锚锚固体系，所用锚具为15-43锚具。斜拉索索面设置为单索面（双排索，索距1m），布置在主梁的中央分隔带处。主塔塔根沿纵桥向两侧无索区长度为44m，中跨跨中无索区长度为12m，边跨无索区长度为15.88m。梁上索距为4m，塔上索距为1m，全桥共有54对斜拉索。见图1-5。

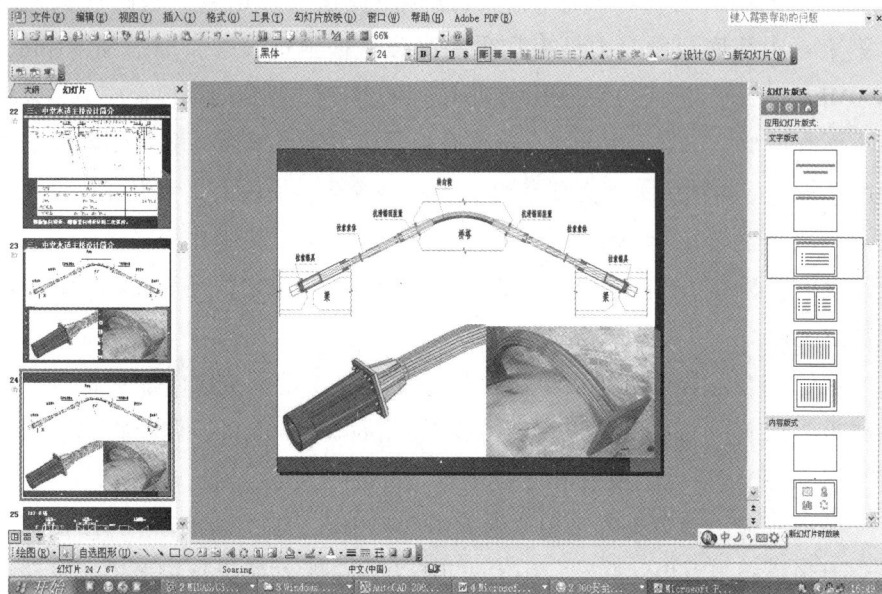

图1-5 九嶷大桥斜拉索设计图

斜拉索采用四重防腐体系：首先是具有环氧涂层的钢绞线索；其次是每股钢绞线索外包裹PE管和管内油脂；最后整根斜拉索外套哈佛套管。内层PE管为黑色，外层HDPE套管为白色。白色的外层护套不仅具有防腐、防护效果，同时也对全桥的景观起着装饰作用。

（3）主塔

主塔采用独柱式钢筋混凝土矩形截面，通过增设倒角和刻槽塔身呈现凹凸多变的立体感。塔高21m（不包括避雷针及防空灯高度），塔身截面纵桥向宽度为4m，在距塔顶部3.3m处由4m线性渐变至塔顶部0.7m，横桥向2.2m，设装饰凹槽。从美观考虑，沿纵桥向塔顶设计成尖顶，外形简洁大方。主塔采用C50混凝土，斜拉索在塔顶的锚固采用分丝管鞍座结构。

2．下部结构

（1）主墩

本桥10#墩采用塔梁墩固结体系，9#、11#墩采用塔梁固结，墩梁分离体系。主墩墩身均采用空心墩，圆端形截面，主墩横桥向根部宽21.0m，顶宽与梁等宽为26m（变宽范围为顶部8.5m范围，按圆曲线过渡），顺桥向则为4m

等厚布置，桥墩内设3个腔室，在桥墩半高处设0.8m厚隔板。从美观考虑，在墩身中间设尖顶圆形凹槽。墩身采用C40混凝土。

承台为矩形承台，考虑到增加主墩的高度及减小阻水的影响，将承台沉入河床以下。承台平面尺寸为13.7m×24.2m（顺×横），厚度为4m。基础由15D200cm桩组成，按嵌岩桩设计，桩顶嵌入承台内15cm。承台采用C40混凝土，桩基础采用C30混凝土。在浇筑承台前在基坑内设置15cm的素混凝土垫层。

（2）过渡墩

为与引桥衔接，过渡墩采用分离式双墩，采用实心墩，圆端形截面，横桥向根部宽9.0m，顶宽12m（变宽范围为顶部7m范围，按圆曲线过渡），顺桥向根部宽2.5m，顶宽3.5m（变宽范围为顶部7m，按直线过渡），从美观考虑，在墩身中间设尖顶圆形凹槽。墩身采用C40混凝土。

承台为矩形承台，考虑到减小阻水的影响，将承台沉入河床以下。承台平面尺寸为8.45m×10.5m（顺×横），厚度为4m。基础由4D200cm桩组成，按嵌岩桩设计，桩顶嵌入承台内15cm。承台采用C40混凝土，桩基础采用C30混凝土，在浇筑承台前在基坑内设置15cm的素混凝土垫层。

3. 附属结构

（1）桥面铺装

①桥面铺装采用8cm钢筋混凝土调平层+10cm厚沥青混凝土铺装；

②箱梁钢筋混凝土调平层与铺装层之间设置防水层，防水层推荐采用纳米改性丙烯酸防水涂料或同等性能防水涂料。也可采用满足规范及设计要求的其他防水材料，但需报知设计单位许可。

（2）伸缩缝

主桥采用最大伸缩量为320mm的D320型模数式伸缩缝。

（3）人行道及防撞栏

主桥两侧人行道全宽3.75m。基座上钢栏杆高1.06m。

主桥中央防撞墙防撞等级为Abm级，高90cm。

人行道钢栏杆表面进行了防腐涂装，要求涂装层体系保护年限不小于25年。

（4）支座

主桥采用GPZ（Ⅱ）盆式橡胶支座，支座所有钢板均采用耐候钢。支座处梁底设调平楔块调整纵坡、横坡，保证支座水平设置，墩顶水平。

（5）桥面排水

主桥桥面排水通过三通管接至主梁悬臂底缘，通过纵向排水管引至岸上，与市政管网衔接，统一排放。主梁两侧竖向泄水管顺桥向每隔5m布置1道（人行道排水每15m布置1道），梁端伸缩缝附近加密至每3.25m1道。

（6）主墩防撞设施

主桥在主墩承台表面以上至最高通航水位以上2m范围内，采用外包拱形橡胶防撞护舷进行防撞；防撞护舷螺栓采用不锈钢螺栓，并在施工主墩时预埋。

第二章　钻孔灌注桩施工管理技术

　　九嶷大桥桩基础施工全部采用钻孔灌注桩，共307根桩，桩径1.2m、1.5m、2m、2.2m、2.5m不等。桥梁横跨湘江，5#～11#墩均位于湘江内。桥址上下游均建有水电站，影响了该段航道运输能力，过往船只数量极少，且吨位较小。大桥建设时经海事部门、水利部门批准，得以修建横跨湘江的临时钢栈桥，同时搭设3个钢平台，便于水中施工使用。因此，钢栈桥的施工方案密切影响着全桥的施工质量安全，是主桥建设的重中之重。钢栈桥与钢平台必须有足够的承载力，以抵御施工荷载、水流冲击、风荷载等影响，确保自身的强度刚度与稳定性，这是本章的关键内容。

第一节　钢栈桥施工

一、钢栈桥的设计计算

1. 钢栈桥基本情况

　　钢栈桥全长540.02m，钢栈桥桥面设计标高103.488m，贝雷梁底设计标高101.800m，按二十年一遇洪水水位101.200m，计算采用$R=100$的基本风压为0.50kPa。

　　钢栈桥主要结构形式：采用钢管桩基础，贝雷架结构，上铺防滑钢板。桥面宽为6.0m，桥长为540.020m，采用12m桥跨形式，三跨一联，每联之间设置制动墩，制动墩排间距3m。主梁采用单层六排装配式公路桁架梁（贝雷梁），桥面系采用I18a横梁，间距25cm，其上纵向铺设8mm厚防滑钢板作为行车道板。栈桥在桥墩位置设置会车平台。钢栈桥上部用装配式公路栈桥（321贝雷桁架），下部用螺旋钢管桩或混凝土灌注桩引桩。其具体结构形式为3组双排单层贝雷桁架,使用90型标准贝雷花架和∠75×45×5角钢进行横向联结,最大设计跨径12m。桥面板为8mm厚压花钢板;横向分配梁为I118a,间距为0.25m;墩顶横梁采用2I40a;桥墩采用直径630×10mm螺旋钢管桩,桥台采用钢筋混凝土桥台。

西侧河堤高程101.808m,东侧河堤高程101.358m。

2. 设计荷载

(1)设计荷载取值

①恒载:按材料实际重量取值。

②车辆活载:

10m³混凝土搅拌运输车满载约50t,安全系数取值1.3,则总荷载为65t,计算取值2个前轮荷载共15t,4个后轮荷载共50t。

施工用61t履带式起重机+15t吊重,考虑其他活载影响,取1.3安全系数,按98.8t荷载验算。

施工用67t履带式旋挖钻机(不考虑起拔力和加压力),考虑其他活载影响,取1.3倍安全系数,按87.1t荷载验算。

③流水压力

根据《公路桥涵设计通用规范》(JTG D60-2004),作用在桥墩上的流水压力:

$$P = KA\frac{\gamma v^2}{2g} \quad (\text{kN})$$

K ——形状系数,圆形取0.8;

γ ——水的容重10kN/m³;

g ——重力加速度9.8m/s²;

v ——平均水流速度2.38m/s;

A ——阻水面积,取1m长度计算,则面积为0.53m²。

④风荷载

基本风压:W0=0.50kPa。

计算时采用下列工况进行模拟分析:

混凝土搅拌运输车满载通过钢栈桥;

履带式起重机通过钢栈桥;

履带式旋挖钻机通过钢栈桥。

3. **荷载布置**

（1）上部结构恒重（6.0m宽计算）

钢栈桥桥面层：8mm厚钢板，单位面积重62.8kg，则单位长度重量4.08kN/m（包括桥面护栏）；

桥面板分配横梁I18a，单位重0.25kN/m，间距0.25m；

纵向主梁：横向6排321型贝雷梁，6.66kN/m；

桩顶分配主梁：2I40a，单位重0.676kN/m。

（2）50t混凝土搅拌运输车荷载（满载65t）

（3）61t履带式起重机荷载

（4）67t履带式旋挖钻机荷载：履带旋挖钻机履带接地长度4.600m，履带中心间距2.200～3.500m，履带板宽度0.800m。

4. **钢栈桥桥面系计算**

钢栈桥桥面系8mm面板与I18a焊接成框架结构，其结构稳定可靠，在此不再对面板进行计算，仅对面板分配工字钢I18a进行验算，其荷载分析如下：

工字钢分配横梁支承在纵梁梁上，横梁最大间距1.0m，即工字钢分配梁的跨度为1.0m，间距0.25cm。

混凝土搅拌运输车汽车轮压：车轮接地尺寸为0.6m×0.2m，每组车轮压在1根I18a上，则单根I18a承受的荷载按照集中力计算为250kN/2=125kN。

61t履带式起重机单根履带接地长度5.15m，压在20根工字钢上，则单根工字钢承受的荷载按照集中力计算为：988kN/2/20=24.7kN。

67t履带式旋挖钻机单根履带接地长度4.600m，压在18根工字钢上，则单根工字钢承受的荷载按照集中力计算为：871kN/2/18=24.2kN。

取最大荷载125kN荷载进行验算，当车轮压在工字钢跨中时弯矩最大。

（1）I18a工字钢最大剪应力

从计算结果得工字钢的最大剪应力65.2MPa<[τ]=80MPa，强度满足要求。见图2-1。

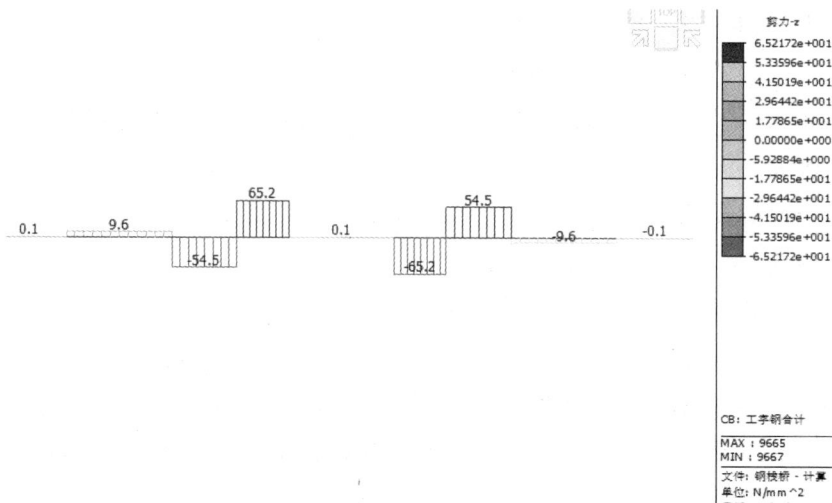

图2-1　工字钢最大剪应力

（2）I18a工字钢最大组合应力，见图2-2。

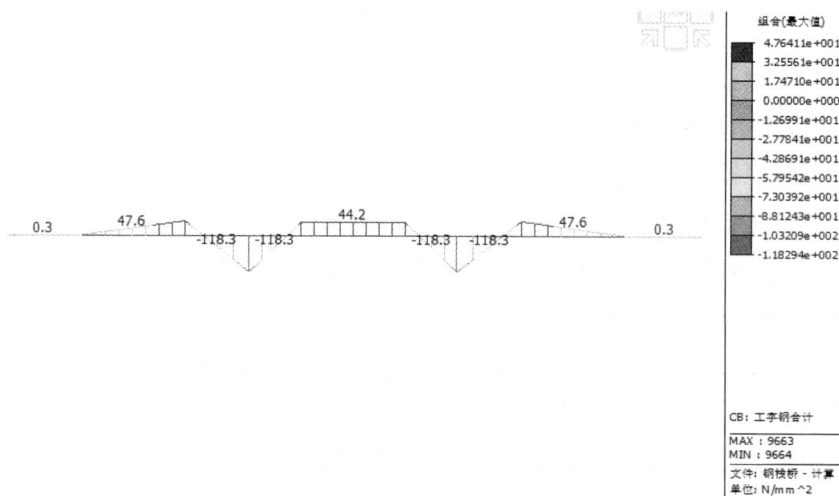

图2-2　工字钢最大组合应力

从计算结果得工字钢的最大组合应力118.3MPa<[σ]=145MPa，强度满足要求。

（3）I18a工字钢变形

工字钢最大变形0.76mm<l/400=1000/400=2.5mm，刚度符合要求。见图2-3。

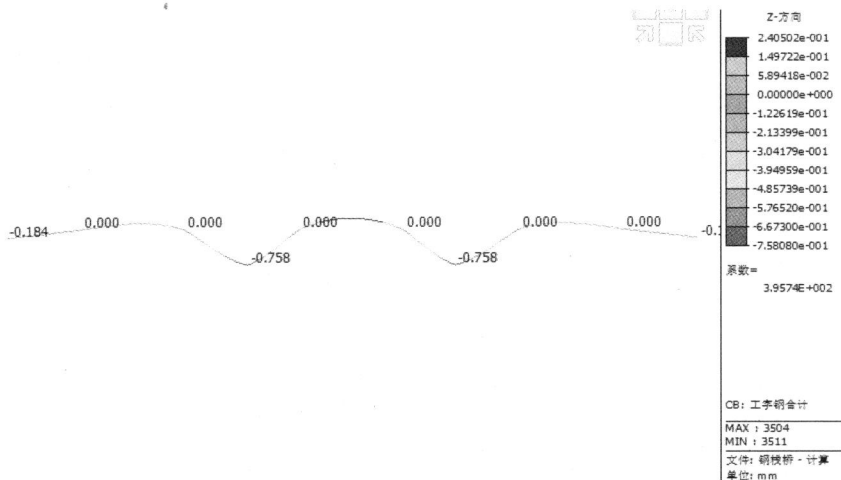

图2-3　工字钢最大变形

5. 贝雷梁桁架计算

（1）荷载工况分析

上部结构自重均布荷载：q1＝4.08kN/m＋0.28kN/m×6×5＋0.95kN/m（护栏自重）＝13.43kN/m，计算时采用以下两种工况进行受力分析，不考虑两个车在同一跨行走：

工况一：混凝土搅拌运输车荷载

工况二：履带式起重机荷载

工况三：履带旋挖钻机荷载

（2）两种工况下单片贝雷梁受力计算

承重纵向主梁选用6排单层贝雷架，其各工况下荷载取1/6对单片贝雷梁进行验算。

①贝雷梁最大剪应力，见图2-4、图2-5、图2-6。

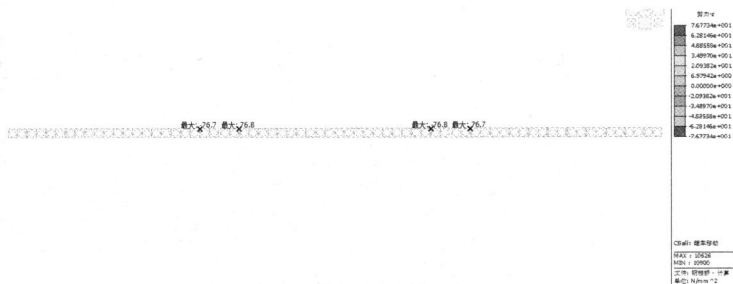

图2-4　贝雷梁桁架工况一荷载

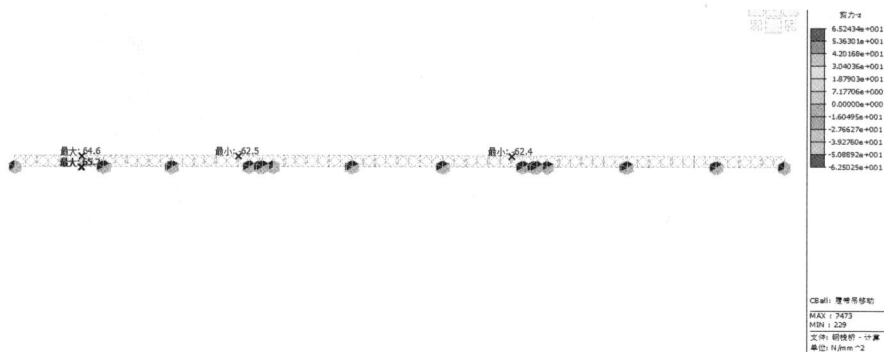

图2-5　贝雷梁桁架工况二荷载

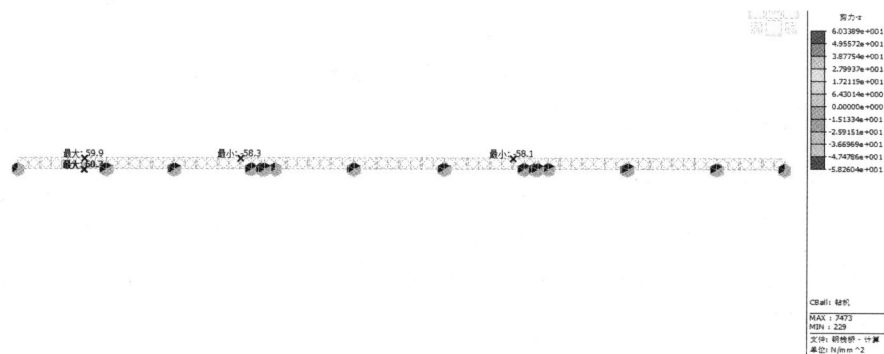

图2-6　贝雷梁桁架工况三荷载

根据两种工况计算结果，工况一贝雷梁受力剪应力最大，其最大剪应力为76.8MPa<[τ]＝120MPa，强度满足要求。

②贝雷梁最大组合应力，见图2-7、图2-8、图2-9。

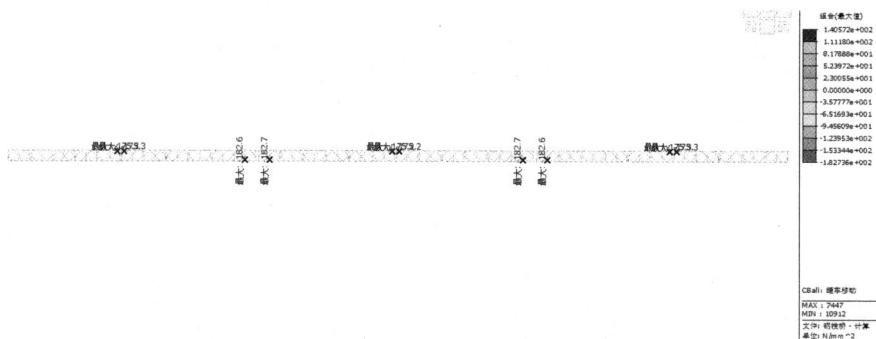

图2-7　贝雷梁工况一最大组合应力

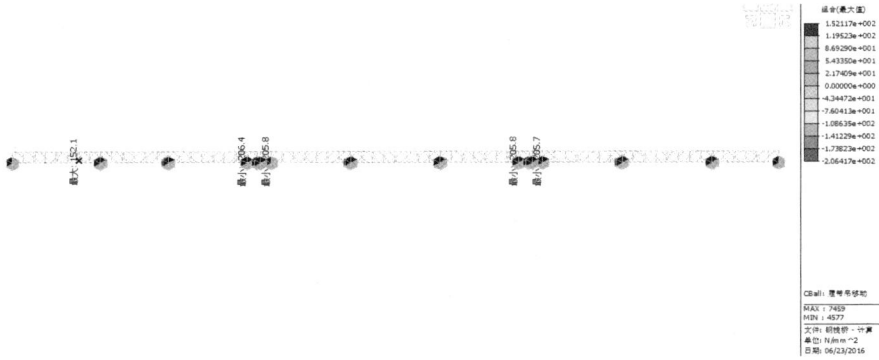

图2-8　贝雷梁工况二最大组合应力

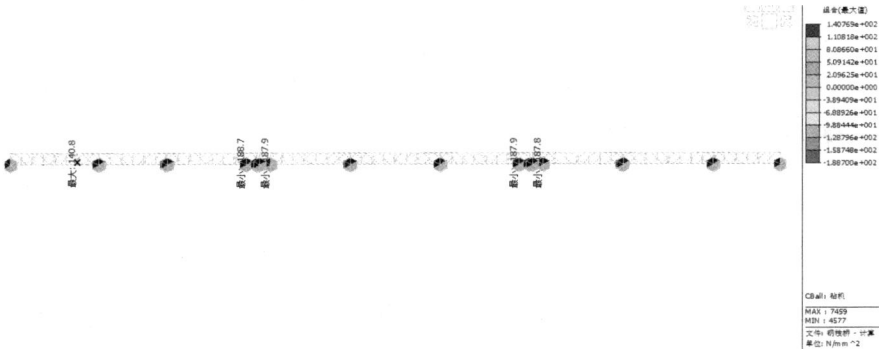

图2-9　贝雷梁工况三最大组合应力

根据两种工况计算结果，工况二贝雷梁受力组合应力最大，其最大组合应力206.4MPa<[σ]=210MPa，强度满足要求。

③贝雷梁变形，见图2-10、图2-11、图2-12。

图2-10　贝雷梁工况一变形

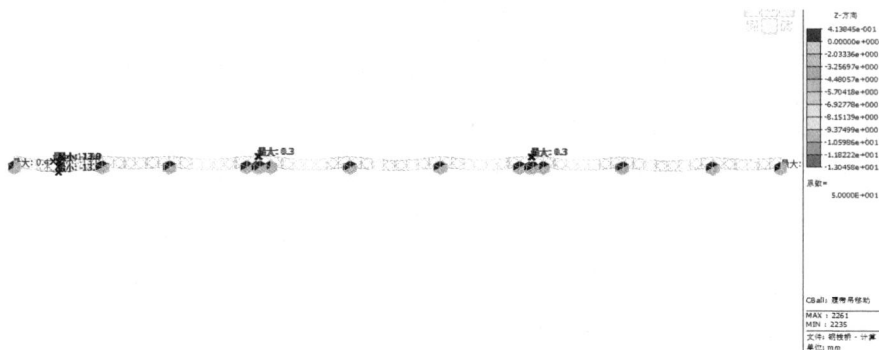

图2-11 贝雷梁工况二变形

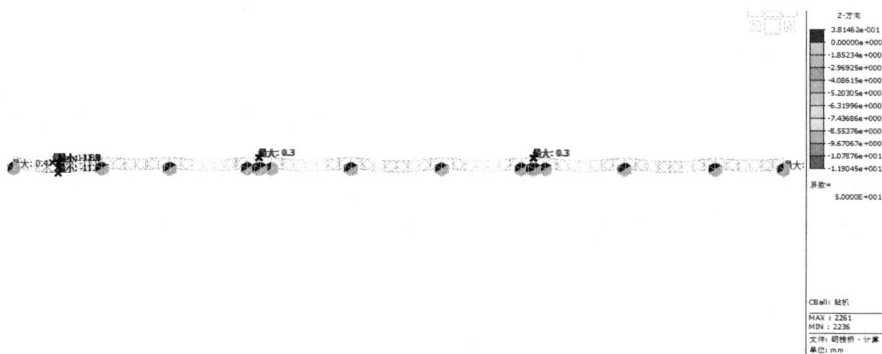

图2-12 贝雷梁工况三变形

根据两种工况计算结果，工况二贝雷梁受力变形为最大，其最大变形为13.0mm<l/400＝12000/400＝30mm，刚度符合要求。

④贝雷梁支反力，见图2-13、图2-14、图2-15。

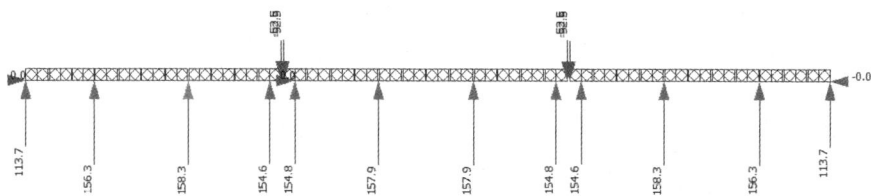

图2-13 贝雷梁工况一支反力变形

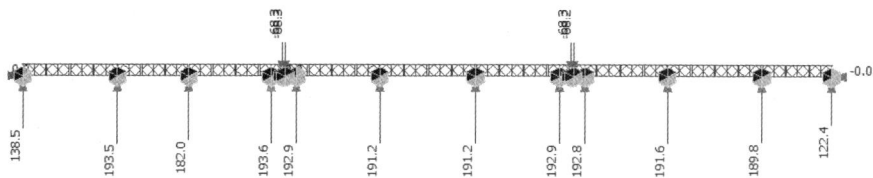

图2-14　贝雷梁工况二支反力变形

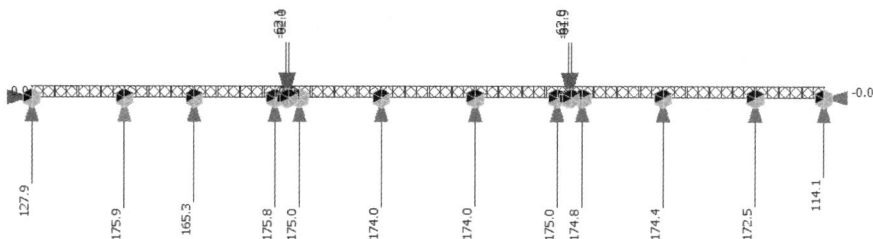

图2-15　贝雷梁工况三支反力变形

根据两种工况计算结果，工况二贝雷梁受力支反力为最大，其最大支反力为193.6kN。

6. 桩顶2I40a工字钢承重梁计算

取最大支反力一半对其桩顶单根I40a工字钢承重梁进行验算，I40a工字钢受力模型见图2-16。

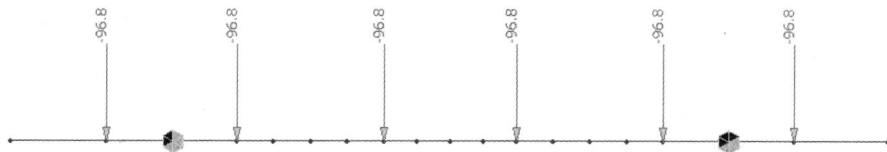

图2-16　工字钢承重梁受力模型

（1）I40a工字钢横梁最大剪应力，见图2-17。

从计算结果得工字钢横梁的最大剪应力53.5MPa＜[τ]＝85MPa，强度满足要求。

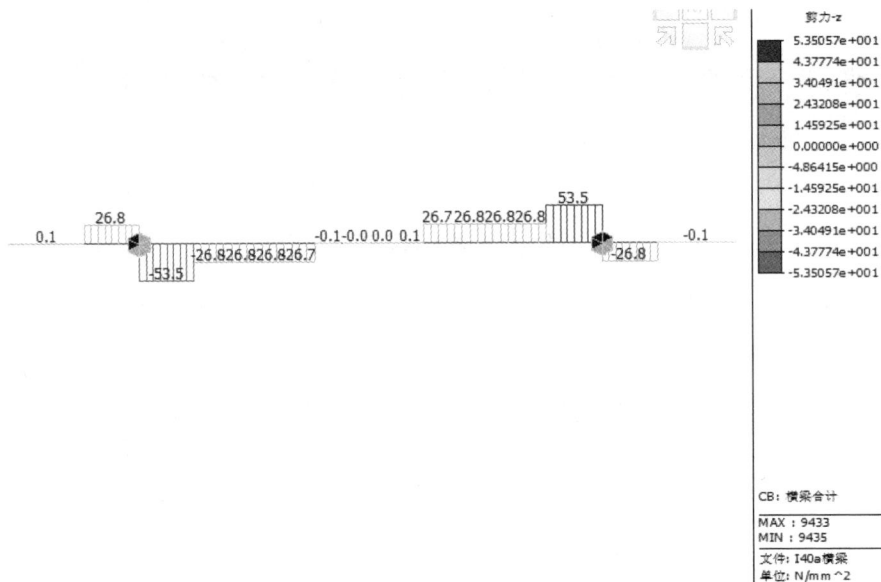

图2-17　工字钢横梁最大剪应力

（2）I40a工字钢横梁最大组合应力，见图2-18。

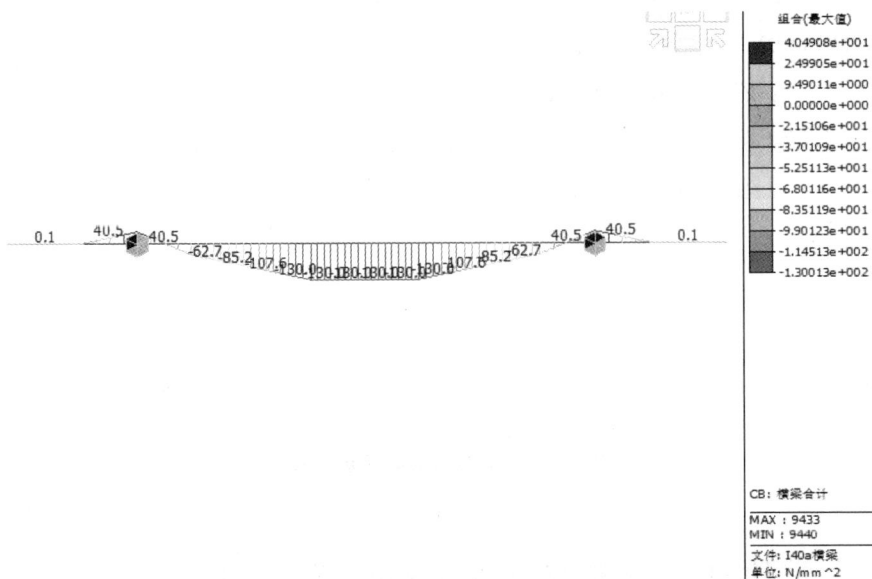

图2-18　工字钢横梁最大组合应力

从计算结果得工字钢横梁的最大组合应力130.0MPa＜[σ]＝145MPa，强度满足要求。

（3）I40a工字钢横梁变形，见图2-19。

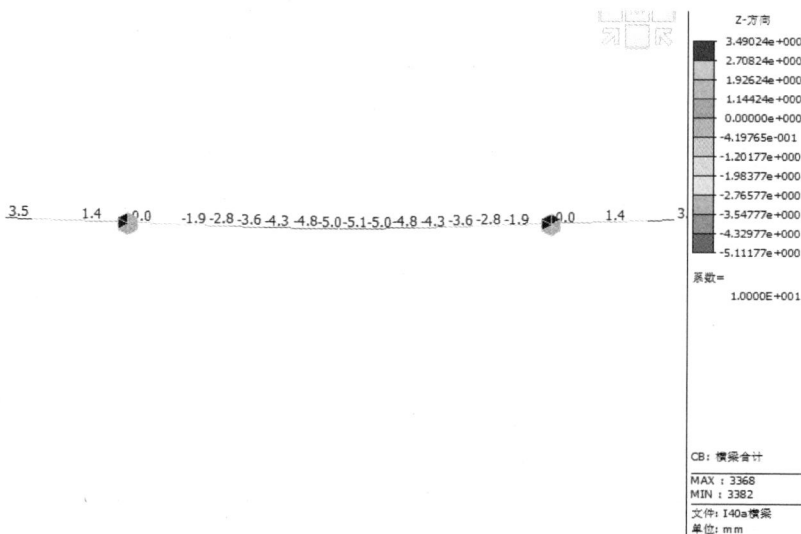

图2-19　工字钢横梁变形

工字钢横梁最大变形5.1mm<l/400＝3800/400＝9.5mm，刚度符合要求。

（4）I40a工字钢横梁支反力，见图2-20。

图2-20　工字钢横梁支反力

7. 钢管桩桥墩计算

根据上述计算分析知，12m跨钢管桩单桩承载力应取292.4kN×2＝584.8kN。考虑钢栈桥的地质条件及设计提供的相关地质资料，施工采用钻孔引桩与钢管桩相结合。其中，钢管桩采用Φ630mm×10mm螺旋钢管，钻孔灌注桩直径1000mm，采用钻孔引桩的螺旋钢管须伸入至混凝土桩桩底。

（1）钢管桩桩长计算

考虑冲刷的影响，河床冲刷线考虑为河床顶面以下40cm处。假定钢管桩悬臂固结点位于混凝土桩顶，钻孔灌注桩桩顶标高取88.3m，桩长取13.5m，本设计只考虑一般冲刷的影响，同时要求钻孔灌注桩深入一般冲刷线以下有一定的安全深度，本设计桩底位于一般冲刷线以下4.0~6.0m。栈桥基础采用钻孔灌注桩栽入钢管桩，按照钻孔灌注桩计算公式，单桩容许承载力为：

$$[P] = \frac{1}{2}U\sum f_i l_i + m_0 A[\sigma]$$

采用钢管桩基础的按《建筑桩基技术规范》（JGJ 94-2008）第5.2.2条和第5.3.7条进行计算，考虑桩端土塞效应。

桥址的地质情况见表2-1。

表2-1　钢栈桥段地质情况

图层编号	土层厚度（m）	承载力基本容许值（kPa）	钻孔桩桩侧摩阻力标准值（kPa）	备注
细砂	0~0.662	100	40	考虑冲刷线为卵石层顶以下40cm
卵石	0.9~11.2	300	60	
全风化粉砂质泥岩	0.8~2.5	250	75	
强风化粉砂质泥岩	2.7~17.3	350	100	
中风化粉砂质泥岩	3.0~5.0	600	120	

根据钢管支墩设计承载力和桩长，一般冲刷线以下钻孔灌注桩承载力为：621kN（已减混凝土桩身自重）>615kN（包含钢管桩桩身自重），承载力满足要求。

（2）钢管桩的流水压力计算

桥位处水位及流水速度见表2-2。

表2-2　九嶷大桥段水位及流水速度表

桥名	频率（%）	流量（m³/s）	现状			建桥后							
			水位（m）	面积（m²）	流速Vo（m/s）	桥位壅高处				桥位处			
						水位（m）	面积（m²）	流速Vo（m/s）	流速减少比例（%）	水位（m）	面积（m²）	流速Vo（m/s）	流速减少比例（%）
九嶷大桥（防洪堤修建前）	0.33	18200	104.20	9336.6	1.95	104.27	9401.9	1.94	0.69	104.20	8852.1	2.06	5.470
	1	15900	102.75	7089.8	2.24	102.84	7145.5	2.23	0.78	102.75	6738.8	2.36	5.210
	2	14600	101.51	6888.8	2.12	101.59	6957.2	2.10	0.98	101.51	6546.4	2.23	5.230

桥名	频率（%）	流量（m³/s）	现状			建桥后							
			水位（m）	面积（m²）	流速 Vo（m/s）	桥位壅高处				桥位处			
						水位（m）	面积（m²）	流速 Vo（m/s）	流速减少比例（%）	水位（m）	面积（m²）	流速 Vo（m/s）	流速减少比例（%）
九嶷大桥（防洪堤修建后）	0.33	18200	104.28	8038.8	2.26	104.38	8100.8	2.25	0.77	104.28	7744.3	2.35	3.800
	1	15900	102.80	7120.7	2.23	102.89	7176.5	2.22	0.78	102.80	6858.0	2.32	3.830
	2	14600	101.55	6374.8	2.29	101.65	6430.4	2.27	0.86	101.55	6137.0	2.38	3.870

施工区域流水设计流速2.38m/s，代入公式则流水压力为：$P = KA\dfrac{\gamma v^2}{2g}$，求得P＝21.55kN。水流力作用在设计水位以下1/3水深处，即为水深5.03m处。水流力的力臂为水流作用点至假定的钢管墩固结点处，为10.1m处。

水流力对钢管产生的弯矩：Mx1＝21.55×10.1＝217.7kN·m。

（3）风压力计算

根据《建筑结构荷载规范》（GB 50009-2012），风压力为：

$$W_k = \beta_z \mu_s \mu_r W_0$$

其中，Wk——为结构风压力，kPa。

　　　　βz——阵风放大系数。考虑等效静阵风荷载，风荷载作用与贝雷

　　　　　　　梁长度15m，A类场地条件，βz取1.28。

　　　　μS——为风载体型系数，型钢取1.30，圆管取0.70。

　　　　μτ——为风压高度变化系数，离地高度6.03m，A类场地条件，取

　　　　　　　1.25。

　　　　W0——为基本风压，取永州地区规范值0.5kPa。

计算荷载见表2-3所示：

表2-3　九嶷大桥风压荷载表

项目	计算值
栈桥桥面标高（m）	101.20
风载体型系数（μS）	1.30

项目	计算值
风压高度变化系数（μ_z）	1.25
阵风放大系数（β_z）	1.28
基本风压W0（kPa）	0.5
风压力Wk（kPa）	1.05

钢栈桥受风荷载为Q＝1.05×12×1.688×0.4＝8.6kN，其作用点在贝雷梁的中点位置，风压力对钢管产生的弯矩：Mx2＝8.6×14.344＝123.4kN·m。

（4）汽车水平制动力计算

根据《公路桥涵设计通用规范》（JTG D60-2015）查得，汽车制动力为汽车荷载重力的10%，同时公路—Ⅱ级汽车荷载的制动力标准值不得小于90kN；假设50t混凝土搅拌运输车以15km/h速度行驶，制动时间为5s，则平均制动力F＝41.7kN（实际中在汽车停止的瞬间，制动力比此值要大）；因此，限制混凝土搅拌运输车满载以15km/h行驶时制动时间不得小于5s。考虑到汽车行驶速度不大，取汽车制动力为车辆重力的10%，即为50kN。根据栈桥施工设计布置图，车辆停靠必须在制动墩上，制动墩为4根钢管桩受力，车辆总重量为500kN，则此处每根桩取水平制动力为500×10%÷4＝12.5kN，由于钢管假设锚固点到桥面高度为15.188m。

水平制动力对钢管产生的弯矩：Mx3＝12.5×15.188＝189.85kN·m。

（5）钢管强度及稳定性验算

选最不利位置，最大跨径处墩计算，由以上分析可知：

σ_1＝M/I×x＝217.7kN·m/93615cm^4×0.315m＝73.3MPa<145MPa；

σ_2＝M/I×x＝123.4kN·m/93615cm^4×0.315m＝41.5MPa<145MPa；

σ_3＝M/I×y＝189.85kN·m/93615cm^4×0.315m＝63.9MPa<145MPa，

在钢栈桥横截面内，直径630mm，壁厚10mm螺旋钢管回转半径i＝219mm，计算长度因数取1.0，长细比λ＝l0/i＝13.5×1000/219＝61.7，查《钢结构设计规范》（GB 50017—2017）附表17得稳定系数ϕ＝0.797。

σ_{max}＝N/（ϕA）+max{σ_1+σ_2，σ_2+σ_3}

＝605.5×1000/（0.797×19477）MPa+114.8MPa＝39.0+114.8＝153.8MPa<168MPa（＝1.2×140MPa，其中1.2为临时结构容许应力提高系

数），故钢管强度及稳定性满足设计要求。

在栈桥立面内，直径630mm、壁厚10mm螺旋钢管回转半径i＝219mm，计算长度因数取2.0，长细比λ＝2l0/i＝2×13.5×1000/219＝123.4，查《钢结构设计规范》（GB 50017—2017）附表17得稳定系数φ＝0.416。

$\sigma \max = N/(\phi A) + \sigma 3$

$= 605.5 \times 1000/(0.416 \times 19477)MPa + 63.9MPa = 74.7 + 63.9 = 138.6MPa$

＜168MPa（＝1.2×140MPa，其中1.2为临时结构容许应力提高系数），故钢管强度及稳定性满足设计要求。

（6）钢管桩的变形计算

利用MIDAS Civil进行受力分析，钢管桩变形分析见图2-21。

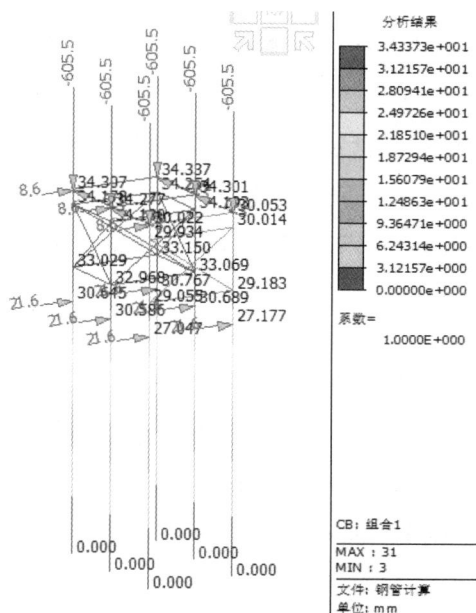

图2-21 钢管桩变形受力分析

从计算结果得知：钢管桩的最大变形为34.3mm＜L/250＝58mm，变形满足要求。

（7）钢管桩连接点焊缝计算

利用MIDAS Civil进行受力分析，钢管桩连接点焊缝受力分析见图2-22。

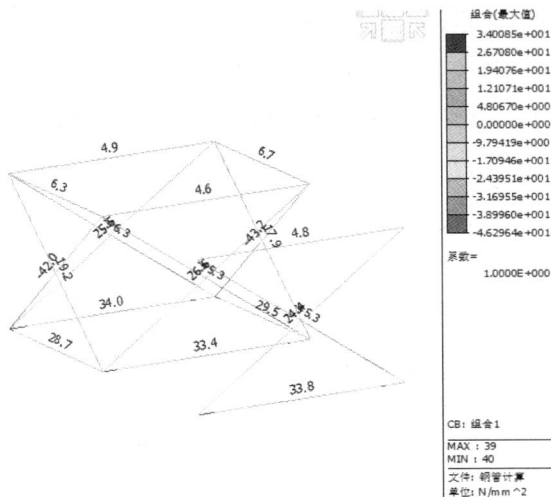

图2-22 钢管桩连接点焊缝受力分析

从计算结果得知：连接件最大应力46.3MPa，则其内力为119.0kN，采用6mm焊缝，焊缝强度取值120MPa，横撑采用直径300mm，壁厚5mm螺旋钢管，斜撑采用[18a槽钢，均采用满焊缝计算焊缝长度如下：

L＝119.0×1000/（6×0.7×120）＝236.2mm＜316mm，故焊缝长度满足要求。

（8）抗倾覆稳定性验算

①采用钢管桩部分抗倾覆验算

假定钢管桩入土深度为4m，河床顶面至贝雷梁底最大距离为11.54m，冲刷深度为一般冲刷线（河床面以下0.4m处），固结点为一般冲刷线下1/3入土深度处，即一般冲刷线下1.2m处。

倾覆力臂为：

贝雷梁及桥面系承受的风荷载（按12m计算）F风＝8.6kN，力臂为L风＝13.984m；

钢管墩承受的流水压力18.8kN，力臂为8.76m（流水压力作用点与假定固结点位置）；

钢管承受浮力82.0kN，力臂为1.9m。

则倾覆力矩为：P倾＝8.6×13.984＋18.8×2×8.6＋82.0×1.9＝599.5kN·m。

抗倾覆力及力臂为：

贝雷梁及桥面系重力（按12m计算）2.7kN/片×4 片/排×6排＋13.0kN/m

×12m＝220.8kN，力臂为3.8m/2＝1.9m；

钢管墩重力1.53kN/m×15.54m/根×2根＝47.5kN，力臂为1.9m；

钢管桩桩侧抗拔力（按钢管桩桩侧摩阻力计算），根据《公路桥涵地基与基础设计规范》（JTG 3363-2019）规定，为竖向压力作用下桩土间的侧阻力；为桩的入土长度；为桩的周长；为振动沉桩对各土层桩侧摩阻力的影响系数，根据地质情况，ai取1.0。则钢管桩的抗拔力为（按卵石层3.60m计算）128.2kN，力臂为3.8m。

则抗倾覆力矩P抗＝220.8×1.9＋47.5×1.9＋128.2×3.8＝996.9kN·m。

抗倾覆稳定系数K＝P抗/P倾＝996.9/599.5＝1.6＞1.5，故抗倾覆稳定性满足要求。

即：根据钢管支墩设计承载力、地质情况及试桩情况，考虑一般冲刷线为河床顶面以下40cm处。

钢管桩在同时满足以下要求时，对钢管桩强度及钢栈桥抗倾覆稳定性进行验算：

钢管桩入土深度不得小于4.0m（考虑冲刷深度0.4m）；

单桩承载力：单桩承载力不小于700kN；

施工单位须根据施工实际情况考虑沉降因素，安排专人定期对钢栈桥进行全面检查（包括钢管桩基础），发现问题，及时解决。

②采用引桩部分抗倾覆验算

假定混凝土桩顶面至贝雷梁底按13.5m，混凝土桩长按4m计算，冲刷深度为一般冲刷线（河床面以下0.4m处），固结点为一般冲刷线下1/3入土深度处，即一般冲刷线下1.2m处。

倾覆力臂为：

贝雷梁及桥面系承受的风荷载（按12m计算）F风＝8.6kN，力臂为L风＝14.344m；

钢管墩承受的流水压力19.85kN，力臂为9.3m（流水压力作用点与假定固结点位置）；

钢管承受浮力84.2kN，力臂为1.9m。

则倾覆力矩为：P倾＝8.6×14.344＋19.85×2×9.3＋84.2×1.9＝652.6kN·m。

抗倾覆力及力臂为：

贝雷梁及桥面系重力（按12m计算）2.7kN/片×4片/排×6排+13.0kN/m×12m=220.8kN，力臂为3.8m/2=1.9m；

钢管墩重力1.53kN/m×17.5m/根×2根=53.5kN，力臂为1.9m；

钢管桩桩侧抗拔力（按钢管桩桩侧摩阻力计算），根据《公路桥涵地基与基础设计规范》（JTG 3363-2019）规定，为竖向压力作用下桩土间的侧阻力；为桩的入土长度；为桩的周长；为振动沉桩对各土层桩侧摩阻力的影响系数，根据地质情况，a_i取1.0。则钢管桩的抗拔力为（按卵石层5.60m计算）203.4kN，力臂为3.8m。

则抗倾覆力矩$P_抗$=220.8×1.9+53.5×1.9+203.4×3.8=1294.1kN·m。

抗倾覆稳定系数K=$P_抗$/$P_倾$=1294.1/652.6=1.9＞1.5，故引桩部分栈桥抗倾覆稳定性满足要求。

（9）桥台基底应力验算

桥台基础底部纵桥向长2.7m，宽6m，桥台高度取3.908m，当履带式起重机通过桥台时，其重量完全由桥台承担，另外桥台还承担贝雷梁传递下来的自重，则，桥台处基础经处理后，为使基底承载力不小于250kPa，处理边界须比基础边界大0.5m，以保证钢栈桥结构安全。

8．计算结果

钢栈桥使用过程中，须严格限制混凝土搅拌运输车总重量（含罐内混凝土）为50t、履带式起重机总重量为61t，最大吊重15t，履带旋挖钻机总重量为67t，偏载系数不得超过1.3，严禁履带式起重机在有吊重时刹车。车辆行驶速度限制为15km/h，不得在非制动墩处刹车。在制动墩处刹车时，严禁急刹车，刹车时间不得小于5s；每联每次只能通过1辆车，匀速行驶，以减小对钢栈桥的冲击。

经计算分析，钢栈桥各主要受力构件强度和刚度均满足临时钢结构施工设计规范要求。考虑到河床的变迁和河水的冲刷影响，施工期间需加强对河床和钢栈桥的监测，确保河床标高不低于计算冲刷线标高，否则需对钢栈桥支墩位置的河床进行加固或对钢管桩进行加固处理，确保钢栈桥稳定安全。另外，须安排专人定期对钢栈桥各部位进行检查，发现问题及时解决，以保证施工安全。

二、钢栈桥施工方案

钢栈桥从湘江东岸至西岸单向推进，搭设至9#、10#、11#主墩处搭设桩基施工钢平台，搭设至5#、6#、7#、8#墩位置处搭设会车平台。每边留下6米的平台作为运输、机械停放平台，施工锁口钢管桩。钢栈桥截面示意图见图2-23。

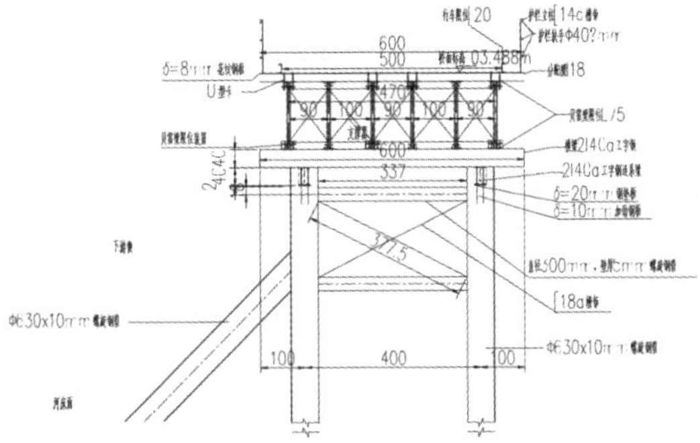

图2-23　钢栈桥截面图

1. 施工工艺流程（图2-24）

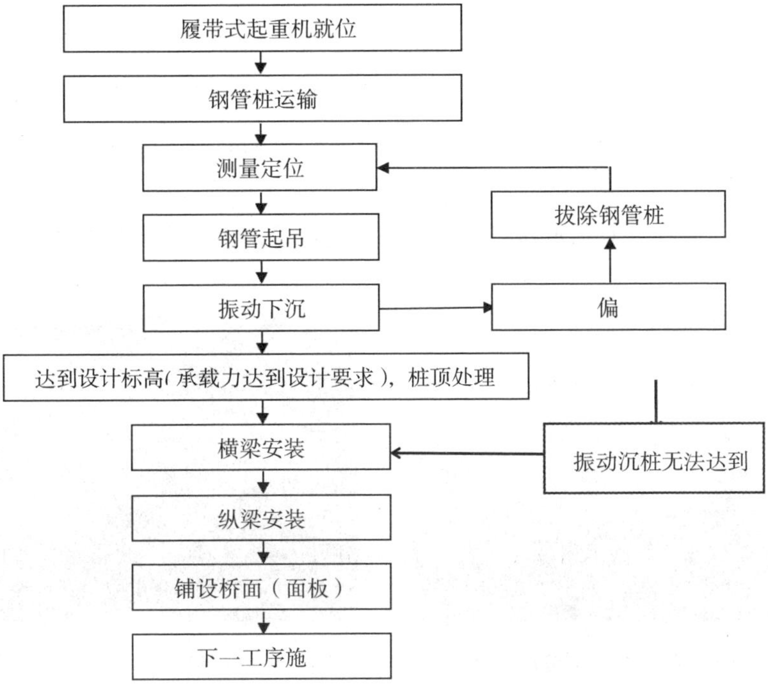

图2-24　钢栈桥施工流程图

2. 施工方法

钢栈桥施工采用振动沉桩法，在振动沉桩难以达到设计要求的地段采用植桩法进行施工。钢管桩打设采用61t履带式起重机结合DZ90振动锤从便道逐步向江中推进打设，钢管桩打设完成后开始铺设上部结构，采用61t履带式起重机在桥上进行栈桥梁部贝雷片及桥面搭设。

（1）振动沉桩施工步骤

桩位测定：根据桩位平面图及测量基准点，测放桩位，开始下沉钢管桩。

振动沉桩机、机崖、桩帽应联结牢固；沉桩机和桩中心轴应保持在同一直线上。

在钢管桩施工中，为保证沉桩轴线位置的正确，利用平板船拼装成测量平台，平台边设置井字形导向架。导向架用[20a 槽钢制作。

沉桩前，应尽可能在每根桩的一侧用油漆画上段落标记，以便于沉桩时显示桩的入土深度。

沉桩顺序，一般由一端向另一端连续进行。当桩埋深有深浅时，宜先沉深后沉浅。

开始沉桩时宜用自重下沉，待桩身有足够稳定性后，再采用振动下沉。

在沉桩开始时，应严格控制桩位位置及钢管桩的竖直度，在沉桩过程中不得采用顶、拉桩头或桩身办法来纠偏，以防桩身开裂并增加桩身附加力矩。

搭设过程应认真做好沉桩记录。施工过程见图2-25，图2-26。

图2-25　振动沉桩施工

图2-26　振动沉桩横向支撑焊接施工

沉桩注意事项：

沉桩过程中，应注意防止桩的偏移。遇到下列情况应即暂停，待分析原因，采取适当措施后方可继续沉桩作业。

①贯入度发生急剧变化；

②桩身突然倾斜、位移或锤击时有严重回弹；

③桩头弯曲或桩身开裂；

④桩架发生倾斜或晃动；

⑤施工过程中桩有上浮；

⑥振动桩锤的振幅有异常现象。

沉桩标准需满足以下条件：钢管桩入土深度不得小于 4m（考虑冲刷深度0.4m）；单桩承载力不小于 700kN；

如果出现承载力符合设计要求，但埋深不足的情况，可根据实际情况用混凝土将钢管桩与河床顶面交界处进行浇筑，做成锥形坡面。混凝土重量不得小于 $G = 35Li$（kN），其中 $Li = 5 -$ 钢管桩实际入土深度（m）。但在任何情况下，钢管桩的入土深度不得小于2m。

（2）钢管桩植桩施工步骤

根据设计图及现场地质情况，振动沉桩难以达到设计要求的地段，采用旋挖钻成孔植入钢管桩。采用平板船改装为水上施工平台，利用旋挖钻在水上成孔。

施工工艺流程：

准备工作→钻机定位→安装钢护筒→成孔→水下浇筑→植入管桩。

施工方法：

①桩位测定：根据桩位平面图及测量基准点，测放桩位，经测量对船只定位后，方可开始下沉钢护筒；

②护筒就位后，开始钻孔，孔深为 4 ~ 6m；

③浇筑前清孔，采用清水循环将孔清理至符合浇筑要求；

④水下导管法浇筑混凝土，混凝土浇筑至原河床面；

⑤在护筒中心将螺旋管插入混凝土，难以插入时采用震动锤辅助插入；

⑥管桩插入后即可拔出护筒，开始下一根桩施工。

（3）钢栈桥上部及桥面系施工步骤

施工工艺流程：

安装纵垫梁及横梁→安装贝雷梁→铺设分配梁→铺设面板→焊接防护护栏

安装横梁：在施工完成的钢管桩顶测量标高后，首先将钢管桩顶面削平，然后在钢管桩两侧面焊接肋板，铺设横梁，再将横梁与钢管桩、横梁与肋板焊接在一起。

安装贝雷梁：在横梁上铺设或接长已在岸上拼接完成的贝雷片组，完成定位后焊接限位槽钢。

铺设分配梁：在完成的贝雷梁上按设计间距铺设I18b工字钢分配梁并焊接在贝雷梁两侧的限位槽钢上。

铺设面板：在铺设完成的分配梁上铺设预制桥面板，做好面板与分配梁之间的连接，保证其连接牢固，保证行车舒适及安全。

焊接护栏：桥面完成后及时焊接护栏，形成安全保护；护栏一般滞后钢栈桥1~2跨。

3. 钢栈桥的运行、维护和检修

钢栈桥架设完毕后进行一次全面检查，发现质量或安全问题须及时组织人员进行补强或采取其他可靠的纠正措施。

成立由建设单位、监理单位、施工单位组成的钢栈桥维护小组，确保桥梁正常进行。每天派专人对钢栈桥的上、下部结构进行检查，清理桥面，发现问题及时修补，并对墩位处进行河床标高的复测，一旦发现河床冲刷较大，应立即采取纠正措施并报告工地现场负责人。

钢栈桥运行期间，建立健全维护钢栈桥的相关制度，安排专人负责并做好维护记录。

钢栈桥具体的维护项目包括以下几点：

（1）检查贝雷片连接处的销子、定位销的松动脱落情况；

（2）检查钢栈桥使用的螺栓是否松动，对螺栓、螺帽脱落的部位及时安装复原；

（3）对钢栈桥桥面槽钢发生翘曲或损坏的部位，及时修复或更换；

（4）对钢栈桥焊缝脱落处进行加强补焊。

4. 钢栈桥拆除

钢栈桥的拆除工作同钢栈桥的搭设工作顺序基本相反，依次拆除桥面附属设施、桥面槽钢、型钢分配梁、贝雷、桩顶横梁及钢管桩，拆除方法基本与搭设方法相同。

拆除钢栈桥时，采用一个工作面，从钢栈桥的终点位置处开始，与钢栈桥修建反序的方式进行拆除，边拆除边利用原钢栈桥运输材料到岸上指定的位置。在拆除过程中要注意对周围水域的保护，防止材料掉入水中。

5. 钢栈桥施工要点

水中钢栈桥布置为贝雷钢栈桥，钢栈桥组拼和安装全部按规范要求实施。钢管桩剪刀撑交叉点应采用焊接连接，以减小剪刀撑抗压自由长度。钢栈桥制动墩钢管桩、横梁及与贝雷梁上弦杆或下弦杆应连接牢固，以承受汽车牵引力或制动力。

墩顶分配梁上应设置贝雷梁限位件，以防贝雷梁横、竖向位移，限位件可采用槽钢或钢板与墩顶分配梁焊接。

（1）焊接质量要求

①当钢材表面有锈蚀、麻点或划痕等缺陷时，其深度不得大于该钢材厚度允许负偏差值的1/2，施焊前必须清除焊接区的有害物质。

②焊工必须熟悉焊接工艺要求，必须有资格证书方可从事焊接工作。

③焊缝必须密实，不得有裂纹、气孔、夹渣、焊瘤等缺陷，否则应处理改正。如有焊缝开裂应查明原因，清除后重焊。

④焊接完毕，所有焊缝必须及时进行外观检查，清除药皮、熔渣、溢流，不得有裂纹、未熔合、夹渣等缺陷。

⑤所采用的焊接材料型号应与焊件材质相匹配。

⑥焊接强度不小于主材强度。

⑦焊接接桩后，焊缝必须冷却后才能沉入水中。

⑧接桩或沉桩时，应吊垂线观测钢管桩顺直度或垂直度。

⑨应以钢管桩入孔深度和贯入度双控的方法作为停锤标准。

⑩沉桩时做好沉桩记录，沉桩记录必须真实、准确。

（2）施工技术要点

①贝雷片进场时必须严格进行外观及尺寸检查，确保使用的贝雷片都是合格产品。

②贝雷插销必须穿插到位，端头必须使用保险插销。

③每组贝雷桁片端头设置支撑架1片，4颗支撑架螺栓必须上紧且固定牢固。

④每根墩顶横梁位置设置8个横梁夹具固定在两侧的双排贝雷片上。

⑤贝雷片与贝雷片之间用15a号槽钢连接件连接，斜撑、平联螺栓必须紧固到位。

⑥钢管桩平面偏差小于5cm，倾斜度小于1%。

⑦图纸中注明的钢栈桥所用各种型钢如无法从市场购买到，用来替代的其他规格型钢截面特性不得小于原设计采用数值。

⑧安装过程中，控制履带式起重机的工作位置，离钢栈桥边20cm。

⑨抛填的块石将对钢栈桥沉桩施工产生较大影响。施工前根据调查结果，对施工区域内有大块石处进行清理，将障碍物排除钢管桩轴线以外，以保证钢管桩的顺利施工。

6. 钢栈桥施工安全保证措施

切实做好安全保障措施，是现场施工中的重点。由于现场作业环境多变，各施工作业队在施工中要切实做好安全防护工作。提高人员的安全意识，切忌松懈，疏忽大意。切实贯彻落实"安全第一，预防为主"的方针，把安全放在首位。钢栈桥施工中要切实做好以下几点：

（1）进入施工现场人员，必须佩戴安全防护用品，在钢搭设过程中，必须穿救生衣。

（2）履带式起重机就位后，由于受栈桥场地的限制，履带式起重机支腿不能全部打满。因此，必须将履带式起重机支腿固定在栈桥上，以使履带式起重机在荷载时能够安全运行。

（3）在进行栈桥搭设过程中，设专人负责指挥，严格按照操作规程进行操作，以免多人指挥，发生混乱。

（4）各受力部位的焊接必须牢固可靠，经现场技术人员检查签认后，才能进行下一步施工，确保施工质量和安全。

（5）在施工现场内，所有人员、船只互相提醒，遇有险情，要及时报告，处理险情要冷静。

（6）做好现场的安全防护设施，对完成的安全防护设施要爱护，不要任意损坏。现场安全防护设施由作业队搭设，专职安全员检查、指导。

（7）严格上下班交接制度，做好现场施工记录。

（8）由作业队长兼职安全员，负责检查监督本作业队人员劳保用品的佩戴情况，并做好记录备查，负责检查施工现场的安全防护措施及人员状况，发现隐患后督促本作业队人员及时排除，并做好记录。

（9）组织夜间施工，现场的灯光布置一定要清晰明亮，达到一定的能见度，方可施工。在施工过程中，要互相配合，互相照应。

（10）接桩：钢管桩的连接采用外拼板及接头对接焊连接，所采用的焊接材料型号应与焊件材质相匹配。焊缝长度和焊缝厚度应满足要求，焊接强度不小于主材强度。应严格控制焊接质量。钢管桩对接必须顺直，顺直度允许偏差 0.5%。

（11）开始沉桩时宜用自重下沉，待桩身有足够稳定性后，再采用振动下沉。

桩帽或夹桩器必须夹紧桩头，以免滑动而降低沉桩效率、损坏机具。

（12）夹桩器及桩头应有足够夹持面积，以免损坏桩头。

（13）桩架顶滑轮、振动锤和桩轴线必须在同一垂直线上。

（14）桩架应保持垂直、平正，导向架应保持顺直。

（15）沉桩过程中应控制振动锤连续作业时间，以免因时间过长而造成振动锤损坏。每根桩的沉桩作业，须一次完成，不可中途停顿过久，以免土的摩阻力恢复，造成继续下沉困难。沉桩完成后可用氧割切除多余桩头。

（16）在钢栈桥施工完成后，为保证栈桥的安全运行，每月全面检查1次，并做好记录，发现隐患及时排除。定期派人对河床标高进行测量，如发现有较大冲刷时及时采取禁行车辆及抛填沙袋护脚等处理措施，确保钢管桩的稳定。

（17）栈桥上行驶的车辆应均速行驶，车速控制在 15km/h 以内，并保证车距。桥面板采用防滑面板，履带式起重机严禁起吊重物（不能超过 20t）；同一跨或平台上不能同时停放两辆履带履带式起重机。履带式起重机在施工时，禁止任何人员在起重大臂下停留或行走。

7．水中施工安全措施

（1）进入施工现场必须佩戴好安全防护用品，另还应配备好救生圈及救生衣。

（2）严格遵守劳动纪律、坚守工作岗位，上班前严禁喝酒，进入施工现场必须穿戴整齐，戴好安全帽，不得赤脚、穿拖鞋、赤裸上身工作。

（3）水上施工船舶必须锚固可靠，无论在顺水、逆水或有风浪的情况下，都应该有足够的控制能力。

（4）水上作业必须具备必要的安全设施，所有施工人员进入水上施工前，都应接受水上安全教育。水上作业人员必须遵守安全操作规程，严格执行施工组织设计和安全技术措施。

（5）船舶的拼装、航行、施运、招锚、定位和其他有关标志均须符合航运要求和水上交通管理部门的有关规定。水上作业平台不应有油污、细砂等易滑物，平台周围应设置牢固的护栏。

（6）水上作业应尽量避免单人操作，作业中应注意自我保护和相互监护。

（7）必要时应配备交通指挥监督船（交通船），防止其他船只进入施工区域。

（8）在水上施工过程中，必须与气象、水上监测部门保持联系，掌握水位水流变化情况，制订切实可行的应急措施，确保安全作业。

（9）大（雷）雨、大雾或风力大于六级以上的恶劣天气，严禁作业。暴风雨后，必须进行一次全面检查，发现问题及时处理。遇有台风警报时，必须采取有效的避风措施。

第二节　钻孔灌注桩桩施工

一、钻孔桩施工工艺

钻孔灌注桩的施工技术，目前已非常成熟。从施工准备到成桩，已有完整的体系。通用的钻孔桩的施工工艺，其具体流程见图2-27所示。

二、桩基础成孔

1. 场地平整

桩位处平整的场地直接平整、压实，桩位低洼、水塘处需先换填干燥土，平整压实，方能作为施工场地。

2. 开孔前准备工作

放线定出桩位，制作泥浆池、沉淀池、储浆池。确定钻机移位路线和方法，接通水源、电源，安装水泵。

施工准备

技术交底

复测桩位 → 桩位放线

拼接钻具、下钻 ← 钻机就位、对中

制作泥浆
泥浆净化
→ 钻进、成孔

清孔 ← 安装清孔设备

测量孔深、斜度、直径 → 成孔检查

吊放钢筋笼 ← 钢筋笼进场

导管检验、试压、维修 → 下导管

二次清孔 ← 测量沉碴

进入下一轮钻 ← 钻机移位

混凝土灌注机具就

混凝土试件 → 灌注水下混凝土 ← 混凝土运输

测量桩位

成桩检测

钻

钢筋骨

灌注混

验收成

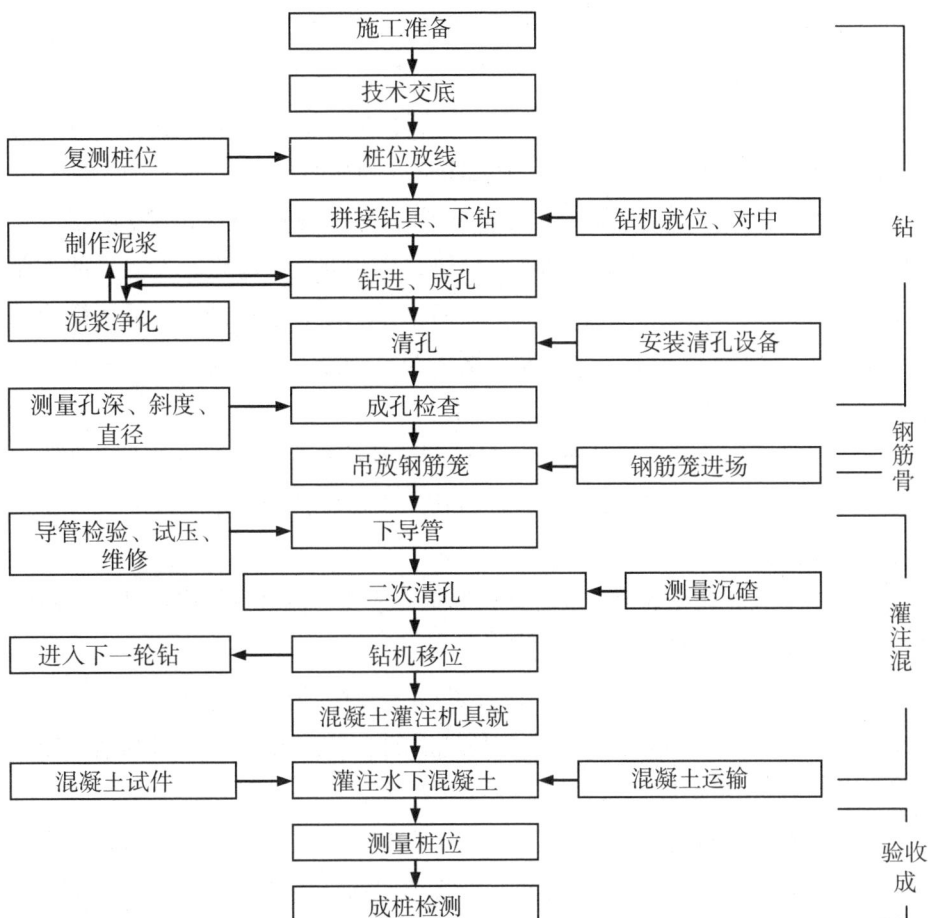

图2-27　钻孔桩施工流程图

3. 埋设钢护筒

钢护筒的材质、长度直径壁厚等按设计要求执行，设计无要求时，钢护筒内径宜比桩径大20～40cm，钢护筒的壁厚应能满足受力要求，护筒的焊缝应确保不渗漏。精确定出桩位后，经现场监理工程师检查无误，埋设钢护筒，钢护筒的插打施工，应严格控制其垂直度和高程，一般平面允许误差为50mm，护筒倾斜度不得大于1%。

4. 钻机就位

钻机摆放底部利用方木作为分配梁，场地承载力不够的区域下垫钢板保证钻机平稳、顺直。结合平台受力支承情况，合理布置，开钻顺序要统一安排，相邻两孔不能同时进行钻孔作业或浇筑混凝土，以免相互干扰。

5. 钻进成孔

（1）钻孔前应对钻孔的各项准备工作进行检查。

（2）钻孔时减压钻进，钻压不得超过钻具重力之和（扣除浮力）的80%，并保持重锤导向作用，保证成孔垂直度和孔形。

（3）钻机在不同的地质中应选择不同的钻压和钻进速度，对于砂层，采用轻压、低档慢速、大泵量、稠泥浆钻进，以免孔壁不稳定，发生局部扩孔或局部坍孔时，应充分浮渣、排渣，以防埋钻现象；对砂砾层，采用低档慢速、优质浓泥浆钻进，应确保护壁厚度以及充分浮渣；在岩层中，采用中档慢速，用稀泥浆减压钻进，确保孔壁顺直。

（4）钻孔作业分班连续进行，如确因故须停止钻进时，将钻头提升放至孔外，以免被泥浆埋住钻头。经常对钻孔泥浆抽检试验，不符合要求时要及时补充或调整泥浆。

（5）钻进成孔过程中，及时补充泥浆，使孔内泥浆面始终超过地下水位2.5m以上，保证孔壁稳定，防止塌孔。

（6）当钻进至接近钢护筒底口位置1~2m时，须采用低钻压、低转数钻进，并控制进尺，以确保护筒底口部位地质的稳定；当钻头钻出护筒底口2~3m后，再恢复正常钻进状态。

（7）加接钻杆时，应先停止钻进，将钻具提离孔底10~20cm，维持泥浆循环5min以上，以清除孔底沉渣并将管道内的钻渣携出排净，然后加接钻杆。升降钻具应平稳，尤其是当钻头处于护筒底口位置时，必须防止钻头钩挂护筒。

（8）钻杆连接螺栓应拧紧上牢，认真检查密封圈，以防钻杆接头漏水漏气，使反循环无法正常工作。

（9）及时详细地填写钻孔施工记录，正常钻进时应参考地质资料掌握土层变化情况，及时捞取钻渣取样，判断土层，记入钻孔记录表，并与地质资料进行核对，根据核对判定的土层及时调整钻机的转速和进尺。

6. 清孔

（1）清孔泥浆循环

当钻进至终孔标高3m前，即开始终孔前的清孔调浆作业。成孔后立即进行清孔作业。清孔过程中检测泥浆性能指标，补充部分新鲜浓泥浆，使孔内泥浆比重、黏度、含砂率、pH酸碱度和胶体率达到标准指标。

（2）二次清孔

钻孔施工完成后，进行提钻、下钢筋笼作业。然后在孔内安装混凝土灌注导管，进行二次清孔，清除下钢筋笼过程中造成的孔底沉渣，二次清孔完成后即可开始灌注混凝土。

灌注导管安装完成后，在导管内安装风管，利用导管作为吸泥管，对孔底进行二次清孔，清除下钢筋笼过程中造成的孔底沉渣。测量孔深，达到终孔标高后即可停止清孔，准备灌注混凝土。

（3）清孔注意事项

①终孔后及时清理，不能停歇过久，以免使泥浆、钻渣沉淀增多而造成清孔工作的困难甚至塌孔。

②清孔时利用泥浆分离器、导管和风管、浆管路组成的反循环泥浆循环系统，通过换浆进行清孔。即将导管底口提高距孔底15～20cm，保持泥浆正常循环，持续换浆直到排出泥浆的含砂率与换入泥浆的含砂率接近且含砂率＜2.0%，孔底沉渣厚度≤5cm后可停止清孔，进行下道工序的施工。

③清孔过程中须保持孔内水头，防止坍孔，不得采用加深钻孔深度的方法来代替清孔。

（4）泥浆指标测试

①在泥浆原材料试配时应全面测试泥浆性能指标，以确定合理的配比。测定指标包括：相对密度、黏度、静切力、含砂率、胶体率、失水率、酸碱度。

②在钻进成孔过程中每隔2小时测试一次泥浆性能指标。主要测试指标：相对密度、黏度、含砂率，并做好记录，其他指标根据实际情况不定期抽检。施工中专人检查泥浆性能，根据不同的地质及时调整泥浆指标。

7. 成孔质量检测

换浆清孔使泥浆指标和孔底沉淀物均达到验收标准，拆除钻机钻杆后，用探孔器检测，检查钻孔桩的孔径、孔深和倾斜度是否符合验收标准。钻孔成孔质量验收标准见下表2-4：

表2-4　钻孔桩成孔允许偏差和检验方法

序号	项　目		允许偏差	检验方法
1	护筒	顶面位置	50mm	钢卷尺
		倾斜度	1%	铅垂、钢卷尺
2	孔位中心		50mm	测量

续表

序号	项 目	允许偏差	检验方法
3	倾斜度	0.5%孔深	脸孔器
4	孔径	不小于设计	
5	沉渣厚度	≤50mm	测量。不允许用超挖代替沉渣厚度

（1）检孔器规格

检孔器的长度不得小于孔径的4~6倍，主筋采用Φ25钢筋，其外径比钢筋笼外径大10cm；加强圈钢筋采用Φ25钢筋，每隔2m设置1道，焊接在主筋内侧，并在加强圈的位置焊接2Φ25钢筋作为十字加劲撑；检孔器端部斜锥每边直线长1m；检孔器制作完成后注意保护，使用过程中均匀设置吊点，确保不变形。

三、钢筋笼制作及安装

钢筋笼制作及安装施工工艺流程为：钢筋下料→半成品加工、焊接→钢筋笼焊接、绑扎→施工单位自检合格→监理单位抽检合格→钢筋笼安装。

1. 钢筋笼加工

（1）钢筋进场

钢筋使用前，应进行调直和清洁工作，检查钢筋表面是否存在油渍、漆皮、鳞锈等，如钢筋端部有弯曲变形，则应对变形部位进行清除。所有进场钢筋除检查外观质量外，按规定进行分批验收，每60吨钢筋作为一个检验批，取样送试验室，检验合格后方可用于施工中。

（2）钢筋存放

钢筋的存放及制作场地在建好的钢筋场内，场地应平整干燥，做好防雨防锈措施。钢筋原材以及半成品应用塑料膜加以覆盖，并保护钢筋不受机械损伤及由于暴露于大气而产生锈蚀和表面破损。钢筋下方用10×10cm的木条加以支垫。

（3）钢筋加工

钢筋加工前，先将钢筋表面的油渍、漆皮、鳞锈等清除干净。

钢筋笼主筋接头采用双面搭接焊，焊接长度不小于5d（钢筋直径），每一截面上接头数量不超过50%，两接头距离同一截面不少于35d。加强箍筋与主筋连接全部焊接。钢筋笼的材料、加工、接头、焊接和安装须符合要求。

钢筋制作时应进行除锈调直处理，调直后的主筋中心线与直线的偏差不大于长度的1%，并不得有局部弯曲。主筋间距必须准确，保证对接顺利。

钢筋加工场设置钢筋笼加工模具及台座，对骨架尺寸和各种间距实行模具控制，钢筋笼在台座上加工绑扎。

钢筋笼制作应符合设计尺寸，桩基钢筋笼每隔2m设置1个截面的穿孔圆柱混凝土块作为定位装置，每个截面至少定位4处，各个截面定位装置应呈45°角扇形相互错开，均匀分布，保证桩基混凝土保护层的厚度。定位混凝土块的强度等级应与桩身混凝土的强度相同。钢筋笼顶端设置定位钢筋吊环，钢筋绑扎、焊接成型后，每个钢筋笼挂标志牌，写明墩号桩号等，尤其定位钢筋吊环，由于地面标高不同，其长度也不同，都必须标识清楚。

钢筋骨架的保护层厚度须符合设计要求，混凝土垫块满足与灌注混凝土同标号、同强度等级要求，垫块按竖向每隔2m设1道，每道沿圆周布置3个，纵向投影为正六边形。

为防止钢筋笼在运输过程中变形，在加强筋内侧焊接三角支撑。钢筋笼制作成形后，如果不能及时利用，则存放在成品区，下垫方木，上盖彩条布防止雨淋。钢筋骨架允许偏差及检验方法见表2-5。

表2-5 钻孔桩钢筋骨架允许偏差及检验方法

序号	项 目	允许偏差	检验方法	检验数量
1	钢筋骨架中心平面位置	20mm	尺量	全部
2	钢筋骨架直径	±10mm		
3	主钢筋间距	±10mm	尺量 不少于5处	
4	加强筋间距	±20mm		
5	箍筋间距或螺旋筋间距	±20mm		
6	钢筋骨架垂直度	±0.5%骨架长度	吊线尺量	

（4）声测管安装

声测管采用无缝钢管制作，内径50mm，单节长8m，顶端高于桩顶0.5m，且顶部桩头以上部位安装松解泡棉。声测管设在桩基加强钢筋内侧绑扎固定，保持竖直。声测管采用外加套筒连接，并用防水胶带密封，然后用铁丝绑扎牢固。声测管接头及底部应密封好，顶部用木塞封闭，防止砂浆、杂物堵塞管道。

2. 钢筋笼安装

钢筋笼加工完成并设置好保护层垫块后，用拖车将钢筋笼运送到施工地点，当在钢筋笼储存场存放时，应做好防锈工作。

钢筋笼利用起重机整体吊装到孔内，钢筋笼上口到达护筒口上方时，用型钢扁担将钢筋笼搁置在护筒上。由于钢筋笼较长，且要求整体一次吊装，所以必须考虑到起吊和移位时的钢筋笼变形控制。

为了保证钢筋笼起吊时不变形，宜用两点吊。第一吊点设在骨架的下部，第二吊点设在骨架长度的中点到上三分之二点之间。起吊时，先提第一吊点，使骨架稍提起，再与第二吊点同时起吊。随着第二吊点不断上升，慢慢放松第一吊点，直到骨架与地面或平台垂直，停止第一吊点起吊，用劲形骨架固定。

吊放钢筋笼入孔时应对准孔位轻放、慢放入孔，入孔后应徐徐下放。若遇阻力应停止下放，查明原因进行处理。严禁高起猛落、碰撞和强行下放。

钢筋笼入孔后，按设计要求检查安放位置并做好记录。符合要求后，采用吊筋将钢筋笼进行固定，防止钢筋笼因自重下落或灌注混凝土时往上窜动造成错位。吊筋的长度、设置位置必须经过仔细的研究和设计，防止出现钢筋笼降低或超高的现象。

对桩基进行无损检测，评价桩基完整性，在采用声波法检测时，必须保证声测管的质量，管厚度、接口连接、固定方式等必须符合要求，杜绝漏浆堵管现象。

桩身混凝土灌注完毕，达到初凝后即可解除钢筋笼的固定措施。

3. 钢筋笼上浮的处理

钢筋笼上浮发生于灌注混凝土的导管位于钢筋笼底部或更下方而混凝土埋管深度已经较大时，此时钢筋笼靠自身重力及孔壁的摩擦力来抵抗混凝土上顶力、摩擦力及泥浆的浮力，一旦失去平衡，钢筋笼就会上浮。

为防止钢筋笼上浮，应加强观察，以便及时发现问题，并在钢筋笼顶施加竖向的约束，如将钢筋笼顶部钢筋接长，焊于护筒顶部，一方面阻止钢筋笼上浮，另一方面可悬挂住钢筋笼，以保证钢筋笼的垂直度。

发现钢筋笼上浮之后，应立即停止灌注混凝土，查明原因及程度。如钢筋笼上浮不严重，则检查钢筋笼底及导管底的准确位置，拆除一定数量的导管，使导管底升至钢筋笼底上方后可恢复灌注；如上浮严重，应立即通过吸渣等方式清理已灌注的混凝土，另行处理。

四、水下混凝土灌注

（1）在浇筑水下混凝土前，应填写检查钻孔桩桩孔和钢筋笼情况的检查记录表，在浇筑水下混凝土过程中，应填写《水下混凝土浇筑记录》。

（2）在第一次清孔达到要求后，由于安装钢筋笼及导管，至浇筑混凝土的时间较长，孔底又会产生沉渣，所以安装钢筋笼及导管就绪后，再利用导管进行二次清孔。清孔的方法是在导管顶部安装一个弯头和皮笼，用泵将泥浆压入导管内，再从孔底沿着导管外置换沉渣。清孔标准是深度达到设计要求，其他指标满足规范要求。认真做好灌注前的各项检查记录并经监理工程师确认后，立即浇筑水下混凝土。

（3）混凝土的拌制：试验室对混凝土质量全程进行试验检测和控制。混凝土的运输：用混凝土灌车运输，运输以保证灌注不间断为原则，运输过程中严防离析并由专人负责。现场坍落度控制：桩径小于1.5m，为18~22cm，桩径大于1.5m，为16~20cm。若发现离析或坍落度损失超过2cm，必须重新拌和。桩的混凝土强度等级必须符合设计要求。

（4）首批混凝土量的计算：根据孔径的大小算出钻孔桩所需首批混凝土数量应能满足导管初次埋置深度的需要，不得小于1m，且不宜大于3m。其混凝土参考数量可以按图2-28所示计算。

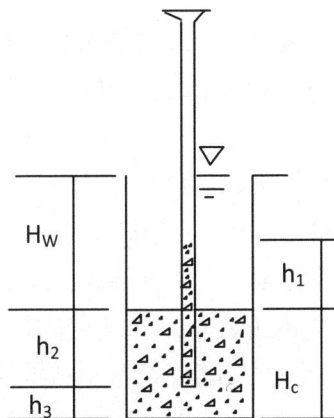

图2-28　首批混凝土灌注示意图

$$V=(\pi d2/4)Hc+(\pi D2/4)h_1$$
$$Hc=h_2+h_3$$

式中：V——首批混凝土所需数量（m³）；

  d——导管内径（m），取0.3m；

  D——桩径（m）；

  Hc——首批混凝土在孔内的高度（m），取1.4m；

  h_2——导管初次埋置深度（m），取1m；

  h_3——导管底端至钻孔孔底距离（m），取0.4m；

  h_1——桩孔混凝土面高度达到Hc时的导管内混凝土柱的高度（m），$h_1=H_w\times r_w/r_c$。

由于孔内直径的不均匀，该式计算出首批混凝土数量后，需根据现场孔内情况适当增大混凝土量。

（5）首批混凝土灌注结束后，立即测孔内混凝土面高度，计算出导管埋置深度，如符合要求，即可正常灌注。

（6）灌注开始后，应紧凑、连续地进行，严禁中途停工。并应尽量缩短拆除导管的间断时间，每根桩的浇筑时间不应太长，宜在8h内浇筑完成。在灌注过程中，要防止混凝土拌和物从漏斗顶溢出或从漏斗外掉入孔底，使泥浆内含有水泥而变稠凝结，致使探测不准确。灌注混凝土过程中要防止雨水等进入导管，混凝土的离析必然造成桩身质量不符合要求。灌注过程中，应注意观察管内混凝土下降和孔内水位升降情况，及时测量孔内混凝土面高度，正确指挥导管的提升和拆除。

在浇筑混凝土过程中，技术员测量孔内混凝土顶面位置，保持导管埋深在2~6m范围。埋深太浅可能造成泥浆进入导管，埋深太深，可能造成堵管，还可能使导管不能提升。

（7）导管提升时应保持轴线竖直和位置居中，逐步提升。如导管法兰卡挂住钢筋骨架，可转动导管，使其脱开钢筋骨架后，移到钻孔中心。

当导管埋深超出允许范围时，可拆除1节或2节导管（视每节导管长度）。此时，暂停灌注，先取走漏斗，重新系牢井口的导管，起吊提升，然后法兰盘接头，同时将起吊导管用的吊钩挂上待拆的导管上端的吊环，待快速接头拆除后，吊起待拆的导管，徐徐放在地上，然后将漏斗重新插入井口的导管内，调整好位置，继续灌注。

应尽量缩短拆除导管的间断时间，拆除导管动作要快，时间一般不宜超过15min。防止螺栓、橡胶垫和工具等掉入孔中。注意安全。已拆下的管节要立即清洗干净，整齐堆放。

（8）在灌注过程中，当导管内混凝土不满，含有空气时，后续混凝土要徐徐灌入，不可整斗地灌入漏斗和导管，以免在导管内形成高压气囊，挤出管节间的橡皮垫，而使导管漏水。

（9）当混凝土面升到钢筋骨架下端时，为防钢筋骨架被混凝土顶托上升，可采取以下措施：尽量缩短混凝土总的灌注时间，防止顶层混凝土进入钢筋骨架时混凝土的流动性过小，使用缓凝剂、粉煤灰等增大其流动性；当混凝土面接近和初进入钢筋骨架时，应使导管底口处于钢筋笼底口3m以下和1m以上处，应徐徐灌注混凝土，以减小混凝土从导管底口出来后向上的冲击力；当混凝土进入钢筋骨架4~5m以后，适当提升导管，减小导管埋置长度，以增加骨架在导管口以下的埋置深度，从而增加混凝土对钢筋骨架的握裹力。

（10）在灌注将近结束时，由于导管内混凝土柱高度减小，超压力降低，而导管外的泥浆及所含渣土稠度增加，相对密度增大。如在这种情况下出现混凝土顶升困难时，可在孔内加水稀释泥浆，并掏出部分沉淀土，使灌注工作顺利进行。在拔出最后一段长导管时，拔管速度要慢，以防止桩顶沉淀的泥浆挤入导管下形成泥心。

（11）浇筑到桩身上部5m以内时，可以不提升导管，待浇筑至规定标高再一次提出导管。拔管时注意提拔及反插，保证桩芯混凝土的密实度。

混凝土灌注到接近设计标高时，计算剩余部分的混凝土数量（计算时应将导管内的混凝土数量估计在内），通知拌和站按需要数量拌制，以免造成浪费。当混凝土浇筑面接近设计高程时，应用取样盒等容器直接取样确定混凝土的顶面位置，保证混凝土顶面浇筑到桩顶设计高程以上0.5~1.0m。

护筒的拆除可在灌注结束后，混凝土初凝结束前拔出。

（12）在灌注混凝土时，每根桩应至少留取3组试件，如换工作班时，每工班都应制取试件。试件应施加标准养护，强度测试后应填试验报告表。强度不合要求时，应及时提出报告。采取补救措施。

（13）有关混凝土灌注情况，包括灌注时间、混凝土面的深度、导管埋深、导管拆除以及发生的异常现象等，技术人员应进行详细的过程记录。

（14）水下混凝土浇筑过程中，发生导管漏水或拔出混凝土面、机械故障或其他原因，造成断桩事故，应予重钻或与有关单位研究补救措施。

第三节　钻孔桩常见施工质量问题的预防及处理措施

1. 斜孔的预防及处理措施

斜孔，通常在钻孔过程中发生钻孔偏斜，通常是由于地质不均匀、松软，或者钻孔时地质岩面发生倾斜，又或者钻架位移、钻机底座不平整，甚至钻头遇到大的孤石或探头石等原因引起。

斜孔的预防措施：

（1）钻机安装时，底座必须牢固可靠，不得产生沉降和水平位移，要经常检查、调平。同时钻进过程中每接长一根钻杆、钻进时间超过4h和怀疑钻机有歪斜时，均要重新进行基座的检测与调平。

（2）采用减压钻进的施工方式，钻压小于钻具重量的80%（扣除水浮力），以中低速钻进，严禁采取大钻压、高速钻进，以减小钻具的自由变形长度，使钻具在重力作用下始终保持垂直方向，确保钻孔的垂直度。

（3）在钻进过程中，要根据不同的地质分别控制钻压和钻进速度，尤其在地质变化的位置、护筒口位置更要采用低压慢转施工。

（4）选用优质的泥浆护壁，加强泥浆指标的监控，随时关注钻孔内泥浆液面的变化。孔内泥浆应始终保持高于地下水位，需要时应及时补充新鲜泥浆，保持孔壁的稳定性。

斜孔的处理方法：如出现斜孔，首先要反复扫孔至倾斜位置，采用慢速来回转动钻具，在钻头下放的时候更要严格控制下放速度，通过钻头的重量来纠正偏差。在钻进过程中还可加入钻头稳定器和钻杆稳定器，保证钻孔的垂直度。偏斜严重时可回填黏土、片石、块石至偏斜处顶面以上，待沉积密实后重新钻孔，重复以上方式，直至斜孔彻底解决。

2. 塌孔的预防及处理措施

塌孔是指由于孔壁的土层受到扰动、护壁泥浆比重太低，内外水头差保证不足或者由于漏浆造成孔内水头迅速下降等原因，而引发孔壁土体坍塌。

多出现在岩溶地区。

塌孔的预防措施：

（1）选用优质泥浆护壁。钻孔施工中优先选用不分散、低固相、高黏度的PHP泥浆进行护壁，同时加强泥浆指标的控制，使泥浆指标始终在规范容许范围内，控制钻进速度，使孔壁泥浆皮得以牢固地形成，以保持孔壁的稳定。

（2）施工过程中，根据不同的地质情况，选择合理的钻进参数。同时密切观察孔内泥浆面的变化情况，泥浆面应始终高于原地面平面，并适时补充新的泥浆。

（3）选择具有丰富施工经验的技术人员负责施工，同时加强孔位的监控，加强巡逻，强调安全第一、预防为主，避免塌孔事故发生。

塌孔的处理方法：

（1）对于钻孔、清孔过程中的塌孔，应立即提起钻头，对孔内快速补充泥浆保证内外水头差，同时向护筒内回填黏土后重新钻进。如果钻头无法提起，发生卡钻、埋钻事故，应插入吸泥导管吸出孔内坍塌的土石方，用大吨位起重机或千斤顶拉拔，尝试将钻头提起来，否则孔位将不得不报废。

（2）对于下放钢筋笼后或灌注混凝土过程中出现的塌孔，应立即停止混凝土灌注，用大吨位起重机或数台千斤顶拉拔，尝试将钢筋笼拔起。若拔不动则应用吸泥设备对孔内坍塌的土和混凝土进行清吸，争取将钢筋笼拔出，然后重新回填，进行钻孔。若钢筋笼无法拔出，则果断割断上部钢筋笼，回填后用冲孔设备重新冲击成孔。

（3）若在钢护筒下口处发生坍塌，则应对钢护筒接高，用振动打桩机将护筒向下持续跟进，以封闭塌孔处，然后在护筒内重新注入泥浆，再继续钻孔。

3. 扩孔的预防措施

扩孔通常是孔壁发生了小范围坍塌或者钻头摆动导致孔径增大。

扩孔的预防措施主要有：

（1）将钻机底座固定牢固，使得钻机在钻进时无法产生晃动。钻进过程中经常性地进行成孔检查。

（2）钻进过程中，根据不同的地质情况，控制钻压和钻进速度，在土层变化的位置采用低压慢转施工，避免扩孔。

（3）选用优质泥浆护壁，同时加强泥浆指标的控制，使泥浆指标始终在容许范围内，控制钻进速度，使孔壁泥皮得以牢靠形成，保持孔壁的稳定，避免小范围塌孔引起扩孔。

4. 缩孔的预防及处理措施

缩孔常因地层中含遇水能膨胀的软塑土或遇流塑状淤泥质亚黏土地层造成。

缩孔的预防措施主要有：

（1）使用与钻孔直径相匹配的钻头以反循环工艺钻进成孔，采用高黏度、低固相、不分散、低失水率的膨润土泥浆清渣炉壁。

（2）在软塑状亚黏土层采用小钻压、中等转数钻进成孔，并控制进尺。

（3）根据首根桩钻孔的钻进参数、孔径检测情况，适当调整钻进参数，以便大规模施工。

（4）当发现钻孔缩孔时，可通过提高泥浆性能指标，降低泥浆的失水率，以稳定孔壁，同时在缩孔段多次进行扫孔，以确保成孔直径满足规范设计要求。

缩孔的处理方法是：保证泥浆能和孔内水头满足要求，加大泥浆相对密度，将钻头加钢丝刷，放置于缩孔处，原位缓慢旋转进行扫孔，直到孔径满足要求。如遇流塑状淤泥质黏土，一般采用钢护筒穿过该层。

5. 漏浆的控制措施

护筒内泥浆外漏主要是由于地质条件较差、内外水头差而发生穿孔或串孔引起的，多发生在岩溶地区。

钻孔施工时，密切注意泥浆面的变化，一旦发现有漏浆现象，需立即采取控制措施：

（1）立即加大泥浆相对密度和黏度，停钻进行泥浆循环，及时补充浆液保证浆面高度，观察到液面不再下降时再行钻进。

（2）如果漏浆得不到有效控制，则需在浆液里加锯末灰等，经过循环堵塞孔隙，确保不再漏浆。

（3）如果在钢护筒底口漏浆，可直接将钢护筒接长，穿越漏浆区域。

（4）在上述措施都无法有效控制漏浆的情况下，需马上停止钻孔，立即回填黏土片石等，待静置一段时间之后，再复钻施工。

6. **掉钻的预防及处理措施**

掉钻的主要原因是钻杆与钻杆或钻杆与钻头之间的连接处承受不了扭矩或钻头自重，导致接头脱落、断裂或钻杆断裂。

防止掉钻措施主要有：采用大直径大刚度钻杆，以有效地克服因钻杆刚度不足引起的钻头摆幅过大、钻进效率低下、钻杆易折断等现象。同时加强接头连接质量的检查，加强钻杆质量检查。有条件的情况下，对焊接部位进行超声波检测，使用一次，检查一次，避免有裂纹或质量不过关的钻具用于施工中。钻进施工时要中低压中低速钻进，严禁大钻压高速钻进，以减小扭矩，避免掉钻。

如果发生掉钻事故，根据不同情况处理：如果钻杆较长（在5m以上，钻具倾斜），可采用偏心钩打捞，速度快，成功率高；如果钻杆较短，采用特制的三翼滑块打捞器进行打捞，效率较高，成功率高。打捞要及时，不可耽搁，以免孔壁不牢，出现塌孔，故现场需备用好偏心钩和三翼滑块打捞器，以防万一。

7. **清孔过深或沉渣过厚的处理措施**

预防清孔过深或沉渣过厚的主要措施有：

（1）若距孔底高程差50cm左右，钻具不再进尺，采用大气量低转速开始清孔循环，泥浆进行全部净化，经过2h后，停机下钻杆探孔深，此时若不到孔底高程，差多少，钻具再下多少，此项工作在钻孔桩工艺试验中要得出钻具距孔底多少距离经过清孔达到高程的参数。通过以上工艺来保证孔不会超钻，不会清孔过深，导致出现沉渣少的假象。

（2）防止沉渣超标的一个重要方法是成孔后，孔内泥浆指标要达到规定要求，规范规定含砂率应小于2%，但对于孔深大于100m时，经过近30h的静置，泥浆中的砂子沉淀下来10%～20%，如果钻渣厚度控制在20cm以内，则含砂率要降至1%以下，须采用泥浆净化装置循环去砂，降低含砂率，同时提高泥浆的胶体率，增加其悬浮能力。

8. **声测管堵塞、超声波检测不到位的处理措施**

声测管在每一节焊接完后，孔内要灌水，钻孔桩孔深超100m时，如果所灌水含泥量有1%，则经过长时间的沉淀，声测管内就有1m多的探头下不到位，导致超声检测不到位。

预防措施有：施工时用来灌声测管的水不能直接用江水（尤其是汛期江

水，因其含泥量高），如使用江水则要经过净化处理后才能用来灌声测管，防止出现声测管底部堵塞、超声波检测不到位的现象。声测管施工时接头焊接要牢固，不得漏浆，顶、底口要封闭严实，声测管与钢筋笼用粗铁丝软连接，确保声测管每一根都能够检测到底。

9. 混凝土灌注时堵管的预防及处理措施

堵管现象主要分为两种：一种是气堵，一种是物堵。

气堵产生的原因：当混凝土满管下落时，导管内混凝土（或泥浆）面至导管口的空气被压缩，当导管外泥浆压力和混凝土压力处于平衡状态时就出现气堵现象。

解决气堵现象的措施是：首批混凝土浇筑时，在泥浆面以上的导管中间要开孔排气，当首批混凝土满管下落时，空气能从孔口排掉，就不会形成堵管。首批过后正常浇注时，应将丝扣连接的小料斗换成外径小于导管内径的插入式轻型小料斗，使混凝土小于满管下落，不至于形成气堵。

物堵产生的原因：混凝土施工性能不好，石子较多，或混凝土原材料内有杂物等，在混凝土垂直下落时，石子或杂物在导管内形成拱塞，导致堵管。

物堵现象的预防措施是：由于孔深较长，混凝土自由落至孔底时速度较大，易形成拱塞，故要求混凝土有较好的流动性、不离析性能和丰富的胶凝材料，同时加强现场物资管理，使混凝土原材料中不含有任何杂物，并在浇注现场层层把关，确保混凝土浇筑顺利。

堵管的处理措施是：当堵管已经发生时，可采取适当上下提升导管（保证最小埋深1m），用粗钢筋接长做成长杆捅孔等方法处理。如仍不能解决堵塞问题，则采取3种方法处理：一是提起导管进行二次插管灌注混凝土；二是当灌孔时间不长、堵管位置较低时，可拔出导管，用清吸设备清吸完混凝土后重新灌孔；三是拔起钢筋笼，重新钻孔。前两种方法有可能造成桩质量下降，成桩后必须通过超声检测和钻芯取样，对堵塞时灌注区段桩身混凝土质量进行检验。

10. 断桩的预防及处理措施

断桩产生原因主要是导管埋置深度不够，导管拔出了混凝土面（或导管拔断），形成了泥浆隔层。

断桩的预防措施主要有：

（1）对导管埋深进行记录，同时用搅拌站浇注方量校核测锤测得混凝土面高程，始终保持导管埋深在2～6m，同时对导管要定期进行试压，并舍弃使用时间长或者壁厚较薄的导管，确保导管有一定的强度和刚度。

（2）确保拌和站的生产能力，混凝土的运输能力，确保钻孔桩混凝土浇筑连续，避免混凝土初凝甚至终凝，导管在混凝土灌注过程中拔断。这也是避免断桩的重要原因。

断桩的处理措施主要有：

（1）如断桩发生在钢护筒内，则需抽干护筒内的水和泥浆，利用人工凿除浮浆和松散的混凝土，清洗干净后采用干法浇筑混凝土，同时加强振捣，确保混凝土施工质量。

（2）如断桩发生在钢护筒以下，处理则较为困难。可采用钻小孔进行注浆，加固桩身薄弱的混凝土。如无法补强，则需用冲孔桩基重新冲砸成孔。

第三章 承台施工管理技术

承台是联系桩基础与墩身的部位，它的作用是承受和传递上部结构的荷载。由于主承台施工通常位于水中，因此施工时必须设置临时的挡水设施。

九嶷大桥桥址处湘江深度为7～10米，主桥9#、10#、11#主墩承台尺寸为13.7m×24.2m×4m，8#、12#边墩承台尺寸为8.45m×10.5m×4m，5#、6#、7#引桥承台尺寸为4.2m×3.9m×2.5m。

水利部门在审核九嶷大桥的设计方案时，明确要求承台不得露出河床，因此大桥承台围堰施工方案的选择，将直接影响项目的质量、安全、进度与成本控制。经知名专家论证，最终采用了锁口钢管桩与拉森钢板桩两种围堰方案，分别用于3个主桥承台。本章将详细介绍两种围堰的施工方案，以及深基坑水下承台的具体施工方法。

第一节 锁口钢管桩围堰

一、锁口钢管桩围堰设计情况

九嶷大桥主桥11#承台采用锁口钢管桩围堰的施工方法。围堰顶标高为98m，施工正常水位为96.5m。实际施工中根据水位需要安装内支撑。钢管桩采用T—C型锁口钢管桩，主管采用Φ529×10mm 235B钢管，11#主墩及边墩锁口阴头为Φ180×8mm钢管，引桥桥墩锁口阴头为Φ168×8mm钢管，阳头均为I20b工字钢。钢管桩距承台边缘预留2m间距，方便承台施工时模板安装。11#主墩围堰竖向设置四层内撑，标高分别为97m、94m、91.5m、89m。第一层圈梁采用3HN450×200型钢，第二、三、四层圈梁采用3HN700×300型钢，内撑主管采用Φ630×10mm钢管。8#、12#边墩围堰竖向设置3层内撑，标高分别为97m、94m、91.5m。第一层圈梁采用3HN450×200型钢，内撑主管采用Φ529×10mm钢管，第二、三层圈梁采用3HN700×300型钢，内撑主管采用Φ630×10mm钢管。5#—7#引桥桥墩围堰竖向设置4层内撑，标高分别为97.5m、94.5m、92m、89.5m。第一、二层圈梁采用2HN700×300型钢，第三、四层圈梁采用3HN700×300型钢，内撑主管采用Φ630×10mm钢管。

二、锁口钢管桩围堰施工方案

1. 围堰施工工艺

引孔→锁口钢管桩加工→安装导向定位架→插打锁口钢管桩→钢管桩灌注混凝土→钢管桩堵漏→抽水安装第一道支撑→依次安装第二、三、四、道支撑→开挖至坑底。

2. 锁口钢管桩加工

施工主要材料：Φ529×10mm螺旋管、Φ180×8mm钢管、Φ168×8mm钢管、I20工字钢。在施工前进行钢管桩加工，做到早计划、早落实，备足相应材料并在岸上加工足够数量的钢管桩。

钢管桩型钢出厂必须附有相应材料检验、试验合格证书、成品出厂合格证，每节钢管桩的质量要求：焊缝饱满、无沙眼或漏焊现象，钢管桩制作标准按如下规定执行：锁口钢管桩选用螺旋钢管，其加工制作在钢筋加工厂内焊接施工。先将钢管对接成设计长度，然后将锁口工字钢与钢管定位焊接。每根钢管桩上的锁口要对称位于钢管的同一直径线上。钢管桩的对接焊缝按照Ⅱ级焊缝质量标准检查验收；其余的焊缝按照Ⅲ级焊缝质量标准作外观检查，要求饱满、无裂纹、不漏水。钢管桩顺直、不折、不弯。

3. 测量定位

在围堰上下游一定距离的河岸陆地上设置控制测量点。在导向梁安装之前，用全站仪测放出围堰的内轮廓线；在钢管桩插打过程中，用全站仪控制锁口钢管桩的垂直度。

4. 锁口钢管桩引孔、插打与合龙

（1）引孔

根据设计图及现场地质情况，锁口钢管桩均采用80cm旋挖钻引孔插入钢管桩。

施工工艺流程：

准备工作→钻机定位→安装钢护筒→钻孔→成孔→安装导向架→插入管桩→下一根管桩施工。

施工方法：

①桩位测定：根据桩位平面图及测量基准点，测放桩位，经项目部测量班对桩位定位后，方可开始下沉钢护筒；

②钻机定位后安装钢护筒，开始钻孔；

③成孔后利用导向架将螺旋管插入孔中，难以插入时采用震动锤辅助插入；

④管桩插入后即可拔出钢护筒开始下一根桩施工。

（2）插打

①先在钻孔平台上接长横梁与平台面板分配梁，梁端纵梁连通。钢管桩紧贴纵梁插打，保证其垂直度。首先将导向桩打设到位，然后安装导向框。

②利用导向框插打第一根钢管桩。第一根钢管桩插打至指定位置时停止插打，然后进行第二根钢管桩插打。第二根钢管桩插打至与第一根钢管桩齐平时，停止第二根钢管桩插打。将第一根钢管桩剩余部分插打到位，再开始第三根钢管桩插打。插打至与第二根钢管桩平齐时停止插打完成第二根钢管桩剩余部分插打。如此循环施工。

③履带式起重机将钢管桩吊至插点处进行插桩，对准桩与定位桩的锁口，锁口抹上润滑油，开动液压机，夹紧桩，开始沉桩。

④试开打桩锤30秒左右，停止振动，利用锤惯性打桩至孔底，开动振动锤打桩下沉，控制打桩锤下降的速度，尽可能使桩保持竖直。

⑤在打桩过程中，为保证钢管桩的垂直度，用全站仪在无导向框限位两个方向加以控制。为防止锁口中心线平面位移，在打桩进行方向的钢管桩锁口处设卡板，阻止管桩位移。同时在导向框上预先算出每根管桩的位置，以便随时检查校正。

⑥打桩至设计高度前40cm时，停止振动，振动锤因惯性继续转动一定时间，打桩至设计高度。

⑦松开液压夹口，提升第二根钢管桩至桩位处，打第二根桩，依此类推至打完所有桩。

⑧钢管桩插打同一截面接头数不超过总数的50%，接头上下交错布置。

⑨插打示意图见图3-1。

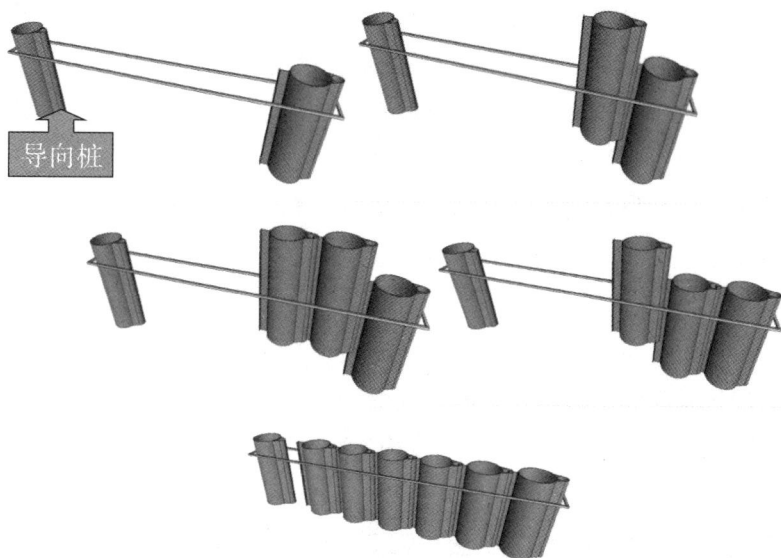

图3-1 锁口钢管桩插打工序示意图

（3）纠偏

①第一根钢管桩沉入后的垂直度影响到整个围堰其他钢管桩的垂直度。其打入时要缓慢些，打入到设计深度一半时暂停沉桩。检查桩身的垂直度是否在0.5%L（L为桩长）以内，如满足要求则继续开启振动锤沉桩，否则拔出重打。

②其他的钢管桩在定位架和锁口的共同作用下，一般不会产生较大偏差。只需每插打15～20根做1次检查，保证桩身的垂直度在1%L以内即可。桩身检验标准见表3-1。

表 3-1 桩身检验标准

序号	检查项目	允许偏差	检验方法
1	桩身垂直度	1%L	用尺量
2	齿槽平直度及光滑度	无电焊渣或毛刺	用2～3m长的桩段做通过试验
3	桩长度	不小于设计长度	用尺量

（4）合龙

①锁口钢管桩由围堰上游分两头插打，到下游合龙。

②钢管桩围堰合龙前，在插打至最后4～5根桩时，测量缺口的宽度，准确计算出合龙桩的外径，加工大小合适的钢管桩运至施工现场插打。

③为保证钢管桩围堰合龙时两侧锁口互相平行，避免使用异型桩进行合龙，减小合龙难度，当钢管桩两端相距10～15根桩的距离时，之后每打入一根桩，均须用全站仪控制其垂直度。若桩身存在偏斜，应逐根纠正，分散偏差，调整合龙。

（5）钢管浇筑混凝土

锁口钢管桩全部施工完毕后，对钢管桩进行水下灌注混凝土，采用导管灌注法，浇筑顺序为上游侧往下游侧连续浇筑，主墩混凝土封底浇筑厚度为2.8m，引桥5#～7#混凝土封底浇筑厚度为2.5m。

5. 锁口钢管桩堵漏及止水处理

锁口钢管桩堵漏的一般方法是在施工过程中用棉花加黏土混合物填塞接缝。堵漏材料采用现场基坑开挖出来的黏土，外购买棉絮，采用人工的方式将棉絮和黏土混合物塞进锁口内。

锁口钢管桩止水处理：

（1）抽水过程中或抽水后发现个别锁口漏水，可派潜水员下水检查漏水处位置，根据实际情况进行止水处理，通常可利用水下焊接堵漏，效果较为出色。

（2）抽水后如发生锁口漏水较大或漏水处较多影响围堰内基础施工时，要停止抽水，立即让水回灌入围堰，重新进行止水处理，然后再抽水。避免围堰变形、垮塌。

6. 圈梁、内支撑及爬梯安装施工

（1）圈梁及内支撑安装工序流程

主墩11#围堰内支撑安装顺序如下（假设钢管桩顶标高为0m）：安装第一层内支撑→抽水至-4.5m→安装第二层内支撑→抽水至-7m→安装第三层内支撑→抽水至-9.5m→安装第四层内支撑→抽水开挖至基坑底以下0.5m。

边墩8#围堰内支撑安装顺序如下（假设钢管桩顶标高为0m）：安装第一层内支撑→抽水至-4.5m→安装第二层内支撑标高→抽水至-7m→安装第三层内支撑→抽水开挖至基坑底。

引桥5#-7#围堰内支撑安装顺序如下（假设钢管桩顶标高为0m）：安装第一层内支撑→抽水至-4m→安装第二层内支撑标高→抽水至-6.5m→安装第

三层内支撑→抽水至-9m→安装第四层内支撑→抽水开挖至基坑底。

（2）圈梁安装

围堰合龙后，根据施工水位度量并在钢管桩上标志出圈梁水平位置；在支撑附近将型钢托架焊接在钢管桩上，作为圈梁安装的支承。将岸上下料并连接好的圈梁型钢用履带式起重机吊放到托架上，紧贴钢管桩并与其焊接；不能紧贴钢管桩的，在两者之间加小钢板焊接。

（3）内支撑安装

①在圈梁上测出支撑的安装位置，并准确测量出每根支撑两端圈梁间净距；根据净距对支撑钢管下料并将其两端切割成企口。为使支撑钢管达到轴心受压计算条件，企口切割时要保证钢管轴线和圈梁水平中线重合。

②用起重机将支撑吊放到对应位置安装，圈梁与支撑钢管端头直接焊接牢固、圈梁顶面与支撑钢管间用连接钢板焊接连接。最后安装围堰转角处三角支撑。钢管桩围堰施工完成图见图3-2。

a. 围堰内支撑　　　　　　　　　　b. 围堰俯视图

图3-2　锁口钢管桩围堰

（4）爬梯安装

锁口钢管桩围堰爬梯立柱采用∠50×50×5角钢焊接在锁口钢管桩围堰的圈梁上，爬梯焊接采用满焊，焊缝高度8mm，爬梯踏步采用Φ20钢筋焊接于爬梯立柱上。爬梯材料全部采用Q235钢，爬梯所有钢材外露部分按照《铁路钢桥保护涂装》（TB/T1527-2004）第I体系防腐处理。

三、锁口钢管桩围堰监测方案

1. 监测目的

在锁口钢管桩围堰施工过程中，只有对围堰钢管桩、支撑结构进行全面、系统的监测，才能对围堰工程的安全性有全面的了解，以确保工程的顺利进行，在出现问题时及时反馈，并采取相应的应急措施，因此对围堰的监测也是确保施工质量安全的重要手段。

2. 监测内容

（1）围堰水位监测

考虑到锁口钢管桩围堰保护对象的重要性，根据实测的水位变化情况，在锁口钢管桩顶标高98.0m往下1.0m（标高97.0m）处设置明显的水位预警线标志。在锁口钢管桩顶标高98.0m往下0.5m（标高97.5m）处设置明显的水位报警红线标志。在锁口钢管桩围堰、水中承台施工期间，设专人对水位变化情况进行实时动态监测。在水位到达预警水位时，要及时通知围堰内施工作业人员做好撤离准备。发现水位变化较大，水位到达红线警戒水位时要立刻通知施工现场作业人员立刻撤离作业区域，保证施工作业人员安全。

（2）围堰垂直位移和水平位移监测

围堰变形（垂直位移和水平位移）监测，在围堰水上部分顶部和底部设置两层固定标点，每层布置12个监测点（具体布置图见图3-3），监测其竖直

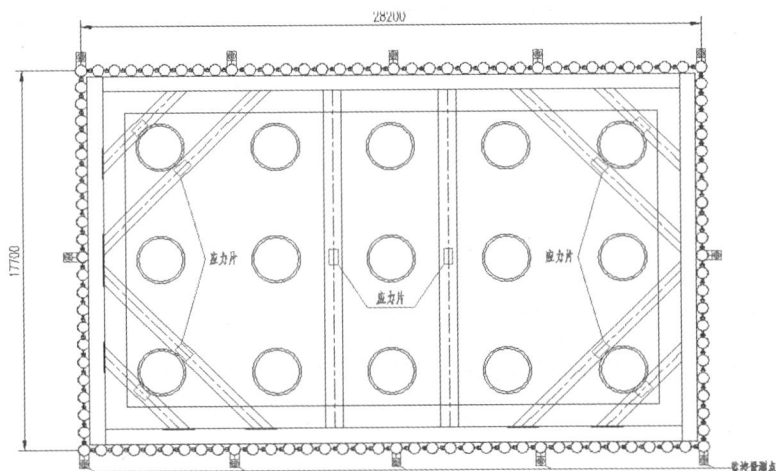

图3-3　围堰监控布置图

方向及垂直围堰轴线的水平方向的位移变化。垂直位移监测可与水平位移监测配合进行。监测断面要选择在最大堰高、合龙地段、堰基地质条件变化较大处及堰体施工质量存在问题的地段。

（3）围堰内支撑应力监测

围堰内支撑应力变化监测，在围堰内支撑钢管上贴应力片，通过应力器随时监测内支撑钢管的应力变化。发现异常及时进行处理。

（4）围堰渗流量

渗流量监测，通常将堰体背水坡脚排水沟的渗水集中引入基坑内的集水坑，可在各排水沟内分段设置量水堰进行监测，也可用基坑排水站的排水量推算围堰渗流量。

第二节　拉森钢板桩围堰

一、拉森钢板桩围堰设计情况

九嶷大桥主桥9#墩采用拉森钢板桩围堰。钢围堰采用拉森Ⅳ型钢板桩（SP-Ⅳ型），钢板桩长度15.32m。围堰平面尺寸为28.336m×17.16m，钢板桩顶标高设为98.0m，钢板桩底标高为82.68m，钢板桩嵌入承台底部4.32m。

钢板桩围堰圈梁和内支撑设置情况如下：

第一层圈梁采用三拼45b工字钢；

第一层内支撑采用Φ529×10mm螺旋管；

第二层圈梁采用二拼56b工字钢；

第二层内支撑采用Φ630×10mm螺旋管；

第三层圈梁采用三拼56b工字钢；

第三层内支撑采用Φ630×10mm螺旋管。

二、拉森钢板桩围堰施工方案

1. 拉森钢板桩围堰总体施工流程，见图3-4

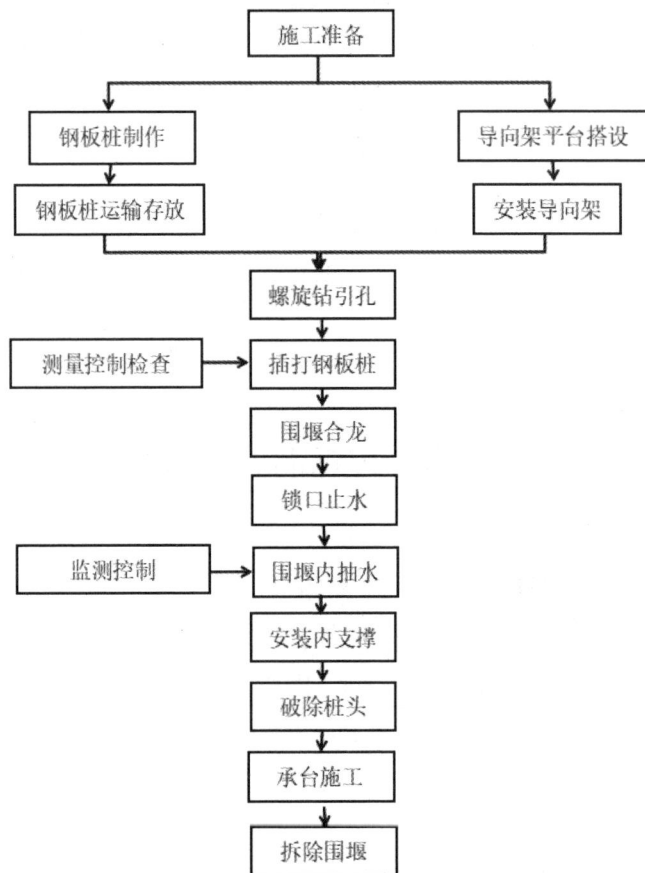

图3-4　拉森钢板桩围堰施工流程图

2. 拉森钢板桩加工及焊接

（1）主要施工材料：钢板桩材质为进口拉森Ⅳ型（SP-Ⅳ型），单根长12m，在施工前进行钢板桩焊接接长加工，按照总体施工进度计划提前20天组织所需材料进场，做到早计划、早落实，备足钢板桩材料。

（2）钢板桩型钢出厂附有相应材料检验、试验合格证书、成品出厂合格证，每节钢板桩的质量要求：焊缝饱满、无沙眼或漏焊等现象。

（3）钢板桩制作标准按如下规定执行：

锁口钢板桩选用"拉森Ⅳ"钢板桩（SP-Ⅳ型），其加工制作在钢筋加工厂内焊接施工。先将钢板桩焊接接长至钢板桩设计长度，钢板桩的对接焊缝按照Ⅱ级焊缝质量标准检查验收；其余的焊缝按照Ⅲ级焊缝质量标准作外观检查，要求饱满、无裂纹、不漏水。焊接接长后的钢板桩要求顺直、不折、不弯。

（4）钢板桩加工及焊接

①拉森钢板桩对接焊接必须保证每根拉森钢板桩同宽度，锁口平直并平行，不扭曲，拉森钢板桩不弯曲、不突变。

②拉森钢板桩焊接材料的烘焙、保管及使用，按焊接材料保管要求执行。

③拉森钢板桩接长焊接后，施工的时候要保证焊接接头上下错开，减少整体受力在同一断面处接头的风险。

④拉森钢板桩接长焊接前，必须用砂轮机对焊接坡口及坡口两侧各宽20mm范围内，角焊缝在焊接宽度方向两侧各宽20mm内，清除氧化物、水分、油污、泥土等。

⑤拉森钢板桩对接时，调直是个关键工序，钢板桩平直偏差控制在0.1%范围内。

⑥拉森钢板桩对接双面焊接，锁口部位避开不用焊接，钢板桩焊接结束后，对所焊的焊缝，必须敲清焊渣及焊缝周围的飞溅，并用砂轮机打磨光滑，检查焊缝外表质量是否符合验收质量要求。

3. 测量定位

在钢栈桥桥头岸边陆地上设置测量控制点。在导向架安装之前，用全站仪测放出围堰的内轮廓线；在拉森钢板桩插打过程中，用全站仪控制拉森钢板桩（SP-Ⅳ型）的垂直度及围堰线型。

4. 拉森钢板桩引孔、插打与合龙

（1）螺旋钻引孔

根据钢板桩施工设计图及现场实际地质情况，拉森钢板桩均采用直径80cm螺旋钻引孔、然后采用90震动锤插打钢板桩（SP-Ⅳ型）。

①引孔施工工艺流程

施工准备工作→用螺旋钻钻钢围堰角部第一个孔→钢围堰第一个孔钻到设计深度、成孔→用直径630螺旋管振动插入孔内（防止螺旋钻在钻进第二个孔时，发生塌孔、串孔）→用螺旋钻钻钢围堰第二个孔→钢围堰第二个孔钻到设计深度、成孔→用直径630螺旋管振动插入第二个孔内（防止螺旋钻在钻进第三个孔时，发生塌孔、串孔）→用螺旋钻钻钢围堰第三个孔→钢围堰第三个孔钻到设计深度、成孔→将第一个孔内的630螺旋管拔出、插入第三个孔内→插打第一个孔内拉森钢板桩到设计标高→用螺旋钻继续钻进第四个孔→钢围堰第四个孔钻到设计深度、成孔→将第二个孔内的630螺旋管拔出、插入第四个孔内→ 插打第二个孔拉森钢板桩到设计标高→依次交替循环施工完成全部围堰引孔及围堰钢板桩施工。

②施工方法

钢板桩位置测量控制：用全站仪在钢平台面板上测量定位出围堰的中线控制点，并用红油漆标记。

安装导向架：利用马道和平台钢管桩作为导向架的支撑点，在水面以上50cm处采用40a工字钢沿围堰中线两侧焊接导向架，导向架宽度84cm，在工字钢侧面焊接1.25m×6m钢板，防止螺旋钻在钻进过程中与工字钢交叉干扰。

引孔施工：

钻机的选型：采用螺旋钻机，钻头采用特制的螺旋式合金钢钻头，钻头上开直径1cm的出水孔2个，在螺旋钻钻杆上增加高压水管。

利用两侧的马道和平台就位。钻进开始时先将高压水注入钻杆内，钻机按照设计孔位开始钻进至成孔。在钻进过程中，设专人负责检查钻杆接头螺栓松动情况及高压水的注入情况。成孔后，提出钻杆，移动钻机，采用90振动锤振打630钢护管，进行下一个孔钻孔施工。

（2）钢板桩插打

钢板桩插打施工自上游开始，下游合龙，采用履带式起重机配备90型振动锤进行钢板桩插打施工。

①钢板桩运输

对于已加工处理好的钢板桩，在堆放和运输中，要避免碰撞，防止发生弯曲变形。

②钢板桩插打的技术要求

a.已插入的钢板桩，倾斜度≤5‰；

b.每组钢板桩插入正确位置偏差≤±15mm；

c.钢板桩靠紧内导向架的距离不大于20mm。

③钢板桩插打

a.先在钻孔平台上接长横梁与平台面板分配梁，梁端纵梁连通。钢板桩紧贴纵梁插打，保证其垂直度。首先将导向桩打设到位，然后安装导向框。

b.利用导向框插打第一根钢板桩，第一根钢板桩插打至指定位置时停止插打，然后进行第二根钢板桩插打；第二根钢板桩插打至与第一根钢板桩齐平时，停止第二根钢板桩插打，将第一根钢板桩剩余部分插打到位；再开始第三根钢板桩插打，插打至与第二根钢板桩平齐时停止插打，完成第二根钢板桩剩余部分插打。如此循环施工。

c.履带式起重机将钢板桩吊至插点处进行插桩，对准桩与定位桩的锁口，开动液压机，夹紧钢板桩，开始沉桩。

d.在打桩过程中，为保证钢板桩的垂直度，用全站仪在无导向框限位两个方向加以控制。为防止钢板桩中心线平面位移，在打桩进行方向的钢板桩处设卡板，阻止钢板桩位移。

e.钢板桩插打到设计高度后松开液压夹口，提升第二根钢板桩至桩位处，插打第二根钢板桩。依此类推至打完所有钢板桩。

④钢板桩的起插及施工过程控制

a.沉桩位置及测量控制：

钢板桩利用振动锤振入的过程中容易产生偏移，因此要有可靠的定位系统控制其坐标，钢板桩沉入时的平面位置主要通过导向架和测量仪器控制。

插打钢板桩时严格控制其垂直度，尤其是第一根桩的定位和垂直度控制，对以后各板桩的定位和垂直度影响巨大。第一根桩要从两个面进行控制，确保精确安装测量无误后方可插打，插打后如发现不垂直还应进行局部调整，以确保后面的钢板桩的垂直度不受影响，当纠正后仍然达不到以上目标时，应拔起重新进行插打施工。

b.制作精确的导向架：导向框由导框桩与导框组成，导框桩与导框采用焊接连接，焊缝高度不小于4mm。测量人员用全站仪放出4个角位置，按照测量放点进行安装，保证导向架位置准确和两工字钢相互垂直。

c.在沉桩过程中要及时用吊线观察钢板桩的垂直度，必要时采用手拉葫芦进行纠偏。整个施工过程中，要始终控制每根锁口钢板桩的垂直度。当钢板桩的倾斜度超过1%时，则要进行纠偏，同时一次性纠偏不能太多，以免引起锁口间卡住，影响下一根钢板桩的插打。

在插打过程中先将钢板桩逐根插打到稳定深度，然后依次插打，打至不能再打为止一般情况不能小于设计深度。在垂直度有保证的条件下，也可以一次振打到位。如果钢板桩顶标高不足的，需进行接长设置防浪板。

d.在钢板桩沉放过程中，如果发生桩身突然发生倾斜、错位或贯入度突然增大等现象，此时应停止沉放钢板桩，将偏位的桩拔出，分析查找原因，改变施工方法。

e.第一根钢板桩打桩至设计高度前40cm时，停止振动，振动锤因惯性继续转动一定时间，打桩至设计高度。

f.松开液压夹口，提升第二根钢板桩至桩位处，插打第二根钢板桩，以此类推至打完所有钢板桩。

g.钢板桩插打时要考虑在锁口采取密封措施。如使用混合油，其体积配合比为黄油、沥青、干锯末、黏土＝2∶2∶2∶1，用混合油涂刷所有锁口，以防止锁口漏水。

（3）钢板桩纠偏

拉森钢板桩插打施工技术要求较高，必须对钢板桩的轴向、法向倾斜度严格加以控制，及时进行纠偏处理。否则，不仅会增加标准钢板桩和异形钢板桩的用量，增加钢围堰合龙的难度，而且会损坏钢板桩，影响打桩速度，甚至影响工程的防渗漏效果。

①第一根钢板桩沉入后的垂直度影响到整个围堰其他钢板桩的垂直度，其打入时要缓慢些，打入到设计深度一半时暂停沉桩，检查桩身的垂直度是否在0.1%L以内，如满足要求则继续开启振动锤沉桩，否则拔出重打。

②其他的钢板桩在定位架和锁口的共同作用下，一般不会产生较大偏差，只需每插打15～20根做一次检查，保证桩身的垂直度在1%L以内即可。框身检验标准见表3-2。

表3-2　拉森钢板桩桩身检验标准

序号	检查项目	允许偏差	检验方法
1	桩身垂直度	1%L	用尺量
2	齿槽平直度及光滑度	无电焊渣或毛刺	用2～3m长的桩段作通过试验
3	桩长度	不小于设计长度	用尺量

（4）钢板桩合龙

①拉森钢板桩（SP-Ⅳ型）由围堰上游分两头插打、到下游角部利用专

门加工的角桩进行围堰合龙。

②拉森钢板桩（SP-Ⅳ型）围堰合龙前，在插打至最后4~5根钢板桩时，测量合龙缺口的宽度，以便测算异形钢板的尺寸，并进行精确纠偏。

③拉森钢板桩（SP-Ⅳ型）合龙后，再将未达到设计标高的桩逐一复打到位，确保钢板桩围堰顶口标高基本一致。在合龙部位根据实际情况采用异形钢板，保证锁口稳固连接，合龙的异形板根据实际情况尺寸加工。

④合龙时需及时与顶层围檩之间进行焊接固定，以确保钢板桩围堰的整体稳定性。在钢板桩与围檩之间有空隙的地方，需采用短型钢加工而成的钢楔塞紧，然后进行焊接固定。

钢板桩围堰合龙示意图见图3-5。

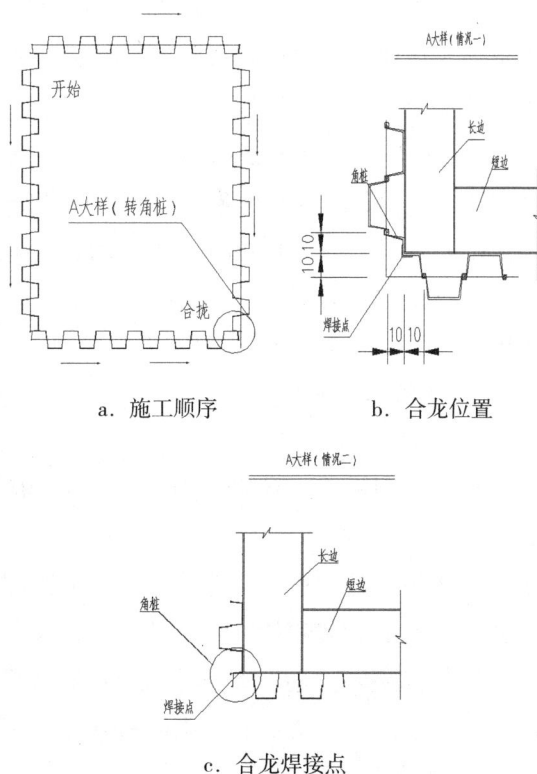

a. 施工顺序 b. 合龙位置

c. 合龙焊接点

图3-5 钢板桩（SP-Ⅳ型）围堰合龙示意图

（5）钢板桩围堰底部注浆

根据不同部位确定止水类别，钢板桩围堰注浆按以下情况分类：

①钢板桩围堰内侧孔内注浆：

由于采用螺旋钻引孔施工，在钻机提钻后及插打钢板桩过程中，受水流冲击力和振动锤的振动影响，存在周边卵石层回灌孔内现象，孔内存在松散卵石层，钢板桩在受到外侧水压力作用下容易发生位移，不利于钢板桩围堰整体结构安全。在钢板桩内侧焊接D20注浆钢管进行注浆。

②钢板桩围堰外侧孔内注浆

由于采用螺旋钻引孔施工，在钻机提钻后及插打钢板桩过程中，受水流冲击力和振动锤的振动影响，存在周边卵石层回灌孔内现象，孔内存在松散卵石层。为防止钢板桩插打位置与钻孔深度发生偏差，出现钢板桩底部穿水现象，在外侧孔内进行注浆处理。

③钢板桩围堰外侧卵石层注浆

在钢板桩插打到位后，需人工水下进行钢板桩锁口部位止水处理，由于卵石层部位施工人员无法作业，为避免卵石层部位出现漏水现象，在钢板桩围堰外侧卵石层标高范围内进行注浆处理。

注浆管采用D20的普通焊管，在钢板桩围堰外侧布置1号和2号注浆管，在钢板桩围堰内侧布置3号注浆管，1号注浆管在底部5m范围内开直径5mm注浆小孔，2号注浆管在卵石层标高范围内开直径5mm注浆小孔，3号注浆管在底部3~5m范围内开直径5mm注浆小孔。

注浆材料采用PO42.5级硅酸盐水泥中外掺高效扩散剂。

5. 拉森钢板桩围堰堵漏及止水处理

（1）拉森钢板桩围堰堵漏

覆盖层以上部分的拉森钢板桩因嵌锁咬合上总有不严密之处，须在坑内抽水时立即进行堵漏止水施工作业。

一般的做法是在钢板桩施打过程中用棉絮、黄油等填充物填塞接缝。或在钢板桩全部插打完毕开始抽水安装围檩时，采用一边抽水一边在钢板桩的接缝外侧下溜细砂或锯末拌和湿砂的方法，借助水压力将细砂吸入接缝内而达到堵漏的目的。对于变形较大的接缝，在钢板桩围堰围檩安装后用棉絮塞填。

（2）拉森钢板桩围堰止水处理

①围堰抽水过程中或抽水后发现个别锁口漏水，可派潜水工下水检查漏水处位置，根据实际情况进行止水处理。

②抽水后如发生锁口漏水较大影响围堰内基础施工作业时，要停止抽水、让水回灌入围堰，重新进行止水处理，然后再抽水。

6. 拉森钢板桩围堰圈梁、内支撑及钢爬梯安装施工

拉森钢板桩围堰圈梁及内支撑安装工序流程：以主墩9#墩拉森钢板桩围堰为例，施工步骤（假设钢板桩顶标高为0m）：①施工钢板桩（SP-Ⅳ型），安装好第一道支撑后，抽水至-4.5m；②安装好第二道支撑后，抽水至-7m；③安装好第三道支撑后，抽水开挖至基坑底；④凿除桩头，施工承台。

（1）围堰圈梁安装

围堰合龙后，在钢板桩上标志出圈梁水平位置；在支撑附近将型钢牛腿托架牢固焊接在钢板桩上，作为圈梁安装的支撑。将岸上下料并连接好的圈梁型钢用履带式起重机吊放到托架上，紧贴钢板桩并与其焊接；不能紧贴钢板桩的，在两者之间加垫小钢板焊接；圈梁端头连接处应焊接成整体，钢板桩内支撑钢管与圈梁节点处采用钢板加劲肋局部加强。

（2）围堰内支撑安装

①在圈梁上测出内支撑的安装具体位置，用红色油漆标记，并准确测量出每根支撑两端圈梁间净距；根据净距对支撑钢管下料并将其两端切割成企口。为使支撑钢管达到轴心受压计算条件，企口切割时要保证钢管轴线和圈梁水平中线重合。

②用起重机将支撑吊放到对应位置安装，圈梁与支撑钢管端头焊接牢固，圈梁顶面与支撑钢管间用连接钢板焊接连接。最后安装钢围堰转角处三角支撑。

（3）围堰爬梯安装

拉森钢板桩围堰爬梯立柱采用∠50×50×5角钢焊接在钢板桩围堰的圈梁上，爬梯焊接采用满焊，焊缝高度8mm，爬梯踏步采用Φ20钢筋焊接于爬梯立柱上。爬梯材料全部采用Q235钢，爬梯所有钢材外露部分按照《铁路钢桥保护涂装》（TB/T1527-2004）第I体系作防腐处理。

三、拉森钢板桩围堰监测方案

1. 监测目的

在拉森钢板桩围堰施工过程中，只有对围堰钢板桩、支撑结构进行全面、系统的监测，才能对围堰工程的安全性有全面的了解，以确保工程的顺利进行，在出现问题时及时反馈，并采取相应的应急措施。

2. **监测内容**

（1）围堰水位监测

考虑到拉森钢板桩围堰保护对象的重要性，根据实测的水位变化情况，在钢板桩顶标高98.0m往下1.0m（标高97.0m）处设置明显的水位预警线标志。在钢板桩顶标高98.0m往下0.5m（标高97.5m）处设置明显的水位报警红线标志。在钢板桩桩围堰、水中承台施工期间，设专人对水位变化情况进行实时动态监测。在水位到达预警水位时，要及时通知围堰内施工作业人员做好撤离准备。发现水位到达红线警戒水位时，要立刻通知施工现场作业人员立刻撤离作业区域，保证施工作业人员安全。

监测频率：每天早上8：00由当地水文局提供当天水位标高及流速情况，项目部在岸边设置了水位标尺，每天监测两次水位标高。

（2）围堰垂直位移和水平位移

围堰变形（垂直位移和水平位移）监测，在围堰水上部分顶部和底部设置两层固定标点。每层布置12个监测点，监测其竖直方向及垂直围堰轴线的水平方向的位移变化。垂直位移监测可与水平位移监测配合进行。监测断面要选择在最大堰高、合龙地段、堰基地质条件变化较大处及堰体施工质量存在问题的地段。

监测频率：围堰支撑、开挖期间每2h进行1次监测，支撑、开挖完成，承台施工期间，待监测数据稳定后每12h测量1次。

（3）围堰内支撑应力监测

围堰内支撑应力变化监测，在围堰内支撑钢管上贴应力片，通过应力器随时监测内支撑钢管的应力变化。发现异常及时进行处理。

监测频率：围堰支撑、开挖期间每12h测量1次。

（4）围堰渗流量

渗流量监测，通常将堰体背水坡脚排水沟的渗水集中引入基坑内的集水坑，可在各排水沟内分段设置量水堰进行监测，也可用基坑排水站的排水量推算围堰渗流量。

第三节　承台施工

九嶷大桥主墩承台尺寸为13.7m×24.2m×4m；边墩承台尺寸为：8.45m×10.5m×4m，水中引桥承台尺寸为：4.2m×3.9m×2.5m。主桥主墩承台为本项目施工重难点，本节主要介绍主墩承台施工管理技术。

一、深基坑承台开挖

承台开挖前，首先在围堰外侧马道上安装MH-20+5+5门式起重机1台，门式起重机最大起重量为12.5t，中间跨度20m，每边外悬臂5m，门式起重机安装就位后，利用门式起重机将挖掘机下放到基坑内进行开挖施工；承台深基坑开挖采用80#型挖掘机1台，长度4.5m（不伸臂）/7.0m（伸臂）×宽度1.9m×高度4.5m，配110mm岩石炮头，80#型挖掘机自重为7t；30#型挖掘机1台，长度3.7m（不伸臂）/5.5m（伸臂）×宽度1.5m×高度2.7m，带90mm岩石炮头，30#挖掘机自重4t。卵石层机械开挖区范围直接采用挖掘机开挖施工，岩层范围利用挖掘机配备破碎锤进行岩层开挖施工。堰内开挖出来的渣土利用门式起重机将渣土斗吊至渣土车上方，倒入渣土车中，转运至指定弃渣场。

为确保承台深基坑开挖施工的安全，开挖承台深基坑时，先做好深基坑支护结构（钢围堰检查验收）和基坑排水工作。根据基坑开挖工况采用挖掘机按放线位置分块、分层、均匀、对称进行开挖，不得超挖施工。挖土厚度要求一次不能过深，控制在50cm，边挖边检查坑底尺寸，不够时及时进行修整。

在承台深基坑挖土过程中，测量人员和技术人员配合测定标高和承台外轮廓尺寸。当基坑分层开挖要接近基坑坑底时，应尽量避免对地基原状岩体的扰动。机械开挖到承台底时采用人工修整开挖，防止对地基土层结构和桩产生破坏性影响。

承台深基坑施工过程中，在深基坑每个内转角处设一个集水坑，集水坑尺寸为80×80×150cm。将施工过程中渗流到承台基坑内的水及时抽到围堰外，保证承台深基坑施工无积水现象。

1. 具体开挖步骤

第一步：为保证门式起重机在行走过程中平稳、安全，避免面板与贝雷梁的滑动致使钢轨出现扭曲，需对围堰外侧马道加固施工，马道面板和贝雷梁用U型卡牢固连接。

第二步：在外侧马道上面根据门式起重机轨距测量放线，定位门式起重机轨道位置，进行门式起重机轨道安装施工。

第三步：门式起重机安装施工，门式起重机厂家用履带式起重机将门式起重机各构件按安装要求要求吊装到位。

第四步：测量班在围堰内河床面上测量定位承台基坑开挖线，开挖线比设计尺寸宽1m。

第五步：用门式起重机将80#型挖掘机吊放到深基坑内。

第六步：河卵石层机械开挖区由1台80#型挖掘机进行开挖，先开挖Ⅰ区卵石层，再开挖Ⅱ区卵石层，最后开挖Ⅲ区卵石层。将基坑挖出的卵石转至渣土斗中，再利用门式起重机将渣土斗吊至渣土车中，转运出场地。卵石层范围角部机械开挖不到的地方，采用人工开挖清理卵石，采用门式起重机用料斗将人工开挖的卵石吊出围堰，用渣土车运输至弃渣场。

第七步：岩石层机械开挖区采用2台80#挖掘机配备110mm破碎锤对岩层分区域、分层进行破碎处理。每层开挖深度控制在50cm。为加快岩层开挖进度，采用两台80#型挖掘机同时进行岩层开挖。其中一台80#型挖掘机开挖Ⅰ区岩层，另外一台80#型挖掘机开挖Ⅱ区岩层，Ⅰ区、Ⅱ区岩层开挖完成后，最后用一台80#型挖掘机开挖Ⅲ区岩层。基坑出渣采用一台30#型挖掘机，出渣时利用门式起重机吊至Ⅰ区、Ⅱ区、Ⅲ区，将开挖的渣土装到渣土斗里面，利用门式起重机将料斗吊至渣土车上面进行渣土转运处置。

第八步：桩头采用30#型挖掘机配备90mm破碎锤进行破桩头至相应标高，人工采用风镐凿桩头，清理桩头顶面，将破碎的桩头利用渣土斗吊出基坑，用渣土车运至指定弃渣场。

2. 开挖注意事项

深基坑在开挖过程中，发现涌泥、漏水较大，影响坑内人员、机械设备作业时，沿基坑内侧四周开挖排水沟。围堰每个角部设置1个集水坑，用大功率抽水泵排水。

为防止已浇筑成型的混凝土桩不被破坏，基坑开挖时应将靠近桩边20cm

土先预留，然后用人工清理，以免机械碰伤混凝土桩。

承台深基坑开挖全过程中，必须由专人统一指挥机械操作，防止内支撑在开挖过程中被碰撞、移位。

开挖过程应从横桥向方向分层、分块、均匀、对称顺序进行。每一层开挖过程中先分块开挖下游侧，再分块开挖上游侧。

在靠近支撑及周边小型挖掘机开挖不到的边角地方，采取人工配合机械进行开挖施工。

基坑开挖作业时，安排专人对锁口钢管桩围堰进行变形观测。若发现异常，须及时进行处理，保证承台深基坑开挖施工安全。

基坑开挖过程中，设专人指挥出渣，渣土斗利用门式起重机吊出和下放。在整个出渣过程中防止渣土斗碰撞围堰支撑，确保围堰结构安全。

二、垫层施工

1. 准备工作

（1）测量放样

校检仪器：测量使用的仪器，必须由具有相关检测资质的检测单位进行检测后出具书面校检合格证明资料，保证仪器在校检合格期限内使用；施工期间，按照规范要求和仪器的使用情况，每年须送检1次。

（2）对承台、系梁等相关坐标进行测量放样，校核图纸坐标。

（3）施工技术准备：工程技术人员需熟悉承台相关施工图纸，领会设计意图；组织相关工程技术人员集中进行本方案的学习、讨论和交底，并解决各方提出的疑问；技术人员对施工班组进行详细的技术交底和安全交底，确定施工路线。

（4）承台施工工艺流程：测量放样→承台基坑开挖→凿除桩头→承台垫层施工→承台钢筋绑扎→底、中、顶层冷却装置安装→模板安装→混凝土浇筑→冷却管降温、养护、拆模。

2. 桩头处理

桩头采用环切法利用人工配合风镐进行剥桩施工。待桩头剥完后，用水冲洗干净使之露出骨料，并对桩头钢筋进行清污和调至设计要求。最后对桩头做无损检查，检验合格后方可进行下一阶段施工。

3. 场地清理

清除场地内的杂物，对承台平台局部标高不满足垫层底标高的地方进行找平处理。承台在场地平整过程中，沿承台周围使其形成一定的排水坡度，沿承台四周设置相互连通排水沟，以便场内积水在自然状态下，沿四周汇集于集水坑内。配备大功率抽水泵，利用水泵将场内积水抽出基坑外，确保基坑内无积水现象。

4. 垫层浇筑

承台平台平整后，浇筑15cm厚的C25混凝土垫层。在浇筑过程中要求用振捣棒充分振捣。浇筑前，由测量人员布设3m×3m网格定位桩（Φ16mm钢筋），用水准仪进行高程控制，垫层顶面用广线加以控制。

三、钢筋绑扎及冷却水管敷设

由于主承台混凝土方量达到1326.16m³，因此设计中充分考虑了大体积混凝土的水化热效应，钢筋绑扎的同时需安装冷却水管，冷却管采用Φ32的标准铸铁水管，管与管之间采用与之配套的接头。冷却管安装后，需要做通水试验，确保通水顺畅且管节不渗漏，并在通水降温结束后，及时灌浆封闭，并将露出承台的管道切除。承台钢筋绑扎时，还需注意保护预埋钢筋、墩身部分钢筋及后续施工用的预埋件位置和数量要准确。

1. 钢筋制作、绑扎及固定

承台钢筋在钢筋加工厂内加工成半成品，按类堆放并编号，汽车运至现场绑扎。承台直径≥25mm的钢筋接头采用滚扎直螺纹套筒进行连接。

承台钢筋外侧绑扎混凝土垫块，确保钢筋保护层厚度在设计要求范围内。

单个主墩承台一次浇筑完成。钢筋绑扎主要分成4个部分：底板钢筋、侧面分布筋与架立筋、顶板钢筋及其他预埋钢筋。

2. 冷却水管安装

冷却水管采用Φ32的标准铸铁水管，90°弯头采用弯管机冷弯而成。管与管之间采用与之配套的接头，连接部位须绑扎止水带，确保不漏水。冷却水管采用短钢筋架立，并多点焊接固定，减小混凝土下落对冷却水管的冲击。施工过程中注意对冷却水管进行保护，应避免混凝土直接落到冷却水管上。严禁施工人员踩踏水管。

冷却水管安装完成后，进行通水检查。混凝土浇筑到盖住一层冷却水管后，便可开始通水降温。通过对混凝土中心处预埋钢管内水温的测量，控制冷却水管中水的流量，确保混凝土中心处的温度与混凝土表面差不大于25℃，混凝土表面温度与大气温度差不大于20℃，并通过将内部水流引至表面、迟拆周边模板等措施来保证混凝土内外温差在允许范围内。冷却水管出水口和进水口采取集中布置、统一管理，并标示清楚。水管由离心泵供水。

主墩承台共布置3层冷却水管，冷却水管的布置见图3-6、图3-7、图3-8、图3-9。

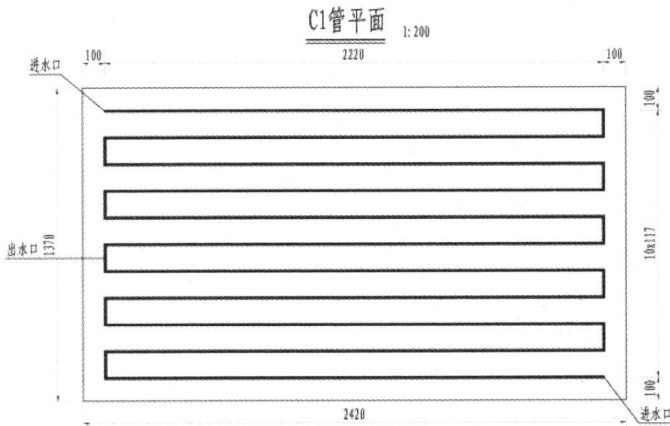

图3-6　承台第一层冷却管布置图

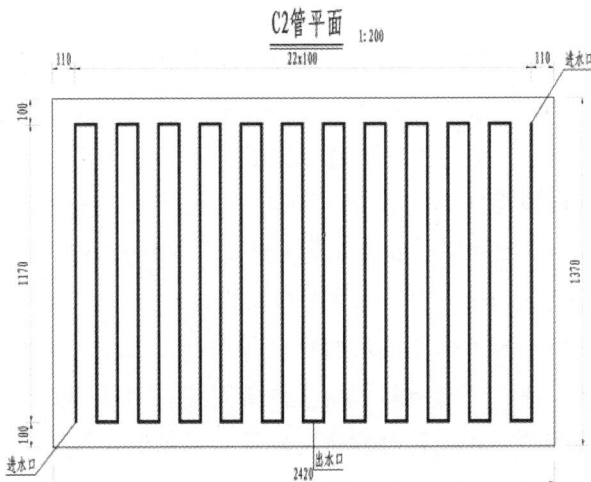

图3-7　承台第二层冷却管布置图

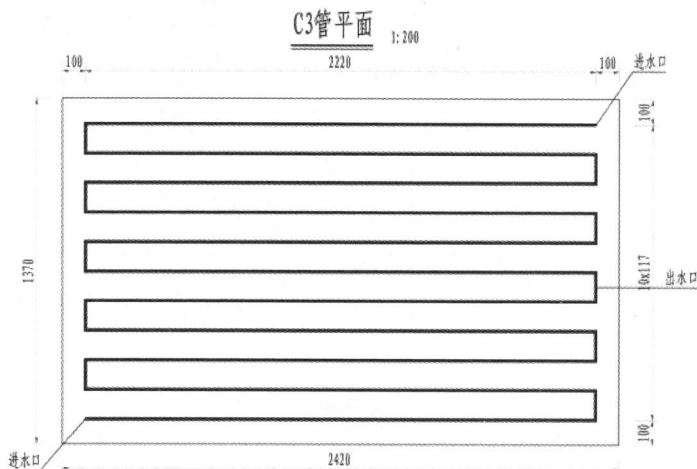

图3-8　承台第三层冷却管布置图

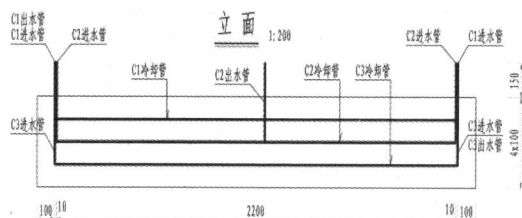

图3-9　冷却管立面布置图

3. 测温点布设

每个主墩承台布设78个测温点：每层冷却管布设9个测温点，共9×3＝27个；冷却管进、出口均布设测温点，共3×3＝9个；在距承台侧边10cm处布设测温点，研究在内排外保的情况下温度梯度变化情况，竖向布设3层，共8×3＝24个；在距承台顶面10cm处设置测温点，并在混凝土外表面、塑料薄膜下设置测点用以实际量测外保温的措施是否到位，共9+9＝18个。

在承台的每个测温点布置预埋式测温线，用JDC-2型便携式电子测温仪、预埋式测温线检测大体积的混凝土内部温度。预埋式测温线由插头、导线和温度传感器组成，适宜测量混凝土内部温度。为便于分层测温管理，每支测温线的插头都贴有相应长度规格的标签。每支测温线可测混凝土内一点温度。

四、模板安装

承台模板采用大块定型钢模板拼装而成，模板材料采用A3号普通碳素钢。单块模板的高度设计为2.50m，模板间连接采用螺栓联结；竖肋采用 ［8槽钢，最大间距35cm，焊于面板上；背楞为 ］［10槽钢，最大间距为75cm；面板采用6mm钢板，通过主钢筋连接对拉拉杆Φ22圆钢加固钢模板。

1. 承台模板受力情况分析

（1）设计荷载

①竖向荷载：桥梁承台模板竖向荷载规定见表3-3。

表3-3　承台模板承受竖向荷载

序号	项目	材料容重或荷载大小	
1	模板容重	组合钢模、连接件及钢楞	0.75kN/m²
2	钢筋混凝土容重	以体积计算的含筋率按＞2%考虑	26kN/m³
3	施工人员、施工料具运输、堆放荷载	计算模板及直接支撑模板的小楞，均布荷载取值	2.5kPa
4	倾倒混凝土时产生的冲击荷载	采用导管倾倒时	2kPa
5	振捣混凝土时产生的荷载	2kPa	
6	其他可能产生的荷载	雪荷载、冬季保暖设施荷载等	0

②水平荷载：承台模板水平荷载规定见表3-4。

表3-4　承台模板承受水平荷载

序号	项目		荷 载 计 算
1	新浇混凝土对模板侧面压力	采用内部振捣器时	对竖直模板来说，新浇筑的混凝土的侧压力是它的主要荷载。当混凝土浇筑速度在6m/h以下时，作用于侧面模板的最大压力Pm可按下式计算： $Pm = K \cdot Y \cdot h = 1.2 \times 26 \times (1.53+3.8 \times 1.8/15) = 61.96$kPa （其中：当V/T≤0.035时，h = 0.22+24.9V/T；当V/T＞0.035时，h = 1.53+3.8V/T） 式中：Pm为新浇混凝土对侧面模板的最大压力，kPa； h为有效压头高度，m； T为混凝土入模时的温度，冬季取T = 8℃，夏季取T = 30℃； K为外加剂影响系数，不加时，K = 1；掺缓凝外加剂时，K = 1.2。

续表

序号	项目		荷 载 计 算
1	新浇混凝土对模板侧面压力	采用内部振捣器时	V为混凝土的浇筑速度，空心墩台取V＝3m/h，实体墩台取V＝1.8m/h； H为混凝土浇筑层（在水泥初凝时间以内）的高度，m； Y为混凝土的容重，kN/m³
		泵送混凝土浇筑施工时	泵送混凝土入模温度在10℃以上时，模板侧压力Pm＝4.6V0.25＝5.47kPa
2	振捣混凝土时对侧面模板的压力		按4.0kPa计
3	倾倒混凝土时对侧面模板产生的水平荷载	竖直模板	由于本工程承台模板竖直，可认为与倾倒混凝土时产生的冲击荷载相同，即为2kPa

③模板的荷载效应组合：承台只考虑新浇混凝土时对侧面模板的压力和倾倒混凝土时产生的水平荷载，荷载效应组合为：

$1.2 \times 61.96 + 1.4 \times 4 = 79.96 kPa = 0.07996 N/mm^2$

（2）容许应力

模板属于临时结构，其强度设计采用容许应力法。组合钢模板钢材采用A3号普通碳素钢，其容许应力见表3-5。

表3-5 钢模板及配件的容许应力 　　　单位：MPa

材种	应力种类	符号	规范规定	新钢模板及配件	
				提高系数	计算采用
A3钢材	抗拉、抗压轴向力	$[\sigma]$	140	1.25	175
	弯曲应力	$[\sigma w]$	145	1.25	181
	剪应力	τ	85	1.25	106

注：①钢材弹性模量E取2.1×105MPa。
②当钢模板等构件及配件较旧时，提高系数应降低，但不小于1.0。

（3）容许挠度：

验算模板刚度时，其容许挠度不得超过表3-6的规定值。

表3-6 钢模板及配件的容许挠度值

序号	模板类型	容许挠度值	符号意义
1	结构表面外露的模板	L/400	L：模板构件计算跨径
2	结构表面隐蔽的模板	L/250	
3	钢模板的面板或单块钢模板	1.5mm	
4	钢模板的钢楞	3mm	

（4）模板的弯矩和挠度计算

考虑到模板的连续性，在均布荷载下其弯矩及挠度可按表3-7近似计算。

表3-7 模板弯矩及挠度计算

名称	均布荷载	跨中的集中荷载	符号意义
弯矩	qL2/10	PL/6	q-沿模板长度的均布荷载；
挠度	qL4/（128EI）	PL3/（77EI）	P-集中荷载； L-计算跨径； I-模板截面的惯性矩； E-模板弹性模量

2. 模板受力验算

承台模板采用如下设计参数：

模板材料采用A3号普通碳素钢；单块模板的高度设计为2.50m，模板间连接采用螺栓联结；竖肋采用［8槽钢，最大间距35cm，焊于面板上；背楞为］［10槽钢，最大间距为75cm；面板采用6mm钢板。

（1）侧模面板验算

根据面板的跨径 Lx＝35，Ly＝75，可知Ly/ Lx＝75/35＝2.14>2，面板为单向板。

①强度验算

取10mm宽的板条作为计算单元，荷载为：

q＝0.07996×10＝0.7996N/mm，弯矩系数为 k＝0.1

M＝kal²＝0.1×0.7996×300²＝7296.4N.mm

其截面抵抗矩：

W＝bh²/6＝10×6²/6＝60mm³

支座弯矩最大处截面应力：σ＝M/W＝7296.4/60＝119.94N/mm²<[σ]＝

$175N/mm^2$，故其强度可满足要求。

②挠度验算

查表可知三等跨连续梁边跨跨中挠度最大，10mm板的截面惯性矩：

$I = bh3/12 = 10 \times 63/12 = 180mm^4$

则面板挠度：

$\omega = qL4/128EI = 0.7996 \times 3004/（128 \times 2.1 \times 105 \times 180）= 1.34mm < 1.5mm$

故满足施工要求

（2）纵肋计算

每块侧模设有6道竖肋，为[8槽钢，其刚度较大，故进行竖肋受力分析时，可简化为三等跨连续梁计算。

每道竖肋[8槽钢承受均布线荷载为：

$q = 0.07996 \times 350 = 27.986N/mm$

①竖肋强度计算

三等跨连续梁其最大弯矩产生在支座处，其支座负弯矩值为max＝Kql2＝$0.1 \times 27.986 \times 7502 = 1.57 \times 106N \cdot mm$，

则支座处截面应力 $\sigma = Wmax/W = 1.57 \times 106 \div（25.3 \times 103）= 62.06N/mm2 < [\sigma] = 235N/mm^2$，故其强度可满足要求。

②竖肋刚度计算

三等跨连续梁的挠度最大产生在跨中位置，则竖肋的最大挠度为：

$\omega = ql4/128EI = 27.986 \times 7504 \div（128 \times 2.1 \times 105 \times 101.3 \times 104）] = 0.325mm < L/500 = 750 \div 500 = 1.5mm$，故其刚度可满足要求。

（3）背楞验算

①背肋强度计算

穿墙螺栓作为背楞的支撑，根据穿墙螺栓布置及竖肋较密，故背楞近似按均布荷载计算。

荷载$q = 0.07996 \times 750 = 59.97N/mm$。

背楞螺栓上、下侧为悬臂，悬臂长200mm，最大弯矩在下端支座处：

$Wmax = 0.5ql2 = 0.5 \times 59.97 \times 200^2 = 1.2 \times 106N.mm$，

背楞采用2根[10槽钢，$2W = 78.8cm^3$，$2I = 396.4cm^4$。

则支座处截面应力 $\sigma = wmax/2W = 1.2 \times 106/（78.8 \times 10^3）= 15.38N/mm^2 < [\sigma] = 235 N/mm^2$，故其强度可满足要求。

②背楞刚度计算

背楞总体近似为等跨连续梁，按三等跨连续梁计算。

三等跨连续梁的挠度最大产生在边跨跨中位置，则竖肋的最大挠度为：

$\omega = ql4/128EI = 59.79 \times 7504/（128 \times 2.1 \times 105 \times 396.4 \times 104）= 0.18mm <$

$L/500 = 700 \div 500 = 1.5mm，$

故其刚度可满足要求。

（4）穿墙拉杆计算

穿墙拉杆的水平距离为900mm，垂直间距1000mm，一个拉杆承受拉力为：$N = PA = 0.07996 \times 900 \times 1000 = 71964N$。

穿墙拉杆采用φ22圆钢，端头面积$A = 380.1mm^2$，应力$\sigma = N/A = 71964/380.1 = 189.32N/mm2 < 215N/mm^2$，满足要求。

五、承台混凝土浇筑

1. 混凝土浇筑前准备工作

（1）原材料准备工作

原材料准备：进场原材料均使用复检合格的产品。同时需满足《大体积混凝土施工规范》（GB 50496–2009）对原材料的要求。

水泥进场后，必须按批量进行安定性、凝结时间、强度等项目的复试检验。水泥存储超过3个月后，应重新进行物理性能检验，并按复检的结果使用。

骨料进场后，按规定进行含泥量、级配等项目复试，合格后方准使用。骨料改变料源产地时，必须进行碱活性、压碎指标值、坚固性等性能指标的检验。

外加剂使用前应做水泥适应性试验，不得有假凝、速凝、分层或离析现象。

对每批进场的粉煤灰进行细度、烧失量和需水量比项目的复试，合格后方准使用。

（2）混凝土垫块检查

①承台属于重要工程，垫块宜采用专门制作的定型产品，且该类产品的质量应符合下列要求：混凝土垫块应具有足够的强度和密实性；垫块的制作厚度不应出现负误差，正误差应不大于1mm。

②垫块应相互错开、分散设置在钢筋与模板之间，但不应横贯混凝土保护层的全部截面进行设置。垫块在结构或构件侧面和底面所布设的数量每平方米应不少于4个，根据现场情况，局部宜适当加密。

③垫块应与钢筋绑扎牢固，且其绑丝的丝头不应进入混凝土保护层内。

④保证钢筋的混凝土保护层厚度符合设计图纸以及规范要求。

（3）钢筋骨架安装质量检查

承台钢筋密集，且种类较多，应按表3-8的要求逐项检查：

表3-8　承台骨架钢筋检查标准

项次	检 查 项 目			规定值或允许偏差	检查方法和频率
1	受力钢筋间距（mm）	两排以上排距		±5	尺量：每构件检查2个断面
		同排	梁、板、拱肋	±10	
			基础、锚碇、墩台、柱	±20	
		灌注桩		±20	
2	箍筋、横向水平钢筋、螺旋筋间距（mm）			±10	尺量：每构件检查5～10个间距
3	钢筋骨架尺寸（mm）	长		±10	尺量：按骨架总数30%抽查
		宽、高或直径		±5	
4	弯起钢筋位置（mm）			±20	尺量：每骨架抽查30%
5	保护层厚度（mm）	柱、梁、拱肋		±5	尺量：每构件沿模板周边检查8处
		基础、锚碇、墩台		±10	
		板		±3	

2. 承台混凝土浇筑

承台混凝土浇筑属于大体积混凝土浇筑，为保证混凝土能连续浇筑，采用全面分层的浇筑方式，确保后续混凝土的振捣质量，一次性完成大体积承台混凝土浇筑。

（1）混凝土泵送注意事项

①混凝土输送泵管单独设置，不得与模板或围堰连接，避免产生振动冲击，影响结构的安全。

②泵送混凝土时，混凝土泵的支腿应伸出调平并插好安全销，支腿支撑应牢固。

③混凝土泵与输送管连通后，应对其进行全面检查。混凝土泵送前应进行空载试运转。

④混凝土泵送施工前，应检查混凝土送料单，核对配合比，检查坍落度。必要时还应测定混凝土扩展度，在确认无误后方可进行混凝土泵送。

⑤混凝土泵启动后，应先泵送适量清水以湿润混凝土泵的料斗、活塞及输送管的内壁等直接与混凝土接触部位。泵送完毕后，应清除泵内积水。

⑥经常送清水检查，确认混凝土泵和抽送管中无异物后，应选用下列浆液中的一种来润滑混凝土泵和输送管内壁：水泥净浆；1：2水泥砂浆；与混凝土内除粗骨料外的其他成分相同配合比的水泥砂浆。润滑用浆料泵出后应妥善回收，不得作为结构混凝土使用。

⑦开始泵送时，混凝土泵应处于匀速缓慢运行并随时可反泵的状态。泵送速度应先慢后快，逐步加速。同时，应观察混凝土泵的压力和各系统的工作情况，待各系统运转正常后，方可以正常速度进行泵送。

⑧在混凝土泵送过程中，如需加接输送管，应预先对新接管道内壁进行湿润。

⑨当混凝土泵出现压力升高且不稳定、油温升高、输送管明显振动等现象导致而泵送困难时，不得强行泵送，并应立即查明原因，采取措施排除故障。

⑩当泵送管堵塞时：应及时拆除管道，排除堵塞物。拆除的管道重新安装前应湿润。当混凝土供应不及时，宜采取间歇泵送方式，放慢泵送速度。但一定要满足所泵送的混凝土从搅拌到浇筑完毕的延续时间不超过初凝时间的要求。间歇泵送可采用每隔4~5min进行两个行程反泵，再进行两个行程正泵的泵送方式。

⑪泵送完毕时，应及时将混凝土泵和输送管清洗干净。

⑫混凝土的供应宜使输送混凝土的泵能连续工作，间隔时间不宜超过15min。在泵送过程中，受料斗内应有足够混凝土，应防止吸入空气产生堵塞。

（2）混凝土浇筑与振捣注意事项

①混凝土初始坍落度应控制在180~220mm，2h坍落度不小于160mm。

②混凝土自吊斗口下落的自由倾落高度不得超过2m，防止下落的混凝土离析，浇筑高度如超过3m时必须采取措施，用串桶或溜管等。

③浇筑混凝土时，浇筑层高度应根据混凝土供应能力，一次浇筑方量，

使用插入式振捣器时每层厚度不大于30cm。结合混凝土初凝时间：结构特点、钢筋疏密综合考虑决定，一般为振捣器作用部分长度的1.25倍。

④使用插入式振捣器应快插慢拔，插点要均匀排列，逐点移动，顺序进行，不得遗漏，做到均匀振实。移动间距不大于振捣作用半径的1.5倍。振捣上一层时应插入下层5~10cm，以使两层混凝土结合牢固。振动器使用时，振捣器距离模板不应大于振捣器作用半径的0.5倍，且不宜紧靠模板。

⑤浇筑混凝土应连续进行。若必须间歇进行，其间歇时间应尽量缩短，并应在前层混凝土初凝之前，将次层混凝土浇筑完毕。间歇的最长时间应按所用水泥品种、气温及混凝土凝结条件确定。

⑥浇筑混凝土时应经常观察模板、钢筋、预留孔洞、预埋件和插筋等有无移动、变形或堵塞情况，发现问题应立即处理，并应在已浇筑的混凝土初凝前修正完好。

⑦混凝土振捣掌握以下要领：垂直插入、快插、慢拔、"三不靠"等。

插入时要快，拔出时要慢，以免在混凝土中留下空隙。

每次插入振捣的时间为20~30秒，并以混凝土不再显著下沉、不出现气泡、开始泛浆为准。

振捣时间不宜过久，太久会出现砂与水泥浆分离，石子下沉，并在混凝土表面形成砂层，影响混凝土质量。振捣时振捣器应插入下层混凝土10cm，以加强上下层混凝土的结合。振捣插入前后间距一般为30~50cm，防止漏振。

"三不靠"是指振捣时不要碰到模板、钢筋和预埋件。在模板附近振捣时，同时用木槌轻击模板。在钢筋密集处和模板边角处，配合使用铁钎捣实。

六、大体积混凝土温度控制

混凝土浇筑以后，由于水泥水化热导致混凝土温度很高，而且不易失散，导致混凝土内部温度急剧上升，引起混凝土膨胀变形。此时混凝土弹性模量很小，升温引起受基础约束的膨胀变形产生的压应力也很小，但在日后温度逐渐降低，混凝土收缩变形时，弹性模量比较大，降温引起受基础约束的变形会产生相当大的拉应力。当拉应力超过混凝土的抗拉强度时，就会产生温度裂纹，对混凝土结构产生不同程度的危害。此外在混凝土内部温度较高时，外部环境温度较低或者气温骤降期间，内外温差过大在混凝土表面也会产生较大的拉应力，而出现表面裂缝。有混凝土的开裂很可能影响结构的耐久性甚至承载力，所以要引起高度重视。而解决问题的主要办法，就是控制温度，以使混凝土相应的温度应力受到控制，防止开裂。

九嶷大桥承台属于大体积混凝土，因此以下内容主要介绍如何进行施工温度控制。

1. 温控工作的目标与指标

大体积混凝土施工之前，在全面了解实际工程概况（结构设计、基础地质条件等）并取得相关资料（混凝土相关物理力学指标、环境气象资料等）的基础上，进行混凝土水化热模拟分析计算。采用大型有限元MIDAS软件来计算该承台施工期内部温度场及仿真应力场，并根据计算结果来制定不出现有害温度裂缝的温控标准和相应温控措施，预测后续各施工阶段结构温度场及应力的变化趋势。

温控的主要目标是：使大体积混凝土内部的温度场变化按照预想的目标发展。具体可分解为：降低最高温度和最高温升；降低内外温差，使混凝土内温度分布尽量均匀，并控制其温度梯度在允许范围内；控制混凝土降温速率。

主要温度控制指标如下：大体积混凝土入模温度不高于28℃，不低于5℃；大体积混凝土内部冷却循环水管进出口水的温差小于等于10℃；冷却水管排出的降温水在混凝土顶面蓄水保温养护时，养护水温与混凝土表面温度差值应不大于15℃；降温速率不大于2.0℃/d；大体积混凝土内表温差不大于25℃；大体积混凝土内部最高温度小于75℃。

2. 大体积混凝土水化热仿真分析计算

（1）模型基本数据

MIDAS模型中分别将承台混凝土和地基模拟成具有一定比热和热传导率的结构。对于浇筑混凝土后的336h（14d）进行了水化热分析，其中管冷作用于336h（14d）。

由于模型具有对称性，所以这里只取1/4模型进行建模和分析。这样不仅可以提高建模速度、缩短分析时间，而且也便于查看内部温度分布以及应力发生状况。

材料和热特性数据见表3–9。

表3-9　1/4承台材料和热特性数据

特性		基础	地基
比热（kcal/kg ℃）		0.25	0.2
容重（kN/m³）		25	18
热传导率（kcal/m hr ℃）		2.3	1.7
对流系数（kcal/m² hr ℃）	外表面	12	12
	钢模板	15	–
外界温度（℃）		15	–
浇筑温度（℃）		15	–
28天抗压强度（MPa）		40.0	
强度发展系数（ACI）		a＝4.5 b＝0.95	–
28天弹性模量（kN/m³）		3.25×10^7	1.0×106
热膨胀系数		1.0×10^{-5}	1.0×10^{-5}
泊松比		0.18	0.2
每立方米水泥量（kg/m³）		350	–
热源函数系数		K＝41 a＝0.759	–

（2）仿真分析结果

冷却管水温情况：

　　每层选取1个具有代表性的冷却管作为代表，分别取1/3处、2/3处、出口处进行观察。进口处水温15℃。

　　第一层冷却管：此层3个代表点的节点选在为1/3处（节点1）、2/3处（节点2）、出口处（节点3）。见表3-10。

表3-10　第一层冷却管温度测试结果

步骤	阶段	时间（h）	节点1（℃）	节点2（℃）	节点3（℃）
1	CS1	10	26.4	26.3	20.5
2	CS1	24	36.2	35.5	25.4
3	CS1	48	43.1	40.2	28.3
4	CS1	72	43.1	38.3	28.1
5	CS1	96	40.8	34.6	26.6
6	CS1	120	37.7	30.9	25.2
7	CS1	144	34.7	27.8	23.9

步骤	阶段	时间（h）	节点1（℃）	节点2（℃）	节点3（℃）
8	CS1	168	32.0	25.3	22.6
9	CS1	192	29.7	23.4	21.6
10	CS1	216	27.7	21.8	20.7
11	CS1	240	26.0	20.6	19.9
12	CS1	264	24.5	19.7	19.3
13	CS1	288	23.3	18.9	18.7
14	CS1	312	22.3	18.3	18.3
15	CS1	336	21.4	17.8	17.9

通过结果表格，选择管冷作用时期的所有步骤，可以查看冷却水的温度变化。如表3-10所示，管冷1/3位置处（节点1）温度在步骤4时温度已经上升到了43.1℃。

第二层冷却管：此层3个代表点的节点号为：1/3处（节点4）、2/3处（节点5）、出口处（节点6）。见表3-11。

表3-11　第二层冷却管温度测试结果

步骤	阶段	时间（h）	节点4（℃）	节点5（℃）	节点6（℃）
1	CS1	10.0	26.2	26.2	20.4
2	CS1	24.0	34.5	35.0	23.4
3	CS1	48.0	37.0	38.7	22.8
4	CS1	72.0	33.3	36.2	21.0
5	CS1	96.0	29.0	32.6	19.8
6	CS1	120.0	25.4	29.3	18.8
7	CS1	144.0	22.7	26.6	18.1
8	CS1	168.0	20.7	24.4	17.5
9	CS1	192.0	19.3	22.7	17.1
10	CS1	216.0	18.3	21.4	16.7
11	CS1	240.0	17.6	20.3	16.4
12	CS1	264.0	17.0	19.4	16.2
13	CS1	288.0	16.6	18.7	16.0
14	CS1	312.0	16.3	18.1	15.8
15	CS1	336.0	16.0	17.6	15.7

通过结果表格，选择管冷作用时期的所有步骤，可以查看冷却水的温度变化。如表3-11所示，管冷2/3位置处节点（节点5）温度在步骤3时温度已经上升到了38.7℃。

第三层冷却管：此层3个代表点的节点号为：1/3处（节点7）、2/3处（节点8）、出口处（节点9）。

通过结果表格，选择管冷作用时期的所有步骤，可以查看冷却水的温度变化。如表格3-12所示，管冷1/3位置处（节点7）温度在步骤3时温度已经上升到了40.6℃。

表3-12 第三层冷却管温度测试结果

步骤	阶段	时间（h）	节点7	节点8	节点9
1	CS2	10.0	26.2	26.1	26.2
2	CS2	24.0	35.3	34.6	35.3
3	CS2	48.0	40.6	37.6	40.5
4	CS2	72.0	39.8	34.8	39.6
5	CS2	96.0	37.2	30.9	37.0
6	CS2	120.0	34.3	27.5	34.0
7	CS2	144.0	31.6	24.8	31.3
8	CS2	168.0	29.3	22.7	29.0
9	CS2	192.0	27.3	21.2	27.0
10	CS2	216.0	25.6	20.0	25.3
11	CS2	240.0	24.2	19.1	23.9
12	CS2	264.0	23.0	18.4	22.8
13	CS2	288.0	22.0	17.8	21.8
14	CS2	312.0	21.1	17.4	21.0
15	CS2	336.0	20.4	17.0	20.3

（3）承台温度情况

通过对结果分析，承台在步骤4时（混凝土浇筑后72h）内外温差最大，内外温差最大为30.1℃。

通过大型有限元MIDAS软件来模拟计算该承台施工期内部温度场，仿真分析结果符合大体积混凝土温控指标要求，可以进行一次性承台混凝土浇筑。

七、常用的温控措施

防止大体积混凝土温度裂缝的产生，主要从两方面入手：一是主动控制，选择合适的材料和最佳配合比减少水化热，控制混凝土塑性变形，提高混凝土材料本身的抗裂特性；二是被动控制，通过改善施工工艺和施工环境，加快内部水化热散发速度，从而控制混凝土内外温差，避免产生温度裂缝；同时加强外部保温和养护，防止和减少危害性裂缝产生。

1. 混凝土配合比设计及原材料选择

为使大体积混凝土具有良好的抗侵蚀性、体积稳定性和抗裂性能，混凝土配制应遵循以下原则：

（1）选用低水化热和含碱性量低的水泥，避免使用早强水泥和高C3A含量的水泥。

（2）降低单方混凝土中胶凝材料及硅酸盐水泥的用量。

（3）选用坚固耐久、级配合格、粒形良好的洁净集料。

（4）尽量降低拌和水用量，使用减水率高、凝结时间长、性能优良的高效减水剂，以最大限度地减少水泥用量，降低水化热。

（5）有抗渗要求的钢筋混凝土应采用较大掺量矿物掺和料的低水胶比混凝土，单掺粉煤灰的掺量宜在25%左右。

2. 混凝土浇筑温度的控制

降低混凝土的浇筑温度对控制混凝土裂缝非常重要。相同混凝土，入模温度高的温升值要比入模温度低的大许多。混凝土的入模温度应视气温而调整。在炎热气候下不应超过28℃，冬季不应低于5℃。在混凝土浇筑之前，通过测量水泥、粉煤灰、砂、石、水的温度，估算浇筑温度。如果浇筑温度不在控制要求内，则应采取相应措施。

（1）夏季降低混凝土入仓温度的措施主要有：

①水泥使用前应充分冷却，确保施工时水泥温度≤60℃。

②搭设遮阳棚，堆高集料，底层取料，用水喷淋集料。

③避免模板和新浇筑混凝土受阳光直射，入模前的模板与钢筋温度以及附近的局部气温不超过40℃。为此，应合理安排工期，尽量采用夜间浇筑。

④当浇筑温度超过28℃，应在拌和水中加入冰块或冰水。

⑤当气温高于入仓温度时，应加快运输和入仓速度，减少混凝土在运输和浇筑过程中的温度回升。混凝土输送管外用草袋等物体遮阳，并经常洒水。

⑥混凝土升温阶段，为降低最高温升，应对模板及混凝土表面进行冷却，如洒水降温、避免暴晒等。

（2）冬季施工如日平均气温低于5℃时，为防止混凝土受冻，可采取拌和水加热及运输过程的保温等措施。

3. 控制混凝土浇筑间歇期与分层厚度

如混凝土分层施工，各层混凝土浇筑间歇期应控制在7d左右，最长不得超过10d。为降低老混凝土的约束，需做到薄层、短间歇、连续施工。

4. 养护过程内部温度控制

尽管通过前面所提到的选择合适的材料和配合比的方法可以降低混凝土的水化热，但其在凝固过程中的水化反应产生的热量是不可避免的。其体积越大，内部热量集聚越多，内部温度上升越快，内外温差就越大，由此产生裂缝的可能性就越大，甚至严重影响混凝土的外观和使用寿命。施工时常采用埋设冷却水管的措施控制大体积混凝土内部温度。

（1）埋设冷却水管

冷却水管的布设须结合承台的具体形状、高度和内部温度分布特征进行。冷却水管常用25～40mm的薄壁钢管，大体积承台施工一般要埋设多层，每层水管之间间距为1～1.2m，层与层之间交叉方向布置，以达到与混凝土产生最大接触面积。每层水管成"S"形回路。单层内间距1.0m，单根回路水管最大长度≤200m。进水管和出水管应集中布置并接高延伸至临时设施的顶部，以利于统一管理。

（2）冷却水管使用及其控制

①冷却水管使用前进行压水试验，防止管道漏水、阻水；每根冷却水管进水口安装1个阀门，可调节进水流量大小。

②混凝土浇筑到各层冷却水管高程后开始通水。各层混凝土峰值过后应停止通水。通水流量应达到30L/min，为防止上层混凝土浇筑后下层混凝土温度的回升，采取二次通水冷却，通水、停水时间根据测温结果确定。

③严格控制进出水温度。在保证冷却水管进水温度与混凝土内部最高温

度之差不超过30℃条件下，尽量使进水温度最低，施工中冷却水可直接使用深层江水。

④待通水冷却全部结束后，采用同强度等级水泥浆或砂浆封堵冷却水管。

为保证冷却水的初期降温效果，施工时应成立专门班子，专人负责，选择合理水泵，并准备1～2台备用水泵，保证冷却系统正常工作。施工时，根据温度记录情况，及时开启和关闭冷却水阀门。

5. 内表温差控制

对于大体积混凝土，由于水化放热会使温度持续升高，如果气温不是过低，在升温的一段时间内应加强散热，如模板洒水降温等。当混凝土处于降温阶段则要进行保温覆盖以降低降温速率。

混凝土在降温阶段如气温较低或突遇寒潮，内表温差大于25℃或气温低于混凝土表面温度超过20℃，必须对大体积混凝土进行保温养护。混凝土的拆模时间不仅要考虑混凝土强度，还要考虑混凝土的温度和内外温差，以免突然接触空气时降温过快而开裂。拆模后应涂刷养护液并及时覆盖保温。

6. 养护

混凝土养护包括湿度和温度两个方面。结构表层混凝土的抗裂性和耐久性在很大程度上取决于施工养护过程中的温度和湿度养护。目前工程界普遍存在的问题是湿养护不足，对混凝土质量影响很大。湿养护时间应视混凝土材料的不同组成和具体环境条件而定。对于低水胶比又掺用掺和料的混凝土，潮湿养护尤其重要。湿养护的同时，还要控制混凝土的温度变化。根据季节不同采取保温和散热的综合措施，保证混凝土内表温差及气温与混凝土表面的温差在控制范围内。

7. 施工控制

为确保大体积混凝土施工质量，提高混凝土的均匀性和抗裂能力，必须加强对每一环节的施工控制。混凝土施工严格按照《公路桥涵施工技术规范》（JTG/T 3650—2020）执行，并特别注意以下方面：

混凝土拌至配料前，各种衡器需经过计量部门进行计量标定，称料误差符合规范要求，严格按确定的配合比拌制。

混凝土按规定厚度、顺序和方向分层浇筑，在下层混凝土初凝前浇筑完上层混凝土，混凝土分层布料厚度不超过30cm。

　　严格按设计和规范要求进行各层间和各块间水平和垂直施工缝处理，设计如无要求，建议各水平施工缝间铺设金属扩张网，侧面混凝土表面布设防裂金属网，防止表面裂缝的产生。

第四章　墩柱施工管理技术

墩柱的施工是桥梁工程中的一个重要部分，其施工质量，不仅关系到桥梁上部结构的制作与安装质量，而且对桥梁的使用功能也有重大影响。九嶷大桥主桥采用了锁口钢管桩和拉森钢板桩钢围堰，钢围堰内布置了4道临时内支撑。因此主墩施工时需拆除内支撑，重新支撑在墩柱上，围堰支撑体系存在受力转换。本章以主桥11#主墩施工为例，介绍具体的支撑体系转换过程及墩柱施工方案方法。

第一节　主墩受力计算

九嶷大桥主墩墩身采用C40混凝土空心墩，圆端形截面，主墩横桥向根部宽21.0m，顶宽与梁底等宽为26.0m（墩柱变宽范围为墩柱顶部8.5m高度范围，按圆曲线过渡），主墩顺桥向侧为4.0m等厚布置，桥墩内设3个腔室，在桥墩半高处设0.8m厚隔板。从美观角度考虑，在墩身中间设尖顶圆形凹槽。

主桥11#墩柱高度为20.895m，采用定型钢模翻模施工，共分7个施工段，每次施工高度分别为2.604m、2.141m、2.050m、4.100m、4.100m、4.400m、1.500m。其中前4次施工时位于湘江江面以下。因围堰设置了4道内支撑，在主墩施工时，需临时进行为受力体系转换，这4次受力体系转换的计算，为主墩施工计算的重中之重。

一、计算依据

1. 计算资料

（1）地质资料

墩位处地面以下土质为卵石、全风化岩、强风化岩、中风化岩层。土的

参数 γ、Φ、c按设计图取值，计算中土压力的计算采用水土合算原则。

主动土压力系数：Ka＝tg2（45－Φ/2）。

被动土压力系数：Kp＝tg2（45＋Φ/2）。

（2）材料选择

①钢管桩采用Φ529壁厚10mm，每米宽钢管桩截面特性：$W＝2789cm^3$。

②第一层圈梁采用3HN450×200、内支撑采用Φ529×10mm钢管；第二、三、四层圈梁采用3HN700×300、内支撑采用Φ630×10mm钢管；其材质均为Q235B。

（3）材料容许应力

Q235B钢材：轴向、弯曲应力[σ]＝170MPa；弹性模量 E＝2.1×105MPa。

（4）荷载

包括主动土压力、被动土压力，土压力采用朗肯土压力理论计算；本工程无地面超载。

（5）流水压力

流水压力按《公路桥涵设计通用规范》（JTG D60-2015）第4.3.8条进行计算，流水压力荷载标准值计算公式为：

$$Fw ＝ KA γ V2/2g$$

式中：

Fw——流水压力标准值（kN）；

γ——水的重力密度，$10kN/m^3$；

V——设计流速：取值V＝2.4m/s；

A——钢管桩阻水面积，计算至一般冲刷线处（m^2）；

g——重力加速度，取g＝9.81m/s；

K——桥墩形状系数，取1.3；

计算得每米荷载为10.8kN/m，按倒三角形加载。

二、承台墩身施工结构受力检算

1. 钢管桩受力检算

（1）工况一钢管桩受力检算

拆除第四道内支撑，进行第一模墩柱的施工，钢管桩受力采用MIDAS建模计算见图4-1所示。

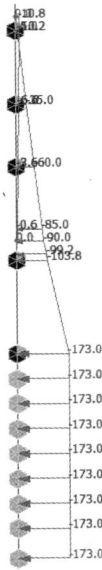

图4-1　钢管桩受力模型图（单位：kN/m）

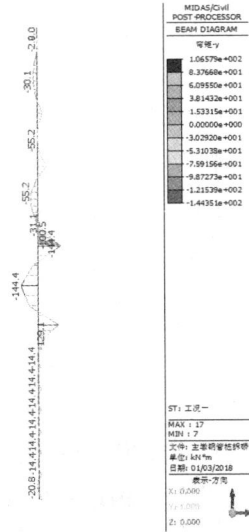

检算结果见图4-2、图4-3。

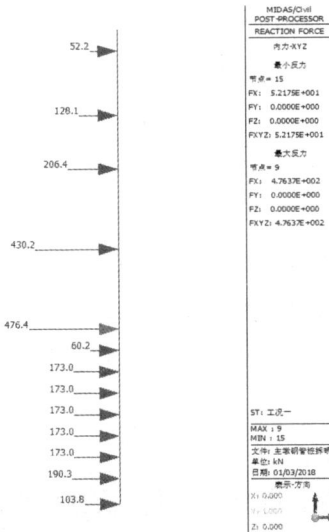

图4-2　钢管桩反力图（单位：kN）　　　图4-3　钢管桩弯矩图（单位：kN·m）

由计算结果可知：

①钢管桩最大弯矩为144.4kN·m，钢管桩应力：$\sigma=144400000/2789000=51.8MPa<170$MPa，满足要求。

②第三道内支撑反力为206.4kN，作用在第三道圈梁上的压力为206.4kN/m；第二层内支撑反力为128.1kN，作用在第二道圈梁上的压力为128.1kN/m；第一层内支撑反力为52.2kN，作用在第一道圈梁上的压力为52.2kN/m。

（2）工况二钢管桩受力检算

施工完第一模墩柱，将第四道对撑支撑在墩身模板上，支撑的横向位置向两侧平移0.5m，然后拆除第三道对撑，进行第二模墩柱的施工，钢管桩受力采用MIDAS建模计算（略）。

①钢管桩最大弯矩为137.7kN·m，钢管桩应力：$\sigma=137700000/2789000=49.4MPa<170$MPa，满足要求。

②第四层内支撑反力为272.1kN，作用在第四道圈梁上的压力为272.1kN/m；第二层内支撑反力为324.4kN，作用在第二道圈梁上的压力为324.4kN/m；第一层内支撑反力为53.0kN，作用在第一道圈梁上的压力为53.0kN/m。

（3）工况三钢管桩受力检算

施工完第二模墩柱，将第三道对撑支撑在墩身模板上，支撑的横向位置向两侧平移0.5m，然后拆除第二道对撑，进行第三模墩柱的施工，钢管桩受力采用MIDAS建模计算（略）。

①钢管桩最大弯矩为188.9kN·m，钢管桩应力：$\sigma=188900000/2789000=67.7MPa<170$MPa，满足要求。

②第四层内支撑反力为22.6kN，作用在第四道圈梁上的压力为22.6kN/m；第三层内支撑反力为407.6kN，作用在第三道圈梁上的压力为407.6kN/m；第一层内支撑反力为146.1kN，作用在第一道圈梁上的压力为146.1kN/m。

（4）工况四钢管桩受力检算

施工完第三模墩柱，将第二道对撑支撑在墩身模板上，支撑的横向位置向两侧平移0.5m，然后拆除第一道对撑，进行第四模墩柱的施工，钢管桩受力采用MIDAS建模计算（略）。

①钢管桩最大弯矩为290.6kN·m，钢管桩应力：$\sigma=290600000/$

2789000＝104.2MPa＜170MPa，满足要求。

②第四层内支撑反力为113.3kN，作用在第四道圈梁上的压力为113.3kN/m；第三层内支撑反力为56.8kN，作用在第三道圈梁上的压力为56.8kN/m；第二层内支撑反力为399.9kN，作用在第二道圈梁上的压力为399.9kN/m。

2. 圈梁和内支撑受力检算

（1）工况一圈梁和内支撑受力检算

工况一下作用在第三道圈梁上的压力为206.4kN/m；作用在第二道圈梁上的压力为128.1kN/m；作用在第一道圈梁上的压力为52.2kN/m，取所受压力最大的第三道以及第一道圈梁和内支撑进行检算。

第三道圈梁和内支撑受力检算，受力模型见图4-4。

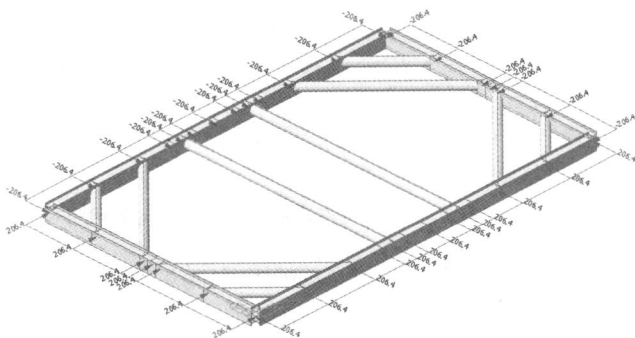

图4-4　工况一第三道圈梁和内撑受力模型图（单位：kN/m）

计算结果见图4-5、图4-6。

图4-5　工况一第三道圈梁应力图（单位：MPa）

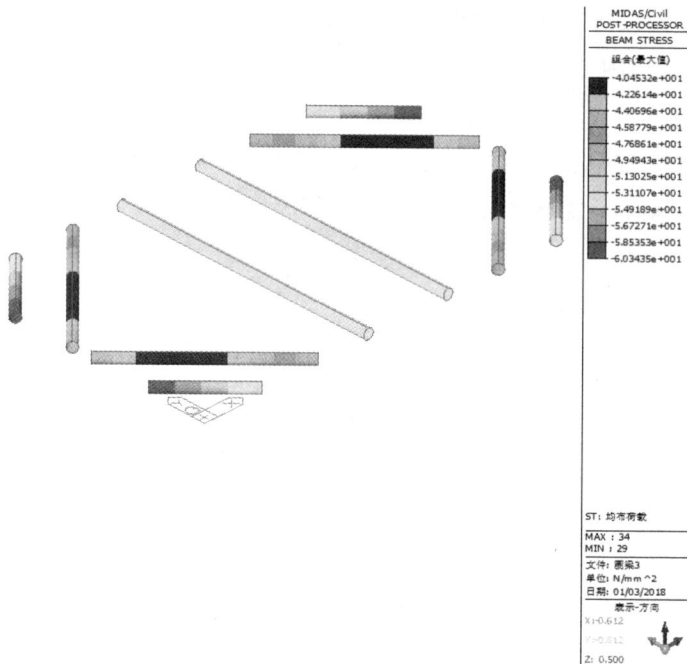

图4-6 工况一第三道内撑应力图（单位：MPa）

①圈梁最大组合应力为54.8MPa＜170MPa，满足要求。

②Φ630×10mm地对杆件计算长度l＝16m，λ＝73，查表得ϕ＝0.732，第三道对撑最大应力为54.1MPa＜0.732×170＝124.4MPa，满足受压稳定性要求。

③Φ630×10mm的八字撑杆件计算长度l＝10.3m，λ＝47，查表得ϕ＝0.87，第三道八字撑最大应力为60.3MPa＜0.87×170＝147.9MPa，满足受压稳定性要求。

第一道圈梁和内支撑受力检算、受力模型和计算。

由计算结果可知：

①圈梁最大组合应力为44.9MPa＜170MPa，满足要求。

②Φ529×10mm的横撑杆件计算长度l＝16m，λ＝87，查表得ϕ＝0.641，第一道对撑最大应力为16.7MPa＜0.641×170＝109.0MPa，满足受压稳定性要求。

③Φ529×10mm的八字撑杆件计算长度l＝10.3m，λ＝56，查表得ϕ＝0.828，第一道八字撑最大应力为21.3MPa＜0.828×170＝140.76MPa，满足受

压稳定性要求。

（2）工况二圈梁和内支撑受力检算

工况二下作用在第四道圈梁上的压力为272.1kN/m；作用在第二道圈梁上的压力为324.4kN/m；作用在第一道圈梁上的压力为53.0kN/m。取第四道、第二道圈梁和内撑进行检算。第一道圈梁受力为53.0kN/m，和工况一受力大小基本一致，此工况不再检算第一道圈梁。

第四道圈梁和内支撑受力检算、受力模型和计算略。

由计算结果可知：

①圈梁最大组合应力为76.1MPa＜170MPa，满足要求。

②$\Phi630\times10$mm的横撑杆件计算长度$l=6$m，$\lambda=27.4$，查表得$\phi=0.945$，第四道对撑最大应力为84.8MPa＜$0.945\times170=160.7$MPa，满足受压稳定性要求。

③$\Phi630\times10$mm的八字撑杆件计算长度$l=10.3$m，$\lambda=47$，查表得$\phi=0.87$，第四道八字撑最大应力为74.1MPa＜$0.87\times170=147.9$MPa，满足受压稳定性要求。

第二道圈梁和内支撑受力检算、受力模型和计算略。

由计算结果可知：

①圈梁最大组合应力为86.2MPa＜170MPa，满足要求。

②$\Phi630\times10$mm的对撑计算长度$l=16$m，$\lambda=73$，查表得$\phi=0.732$，第二道对撑最大应力为85.0MPa＜$0.732\times170=124.4$MPa，满足受压稳定性要求。

③$\Phi630\times10$mm的八字撑杆件计算长度$l=10.3$m，$\lambda=47$，查表得$\phi=0.87$，第二道八字撑最大应力为94.8MPa＜$0.87\times170=147.9$MPa，满足受压稳定性要求。

（3）工况三圈梁和内支撑受力检算

工况三下作用在第四道圈梁上的压力为22.6kN/m；作用在第三道圈梁上的压力为407.6kN/m；作用在第一道圈梁上的压力为146.1kN/m，取所受压力最大的第三道以及第一道圈梁和内支撑进行检算。

第三道圈梁和内支撑受力检算、受力模型和计算略。

由计算结果可知：

①圈梁最大组合应力为114.0MPa＜170MPa，满足要求。

②$\Phi630\times10$mm的横撑杆件计算长度$l=6$m，$\lambda=27.4$，查表得$\phi=0.945$，第三道对撑最大应力为127.1MPa＜$0.945\times170=160.7$MPa，满足受压稳定性

要求。

③Φ630×10mm的八字撑杆件计算长度 l=10.3m，λ=47，查表得 φ=0.87，第三道八字撑最大应力为111.0MPa<0.87×170=147.9MPa，满足受压稳定性要求。

第一道圈梁和内支撑受力检算、受力模型和计算略。

由计算结果可知：

①圈梁最大组合应力为125.6MPa<170MPa，满足要求。

②529×10mm的横撑杆件计算长度 l=16m，λ=87，查表得 φ=0.641，第一道对撑最大应力为46.9MPa<0.641×170=109.0MPa，满足受压稳定性要求。

③529×10mm的八字撑杆件计算长度 l=10.3m，λ=56，查表得 φ=0.828，第一道八字撑最大应力为59.6MPa<0.828×170=140.76MPa，满足受压稳定性要求。

（4）工况四圈梁和内支撑受力检算

工况四下作用在第四道圈梁上的压力为113.3kN/m；作用在第三道圈梁上的压力为56.8kN/m；作用在第二道圈梁上的压力为399.9kN/m，取所受压力最大的第二道圈梁和内支撑进行检算。

第二道圈梁和内支撑受力检算、受力模型和计算略。

由计算结果可知：

①圈梁最大组合应力为111.8MPa<170MPa，满足要求。

②Φ630×10mm的横撑杆件计算长度 l=6m，λ=27.4，查表得 φ=0.945，第二道对撑最大应力为124.7MPa<0.945×170=160.7MPa，满足受压稳定性要求。

③Φ630×10mm的八字撑杆件计算长度 l=10.3m，λ=47，查表得 φ=0.87，第二道八字撑最大应力为108.8MPa<0.87×170=147.9MPa，满足受压稳定性要求。

四、回水后拆除内撑结构受力检算

工况一：拆除第四道内撑与相应模板；

工况二：回水至第三道内撑下0.5m，拆除第三道内撑与相应模板；

工况三：回水至第二道内撑下0.5m，拆除第二道内撑与相应模板；

工况四：回水至第一道内撑下0.5m，待河流水位降至与围堰内水位齐平时拆除第一道内撑与相应模板。

1. 钢管桩受力检算

（1）工况一钢管桩受力检算

拆除第四道内撑与相应模板，钢管桩受力检算模型图见图4-7。

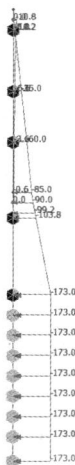

图4-7　钢管桩受力模型图（单位：kN/m）

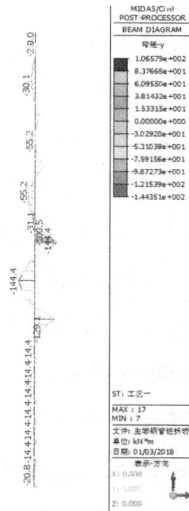

检算结果见图4-8、图4-9。

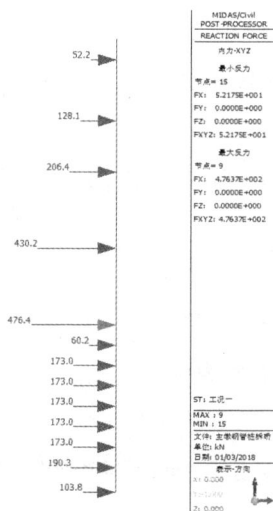

图4-8　钢管桩反力图（单位：kN）　　**图4-9　钢管桩弯矩图（单位：kN·m）**

由计算结果可知：

①钢管桩最大弯矩为144.4kN·m，钢管桩应力：$\sigma = 144400000/2789000 = 51.8MPa < 170MPa$，满足要求。

②第三道内支撑反力为206.4kN，作用在第三道圈梁上的压力为206.4kN/m；第二层内支撑反力为128.1kN，作用在第二道圈梁上的压力为128.1kN/m；第一层内支撑反力为52.2kN，作用在第一道圈梁上的压力为52.2kN/m。

（2）工况二钢管桩受力检算

回水至第三道内撑下0.5m，拆除第三道内撑与相应模板，钢管桩受力检算模型图和计算略。

由计算结果可知：

①钢管桩最大弯矩为185.4kN·m，钢管桩应力：$\sigma = 185400000/2789000 = 66.5MPa < 170MPa$，满足要求。

②第二层内支撑反力为278.5kN，作用在第二道圈梁上的压力为278.5kN/m；第一层内支撑反力为11.2kN，作用在第一道圈梁上的压力为11.2kN/m。

（3）工况三钢管桩受力检算

回水至第二道内撑下0.5m，拆除第二道内撑与相应模板，钢管桩受力检算模型图和计算略。

由计算结果可知：

①钢管桩最大弯矩为342.5kN·m，钢管桩应力：$\sigma = 342500000/2789000 = 122.8MPa < 170MPa$，满足要求。

②第一层内支撑反力为131.3kN，作用在第一道圈梁上的压力为131.3kN/m。

（4）工况四钢管桩受力检算

回水至第一道内撑下0.5m，待河流水位降至与围堰内水位齐平时拆除第一道内撑与相应模板，钢管桩受力检算模型图和计算略。

由计算结果可知：

钢管桩最大弯矩为263.4kN·m，钢管桩应力：$\sigma = 263400000/2789000 = 94.4MPa < 170MPa$，满足要求。

2. 圈梁和内支撑受力检算

各工况下圈梁和内支撑的受力均小于墩身施工过程。现只检算工况三下第一道圈梁和内支撑。

工况三下作用在第一道圈梁上的压力为131.3kN/m，受力模型见图4-10。

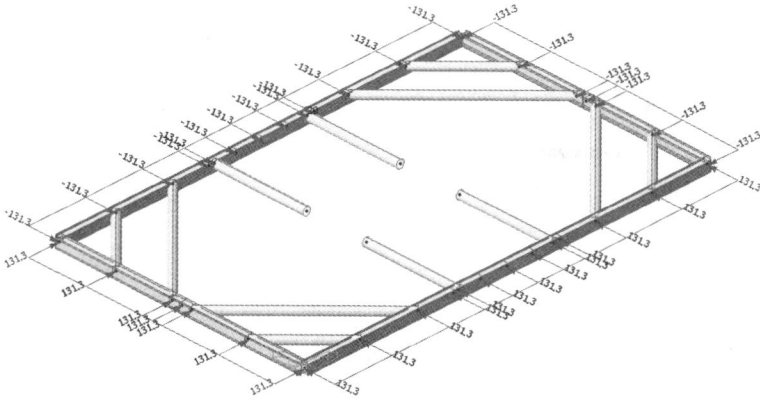

图4-10　工况三第一道圈梁和内撑受力模型图（单位：kN/m）

计算结果见图4-11、图4-12。

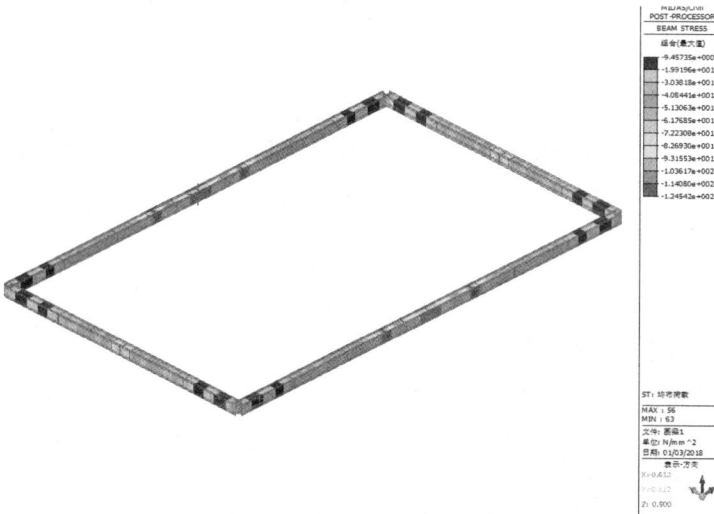

图4-11　工况三第一道圈梁应力图（单位：MPa）

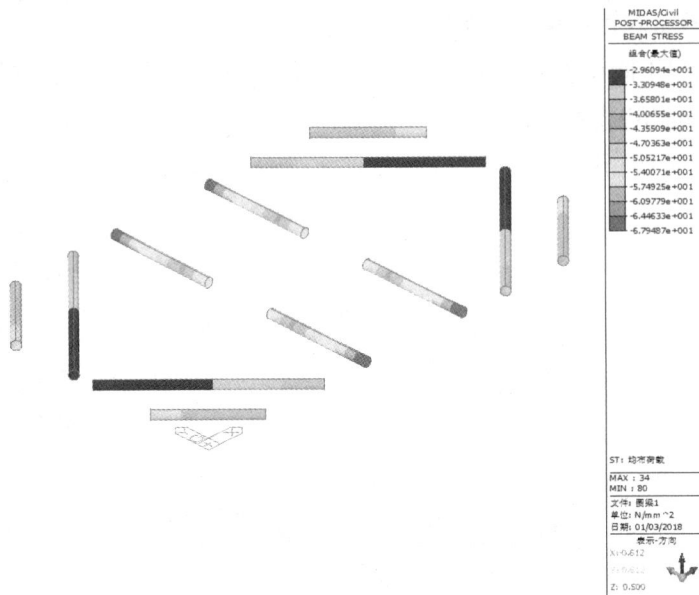

图4-12 工况三第一道内撑应力图（单位：MPa）

由计算结果可知：

①圈梁最大组合应力为124.5MPa＜170MPa，满足要求。

②Φ529×10mm的横撑杆件计算长度l=6m，λ=32.6，查表得ϕ=0.927，第一道对撑最大应力为67.9MPa＜0.927×170＝157.6MPa，满足受压稳定性要求。

③Φ529×10mm的八字撑杆件计算长度l=10.3m，λ=56，查表得ϕ=0.828，第一道八字撑最大应力为47.9MPa＜0.828×170＝140.76MPa，满足受压稳定性要求。

五、计算结果

1. 承台墩身施工过程

（1）工况一，在承台四周浇筑深度为0.5m的混凝土，拆除第四道对撑，进行第一模墩柱施工。

经检算此时钢管桩应力σ=51.8MPa＜170MPa，满足要求；

此时第三道圈梁所受的压力最大，为206.4kN/m，经检算第三道圈梁最大组合应力为54.8MPa＜170MPa，满足要求；

第三道对撑最大应力为54.1MPa＜0.732×170＝124.4MPa，满足受压稳定性要求；

第三道八字撑最大应力为60.3MPa＜0.87×170＝147.9MPa，满足受压稳定性要求。

（2）工况二，将第四道对撑支撑在墩身模板上，支撑的横向位置向两侧平移0.5m，拆除第三道对撑，进行第二模墩柱的施工。

经检算此时钢管桩应力σ＝49.4MPa＜170MPa，满足要求；

此时第二道圈梁所受的压力最大，为324.4kN/m，经检算第二道圈梁最大组合应力为86.2MPa＜170MPa，满足要求；

第二道对撑最大应力为85.0MPa＜0.732×170＝124.4MPa，满足受压稳定性要求；

第二道八字撑最大应力为94.8MPa＜0.87×170＝147.9MPa，满足受压稳定性要求。

作用在第四道圈梁上的压力为272.1kN/m，经检算第四道圈梁最大组合应力为76.1MPa＜170MPa，满足要求；

第四道对撑最大应力为84.8MPa＜0.945×170＝160.7MPa，满足受压稳定性要求；

第四道八字撑最大应力为74.1MPa＜0.87×170＝147.9MPa，满足受压稳定性要求。

（3）工况三，将第三道对撑支撑在墩身模板上，支撑的横向位置向两侧平移0.5m，拆除第二道对撑，进行第三模墩柱的施工。

经检算此时钢管桩应力：σ＝67.7MPa＜170MPa，满足要求；

此时第三道圈梁所受的压力最大，为407.6kN/m，经检算第三道圈梁最大组合应力为114.0MPa＜170MPa，满足要求；

第三道对撑最大应力为127.1MPa＜0.945×170＝160.7MPa，满足受压稳定性要求；

第三道八字撑最大应力为111.0MPa＜0.87×170＝147.9MPa，满足受压稳定性要求。

（4）工况四，将第二道对撑支撑在墩身模板上，支撑的横向位置向两侧平移0.5m，拆除第一道对撑，进行第四模墩柱的施工。

经检算此时钢管桩应力σ＝104.2MPa＜170MPa，满足要求；

此时第二道圈梁所受的压力最大，为399.9kN/m，经检算第二道圈梁最大组合应力为111.8MPa<170MPa，满足要求；

第二道对撑最大应力为124.7MPa<0.945×170＝160.7MPa，满足受压稳定性要求；

第二道八字撑最大应力为108.8MPa<0.87×170＝147.9MPa，满足受压稳定性要求。

待第四模墩柱施工完毕后，再将第一道对撑支撑在墩身模板上，支撑的横向位置向两侧平移0.5m。

2. 回水后拆除内撑过程

工况一：钢管桩所受应力σ＝51.8MPa<170MPa，满足要求。

工况二：钢管桩所受应力σ＝66.5MPa<170MPa，满足要求。

工况三：钢管桩所受应力σ＝122.8MPa<170MPa，满足要求。

工况四：钢管桩所受应力σ＝94.4MPa<170MPa，满足要求。

各工况下圈梁和内支撑的受力均小于墩身施工过程。只检算工况三下第一道圈梁和内支撑。作用在第一道圈梁上的压力最大为131.3kN/m，经检算第一道圈梁最大组合应力为124.5MPa<170MPa，满足要求；

第一道对撑最大应力为67.9MPa<0.927×170＝157.6MPa，满足受压稳定性要求；

第一道八字撑最大应力为47.9MPa<0.828×170＝140.76MPa，满足受压稳定性要求。

3. 注意事项

（1）锁扣钢管桩围堰使用的所有钢材规格必须严格按照设计要求及现行规范进行采购；

（2）施工过程中应实时监测围堰变形情况；

（3）计算中土质参数根据规范及经验取值，如与实际土质参数出入较大需重新计算；

（4）计算中水位高程采用97.5m，当回水至第一道内撑下0.5m时，需待河流水位降至与围堰内水位齐平时拆除第一道内撑与相应模板。

第二节　主墩施工

一、施工工艺流程

具体施工工艺流程见图4-13所示。

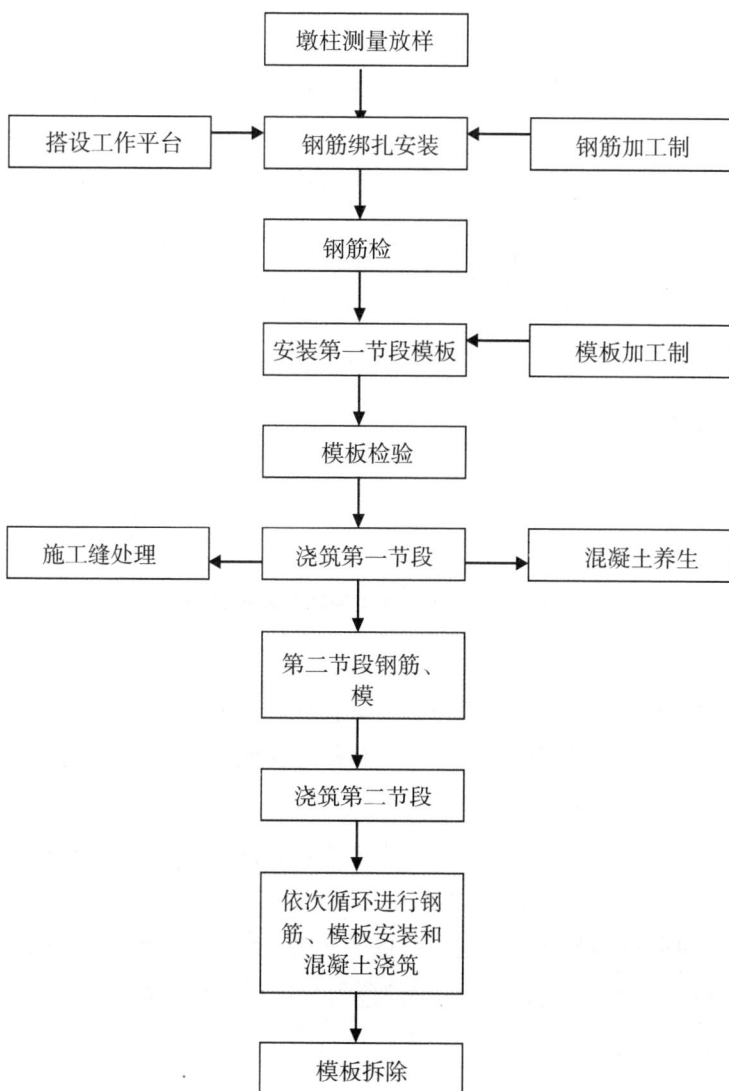

```
                    ┌──────────────┐
                    │  墩柱测量放样  │
                    └──────┬───────┘
                           │
┌──────────────┐    ┌──────▼───────┐    ┌──────────────┐
│  搭设工作平台  │───▶│  钢筋绑扎安装  │◀───│  钢筋加工制    │
└──────────────┘    └──────┬───────┘    └──────────────┘
                           │
                    ┌──────▼───────┐
                    │    钢筋检      │
                    └──────┬───────┘
                           │
                    ┌──────▼───────┐    ┌──────────────┐
                    │ 安装第一节段模板│◀───│  模板加工制    │
                    └──────┬───────┘    └──────────────┘
                           │
                    ┌──────▼───────┐
                    │    模板检验    │
                    └──────┬───────┘
                           │
┌──────────────┐    ┌──────▼───────┐    ┌──────────────┐
│  施工缝处理    │◀───│   浇筑第一节段  │───▶│   混凝土养生   │
└──────────────┘    └──────┬───────┘    └──────────────┘
                           │
                    ┌──────▼───────┐
                    │ 第二节段钢筋、  │
                    │     模        │
                    └──────┬───────┘
                           │
                    ┌──────▼───────┐
                    │  浇筑第二节段   │
                    └──────┬───────┘
                           │
                    ┌──────▼───────┐
                    │ 依次循环进行钢  │
                    │ 筋、模板安装和  │
                    │  混凝土浇筑     │
                    └──────┬───────┘
                           │
                    ┌──────▼───────┐
                    │   模板拆除     │
                    └──────────────┘
```

图4-13　主墩施工流程图

二、主墩施工方案

主桥11#墩柱高度为 20.895m，采用定型钢模翻模施工，共分7个施工段，每次施工高度分别为2.604m、2.141m、2.050m、4.100m、4.100m、4.400m、1.500m，其中前4次为受力体系转换节段施工。见图4-14。

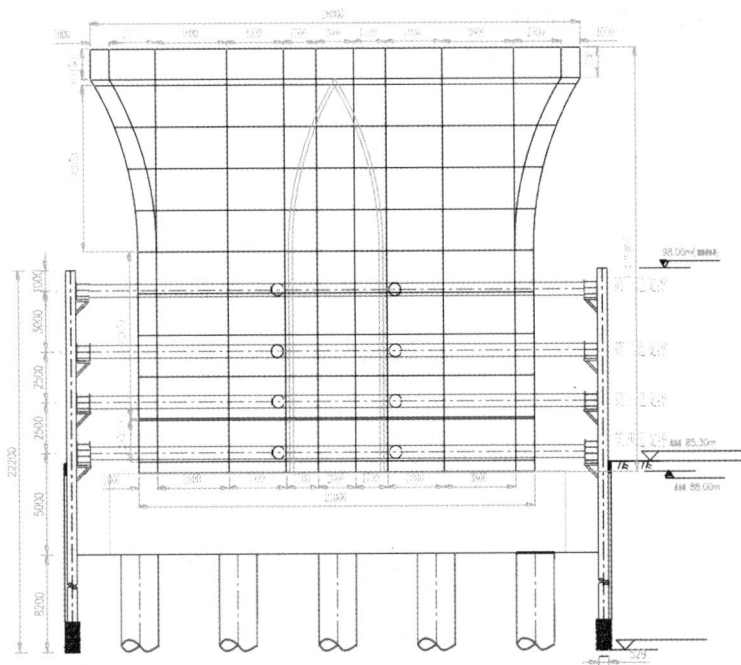

图4-14 主墩 11#模板节段示意图

1. **技术准备**

（1）编制切实可行的专项施工方案，进行专家评审；

（2）根据专家评审的施工方案进行技术交底，确保项目部技术人员、测量人员领会施工意图；

（3）积极与监控单位沟通，在水下体系转换支撑过程埋设应力传感器，监测支撑应力变化，指导现场施工；

（4）对所有相关施工人员进行技术交底，说明施工墩柱的危险因素、每道工序的控制要点、不按方案施工的危害，确保全体人员均有高度的安全意识和质量意识。

2. **承台周边回填处理**

承台施工完成后，为确保围堰安全以及后续墩柱施工，对4m高承台进行回填，回填材料为砂砾，回填高度为3.5m，再在承台顶50cm范围内浇筑C30混凝土，作为支撑结构。

3. 主墩水下体系受力转换施工步骤

（1）水下第一模墩柱施工（施工高度2500cm）

待承台周边混凝土浇筑完成后，强度达到70%以上，拆除第四道中间2根支撑，施工第一模墩柱。

（2）水下第二模墩柱施工

焊接第四道支撑至墩柱模板上，焊接前在墩柱模板肋之间焊接工字钢或槽钢，保证钢管接触面稳固，传力均匀。根据现场同条件试块强度达到70%以上，拆除第三道支撑，施工第二模墩柱，注意在91m标高位置开始预埋橡胶护舷栓杆。

（3）水下第三模墩柱施工

焊接第三道支撑至第二模墩柱模板上，焊接前在墩柱模板肋之间焊接工字钢或槽钢，保证钢管接触面稳固，传力均匀。根据现场同条件试块强度达到70%以上，拆除第二道支撑，施工第三模墩柱。

（4）水下第四模墩柱施工

焊接第二道支撑至第三模墩柱模板上，焊接前在墩柱模板肋之间焊接工字钢或槽钢，保证钢管接触面稳固，传力均匀。根据现场同条件试块强度达到70%以上，拆除第一道支撑，施工第四模墩柱。

（5）回水后拆除支撑模板施工

施工完第四模墩柱后，将第一道支撑焊接在模板上。

待墩柱出水面后采用回灌水平衡内外压力来拆除相应的支撑、模板。拆除顺序依次为：

拆除第四道内撑与相应模板；

依次回水至第三道内撑下0.5m，拆除第三道内撑与相应模板；回水至第二道内撑下0.5m，拆除第二道内撑与相应模板；

继续回水至第一道内撑下0.5m，待河流水位降至与围堰内水位齐平时拆除第一道内撑与相应模板。主墩施工见图4-15。

图4-15 主墩施工图

4. 钢筋下料

主筋下料长度为4.5m，由于受上层围堰钢管支撑影响，在支撑位置投影底钢筋下料长度为2.5m，主筋Φ32、Φ28钢筋采用直螺纹套筒连接。

主筋每截面接头不超过钢筋总数的50%，接头错开距离不小于35倍钢筋直径。

5.搭设水下施工墩柱（7m）工作平台

前三模墩柱高度为6.8m，墩柱宽4m，围堰内宽16m，两侧有6m宽工作空间，且承台周边均已浇筑混凝土，采用搭设钢管架铺设5cm木板作为工作平台，周边采用1.2m高栏杆及密目网防护，供施工人员作业。墩柱钢筋可直接吊入已浇筑墩身顶面。

6. 水上墩柱翻模施工

（1）钢筋安装

进场钢筋应附有出厂合格证，进场所有钢筋必须按试验规范要求，进行取样试验，合格后，方可进场堆放，并挂设标牌，注明钢筋品牌、进场时间、数量、检验人员、检验状态等。钢筋进场后，应分类整齐堆放，便于取用。钢筋堆放时，应垫设枕木隔水，钢筋顶面铺盖帆布避免日晒雨淋。

钢筋在加工场加工成半成品，钢筋运输车运到施工现场绑扎成型。

①丝头加工：

a.螺纹加工直径调定：主筋采用直径Φ32钢筋和Φ28钢筋，采用Φ32和Φ28调整棒调整直径，然后锁紧滚丝轮，严禁一次调定，滚丝牙应相对吻合，严禁丝牙交叉锁紧。

b.长度调整：根据所滚压钢筋直径丝头长度，把行程调节板上相应的刻线对准护板上的"0"刻线，然后锁紧，即完成初步调整。

c.直径、长度的调整：由于各部误差积累影响刻线的准确性，所以刻线均为初步指示线。最后以实际加工的直径和丝头长度进行微调，直至合格。调整时必须直径从大到小，丝头长度由短到长，按顺序慢慢地进行调整。

②连接方法：丝头加工完成先按丝头质量控制、检测标准，将丝头的外观直径长度进行检查。检查合格后，即可用管钳将螺纹连接套筒拧入丝头端部，空头一端用塑料保护帽拧上或采用其他保护措施，编号存放备用。如即加工即安装，可将另一根带螺纹的钢筋对准螺纹套筒，用管钳顺时针旋动钢筋拧入套筒内，拧紧为止（外露完整丝牙不得超过2丝）。

③施工检验与验收：

a.同一施工条件下同等级、同型号、同规格的钢筋接头，以300个为1个验收批进行检验与验收，不足300个的也作为1个验收批。

b.第一验收批必须随机截断3个试件作单向拉伸试验，如拉伸强度大于母材强度则可评定验收该批为合格。如有1根试件不合格，应取双倍试件（6个）进行复检，直到全部试件合格，才能进行钢筋连接施工。

c.连接检验10个验收批，其全部单向拉伸试件一次抽样均合格时，验收批接头数量可扩大到1000个。

④加工质量检验方法：

a.钢筋丝头螺纹中径尺寸的检验应符合通环规则顺利旋入整个有效扣长度，而止环规旋入丝头的深度小于等于3P（P为螺距）。

b.钢筋丝头螺纹的有效旋合长度用专用丝头卡板检测，允差不大于1P。

c.连接套螺纹中径尺寸的检验用止、通塞规。止塞规旋入深度小于等于3P；通塞规应全部旋入。

d.在钢筋的绑扎中，钢筋的交叉点应用铁丝绑扎结实，必要时可用点焊焊牢。部分纵横水平钢筋可预放在绑扎位置，留出下人振捣混凝土的空间，边浇筑混凝土边定位绑扎。

e.为保证保护层厚度，在钢筋与模板间设置高强混凝土垫块。

主墩钢筋安装见图4-16。

图4-16　主墩钢筋安装图

（2）模板安装

①第一次模板安装：

a.模板进场后，首先进行模板预拼装，检查模板各部分尺寸、模板接缝及平整度。

b.在承台施工完成后，于立模部分抹上一层砂浆并用水准仪找平，并于其上测量放样墩柱几何尺寸关键点，用墨线弹出立模边线。

c.钢筋及预埋件安装完毕，经检验合格后进行模板的安装。模板拼装之前先将模板磨光清除干净，涂抹脱模剂，涂刷时要轻、薄、均匀。全桥采用同一种脱模剂，以保证混凝土表面颜色一致。

d.模板采用起重机或塔式起重机吊装，人工辅助。模板竖向连接采用双螺母，拉杆采用Φ25的钢筋，同时配备双螺母+5mm的钢板垫片。每节模板安装时，可在两节模板间的缝隙间塞填双面胶防止漏浆。模板安装时，安全员全程安全监控，防止无关人员靠近。并给安全员、模板工、塔式起重机司机配备无线电对讲机，便于三者之间进行沟通。

e.模板的检查：模板安装完成后对模板进行检查，首先检查模板的接缝及错台，如果有不合格的情况，用手拉葫芦和千斤顶进行调整。另外对模板的对拉杆数量、模板间距进行复查，符合设计要求方可进入下道工序。

f.混凝土浇筑完成后，待工作层混凝土强度达到3MPa，支撑层混凝土强度达到10MPa，用起重机或塔式起重机拆除支撑层模板并吊至地面打磨除锈涂脱膜剂，待钢筋加工完成经检验合格后用以工作层模板为新的支撑受力点安装模板。如此循环直至墩柱施工完成。墩身模板安装见图4-17。

图4-17　墩身模板安装图

②模板外侧作业平台加工：

在模板支立前，需先在模板上加设作业平台。作业平台在施工现场采用[12槽钢焊接组装，间距1m，护栏采用L63mm×6mm×1160mm角钢，横向布置 3 层Φ48钢管，每30cm 1道，外侧密目网防护，在模板顶面槽钢上铺设5cm 厚木板作为操作平台。在工作平台下端设置防坠落安全网，保证使用工具及小型物品掉落伤人。

7. 橡胶护舷预埋件安装

主桥墩柱共计设置橡胶护舷1332块，每个墩柱444块，尺寸为 H50cm×L100cm×B125cm，单块重350kg。

为了保证预埋件的位置准确，根据设计护舷及螺栓孔尺寸，采用2mm厚钢板加工2块定型模板，依次相接预埋螺栓，为防止螺栓孔内进入混凝土浆，预埋完成后采用泡沫剂填充栓孔，并与主筋焊接牢固。

待墩柱施工完成后采用塔式起重机吊装，由专业厂家进行安装。

8. 主墩墩柱混凝土浇筑

模板及钢筋经检验合格后，进行混凝土浇筑。墩柱混凝土为C40混凝土。混凝土施工采用拌和站集中拌制，混凝土罐车运输至施工现场，混凝土输送泵泵送入模，插入式振捣器振捣。

（1）浇注混凝土前，应对模板、钢筋和预埋件进行检查，并做好检查记录，符合设计要求后方可浇注混凝土。

（2）混凝土的运输能力应适应混凝土凝结速度和浇注速度的需要，使浇注工作不间断，并使混凝土运到浇注地点时，仍然保持均匀性和规定的坍落度要求。

（3）由于混凝土浇筑最大高度为 4.1m，浇筑混凝土采用混凝土输送泵车，禁止将混凝土直接从模板顶倒入模板内，避免混凝土在下落过程中与塔柱密集的钢筋相撞造成严重离析。

（4）浇注混凝土前，先将墩柱内杂物清理干净，施工缝凿毛处理。混凝土的振捣采用插入式振动器。振动器的移动距离在30~35cm范围内，与振捣器与侧模保持 5~10cm 的距离。

（5）墩柱混凝土分层浇注，每层厚度控制在30cm。每放一层料时，先将料扒平再开始振捣。严禁用振动棒横拖混凝土。

（6）振捣顺序为：从中间向两侧振捣，振捣时间控制在 20s 左右，以混凝土不再下沉、不再冒气泡、表面泛浆为准。在混凝土的振捣过程中有技术人员严格监督控制。

（7）振捣器要垂直插入先浇混凝土内一定深度（一般控制在5~10cm），以保证新老混凝土能良好地结合。

（8）因墩柱混凝土分节浇注，控制好每节混凝土顶面高度可以保证相邻两段墩身接缝良好，从而保证混凝土的外观美观。当混凝土浇筑到顶时，使混凝土面稍高于模板顶，以便凿毛时方便清洗处理；浇注完毕后派专人用木抹子将模板四周附近的混凝土抹平，保证混凝土面与模板顶面平齐，以保证上下两节段为一条平齐的接缝。

（9）为了保证上下浇注段混凝土良好的结合，待混凝土强度达到2MPa后进行人工凿毛。首先必须将混凝土表面的浮浆凿掉，露出石子，凿深1~2cm，凿完后先用高压风枪吹掉混凝土残渣，再用高压水冲洗干净。以保证凿毛的混凝土面清洁。

（10）墩身混凝土浇筑施工时不宜过快，保证每小时30m³即可，同时应安排专人进行墩柱钢模板监测。如出现异常情况应及时加固处理，由现场技术人员确定是否可继续进行混凝土浇筑。

9. 墩柱混凝土养护

墩柱混凝土浇筑完毕初凝后，覆盖顶面并派专人经常洒水（包括模板）

养护，养护期一般不少于 7d。拆除模板后的墩柱用塑料薄膜严密包裹养护。

10. 墩柱施工缝处理

由于采用翻模分节段浇筑混凝土施工工艺，施工墩柱时就会留有施工缝。施工缝处理不当会影响桥墩的混凝土表面外观质量，在施工中采取以下处理方法：在混凝土浇筑时，额外浇筑 1~2cm 混凝土。混凝土终凝后，在人工凿毛时，将模板上部超打的混凝土用打磨机打磨平，使混凝土上表面与模板顶部拼缝平齐，即混凝土施工缝与模板缝重合。墩柱施工完毕后，墩柱表面只能看见整齐的模板缝而看不见施工缝，使混凝土表面取得了较好的表观效果。

第五章　现浇梁施工管理技术

　　斜拉桥的主梁直接承受车辆荷载。在结构中，主梁将恒载与活载分散传给斜拉索，梁的刚度越小则承担的弯矩越小。同时，主梁与斜拉索、索塔一起组成桥梁的一部分，主梁承受的力主要来自拉索的水平分力所形成的轴向力，因而主梁必须要有足够动刚度防止压屈。再者，主梁能抵抗横向风载和地震荷载，并把这些力传递给下部结构。由于主梁在施工过程中的内力要经过多次转变与重分配，最终变成多指点弹性梁体，因此做好主梁施工过程的质量控制工作，真正实现设计意图，是斜拉桥施工管理环节的重中之重。

　　本章主要分3个小节论述现浇梁管理技术，首先介绍目前常用的现浇混凝土主梁施工方法与管理重点，随后分别以九嶷大桥主桥挂篮悬臂浇筑梁和引桥满堂支架现浇梁为例，阐述具体的施工方法与管理技术在项目上的实际应用。

第一节　现浇梁施工概述

　　斜拉桥如采用混凝土主梁，其自重较大，能有效改善振动特性；抗震和抗风稳定性较好；恒载比重大，抗变形能力强。另外，由于斜拉索的水平分力对主梁产生轴向压力，相当于对混凝土梁施加了预应力，可以增强主梁的抗裂性，同时充分发挥高强钢材和混凝土的材料力学性能。因此，业界非常重视混凝土斜拉桥的研究和发展。

　　混凝土主梁的断面形式一般有板式断面、肋式断面和箱形断面。主要的施工方法主要有支架施工法、悬臂施工法、顶推法和平转法等。顶推法和平转法在较为特殊的施工情况下运用，最常见的施工方法为支架施工法和悬臂施工法相结合的施工方式。

一、挂篮悬浇施工的管理技术

挂篮悬浇施工的质量控制要点有：0#块的支架；施工临时约束；挂篮的施工控制；钢筋、模板、混凝土施工；预应力体系的控制；拉索套筒的定位；大悬臂状态的程制：拉索体系转换，分次张拉、锚固；边、中跨合龙；主梁体系转换。

1. 0#块的施工管理要点

针对0#块的施工，其主要控制点为：0#块支架的设计、施工和预压；0#块的钢筋施工；混凝土浇筑；预应力体系的施工和0#块的临时锚固施工。

（1）0#块支架的设计

在承包人编制、上报支架的设计、施工专项方案后，要组织行业专家对支架的设计进行审查。审查时应重点关注以下方面：

①0#块自重及施工荷载、风载等的作用下，支架的强度、刚度、稳定性必须满足质量安全的要求。

②支撑系统的弹性变形、非弹性变形及支撑部分的不均匀沉降都要严格控制在规范允许范围内。

③混凝土塔柱与钢支撑系统不同的线膨胀系数、日照温差对混凝土与钢支撑所产生的不同效应，造成不均匀变形均应控制在允许范围内。

④支架施工0#块在纵桥向的长度应能满足挂篮系统的安装。

⑤为方便支架在施工现场的安装与拆除，支架宜采取整体落地结构形式。

（2）0#块支架的施工管理

支架系统是0#块施工重要的临时工程，其目的是确保支架系统的受力安全和变形控制，是施工质量的保障基础，应做到以下几点：

①按要求编制支架系统的施工安全专项方案，并组织有关专家对方案进行评审，方案完善后方可施工。

②严格按已批准的支架系统设计图进行施工。

③钢立柱的安装应有确保稳定的措施，立柱就位须有测量人员配合。

④钢立柱与承台之间的锚固连接应为检查的重点对象。

⑤平联、纵梁、横梁、分配梁等部位的焊缝必须严格验收，重要部位的焊缝应做探伤检查，同时做好书面检查记录，留下影像等资料。

⑥支架顶面纵向、横向分配梁必须牢固可靠，平整度应满足设计要求，

且支架顶部调整高程的垫块必须采用钢垫块，以避免产生压缩变形。

⑦支架安装完成后，必须在底模上按1.25倍混凝土自重进行堆载，做静载试验，以消除构架的非弹性变形，同时对支架的预压进行全过程的监测。

⑧支架施工完成后，应组织对支架系统进行验收，验收合格后方可进入下一道工序。

（3）0#块施工的其他管理要点

由于墩顶0#块结构重要，受力复杂，又有墩顶横梁，加之纵向、横向、竖向预应力管道较为密集，为确保墩顶段施工的质量，应在人孔、预应力管道及钢筋密集处注意混凝土的密实度。由于墩顶横梁较厚，施工时尤其注意采取措施加强养护，以防止由于水化热对混凝土结构产生不利影响。

2. 主梁悬臂施工的临时约束

主梁悬臂施工的临时约束包括0#块的临时固结和临时墩的设置。

（1）0#块的临时固结

临时固结的主要目的是限制施工期间主梁的纵向位移、横向位移和转角位移，保证施工过程中主梁不发生纵、横向的漂移和转动，同时平衡悬臂施工中产生的不平衡弯矩和纵向水平分力。0#块的临时固结主要由临时支座、横向限位、锚固钢筋等结构组合而成。临时固结施工时管理人员应注意：

①临时固结设计方案需得到监控单位和设计单位的认可。须根据主梁的结构特点审查临时固结方案是否满足主梁结构形式和施工的需要，临时固结的设计还须考虑拆除的方便性。

②施工前，应对临时固结的性能进行试验，以满足悬臂施工过程中不平衡荷载产生的主梁局部微量变位的要求以及抵抗混凝土的收缩变位和风载对主梁的影响，并确保体系转换时能方便、迅速地解除临时锚固，而对结构受力和主梁纵向变位等不产生较大影响。

③加强现场的施工检查，对照设计方案检查预埋件的位置、锚杆的锚固长度、临时支座的位置等关键部位的施工精度和质量。

④严格控制临时固结施工的材料质量，如精轧螺纹的材质、橡胶垫块等。

⑤定期检查临时固结在施工过程中的使用情况，尤其是竖向锚固钢筋，确保悬臂施工安全。

⑥临时固结的拆除须严格按照设计要求的解除顺序和解除时间进行，同

时还要注意对主梁成品的保护。

（2）临时墩的设置

大悬臂状态时，主梁和塔柱的整体稳定性较差，在施工过程中为了增加主梁的抗风能力、稳定性和改善受力状况，根据需要可在不影响通航要求的边跨适当位置设置临时墩，将主梁临时约束在临时墩上，使主梁结构体系由双悬臂变为单悬臂，能够有效地保证主梁的施工稳定性。临时墩的设置要考虑预留挂篮的行走空间。

3．施工挂篮的管理

施工挂篮系统主要由承载平台、行走系统、定位系统、锚固系统、模板系统、操作平台以及预埋件系统组成。

（1）挂篮的安装管理

①挂篮支承平台除要有足够的强度、刚度和稳定性外，还应有足够的平面尺寸，以满足梁段的现场作业需要。

②挂篮加工件运到现场后，应对照设计图检查构件尺寸和加工精度，对不符合要求以及变形严重的构件进行更换、调整。

③挂篮的拼装应对称进行，在挂篮主梁与各横梁连成整体后，要对各边的几何对称点进行测量观测，不能有过大的翘曲变形。

④挂篮组拼后，应检查挂篮的拼装质量，复核挂篮的质量是否与设计吻合，同时检查挂篮的整体稳定性。

（2）挂篮的试压管理

①为了掌握挂篮的受力性能和实际刚度等参数，模拟主梁施工时挂篮在各种最不利工况下，关键部位的受力指标，消除挂篮的非弹性变形，预估弹性变形以指导施工。在前支点挂篮安装完成后，一般应要求用水箱、混凝土块或钢锭模拟活载，进行试压试验。试压试验应编制专项方案报批。试验内容主要包括中支点最大反力试验、后锚点最大反力实验、后锚点拉杆最大力实验、横梁最大受力试验。

实验荷载根据主梁设计施工图按两种工件状态计算最不利荷载：一是挂篮浇混凝土施工状态即工作状态；二是空挂篮状态即非工作状态。

②试压过程观测

一般分为3～5级加载，要求加载应尽可能与混凝土浇筑过程的次序相似，在时间上两端对称同步。

每级荷载加载完成后，进行挂篮挠度、变形测量和关键部位的应力观测，同时全面检查痕缝情况，并将各观测点的检查结果进行汇总统计分析。

每级卸载完成后需测定挂篮各部的挠度和变形。为避免塔柱偏位影响试验结果，在加载过程中要求严格按同步平衡原则进行。

（3）挂篮使用时须注意的问题

①对挂篮变形的处理：

预压试验完成后，对变形过大的构件和应力过大的部位，要求进行加强处理。利用前横梁跨中位置的变形量，控制悬臂施工中模板预拱量的设置。

在空挂篮状态下，纵梁各点的挠度均可在卸载后恢复，纵梁处于全弹性受力。在最大荷载时挠度减去卸载后恢复量为非弹性变形量，在挂篮装底模时按该设置预拱度，以抵消挂篮挠度对桥面形和横坡的影响。

②挂篮就位后，应对整体设备、各系统等做全面检查，同时对后锚点与前支承点附近的混凝土也应加强观察。

③桥墩两侧悬臂施工时，相对不平衡节段差不得超过设计和监控的要求值，以尽量接近平衡施工为宜。拆除或后移挂篮时，也应严格遵循对称、平衡的原则。

④使用挂篮过程中应统一指挥、配合协调、加强管理、保证安全。挂篮前移前应由专人检查准备工作，挂篮使用前须安排技术人员检查各系统的工作状态。

4. 悬浇主梁模板施工管理要点

（1）悬浇主梁模板应采用钢模，模板制作应保证板面平整光洁无焊疤，不平整度应≥1.5mm，接缝应密贴，外肋骨应有足够的强度、刚度和稳定性。

（2）支架安装完成后，应按1.2倍梁体施工恒载进行堆载预压，以消除支架的非弹性变形，按预压后实测的弹性变形量调整0#块的底模高程。

（3）模板安装前，认真检查板面除锈处理是否彻底，板面应涂刷优质脱模剂。

（4）梁体模板的安装位置应准确，纵、横向轴线应与结构轴线重合。

（5）底模预抬包括主梁底模的预抬和顶板底模的预抬。预抬值的大小，主要参考挂篮预压结果和施工过程中测量观测值。

（6）模板的安装定位应牢靠，必须确保浇筑混凝土时不发生移位、变形和跑模。

（7）模板安装调整后，应检查总体尺寸、高程、轴线偏差是否符合设计要求。模板的拼缝过渡与已浇筑梁段是否平顺、嵌缝是否严密、无间隙、无折线、无错台、不漏浆。

（8）模板安装完成后，应对其平面位置、顶部高程、纵、横中心线位置进行验收，验收合格后方可进入下一道工序。

（9）检查底模板与永久支座、临时支座的预留连接支承是否满足受力要求，是否严密不漏浆。

（10）钢筋绑扎前，应清除模板内的一切杂物，清除板面浮浆、浮锈，补涂已被损坏的脱模剂。

5. 悬浇主梁钢筋施工管理

（1）普通钢筋进场前，应按《公路桥涵施工技术规范》（JTG/T 3650-2020）要求进行检查和抽检，合格后方可使用。

（2）进场钢筋应平直，无局部弯折，表面应洁净、无油渍、无锈蚀、无鳞锈。

（3）应检查现场钢筋堆放和保护措施是否落实，现场标示是否清楚正确。

（4）钢筋焊接的质量和绑扎布置必须符合设计和规范的要求。焊接所使用的焊剂、焊条必须附有出厂合格证，焊工必须持特种作业证上岗。

（5）当普通钢筋与预应力管道在空间发生干扰时，钢筋可让位于预应力管道，细钢筋让位粗钢筋或适当弯折，但保护层应满足设计要求。

（6）因施工需要而断开的钢筋，当再连接时，必须按技术规定的有关要求进行焊接处理，并征得设计单位的确认。

（7）钢筋安装结束后，应检查其规格、直径、数量、间距、是否符合设计要求，成形后骨架不得变形、松脱、开焊，保护层垫块数量分布及牢固程度按要求进行验收，合格后方可进入下一道工序。

（8）伸缩缝预埋钢筋应要求伸缩缝供应商提供有关图纸，以便对箱顶板做出适当调整。

（9）钢筋密集区应在钢筋绑扎时考虑预留振捣棒的插入位置，并在振捣结束后，使钢筋恢复原位。

（10）预埋件的施工控制：

①箱梁内预埋筋（件）主要有：防雷接地装置、防撞栏杆预埋钢筋；挑

臂加劲撑预埋件；桥面泄水孔预埋件；伸缩缝预埋件；照明系统预埋件；监控系统预埋件；道路标志预埋件；管线预埋件；航道标志预埋件；挂篮施工预埋件，主要包括止推机构预埋件、主纵梁前后锚杆预埋件、模板提升预埋件等。

非设计指定的预埋件，应制定有效措施防止形成腐蚀通道。

②防雷接地装置的施工应符合设计的相关要求，重点检查位置的准确性、焊缝的长度和质量以及导电电阻的测试（小于1欧姆）。防雷接地装置的施工位置应在竣工图纸中标记注明。

③施工中，应仔细复核预埋件位置，力求准确，防止在混凝土浇捣过程中，预埋筋（件）移位。

④箱梁上如设有通气孔、泄水孔，应采用塑料管等耐腐蚀管材成孔，通气孔应向箱梁外侧倾斜i=1%，并应防止混凝土浇捣过程中管道位移与变形。管道周围的钢筋应适当侧弯，以满足钢筋的净保护层厚度的要求。

⑤施工埋件必须拆除，施工完成不能拆除的埋件应经设计单位同意，并应采取防腐蚀措施。

6. 悬浇主梁混凝土施工管理要点

（1）主梁各节段混凝土必须一次性浇筑完毕，挂篮悬浇必须均匀对称进行，保证挂篮受力一致，不平衡重量不得大于设计和监控的要求值。

（2）混凝土的浇筑顺序原则上从前至后（即由梁端向已浇段推进），从中心至两侧（从桥轴线向梁边）对称、均衡浇筑。

（3）对模板制作安装的几何尺寸进行严格检查验收，同时在钢筋下料时要严格按照图纸中的钢筋尺寸，减小钢筋长度误差引起的保护层偏大。

（4）泵送混凝土常导致节段混凝土质量不均匀，悬臂节段施工历时长，环境变化明显，虽然各节段混凝土总体上合格，但是混凝土质量强度离析性大。要从原材料质量，拌和质量、浇筑工艺、养生措施等各个方面严格控制，减小导致混凝土强度离散因素的影响程度。

（5）新老混洗土接合面处理要规范。应对已浇筑完毕的混凝土结合面及凿毛，下一节段混凝土施工时，对老混凝土结合面洒水保温，增加结合性能，同时还要加强结合面附近振捣。

（6）每一悬浇节段应严格控制混凝土的超方，自重误差应控制在2%以内。

（7）混凝土浇筑前，在钢筋顶面布设混凝土表面高程控制点，控制混凝土表面的平整度、横坡及纵坡，混凝土浇筑完毕时，要注意顶板混凝土需二次收面并扫毛，以防混凝土表面开裂。

（8）混凝土的裂纹控制

在新旧混凝土结合处、精轧螺纹连接器处、主梁的倒角及预埋孔道处、精轧螺纹锚垫板处、混凝土表面这些部位容易出现裂缝。

施工时，旧混凝土面必须充分润湿、养护覆盖搭接；防止混凝土初凝之前主梁振动，加强外加缓凝剂进场检验；波纹管连接器及孔洞位置应准确，若出现偏心，应布设防裂网片；加强边角及锚垫板附近混凝土的振捣质量；延迟拆模时间，同时加强养生措施的检查力度。

（9）混凝土蜂窝、麻面主要产生于截面边缘和倒角部位，在施工中应要求加强该部位的振捣，倒角部位浇筑过程中应有专人持手锤敲击倒角模板，以检验其是否施工密实。

7. 预应力体系的管理

预应力张拉时易出现的问题有滑丝、断丝、夹片破裂、连接器脱落等。

（1）滑丝

滑丝是指夹片内螺纹不能有效地卡住钢绞线，无法产生咬合力以保持预应力。

滑丝钢绞线的数量只有1根或2根时，可以采用穿心式千斤顶张拉滑丝钢绞线。将滑丝夹片取出并换上新夹片，再重新张拉至设计应力即可。如滑丝数量较多，须将锚具上所有钢绞线全部卸载，换取夹片后重新按照张拉工艺施工。

（2）断丝

断丝是指张拉中钢绞线的某丝或某根被拉断，精轧螺纹钢筋被拉断。当超出规范要求时，应放张重新穿束，重新张拉。

（3）夹片破裂

夹片破裂的主要原因有：夹片材质不合格；夹片松紧不一致导致出现错台引起；单根应力过大。

出现夹片破裂的情况，需重新更换夹片时，应单根补拉或者全部放张重新张拉。

（4）连接器脱落

钢绞线连接器脱落一般为挤压头质量不合格所致，或是安装时没有嵌入连接体的内凹槽中；精轧螺纹钢筋连接器脱落是旋入连接器的长度不够所致。

连接器脱落的处理首先要找出连接器的位置，然后进行更换并重新连接。

预应力张拉施工的处理不仅复杂，而且安全风险很大，在进行施工控制时宜以预防为主。

8. **悬臂施工阶段的管理要点**

大悬臂施工阶段主梁、塔柱变形明显，结构自身抗稳能力较差，挂篮安全风险增大，要求在该环节要重点监控。

（1）挂篮的安全控制

大悬臂状态下，施工挂篮的安全质量控制变得极为关键，应加强对挂篮的安全检查力度。每个节段施工时都要对各主要受力构件如止推机构、行走和锚固机构逐一进行检查，确保无异常情况后，才能进行下一道工序施工。对关键的受力部位，如丝杆的检查，可采用应变测试等建立必要的监测控制方案。

（2）临时荷载问题

施工中会存在大量的临时荷载，由于施工中需要经常性使用、移动临时荷载，从而导致荷载位置、重量不可预测，给监控带来负面影响。箱梁顶面施工时应尽可能不堆载，若需临时堆载也应尽可能对称放置（对墩两侧而言），在横桥向尽量防止在肋板或腹板附近，并应与设计和监控方联系，征得设计和监控单位的同意。

（3）梁段混凝土的控制

悬浇混凝土时梁段常常超方。混凝土产生超方主要有3方面原因：模板安装时结构尺寸与设计尺寸之间误差影响；混凝土浇筑过程中模板变形导致模板结构尺寸变大而产生超方；主梁顶面横坡不符合要求，产生超方。解决超方的方式就是严格检查验收模板制作安装尺寸；增加模板刚度，减小变形；混凝土施工至顶面时加强横坡控制。

检查每节段混凝土的几何尺寸，计算超方量，力争将超方控制在3%以内。梁段混凝土的重量与设计比较若有增减时，应及时会同设计、监控单位调整斜拉索的初始张拉力。

（4）悬臂状态下的主梁线形控制

影响主梁线形的因素很多，模板的平整度、安装精度，挂篮主纵梁高强螺栓拧固性能，环境温差变化，施工荷载及计量控制（如混凝土土方量、拌和计量系统、挂篮及模板重量变化）的精度均影响主梁线形。在施工中尽量做到：

①线形控制遵循应力为主、兼顾线形的原则。

②在混凝土浇筑前，测出混凝土的弹性模量、容重以及混凝土的收缩系数，提供给施工监控单位。

③检查各施工段混凝土浇筑前挂篮底板的标高和设计要求的预拱度，每节段模板立模高程严格按监控指令调整，高程的测量须经施工、监理、监控三方验证，模板顶升位置合理、牢固可靠。

④测量时选择在凌晨或日出前，规避不均匀温度场的影响，当温度和太阳光直射对箱梁高程有影响时，应及时换算调整底板高程。

⑤重点检查并防止主纵梁锚点高强螺栓松动。

⑥提高计量控制的精度。混凝土在1/2梁段、1/3梁段、2/3梁段时的控制，应在计量、灌数纪录、输送管道耗量大小挂及樽板重量的变化等方面严格测算，严格控制。

（5）索导管定位控制

导致索管定位偏差影响因素较多，现场不易确定各因素的影响程度。参建各方应一同分析实际情况，制定详尽的调整改善措施尽量减小偏差。

（6）施工顺序

在主梁双悬臂施工中，各工序的施工顺序应严格按照监控和设计的要求进行，同时梁段混凝土的浇筑、钢束及斜拉索的张拉、挂篮和机具的移动均应遵循对称、均衡、同步的原则进行。

9. 边跨合龙的施工管理

边跨合龙施工是边跨悬臂主梁和支架现浇梁之间的合龙，边跨合龙是斜拉桥主梁施工结构体系一次大的转换，其施工质量直接影响成桥后主梁内力及线形。

（1）边跨合龙方案的审查

对边跨合龙支架的审查，应按支架的设计原则进行结构强度、刚度、稳定性及基础承载验算。支架在底模支点处设有足够的千斤顶以备调节高程之用。

对边跨合龙方案的审查，应重点关注：临时刚性锁定的具体施工措施；施工配重方案的具体实施；钢筋模板安装工艺；混凝土施工的组织和养护；预应力张拉施工方案；支架的拆除方案等，同时还须特别注意合龙施工平台在支架现浇段上的反力点布置应合理避开现浇支架的干扰。

（2）悬臂端的压重控制

边跨合龙施工时在悬臂端常配置压重，配重主要有3方面的作用：一是悬臂端的高程调节；二是混凝土等效置换重量；三是双悬臂结构平衡配重。配重荷载一般通过水箱、沙袋或型钢材料来实现。

配重要按照对称平衡原则逐级加载，加载过程中要加强测量观测工作。配重的卸载应严格按监控单位的要求执行，须高度重视加载和卸载的监督工作。

配重逐级加载完成后，要及时测量梁面高程变化和索力变化，若变化结果和预测值不相吻合，应停止加载，查明原因并采取调整措施。

混凝土浇筑过程中，应严格控制荷载的置换重量，即增加的混凝土重量和配重卸载要严格平衡，不平衡差值控制在监控要求的差值范围之内，要对置换重量同步检查。

（3）临时刚性骨架的锁定

临时刚性骨架的受力设计可由监控单位提供，设计所取用的计算参数须得到设计的认可。如施工现场的实际参数发生改变，应及时将改变的参数（如焊接温度）提交给设计单位和监控单位重新验算。

临时刚性骨架的锁定应选择天气状况良好、环境温度接近设计合龙温度的时间段进行。锁定前要检查预埋连接板的施工质量，一般先在合龙口的一边焊接好，待达到锁定时间和温度要求时，同时焊接另一合龙口，以节约施焊时间。锁定施工要求迅速，施焊质量要求高，连接时要上下游对称同步施工。临时刚性骨架的焊接需要有较强焊接施工经验的熟练工人操作，以保证速度和质量。焊接完成后，应对所有焊缝逐一进行检查，不符合要求时及时要求补焊。

临时刚性骨架的锁定前后要对主梁高程、塔顶偏位、斜拉索索力、环境温度等控制参数进行详细测量，及时通报各单位，同时对这些测量数据进行复核。

临时刚性骨架的解除须严格按照监控方要求的时间和顺序进行。

（4）合龙预应力的控制

合龙预应力的施工须严格按照设计张拉顺序和张拉要求分批分次张拉，不得为方便施工而随意更改。梁端张拉端操作空间小，可能给千斤顶安装和张拉操作带来较大的困难，应提前与设计方联系，采取合理可行的改善措施，确保张拉质量。

10. 中跨合龙的施工管理

斜拉桥中跨合龙是整个主梁施工最重要的关键环节，其施工质量对成桥后主梁内力和线形影响较大。中跨合龙是在两合龙口均是单悬臂的情况下施工，悬臂主梁高程受荷载、温度、索力变化影响较为明显，直接影响到合龙的过程控制与具体操作，施工控制难度极大。

（1）合龙前的准备工作

①审核承包人编制的中跨合龙专项施工方案，应重点审查：合龙工艺流程是否符合设计和监控的要求；合龙吊架的结构验算；合龙配重的设置；临时刚性骨架的锁定；混凝土施工的组织；预应力施工的控制等。同时，须组织专家对合龙方案进行评审。

②为确保合龙梁段与两侧梁段的平顺连接，应重点控制好主跨两侧梁段的轴线及高程偏差。当梁段的施工越来越接近合龙口时，除了保证梁段的轴线及高程偏差值满足要求外，还须使两侧梁段的偏差方向一致，缩小对应测点的相对差值，尤其是轴线偏位。若对应测点的相对差值较大，应提前几个梁段就开始对两侧梁段进行微调。

③合龙段施工前需要对主梁的高程、轴线、塔柱位移、斜拉索索力、温度等一系列数据进行反复测试测量，为合龙施工提供详尽的数据，以便分析并及时调整合龙方案。

④合龙施工前，应安排专人对主梁进行不少于24h的连续观测。重点是观测温度对两悬臂端间距和高程的影响，为合龙提供参考数据。

（2）配重施工控制

具体可参见本章第一节"边跨合龙的施工管理"的相关内容。

（3）临时刚性骨架的施工管理

具体可参见本章第一节现"边跨合龙的施工管理"的相关内容。

（4）中跨合龙施工控制

①合龙段混凝土应采用超强、早强混凝土，应先做好混凝土配合比试

验，使混凝土在较短时间达到一定的强度，同时严格控制用水量，以减少混凝土的收缩影响。

②施工至合龙段时，需要对挂篮进行拆卸或改装。由于挂篮自重较大，如何保证挂篮的拆卸安全，则需要进行详细的方案设计与计算，以保证最后阶段临时结构的安全。同时在挂篮的改造过程中，荷载会发生变化，此时要及时增加配重荷载，以维持结构的平衡。

③重视合龙段之前的两悬臂段钢筋与预应力管道的连接问题。在累计误差影响下，两悬臂端钢筋、预应力管道位置可能有一定的偏差，而合龙段通常2~3m，要纠正偏差就会出现连接错口现象，预应力管道往往在此形成折点，导致预应力损失加大。因此施工安装时应引起足够重视，一般在合龙前3~4个节段悬臂梁施工就应注意偏差测量与纠正，使合龙段误差减小到最低程度。

④加强混凝土的养护，保持梁体混凝土的潮湿，适当降低合龙段以外箱梁顶面由于日照引起的温度差。

⑤选择合理的浇筑时间，应在一天中平均温度最低的时间内浇筑，减少温度效应对结构的影响，以达到合龙的目的。

⑥合龙段混凝土浇筑时，两悬臂端压重逐渐解除，解除量值应与混凝土浇筑量值同步。

⑦在混凝土浇筑到预应力张拉完成这一时间段内，需要严格管制各种动荷载作用，同时防止静载的超平衡变化。

⑧合龙段施工完成后，须根据设计的要求，在混凝土强度、养护期、弹性模量符合条件后进行预应力张拉施工，同时按照设计和监控要求的时间和顺序对临时约束进行解除，完成体系转换。

⑨斜拉桥中主梁、塔柱以及斜拉索三者为一协作共同体，当其中一构件发生内力位移改变时，其他构件也相应发生内力、位移变化。因此在整个合龙施工期间，要根据各工况特点严密监测主梁及塔柱的位移变化情况。要对承包人的各项观测结果进行复核，确保观测结果准确无误。合龙后应对全桥主梁的高程、轴线以及塔顶偏位做一次详细、完整的通则工作。

第二节　主桥挂篮悬臂浇筑梁施工

一、工程概况

1. 主桥主梁概况

九嶷大桥主桥为70m+2×120m+70m预应混凝土矮塔斜拉桥，主梁采用C55混凝土，截面形式为变高度、直腹板单箱五室整幅式箱梁截面。主梁顶板宽34m，两侧悬臂翼板宽4m。主墩10#采用塔梁墩固结体系，主墩9#、11#采用塔梁固结、墩梁分离体系，主墩9#、11#设滑动支座。塔梁固结处梁高4.8m，跨中及边跨现浇段中心梁高2.5m，在塔根部两侧各21m范围内，梁高由4.8m按2次抛物线变化至2.5m，中、边跨合龙段为等高截面，长8.88m。箱梁翼缘板悬臂长4m，端部厚20cm，根部厚60cm，按线性变化。

箱梁采用三向预应力体系。纵向和横向均采用高强低松弛钢绞线，竖向采用精轧螺纹钢筋。采用真空压浆工艺灌浆。

主桥箱梁根据施工方式（包括支架现浇、挂篮悬臂浇筑和吊架现浇）划分为以下梁段：主墩墩顶0#梁段长10m（对称于主墩中心线两侧各5m），采用支架浇筑施工；1#～6#梁段长3.0m，采用挂篮悬臂浇筑施工；7#～15#梁段长均为4m，均采用挂篮悬臂浇筑施工；边跨现浇段长8.88m，采用支架现浇施工（一次性浇筑完成）；边、中跨合龙段长为2m，采用吊架现浇施工。塔梁固结处主梁根部中心梁高H根＝4.8m（不包括中央分隔带位置顶板加厚18cm），跨中及边跨现浇段中心梁高H中＝2.5m（不包括中央分隔带位置顶板加厚18cm），H根/L＝1/25，H中/L＝1/48，在塔根部两侧各21m范围内，梁高由4.8m按2次抛物线变化至2.5m。九嶷大桥立面、平面见图5-1，九嶷大桥主桥断面见图5-2。

2. 主梁0#块概况

主墩墩顶0#块梁段长10m（对称于主墩中心线向大小里程两侧各5m），0#块桥面宽度34m，0#块箱梁底宽26m，腹板厚度由根部80cm宽在3m的范围内（0#梁段）线性渐变为50cm，主梁0#块根部中心梁高H＝4.8m，主梁0#块采用钢管支架现浇施工。

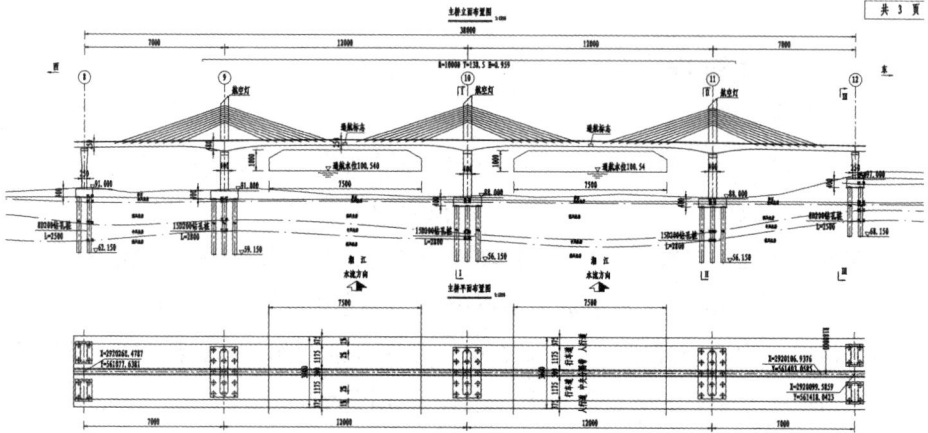

图5-1　九嶷大桥主桥立面图、平面图

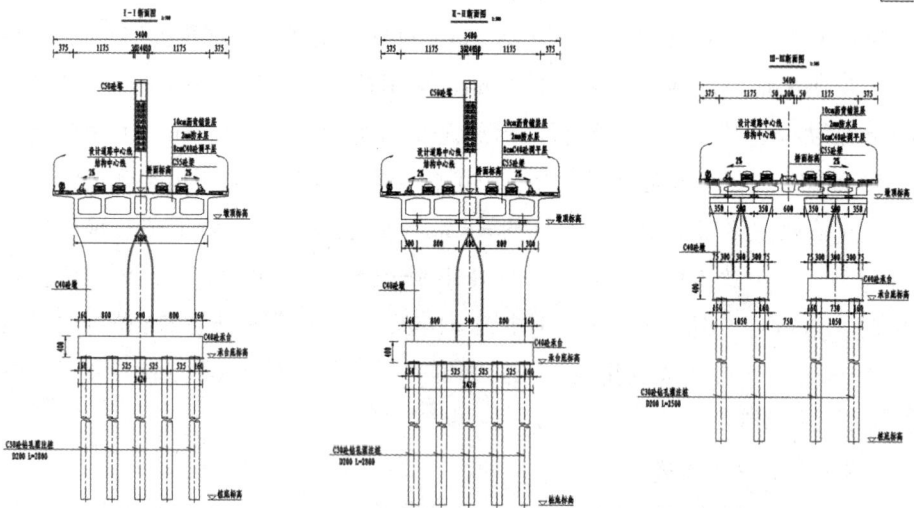

图5-2　九嶷大桥主桥断面图

3. 临时固结概况

主墩9#、主墩11#采用墩梁分离体系，设滑动支座。9#墩0#块、11#墩0#块采用临时固结体系。临时固结支撑体系由直径1200mm的支撑钢管与OVM15-7预应力体系共同组成，是箱梁悬臂施工中的主要受力构件。当箱梁悬臂施工出现不对称荷载作用时，临时支撑体系是保证本桥悬臂施工安全度及悬臂倾覆稳定的重要措施。

二、施工流程

1. 总体施工方案

主梁0#块采用钢管支架现浇施工，其中主桥9#墩、11#墩0#块钢管支架利用临时固结体系的直径1200mm的螺旋管搭设施工，10#墩0#块为塔梁固结体系，采用Φ529螺旋管搭设钢管支架施工主梁0#块。

主梁0#块施工完成后，在0#块上面拼装三角挂篮结构体系。挂篮拼装完成后，进行挂篮预压。预压采用水袋进行挂篮结构整体预压。预压检测合格后，进行主梁1# ~ 15#块挂篮悬臂浇筑施工。各块段混凝土全截面依次同步、对称、均衡浇注完成。

8#边墩直线段、12#边墩直线段（边跨现浇段）采用搭设钢管支架法现浇施工，全截面混凝土一次浇注；中跨合龙段、边跨合龙段采用三角挂篮结构作为合龙段吊架进行合龙施工，全截面混凝土一次浇注完成。

主桥主梁中心线两侧每个主墩设置9对双排斜拉索。斜拉索梁端锚点位于6#-14#块横隔梁中间。塔柱施工时塔上定位预埋分丝管索鞍，梁上预埋索导管，斜拉索采用OVM15-43环氧喷涂钢绞线，拉索全部采用单根挂索，单根张拉的施工方法，拉索张拉采用等值张拉法。

箱梁混凝土由拌和站集中搅拌，混凝土搅拌运输车运输至施工点，然后用两台混凝土输送车进行浇注施工。

2. 总体施工工艺

总体施工工艺流程见图5-3。

```
                    ┌──────────────────────┐
                    │ 0#块钢管支架搭设及    │
┌──────────┐        ├──────────────────────┤        ┌──────────┐
│ 支架预压 │───────▶│ 0#块模板安装         │◀───────│ 模板制作 │
└──────────┘        └──────────────────────┘        └──────────┘
                    ┌──────────────────────┐        ┌──────────┐
                    │ 钢筋及波纹管就位、绑 │◀───────│ 钢筋、波纹│
                    └──────────────────────┘        └──────────┘
┌──────────┐        ┌──────────────────────┐        ┌──────────┐
│ 留试块   │◀───────│ 混凝土浇筑           │◀───────│ 混凝土配比│
└──────────┘        └──────────────────────┘        └──────────┘
                    ┌──────────────────────┐        ┌──────────┐
                    │ 养护、拆模、穿钢绞    │◀───────│ 钢绞线制备│
                    └──────────────────────┘        └──────────┘
┌──────────┐        ┌──────────────────────┐        ┌──────────┐
│ 锚具检查 │───────▶│ 预应力张拉           │◀───────│ 张拉设备校│
└──────────┘        └──────────────────────┘        └──────────┘
┌──────────┐        ┌──────────────────────┐        ┌──────────┐
│ 压浆机具准│──────▶│ 孔道 压浆            │◀───────│ 水泥浆配比│
└──────────┘        └──────────────────────┘        └──────────┘
           ┌───────▶┌──────────────────────┐
           │        │ 挂篮及模板安装       │
           │        └──────────────────────┘
           │        ┌──────────────────────┐
           │        │ 钢筋及波纹管安装     │
┌────────────┐      └──────────────────────┘
│循环至 15#节段│     ┌──────────────────────┐
└────────────┘      │ 混凝土浇筑、养护、   │
           │        └──────────────────────┘
           │        ┌──────────────────────┐
           │        │ 移动挂篮至下一节段   │
           │        └──────────────────────┘
           └────────┌──────────────────────┐
                    │ 对称安装并张拉斜拉索 │
                    └──────────────────────┘
                    ┌──────────────────────┐
                    │ 边跨直线段支架搭设   │
                    └──────────────────────┘
                    ┌──────────────────────┐
                    │ 直线段砼浇筑、预应力张拉│
                    └──────────────────────┘
                    ┌──────────────────────┐
                    │ 边跨合拢段混凝土施    │
                    └──────────────────────┘
                    ┌──────────────────────┐        ┌──────────┐
                    │ 张拉预应力并压浆     │        │拆临时固结系│
                    └──────────────────────┘        └──────────┘
                    ┌──────────────────────┐
                    │ 中跨合拢段施工       │
                    └──────────────────────┘
                    ┌──────────────────────┐
                    │ 张拉预应力筋         │
                    └──────────────────────┘
                    ┌──────────────────────┐
                    │ 结束                 │
                    └──────────────────────┘
```

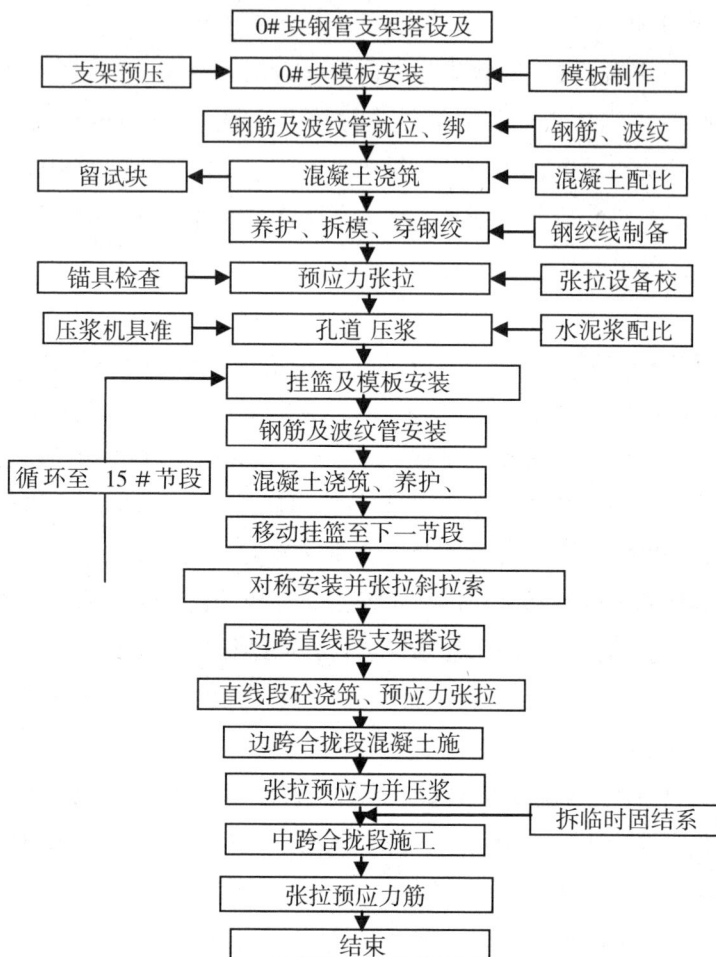

图5-3 总体施工流程图

三、临时固结施工

1. 主要内容

主梁9#墩和11#墩的临时支撑体系是箱梁悬臂施工的主要受力构件，当箱梁两悬臂出现不对称荷载作用时，临时支撑体系是保证本桥施工安全度及悬臂倾覆稳定的重要措施。

主墩9#、主墩11#为墩梁分离、塔梁固结体系，设滑动支座，在梁体节段悬臂浇筑施工过程中，为保证整个施工期间的稳定，在9#主墩和11#主墩设置"1200mm×10mm螺旋钢管＋OVM15-7预应力钢绞线"临时固结体系，待主梁边跨合龙段施工完成后，解除9#墩和11#墩临时固结体系，恢复到设计要求，再进行中跨合龙段施工。

2. 临时固结受力计算

（1）临时固结设计

临时支墩采用C55混凝土，9#、11#主墩分别设有4个临时支墩，单个支墩面积为85cm×500cm，在墩柱施工时预埋Φ32普通螺纹钢筋，锚入桥墩和0#块的深度分别为1.3m，每个支墩85根，每个桥墩共340根。

（2）临时固结计算

临时固结结构的竖筋采用Φ32普通螺纹钢筋，其抗拉强度设计值为360MPa；混凝土标号C55，其轴心抗压强度设计值为25.3MPa，轴心抗拉强度设计值为1.96MPa，容重按26kN/m³计算。

根据九嵕大桥设计资料，在悬臂浇筑施工阶段，要考虑可能出现的各种风险，检算以下内容：

①临时支墩承压检算；

②最不利工况临时固结检算；

③钢筋埋入深度检算。

（3）临时支墩承压的验算

临时锚固措施应能承受中支点处最大竖向力为110491.88kN，则每个临时支墩受力27622.97kN。根据临时支墩设计，一侧单个临时支墩承压面积为$A_c=0.85\times5.0=4.25m^2$，按轴心受压构件考虑，则其截面抗压承载力按下式计算：

$$\lambda_0 N_d \le 0.90\phi\left(f_{cd}A + f'_{sd}A'_s\right)$$

在此不计钢筋的作用，则有：

$$\lambda_0 N_d \le 0.90\phi\left(f_c A + f'_y A'_s\right) = 0.90\times1\times25.3\times4.25\times10^3 = 96772.5 \text{ kN}$$

而临时支墩的压力为27622.97kN＜96772.5kN，满足要求。

（4）最不利工况临时固结验算

根据全桥节段划分，最大悬臂状态为合龙前浇筑完15#块及14#块；对临时支墩中心产生最大不平衡弯矩的情况，此为最不利工况，具体为：在浇筑15#块时产生一侧挂篮掉落，另一侧15#块刚浇筑完成，此弯矩值计算如下：

单边浇注15#块产生的弯矩为：

$$M_1 = 105.12 \times 26 \times 57 = 155787.8 \text{ kN} \cdot \text{m}$$

单侧挂篮（挂篮自重为108 t）产生的弯矩为：

$$M_2 = 1080 \times 57 = 61560 \text{ kN} \cdot \text{m}$$

可得不平衡总弯矩：

$$\sum M = M_1 + M_2 = 217347.8 \text{kN} \cdot \text{m}$$

不平衡弯矩在临时支墩产生的轴力计算，其值为：

$$N_2 = \sum M / (2 \times 3.12) = \frac{217347.8}{2 \times 3.12} = 34831.4 \text{ kN}$$

单个临时支墩所承受的主墩顶梁体自重产生的支反力，其值为：

$$N_1 = \frac{106178.76}{4} = 26544.7 \text{ kN} \text{。}$$

所以，$N_1 - N_2 = 26544.7 - 34831.4 = -8286.7$ kN（受拉）

$N_1 + N_2 = 26544.7 + 34831.4 = 61376_{\circ}1$ kN（受压）

根据前面的计算结果可知，单个临时支墩的最大压力为61376.1kN＜96772.5kN（受压），抗压性能满足要求。

Φ32普通螺纹钢筋的材料属性：截面面积A＝804.2mm²，HRB400抗拉强度设计值为360MPa，单根螺纹钢筋承载力为804.2×360＝289.5kN。每个临时支墩埋置85根Φ32普通螺纹钢筋，则螺纹钢筋可提供的最大拉力为289.5×85＝24607.5kN＞8286.7kN，则抗拉满足要求。

（5）螺纹钢筋埋入深度验算

单个临时锚固所受拉力为8286.7kN，Φ32普通螺纹钢筋截面面积A＝804.2mm²，则单根拉应力为：

$$\sigma = \frac{8286.7 \times 10^3}{85 \times 804.2} = 121.23 \text{ MPa}$$

墩身锚固长度验算（墩身混凝土采用C40混凝土计算）：

$$l_1 = 0.14 \times \frac{121.23}{1.71} \times 32 \times 1.1 = 349.4 \text{ mm} < 1300 \text{mm}，满足要求。$$

0#块锚固长度验算：

$$l_2 = 0.14 \times \frac{121.23}{1.96} \times 32 \times 1.1 = 304.81 \text{ mm} < 1300 \text{mm}，满足要求。$$

3. 临时固结施工流程

临时固结施工流程：承台施工时预埋钢绞线→墩柱施工→利用临时固结

钢管搭设0#块钢管支架→0#块混凝土浇筑施工→临时固结体系钢绞线张拉→
临时固结体系完成

4. 临时固结施工方法

主墩9#、主墩11#临时固结体系采用直径1200mm、壁厚10mm螺旋钢管
与OVM15-7预应力体系共同组成，临时固结钢管在9#墩大里程侧设置10根，
在9#墩小里程侧设置10根，在11#墩大里程侧设置10根，在11#墩小里程侧设
置10根，每根临时固结钢管都与墩柱设置4道连接。临时固结钢管和墩柱连
接采用426mm×10mm螺旋钢管连接。各道连接钢管距离墩顶距离为2.5m、
6.5m、10.5m、14.5m。墩柱施工过程中在对应高度位置测量定位，提前预埋
50cm×50cm×1.2cm钢板、800cm×50cm×1.2cm钢板。

承台施工时，在承台顶面临时固结钢管对应位置预埋螺栓及钢绞线。在
墩柱施工期间，预埋的临时固结钢绞线捆绑后搁置在围堰钢管桩、钢板桩外
侧。墩柱施工完成，在施工0#块现浇支架时将钢绞线穿在1200mm螺旋管里
面，利用65t履带式起重机大钩起吊1200mm螺旋钢管，下放小钩起吊穿钢绞
线。钢绞线穿束之前，为防止钢绞线散开，先将每束7根钢绞线按1m的间距用
自紧带捆绑起来。

每根临时固结钢管里面设置2束OVM15-7的预应力钢绞线，预应力钢束
一端埋置锚固在承台内，埋置深度不小于100cm，另一端在箱梁0#块底板齿块
上张拉锚固。

临时固结体系每束OVM15-7钢束的设计张拉力为105T，单根钢绞线平均
张拉力为105t/7根＝15t/根。

在0#块混凝土浇筑完成并且混凝土强度达到设计要求以后，进行临时固
结体系钢绞线张拉施工，预应力钢束应在桥墩两侧对称、同步张拉。

临时支撑体系拆除亦应对称均衡解除，无损结构及外观；箱梁节段悬臂
浇筑时应两侧对称、同步、均衡进行施工，在特殊情况下，一侧仅允许超重
10t；为保证工字梁顶面与箱梁底板、预应力束锚板与底板密贴，在工字梁顶
面设置三角垫层，在箱室内设置临时固结预应力张拉齿块局部加强。

4. 临时固结施工注意事项

（1）临时支撑体系钢管位置严格按照设计图纸测量放样布置准确。

（2）预埋在承台内的OVM15-7预应力体系锚固端深度必须满足设计要
求。

（3）支撑钢管在承台顶面采用法兰盘连接。

（4）0#块浇筑完成，在箱梁底板上对称同步张拉、锚固钢绞线。

（5）在工字梁顶面设置三角垫块调平。

（6）临时支撑拆除时必须对称、均衡拆除。

（7）临时支撑体系在边跨合龙后、中跨合龙前进行拆除。

（8）每根钢管内布置两束OVM-7预应力钢束，每束钢束的张拉力严格按设计要求进行张拉。

（9）临时固结预应力张拉齿块与0#块梁体底板混凝土浇筑为一整体。

（10）临时固结预应力张拉齿块钢筋预埋深入0#块梁体底板不少于50cm。

（11）钢材焊接必须满足焊接规范要求，按照等强原则焊接，一般焊缝高度不小于焊接钢板的厚度。

（12）临时固结1200mm螺旋钢管与墩柱间水平方向设置3道426×10mm支撑钢管与墩柱连接，墩柱施工时在对应高度预埋钢板，后期焊接连接。

四、主梁0#块施工

1. 0#块施工流程

主梁0#块采用钢管支架现浇施工，并在0#块内设置临时锁定与承台固结。具体施工流程见图5-4。

2. 0#块施工方法：

9#墩、11#墩0#块支架钢管墩利用临时固结钢管20根，临时固结钢管采用直径1200mm、壁厚10mm的螺旋钢管；11#墩0#块除利用20根1200mm临时固结螺旋管外，承台横桥向两侧还利用锁口钢管桩围堰管共计10根，其中每侧5根529mm螺旋管；9#墩为拉森钢板桩围堰，施工0#块钢管支架时，除利用20根1200mm临时固结钢管外，在对应钢板桩位置插打529mm×10mm钢管桩；在钢管上焊接钢牛腿支撑双拼40b工字钢横梁。

钢管支架顺桥每边最外侧的5根钢管内灌注满砂子，钢管顶部焊接529mm×10mm螺旋管作为翼缘板施工钢模板模板托架。

10#墩为墩梁固结体系，10#墩0#块支架钢管墩全部采用直径529mm、壁厚10mm螺旋管搭设，529mm螺旋管设置上下盖板，盖板为80cm×80cm×2cm钢板，钢管支架横梁采用双拼32a工字钢。

```
┌─────────────────────┐
│   钢管支架搭设及预压    │
└──────────┬──────────┘
           ↓
┌─────────────────────┐
│    安装支座、立外模     │
└──────────┬──────────┘
           ↓
┌────────┐  ┌─────────────────────┐  ┌────────────────┐
│ 钢筋制作 │→│   绑扎底板、腹板钢筋    │←│  预埋件、预留孔设置 │
└────────┘  └──────────┬──────────┘  └────────────────┘
                       ↓
┌────────┐  ┌─────────────────────┐
│ 测量定位 │→│   安装竖向预应力管道    │
└────────┘  └──────────┬──────────┘
                       ↓
            ┌─────────────────────┐
            │     立内模及端模       │
            └──────────┬──────────┘
                       ↓
┌────────┐  ┌─────────────────────┐  ┌────────────────┐
│ 钢筋制作 │→│     绑扎顶板钢筋       │←│  预埋件、预留孔设置 │
└────────┘  └──────────┬──────────┘  └────────────────┘
                       ↓
┌────────┐  ┌─────────────────────┐
│ 测量定位 │→│ 安装顶板纵向、横向预应力管道│
└────────┘  └──────────┬──────────┘
                       ↓
            ┌─────────────────────┐
            │      检查验收         │
            └──────────┬──────────┘
                       ↓
            ┌─────────────────────┐
            │ 混凝土浇筑（试件制作）、养护│
            └──────────┬──────────┘
                       ↓
┌──────────┐┌─────────────────────┐┌────────────────┐
│强度、弹模双控│→│  拆模、预应力穿束、张拉 │←│ 预应力束制作、机具校验│
└──────────┘└──────────┬──────────┘└────────────────┘
                       ↓
            ┌─────────────────────┐
            │      压浆、封锚        │
            └─────────────────────┘
```

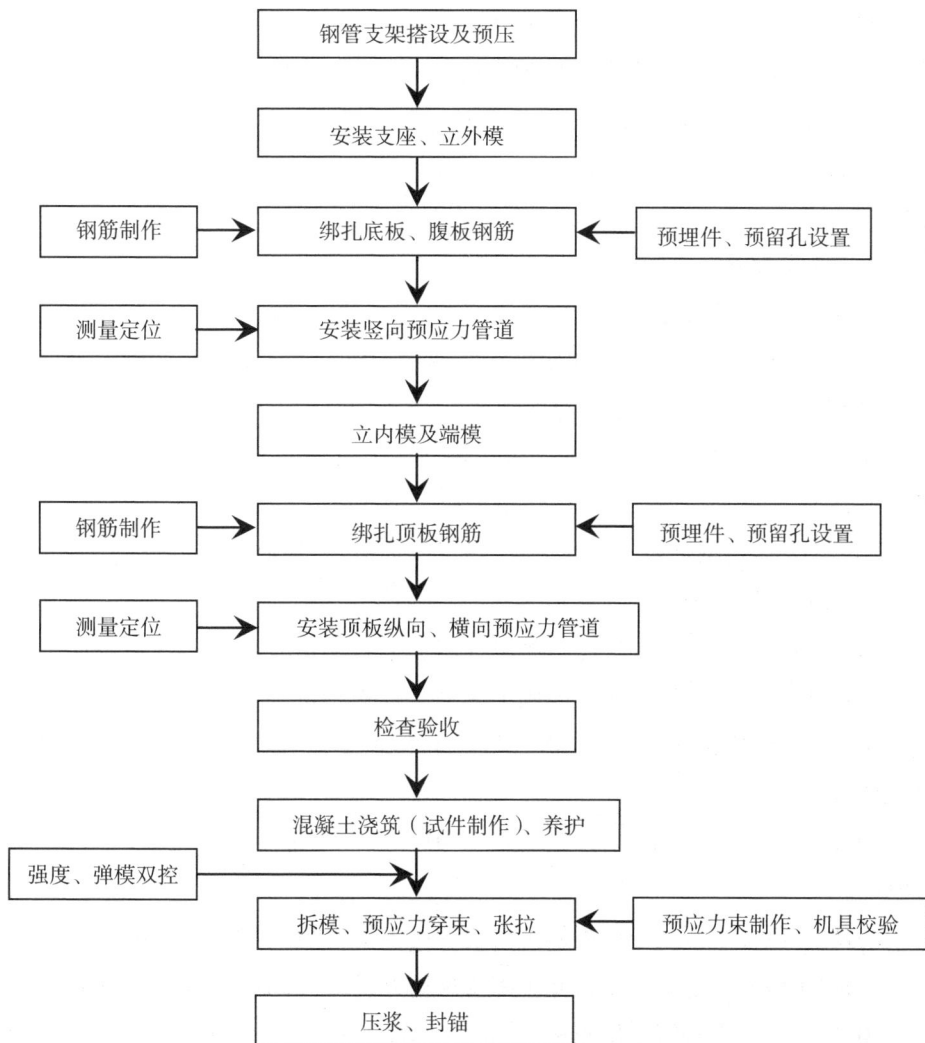

图5-4　0#块施工流程图

　　钢管桩起吊安装分两节进行施工，第一节高度至102.85m，与钢平台齐平，方便墩柱施工，先用QT80型塔式起重机将第一节钢管起吊安装就位，待墩柱施工完毕，再将第二节钢管起吊对接焊接。

　　9#墩、10#墩、11#墩钢管支架纵梁：底板下方全部采用10#槽钢加工的三角桁架，翼缘板下方支撑侧模的纵梁为40b工字钢横梁。

　　9#墩、11#墩钢管桩横向连接系采用20b槽钢，横向剪刀撑连接系共计设置3道，桥墩和钢管之间连接采用直径426mm、壁厚10mm的螺旋钢管连接，施工墩柱时在对应位置预埋50cm×50cm×1.2cm的钢板、80cm×50cm×1.2cm的钢板，各道钢管距离墩顶距离分别为2.5m、6.5m、10.5m、14.5m。

0#块施工时外侧模和底模均采用定型钢模板，箱内模采用扣件式钢管支架，扣件式脚手架搭设间距为纵向×横向×竖向＝60cm×90cm×60cm，箱室内模全部采用木模施工。

3.支架预压

（1）支架预压目的

测试0#块钢管支架的弹性变形和非弹性变形值，根据测得的数据推算支架预拱度，为立模标高提供可靠的依据。

通过模拟压重检验结构的强度、刚度和稳定性，消除沉降及非弹性变形。

（2）预压荷载计算

①0#块预压荷载

0#块单侧方量（墩柱中心线小里程侧）：392.1m³

0#块单侧方量（墩柱中心线大里程侧）：392.1m³

0#块墩顶单侧混凝土方量（墩柱中心线小里程侧）：$4.8 \times 26 \times 2 = 249.6m^3$

0#块墩顶单侧混凝土方量（墩柱中心线大里程侧）：$4.8 \times 26 \times 2 = 249.6m^3$

0#块（墩柱中心线小里程侧）需要预压方量：$392.1 - 249.6 = 142.5m^3$

0#块（墩柱中心线大里程侧）需要预压方量：$392.1 - 249.6 = 142.5m^3$

0#块（墩柱中心线小里程侧）混凝土重量：$142.5m^3 \times 2.6t/m^3 = 370.5t$

0#块（墩柱中心线大里程侧）混凝土重量：$142.5m^3 \times 2.6t/m^3 = 370.5t$

0#块（墩柱中心线小里程侧）需要预压重量：$1.2 \times 142.5m^3 \times 2.6t/m^3 = 444.6t$

0#块（墩柱中心线大里程侧）需要预压重量：$1.2 \times 142.5m^3 \times 2.6t/m^3 = 444.6t$

②荷载分级计算

50%加载荷载：$370.5t \times 0.5 = 185.25t$

80%加载荷载：$370.5t \times 0.8 = 296.40t$

100%加载荷载：$370.5t \times 1.0 = 370.50t$

120%加载荷载：370.5t×1.2＝444.60t

（3）预压施工方法

根据项目特点，结合现场实际情况，0#块钢管支架预压采用布置密封水袋预压。

0#块箱梁托架单侧布置3条10m×5m×3m水袋，最大可配载450t，满足0#块托架预压荷载444.6t要求。

为保证预压水袋下方预压面承载面水平，预压水袋下方提前利用沙袋和方木抄垫垫平处理，检查合格后布置水袋。

（4）预压工艺步骤

根据项目的特点以及工期的要求，确保预压的可实施性和可操作性，选取水袋灌水预压法进行预压施工。

其预压施工工艺流程：设置施工安全警示牌→临时平台搭设→现场清理→放置水袋→安装量具、连接水源→设置沉降观测点→蓄水加载→沉降观测→沉降稳定→排水卸载→进入下一道工序。

（5）加载方法及沉降观测

①加载方法及沉降测量

沉降测量目的：确定底模标高调整数值和起拱高度数值；

沉降测量方法：线锤、水准仪、钢尺配合法；

沉降观测点设置：钢管支架观测点沿桥梁纵向设置1个断面，每个断面设置4个观测点。

蓄水加载控制比例见表5-1。

表 5-1　预压加载比例表

序号	加载比例	水位高程（米）	停顿时间（h）	观测时间
1	50%	1.24	2	加载到位立刻观测1次，下次加载前再观测1次。
2	80%	1.98	2	
3	100%	2.47	2	
4	120%	2.96	2	

待加载后沉降稳定24h后，测量最终沉降值。

预压加载时现场技术员严格控制水袋分级注水高度，现场4级加载比例通过水袋内注水高度进行控制。

②卸载测回弹值

待加载完毕24h后，即可进行卸载，卸载分4次进行：

第一次卸载50%后，测各观测点标高；

第二次卸载80%后，测各观测点标高；

第三次待第二次卸载2h后，开始卸载100%，测各观测点标高；

第四次待第三次卸载2h后，完全卸载，1h后测最终各观测点标高。

③沉降、回弹变形计算

H载后－H初＝△H沉（△H沉为载后最终沉降值，H初为加载前的初始值，H载后为加载后的值）；

H载后－H终＝△H弹（△H弹为卸载后最终回弹值，H终为卸载稳定后值，）；

H施＝H设＋△H沉＋△H预拱（H施为施工时控制高程值、H设为设计高程值、△H预拱为施工时考虑的拱度值，根据设计△H预拱可以不考虑；）；

通过沉降测量，测出支架弹性变形与非弹性变形值，以便调整箱梁底模高度。

（6）梁底模板标高控制方法及步骤

①在加载前，测量布设的观测点的标高，作为初始值。

②分级加载，测量记录每次布设的观测点的标高，并与初始值H前相减，得出每次沉降值；

③加载稳定24h后，测量布设观测点的标高H载后，与初始值H前相减，得出加载后最终沉降值△H沉（总沉降值）；

④分级卸载，并测量观测点的标高；

⑤完全卸载1小时后，测量观测点的标高H终，卸载后最终回弹值△H弹=H载后－H终；

⑥计算模板标高调整值△H，即为加载后最终沉降值△H沉＋施工时考虑的预拱值△H预拱；

（7）加载稳定24h后，测量布设观测点的标高H载后，与初始值H前相减，得出加载后最终沉降值△H沉（总沉降值）；

（8）分级卸载，并测量观测点的标高；

（9）完全卸载1小时后，测量观测点的标高H终，卸载后最终回弹值△H弹＝H载后－H终；

（10）计算模板标高调整值△H，即为加载后最终沉降值△H沉＋施工时考虑的预拱值△H预拱；

根据沉降观测记录，计算出支架弹性变形及非弹性变形值；

总沉降量＝满载稳定后最终读数H载后－加载前的初始读数H前

非弹性变形量＝加载前的初始读数H前－空载稳定后的终读数H终

弹性变形量＝总变形量－非弹性变形量。

根据以上数据，调整箱梁底模高度，箱梁其他标高以箱梁底模标高为基准控制。

将测量数据反馈给施工监控单位，最终立模标高以监控单位提供的立模数据进行控制。

4. 模板制作安装

模板应具有足够的强度、刚度和稳定性，应能可靠地承受施工过程中所产生的各种荷载。0#块节段的模板分为底模、外侧模、内侧模、顶模及端头模，外侧模采用定型钢模，其他均采用木模。

（1）底模：0#块箱梁底模采用106mm厚的整体钢模。

（2）外侧模：采用106mm厚的整体钢模板，模板支架用10#工字钢组焊成桁架结构。

（3）内侧模和顶模：考虑0#块内梁体截面变化大，模板通用性差，横隔板模板及内侧模板采用方木和竹胶板制成模板，内模就位后，与外侧模用穿心拉杆相连，加固。

（4）端头模板：端头模板是保证0#块端部及预应力管道成型要求的关键，由于预留钢筋密集，板端模板使用15mm的竹胶板配方木档，以便拆模。

（5）模板安装：0#块箱梁外模采用钢模，保证整个混凝土表面光洁、色泽统一。模板的拼接缝设双面胶，接缝平整严密不漏浆。模板及支撑不得有松动、跑模或下沉等现象。模板体系搁置在支架体系上，立模时应留设预应力张拉孔，确保定位准确。模板表面涂刷脱模剂，要求涂刷均匀。

5. 钢筋制作安装

（1）钢筋安装

底模板调整安装好后，便可进行钢筋及骨架安装，钢筋安装顺序如下：

①安装底板下层钢筋、底板上层钢筋，底板上下层钢筋间用架立钢筋垫起焊牢，防止人踩，按规定保持上、下层钢筋的间距。

②腹板钢筋骨架插入底板上、下层钢筋中,然后绑扎腹板下倒角的斜筋和腹板下最底层纵向筋。

③安装预应力筋管道波纹管,并固定之。

④绑扎顶板和翼板下层钢筋。

⑤安装定位顶板预应力管道,顶板锚垫板及螺旋筋,穿设顶板预应力筋。

⑥安装顶板和翼板上层钢筋,用架立钢筋焊在上、下层钢筋间,使上、下钢筋保持规定的距离。

(2)钢筋安装允许偏差

①受力钢筋间距允许偏差 ± 10mm。

②顺高度方向两排钢筋间距允许偏差 ± 5mm。

③箍筋间距允许偏差 ± 20mm。

④两层钢筋间距允许偏差 ± 20mm。

⑤整体结构中个别钢筋保护层允许偏差 ± 5mm。

⑥同一断面内接头数量应小于50%。

(3)钢筋安装应注意事项

①锚头垫板(喇叭管)与螺旋筋中轴线垂直,并预先焊好。

②锚头垫板要求采用螺丝钉与端头板固定,以保证垫板与管道垂直。在底板、腹板钢筋安装完毕,即可先安装内模,再安装外模。

③有预应力钢束处钢筋位置力求准确,当相互干扰时,可适当挪动非预应力筋位置。

④梁体普通钢筋数量较多,尤其是支座,横隔板处钢筋布置较密,要仔细核对,以免漏放错放。

⑤预应力管道的位置是梁体钢筋安装中的关键控制点,在安装工作开始前,要编制各断面处预应力管道的方向控制要素,按设计规定的间距计算各束钢绞线的中心位置并按计算结果设置定位筋,采用Φ10钢筋焊接成#字形框架,并与主筋骨架固定,控制波纹管的位置。

⑥钢筋作业使用电焊,要注意对波纹管的保护,不得将波纹管击穿。

6. 0#块混凝土浇筑

0#块混凝土浇筑前,应对0#块钢管支架、模板、钢筋和预埋件等进行全面检查,模板内的杂物、积水及钢筋上的污物应清理干净。对预埋混凝土中的锚具、管道等进行全面检查检查验收，符合要求后方可开始混凝土浇筑，0#块混凝土浇筑必须严格做到墩顶横梁两侧、两侧底板、两侧腹板分层对称均衡浇筑施工。

0#块节段混凝土浇筑采用项目部拌和站自拌和混凝土，混凝土专业运输车进行运输，混凝土泵车输送到0#块节段上进行混凝土浇筑。为防止混凝土泵送过程中堵管和能耗加大，混凝土所选原材料的骨料级配，含砂率均应满足泵送技术的要求；混凝土的和易性必须满足施工要求。

由于0#块混凝土方量较大，且管道、钢筋密集，混凝土的浇筑应连续进行。浇筑混凝土期间，应设专人检查钢管支架、模板、钢筋、预埋件等稳固情况。当发现有松动、变形或移位，迅速进行技术处理。浇筑混凝土时，填写混凝土施工记录，并做3组试块，其中1组为同期养护试块。混凝土浇筑完成后，对混凝土裸露面及时进行修整、抹平，待其收浆后，即尽快洒水养护，保持混凝土面始终潮湿状态。浇筑混凝土时，混凝土由低往高处浇筑，先浇筑箱梁底板，后浇筑腹板混凝土，腹板混凝土振捣后设专人检查以防漏振，再浇筑顶板和翼板。

混凝土的供应速度60m³/h左右，并要保证混凝土的单位小时供应量，以确保混凝土浇筑速度，缩短浇筑时间。

（1）混凝土浇筑注意事项

①混凝土入模过程，应随时保护管道不被碰瘪、压扁。混凝土振捣前，切忌操作人员在混凝土面上走动，以避免引起管道下垂，导致混凝土"搁空""假实"现象的发生。

②浇注混凝土时，在预应力波纹管、封头模板、固定锚垫板的螺栓等部位，要特别注意小心振捣，以防止波纹管、锚垫板位移和倾斜。施工人员在脚手板走动，对管道两侧对称下料和振捣。防止管道踩扁和移动，加强锚下混凝土插捣和振捣，防止锚垫板下出现空洞。

③浇注混凝土作业必须保证不间断进行，其上、下层混凝土间隔时间，不能超过混凝土初凝时间。

④浇注腹板时，混凝土经振动，易沿下梗肋冒出底板，此时应停止肋板或下梗肋的振动，并在内模下梗肋与底板交接处设置水平模板压底，防止混凝土大量冒出，超过底板。其冒出的混凝土，亦不宜过早铲除，待腹板混凝土较稳定时再处理，以防腹板混凝土尚未凝结、腹板梗角处混凝土外鼓、上

部悬空、腹板段内出现空洞等质量问题。

⑤顶板或底板上、下层钢筋之间，应有足够的架立筋，并焊牢，以免钢筋变形。

⑥箱梁设有纵坡和横坡，在浇注顶板混凝土前，应用设置定位高程，严格控制顶板的标高，并保证表面平整度，使其符合设计要求。

⑦振捣是浇注混凝土保证质量的关键工序，应分工明确，定岗定职，分区定人负责，并有专人检查配合。内侧模应开窗，既便于检查腹板混凝土的质量，又利于腹板区段混凝土用插棒振捣密实。振捣以表面泛浆，光洁及气泡消失为度，严防漏振或过振，使混凝土外光内实。

（2）混凝土灌注完后的工作

①找平箱梁底板上混凝土，将内侧模下端水平模板端沿清理露出，用泥抹子刮出一条缝隙以利脱模。

②混凝土灌注完后，指定专人清除桥面的锚具支承板上混凝土，以利张拉。

③检查压浆管是否正常，否则应及时处理。

④抽动钢绞线，对波纹管进行检查。

⑤及时加强养护，防止表面裂纹的出现。

（3）0#块施工注意事项

①钢管支架所用的构件型号、尺寸、材料和力学性能等指标必须满足设计和现行国家规范和标准的要求，施工采购严格控制材料质量标准。

②钢管接长施工，按照同轴对接焊接，最大偏斜不大于5‰，焊接采用缀板定位焊接加圆形多层对接焊接。

③支架预压前对所有支架进行检查，确保支架安全。

④支架预压结束，对钢管支架的所有部位进行检查，对有裂缝的焊缝进行补焊加强。

⑤钢管支架安装位置必须严格按照设计位置放样安装。

⑥在0#块施工时，按照安装挂篮需求，预埋好各种预留孔道，以便挂篮拼装能准确就位。

⑦0#块钢筋管道密集，钢束管道位置采用定位钢筋固定，定位钢筋牢固地焊接在钢筋骨架上，定位钢筋适当加密，防止管道位置移动。当预应力管道位置与骨架钢筋发生冲突时，保证管道位置不变，适当移动普通钢筋

位置。

⑧0#块腹板混凝土浇筑时，采用串筒以减少混凝土自由倾落高度，防止混凝土离析和对管道的过度冲击。

⑨0#块预留管道密集，混凝土浇筑时在管道中安装抽拔管，防止砂浆堵塞管道，浇注后采用高压水管冲洗管道。竖向预应力压浆孔设在箱梁腹板内侧面，在竖向预应力波纹管上开孔设置注浆孔，并用密封胶带密封。

五、挂篮悬臂浇筑施工

1. 挂篮设计

主梁采用三角桁架挂篮悬臂浇筑各块件，主梁悬臂浇筑段为1#～15#段，其中1#～6#段为渐变段，梁段长度为3m，7#～15#段为标准段，梁段长度为4m，标准节段C55混凝土方量为117.43m³，最大节段方量为117.43m³。

各个梁段长度、体积和节段重量见表5-2。

表5-2　各个梁段长度、体积和节段重量表

项目	0#	1#	2#	3#	4#	5#	6#	7#～14#	15#	16#	17#
长度（m）	10	3	3	3	3	3	3	4	4	2	8.8
体积（m³）	392.1	104.61	96.17	89.42	84.35	80.96	91.57	117.43	105.12	52.56	385.42
重量（t）	1039.1	277.3	254.9	237.0	223.6	214.6	242.7	311.2	278.6	139.3	1021.4

本桥箱梁悬臂浇筑采用三角桁架挂篮施工，挂篮起始拼装长度需8.2m，锚固悬吊在已经浇筑完成的0#块上，0#块长度为10m，满足挂篮拼装要求。挂篮按照最大梁段进行设计，三角桁架挂篮由主桁系统、底模系统、外模系统、走行系统、后锚系统等组成。

挂篮结构模型、正面图、侧面图见图5-5、图5-6、图5-7。

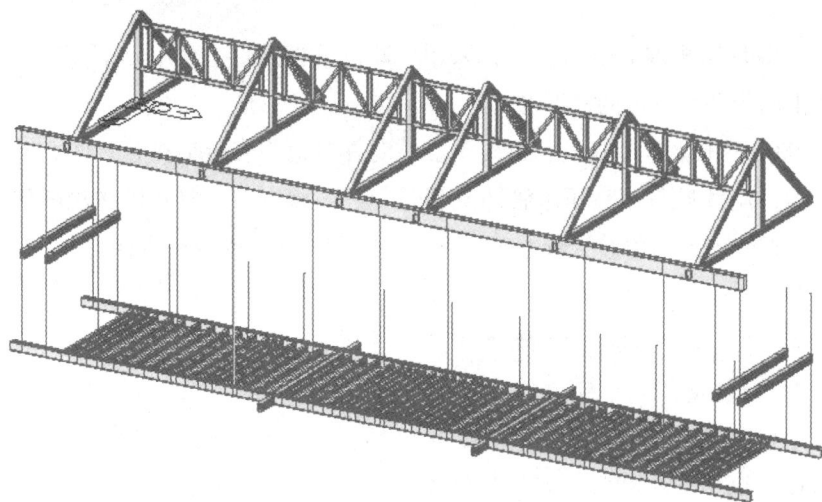

图5-5　挂篮结构模型图

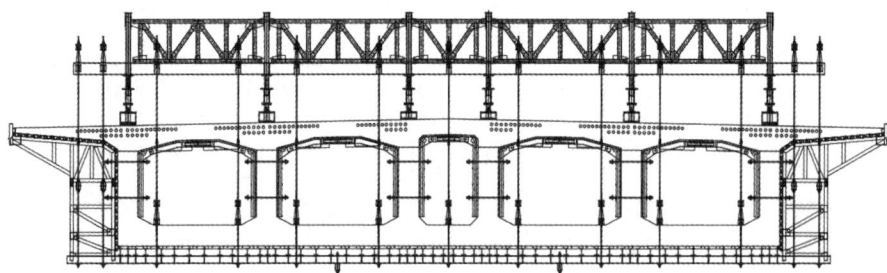

图5-6　挂篮正面图

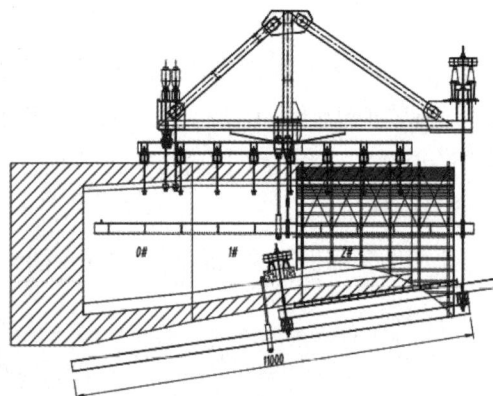

图5-7　挂篮侧面图

主要设计指标及要求：

①适用最大梁段重：320t；

②适应梁段长度：2.0~4.0m；

③梁高变化范围：2.5~4.19m；

④适用梁面宽度：34.0m；

⑤两片主构架之间轨道高差值不得大于0.5mm；

⑥走行时的抗倾覆稳定系数：>2.5；

⑦挂篮的总重量为107621kg；

其中主桁结构重40626kg，底模系统重33246kg，外模系统重14060kg，走行系统重16190kg，后锚系统重3499kg。

（1）主桁系统

三角挂篮主桁由带节点板水平杆、带节点板的前斜杆、后斜杆和竖杆组成，采用对扣槽钢25c，腹板内部两侧采用14mm通长加强钢板，其中水平杆悬臂端杆件上下增加20mm加强钢板，各种杆件通过节点板由销轴形成主桁结构，主桁共6个，通过横向联结系连接形成空间主桁受力结构。

挂篮主桁三脚架及横联见图5-8、图5-9。

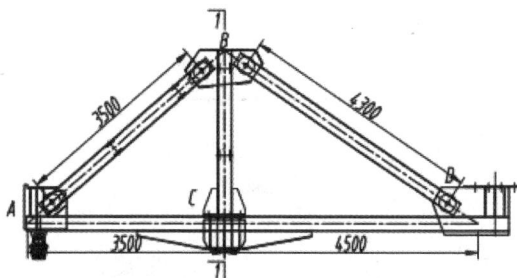

图5-8 主桁三脚架示意图

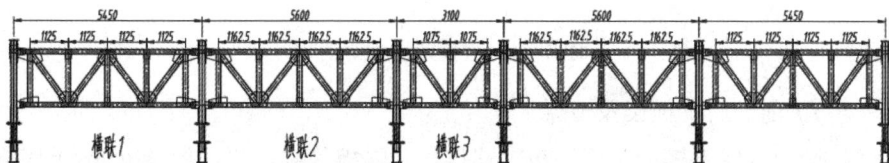

图5-9 主桁横联示意图

（2）前上横梁

挂篮前上横梁采用25c槽钢、筋板、座板和吊杆扁担等构件将2根45b工字钢焊接加工成整体，作为挂篮前上横梁。

挂篮前上横梁见图5-10。

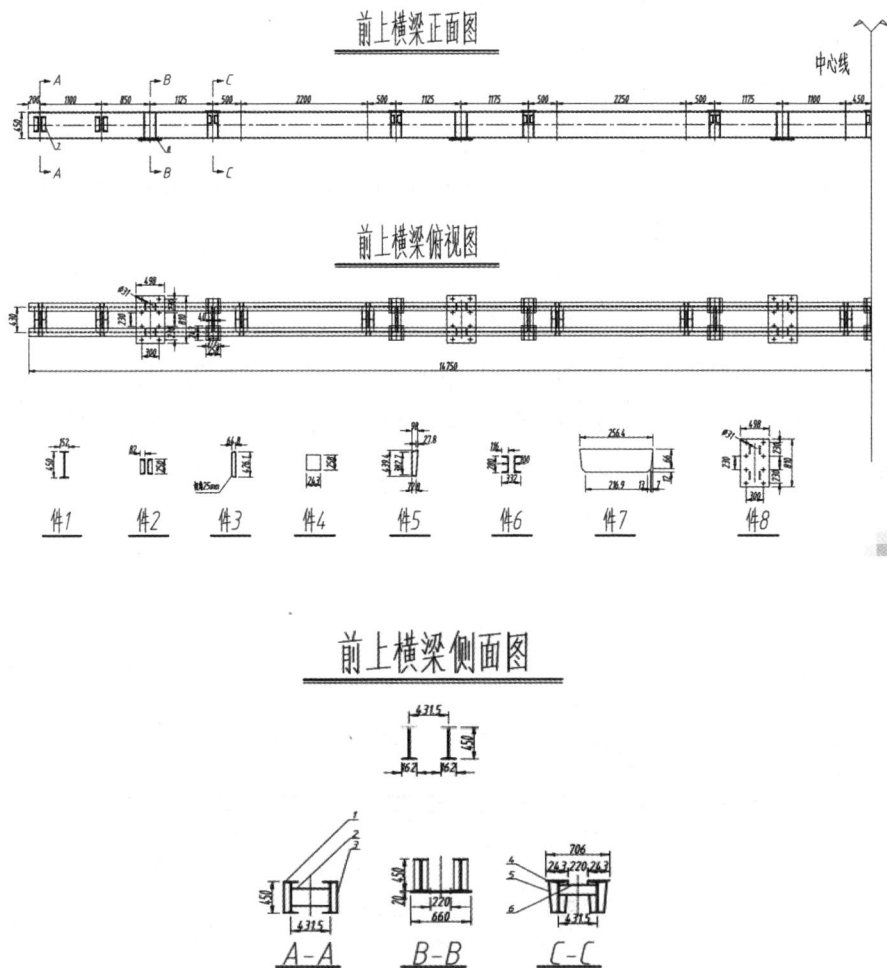

图5-10　挂篮前上横梁图

（3）前、后下横梁及滑梁

挂篮前、后下横梁采用筋板、连接板和隔板等构件将两根28b槽钢焊接连接成整体，作为挂篮前、后下横梁；挂篮滑梁采用双拼28b槽钢。

挂篮前、后下横梁见图5-11。

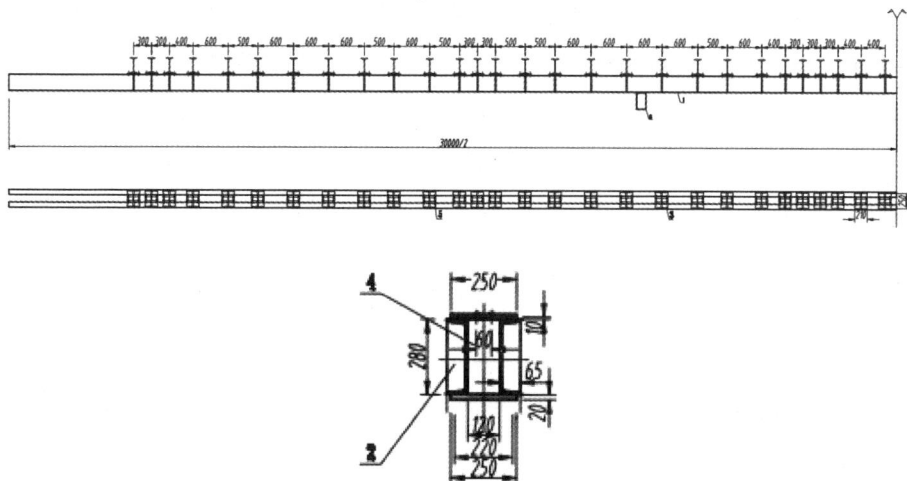

图5-11　挂篮前、后下横梁图

（4）底模系统

底模由面板和纵梁组成，面板主要由通筋槽10和厚度为5mm的面板组成，纵梁由56根I25b组成。

（5）外模系统

外模部分由侧模和支架组成，侧模主要由通筋槽10和厚度为5mm的面板组成，支架由槽12的型钢组成的桁架结构，侧模支撑在两根外滑梁上。

（6）走行系统

两个主桁结构安放在轨道上，前端承压在轨道上，后端反扣在轨道上，轨道固定在箱梁上，利用水平纵向拖拉力使主桁前移，带动整个挂篮前移，底模、外侧模在滑梁上前移。

（7）悬吊和锚固系统

前上横梁上对称布置的9根吊杆悬挂前下横梁，后下横梁通过9根吊杆锚固在箱梁底板上和两根精轧螺纹悬吊在翼缘板上，一侧侧模的外滑梁通过前上横梁两根精轧螺纹钢和锚固在已浇筑好的箱梁翼缘板的两根精轧螺纹钢悬挂；主桁的后端锚固利用分配梁通过Φ32的精轧螺纹钢锚固在箱梁的顶板上。

2. **挂篮制作与安装**

挂篮由专业厂家加工制作，按照详细的设计图纸加工成快件，逐件进行验收，在厂内进行试拼，确保合格以后运至施工现场。

将挂篮配件、块件运至钢栈桥，利用塔式起重机将挂篮快件提升至0#块进行挂篮主体组装，主体组装完毕，验收合格以后进行模板安装。

（1）走行轨道处的桥面板的处理

由于浇注完毕的混凝土顶面较为粗糙，且左右两侧的桁架因桥面有2%的横坡，而有一定的高差，因此在放置走行轨道板的时候，首先用高标号的砂浆将桥面的顶面找平。

（2）主桁架的拼装

主桁在0#块桥面进行拼装，拼装时由专人负责连接销的安装，严格控制连接销的安装质量，确保各连接销受力均匀，使各连接点满足受力要求。

拼装顺序为：挂篮轨道安装→三脚架拼装定位→后锚锚固→横联安装→前上横梁安装→吊杆安装→前下横梁安装→后下横梁安装→分配梁及底模安装→外模及走行梁安装。

3. 挂篮试压

施工挂篮拼装完成后，为检查挂篮的安全性及稳定性，并消除挂篮主桁各构件之间非弹性变形，观测挂篮的弹性变形值，为后续的悬臂箱梁挂篮施工模板调整提供可靠数据依据。

（1）挂篮预压重量

预压重量等于悬臂浇筑节段最大方量117.43m³的110%，预压重量为117.43m³×2.6t/m³×1.1＝335.85t。

（2）预压施工方法

由于项目特点，结合现场实际情况，1#块箱梁挂篮预压采用布置密封水袋进行预压。

1#块箱梁挂篮单侧布置2条10m×5m×3m水袋和1条6m×5m×2m水袋，最大可配载350t，满足1#块挂篮预压荷载335.85t的要求。

（3）加载及沉降测量

①加载方法及沉降观测

沉降测量目的：确定底模标高调整数值和起拱高度数值；

沉降测量方法：线锤、水准仪、钢尺配合法；

沉降观测点设置：观测点沿桥梁纵向设置1个断面，每个断面设4个观测点，设置在挂篮模板前端。

蓄水加载控制见表5-3。

表 5-3　蓄水加载控制表

序号	加载比例	水位高程（米）	停顿时间（h）	观测时间
1	50%	1.17	2	加载到位立刻观测 1 次，下次加载前再观测 1 次。
2	80%	1.88	2	
3	100%	2.35	2	
4	110%	2.58	2	

待加载后沉降稳定24h后，测读最终沉降值。

预压加载时现场技术员严格控制水袋分级注水高度，现场4级加载比例通过水袋内注水高度进行控制。

②卸载测回弹值

待加载完毕24h后，即可进行卸载，卸载分4次进行：

第一次卸载50%后，测各观测点标高；

第二次卸载80%后，测各观测点标高；

第三次待第二次卸载2h后，开始卸载100%，测各观测点标高；

第四次待第三次卸载2h后，完全卸载，1h后测最终各观测点标高。

③沉降、回弹变形计算

H载后－H初＝△H沉（△H沉为载后最终沉降值，H初为加载前的初始值，H载后为加载后的值）；

H载后－H终＝△H弹（△H弹为卸载后最终回弹值，H终为卸载稳定后值）；

H施＝H设＋△H沉＋△H预拱（H施为施工时控制高程值、H设为设计高程值、△H预拱为施工时考虑的拱度值，根据设计△H预拱可以不考虑）；

通过沉降测量，测出支架弹性变形与非弹性变形值，以便调整箱梁底模高度。

④梁底模板标高控制方法及步骤：

a.在加载前，测量布设的观测点的标高，作为初始值；。

b.分级加载，测量记录每次布设的观测点的标高，并与初始值H前相减，得出每次沉降值。

c.加载稳定24h后，测量布设观测点的标高H载后，与初始值H前相减，得出加载后最终沉降值△H沉（总沉降值）。

d.分级卸载，并测量观测点的标高。

e.完全卸载1小时后，测量观测点的标高H终，卸载后最终回弹值△H弹＝H载后－H终。

f.计算模板标高调整值△H处，即为加载后最终沉降值△H沉＋施工时考虑的预拱值△H预拱（根据设计△H预拱可以不考虑）。

根据沉降观测记录，计算出支架弹性变形及非弹性变形值；总沉降量＝满载稳定后最终读数H载后－加载前的初始读数H前，非弹性变形量＝加载前的初始读数H前－空载稳定后的终读数H终，弹性变形量＝总变形量－非弹性变形量。根据以上数据，调整箱梁底模高度，箱梁其他标高以箱梁底模标高为基准控制。

（4）挂篮预压施工控制

①根据预压结果，得出总变形值△H沉；

②根据施工图纸设计箱梁顶标高，推算箱梁底模设计标高H设；

③施工时箱梁底模的控制高程值H施＝箱梁底模设计高程值H设＋箱梁支架弹性变形值＋箱梁支架的非弹性变形值；

④将预压数据提供给监控单位，主梁立模标高最终以监控单位的立模指令为依据执行。

4. 挂篮施工

（1）挂篮悬臂浇筑施工工序流程

安装挂篮下滑梁→组拼挂篮主构架及横联→安装挂篮后锚固、前上横梁、外模走行滑梁及吊杆→将底模平台临时吊挂在外模桁架上，外模及底模沿滑梁向前拉移至1#块位置→安装挂篮底模前后吊挂，解除挂篮底模与外侧模间临时连接→检查挂篮后锚固及底模吊挂系统→安装调节外侧模，调节底模高程，预留抬高值→绑扎底板及腹板钢筋，安装竖向预应力钢筋并固定→安装内箱木模板及内箱支架→绑扎顶板钢筋，安装横向预应力孔道并固定→安装竖向预应力钢筋顶部压浆管→检查合格后灌注混凝土→张拉顶板纵向、横向预应力束并压浆。

悬臂浇筑混凝土见图5-12。

图5-12　悬臂浇筑混凝土施工图

（2）挂篮的走行

拆除外模落于外模导梁上，将底模用吊杆吊挂在上横联和前上横梁上→下落底模，使底模平台仅由上横联和前上横梁上悬挂→在梁段顶面找平并测量好滑道位置，滑行轨道前移至下一梁段并由浇筑混凝土时预埋定位钢筋进行定位和固定→将梁面挂篮轨道下用砂浆精确找平并由预埋钢筋加固，解除挂篮后锚固，用10t手拉葫芦移动桁架，两端同时进行走行，使外模及底模系统前移到位→前移到位后，对挂篮后锚进行锚固，将后行走轨道梁锚固解除，前移到位，重新锚固→安装底模，调整底模平台前吊杆高度，使前端标高符合设计要求，将外侧模导梁、前吊点锚固好后，调节侧模标高。重复以上步骤，完成2~14#块施工。

（3）悬臂浇筑段施工

挂篮制作安装结束后，开始挂篮悬臂浇筑施工，逐块对称浇筑。在悬臂浇筑过程中，应严格控制浇筑箱梁节段混凝土的超方，箱梁的左右腹板浇筑也应对称浇筑。

主梁悬臂浇筑的一般流程：挂篮前移就位→底模板调整→扎底板钢筋→安装腹板封头模板→绑扎腹板钢筋→安装预应力管道→内模安装→绑扎顶板钢筋→安装顶板纵、横、竖向预应力管道→检查钢筋及立模情况→浇筑混凝土→混凝土养护→穿钢绞线→张拉预应力→管道压浆、封锚→挂篮前移，施工下一节段。

悬臂浇筑施工时，挂篮施工的周期及其主要技术质量要求遵循下列原则进行：

①在已完成的连续梁块件上测出箱梁中心线，在此基础上精确放出挂篮前支点下支座位置。

②检查挂篮上千斤顶设备的状况，如完好无损时，放松吊杆。放松吊杆时先松后吊杆，然后再松前吊杆。前后吊杆施工时注意均衡同步，不能个别放松过猛，形成钢结构局部荷载集中，而形成钢结构破坏，影响挂篮的使用。

③松开挂篮后锚固，施工时挂篮的后锚固为精轧螺纹钢，挂篮后锚固松开时，必须均衡同步进行。

④检查挂篮各部受力状况，做好挂篮移动前的准备工作，施工挂篮以液压千斤顶为动力朝前移动。因而挂篮移动前同时也必须检查索具体情况。挂篮移动时，注意同步前进，前进50cm做一次观察，防止挂篮有转角引起误差，同时也防止挂篮受扭变形。

⑤挂篮移动就位后收紧吊杆，吊杆收紧工作应做到仔细，前后横梁吊点应均衡同步提升，挂篮前横梁吊杆的收紧工作和测量同步进行，先初步调整挂篮位置，然后再精确调整。

⑥检查挂篮各部分的状态包括挂篮轴线等，清除挂篮底板的杂物，同时进行内、外模板的保养工作。

⑦布置底板、腹板钢筋、预应力管道等，立内模进行顶板钢筋、预应力管道安装，布置封头板等工作。

⑧混凝土浇筑前，再对挂篮的状况进行检查，并复测标高，对钢筋、预应力管道，锚具安装情况以及模板情况等在复核图纸的基础上，根据质量规范进行检查验收。

⑨混凝土浇筑后，作标高观察，每浇筑一次箱梁块件，应作4次标高观测：立模前、浇筑前、浇筑后、张拉后各观测1次。注意混凝土应从外到里进行浇筑，以避免箱梁根部新老混凝土之间产生裂缝。

⑩箱梁混凝土强度达到设计强度后，要进行预应力的张拉工作。预应力张拉前，先进行标高观察做好记录，然后进行预应力的张拉工作。预应力张拉根据设计要求的步骤及程序进行，张拉完成后，再测定箱梁混凝土的标高，做好记录，并且与预应力张拉前的箱梁标高做比较，分析预应力张拉前

后箱梁混凝土的调高值。

⑪新老节段相接处应控制好色差，采用同一拌站、同一配合比的混凝土进行浇筑，同时做好接缝处理工作，避免接缝造成外观质量缺陷。

⑫混凝土施工过程中按照规范要求制作试块，并增加同条件养护试块。0#块浇筑混凝土见图5-13。

图5-13　0#块浇筑混凝土

（4）钢筋工程

一个梁段的混凝土浇筑完毕24h后，凿除梁体端部的混凝土，保证新老混凝土间有一个良好的结合面。

挂篮前移就位后，开始进行钢筋的绑扎。钢筋施工时的一般方法和要求可按《公路桥涵施工技术规范》（JTG/T 3650—2020）规定执行。

主梁钢筋数量规格多，位置密且有预应力束道及预留孔预埋件。在钢筋施工过程中除严格按照图纸布置外，对部分和位置有矛盾的钢筋或预埋筋要根据以下原则避让：预应力束→钢筋骨架→受力钢筋→构造钢筋（注：位置在前的项目优先保证）。

按图纸精确地放出钢筋大样，按翻样单进行断料弯配钢筋，并按次筋让主筋、非预应力筋让预应力筋的原则布置。

梁的底腹板及翼板的底部都要确保保护层厚度，保护层厚度采用混凝土垫块来控制。预应力钢筋管道位置应先设在已扎好的钢筋骨架上，并用井字钢筋定位。间距一般为50cm沿孔道纵向设置。定位钢筋采用Φ10的螺纹钢固定定位，为防止焊接钢筋过程中烧伤波纹管，特在其上放置钢板以隔离开。接头处采用口径稍大的波纹管连接，外面再用胶带扎牢。

箱梁预应力管道钢束锚固前曲线段内按照设计图纸要求设置防崩钢筋。

预应力筋的预留孔采用塑料波纹管，锚垫板按设计要求的位置固定在封头模板上确保与孔道垂直。

钢筋在绑扎的同时，要根据挂篮的特点同时布置好挂篮后锚预埋筋，挂篮后锚预埋筋采用Φ32的精轧螺纹钢。

钢筋要有出厂质量证明书和试验报告单，并按规范要求的频率进行抽验，按不同规格挂牌堆放，为避免锈蚀和污染，钢筋堆放在专设的钢筋台座上，上覆盖篷布。

钢筋下料、加工在钢筋加工厂内完成，要求严格按设计图纸加工，加工成型的钢筋运至现场后由吊机提升至桥面。

箱梁的钢筋密集，但构造简单较容易绑扎。钢筋施工主要注意以下事项：

①钢筋成形过程中，尽量不采用点焊，避免烧伤模板表面及损坏波纹管。

②箱梁内部波纹管较密，钢筋安装与管道相抵触时，适当调整钢筋位置，不得切断钢筋。为保证钢筋保护层的厚度，钢筋与模板之间支垫合格的混凝土垫块。

③两相邻梁段的接头钢筋的搭接长度按规范预留，搭接接头用扎丝绑扎牢固，同时用电焊将每一个钢筋的接头做点焊处理，增加钢筋的整体刚度。

④质量要求：钢筋绑扎完毕后，要对绑扎、焊接、尺寸进行检查，发现问题及时处理，满足质量规范要求。

（5）混凝土浇筑

①施工前的准备工作

结合现场的机械设备、人员组成情况，施工前应认真做好以下几项准备工作：

a.施工前事先确定好混凝土输送泵车的型号及混凝土运送车的行走路线。

b.加强和气象部门的联系，选择好天气下完成混凝土的浇注工作；

c.做好施工人员的技术交底工作。

d.做好混凝土入模前的坍落度测量工作，在保证混凝土和易性的前提下加强组织协调，在开始浇注时和浇注关键部位时适当减慢浇注速度，整个浇注过程控制好混凝土浇筑的节奏；

e.施工中派专人检查模板，防止漏浆和鼓膜。

②施工工艺

因钢筋和纵向钢绞线波纹管布置密集，混凝土配合比设计时除满足强度、和易性要求，还需要有很好的流动性和良好的石子级配，保证混凝土顺利穿过钢筋和纵向波纹管道的空间。施工前，试验人员对表层及内部砂石料进行取样。对砂石料级配和含水量严格测定，掌握不同部位砂石料含水量的分布，确定合理的施工配合比，保证施工配合比有较好的坍落度和可泵性。

泵送混凝土前，应先泵送部分高标号砂浆润滑管道，然后再泵送混凝土。

③浇注顺序

由挂篮的前端向后端顺序浇注，以防挂篮前端变形较大造成两相邻的梁段底板出现错台。底板浇注完以后，在浇注腹板时，左右腹板混凝土应对称、分层、水平浇筑，防止左右偏载。每次浇注均应一次连续浇筑完毕，中间不得中断，混凝土分层厚度控制在30cm。

混凝土振捣人员经培训后上岗，要定人、定岗、定责，分工明确，尤其是钢筋密集部位、锚下混凝土部位、端模、拐角及新旧混凝土连接部位指定专人进行振捣。

混凝土以插入式振捣为主，对钢筋和波纹管密集处辅以φ30振动棒进行振捣，特别是齿板位置处的混凝土要严格用小振动棒进行振捣，保证混凝土的密实。混凝土振捣时，要垂直等距离插入到下一层5~10cm。混凝土的现场振捣严格按照规范进行，要求表面泛浆，不再冒气泡，混凝土不再下沉为止。施工人员要边振捣、边观察，防止漏振或过振，技术人员跟班作业。振捣混凝土时应避免振动棒与波纹管接触，混凝土浇筑后，要及时对管道进行检查。

（6）梁体混凝土养护

混凝土浇筑完成后及时做好梁面及箱室内的洒水养护工作，以免混凝土表面开裂。收浆后应立即覆盖薄膜，上盖湿土工布。混凝土终凝后，去掉薄膜加盖保湿后，定时洒水养生。

针对梁体腹板侧面、底板等难以洒水养护的结构部位，采用专用混凝土养护剂进行养护。混凝土养护剂是一种涂膜材料，喷洒在混凝土表面后固化，形成一层致密的薄膜，使混凝土表面与空气隔绝，大幅度降低水分从混凝土表面蒸发损失。从而利用混凝土中自身的水分最大限度地完成水化作用，达到混凝土梁体养护的目的。

若遇气温高或太阳暴晒时，应在混凝土初凝后即覆盖无纺土工布，以免出现干缩裂缝。

一般情况下混凝土洒水养护7天。冬天温度较低时，可先对结构用喷雾器进行喷洒温水，然后覆盖塑料薄膜，上盖棉被进行养生。现浇梁混凝土养生工作专人负责，使混凝土在养生期间处于良好的湿润状态。

混凝土的"强度、弹性模量"等指标检测主要依靠检测同等条件养护下混凝土的试件来实现，并以此作为箱梁预应力张拉、挠度控制计算的主要依据。因此施工现场必须重视试件和浇筑梁段的同条件养护工作。

混凝土施工应注意以下几个事项：

①原材料的选用要严格要求，特别要严格控制砂的含泥量小于3%，砂石料进场前，对材料进行试验，杜绝不合格的材料进场。

施工中采用的高效减水剂，应严格控制其掺入量，并要专库存放。

②混凝土配合比的要求

对施工前，由试验室提供经监理、业主认可配合比，施工中按现场条件定出施工配合比，严格按该配合比进行配料、拌和，并严格控制坍落度。

③浇筑完混凝土后，箱梁表面要及时覆盖、洒水养生，箱内也要洒水养生。浇注混凝土时，要制作足够的试件，其中一部分与梁体同条件养护，以准确测定梁体的实际强度，为张拉和拆模提供依据。

④混凝土浇筑过程中加强对支架和模板的变形观测，设专人负责，若有问题及时处理。

⑤端头模板用棉絮和海绵条将波纹管和封端模板的交接处堵塞密实，防止漏浆。

（7）预应力张拉工程

①预应力材料、张拉设备与试验要求

预应力筋张拉前已浇注梁段混凝土强度必须达到设计强度的90%以上，

弹性模量达到90%，且混凝土浇筑时间不小于7天，预应力张拉时特别应注意纵、竖、横三向预应力钢绞线（钢筋）的张拉顺序，满足设计要求。

a.钢绞线的验收：钢绞线进场应分批验收，除对其质量证明书、包装、标签和规格等进行检查外，还要在使用前进行抽样检验。检验方法：从每批钢绞线中任取3盘进行表面质量、直径偏差和力学性试验，符合要求才能使用。如每批少于3盘，则应逐盘取样进行上述试验。试验结果如有一项不合格时，则不合格，该盘报废，并再从该批未试验过的钢绞线中取双倍数量的试样进行该不合格项的复验。如仍有一项不合格，则该批钢绞线为不合格。每批钢绞线的重量应不大于60t。

b.锚具的进场验收：锚具进场验收时，核对锚具型号、数量及适用于何种强度等级的预应力钢材，确认无误后应进行外观检查和硬度检验，经检验合格后方可在工程中应用。

c.外观检查：从每批中抽取10％的锚具且不少于10套，检查其外观质量和外形尺寸；并按产品技术条件确定是否合格。所抽全部样品均不得有裂纹出现，当有一套表面有裂纹时，则本批应逐套检查，合格者方可进入后续检验组批。

d.硬度检验：对硬度有严格要求的锚具零件，应进行硬度检验。从每批中抽取5％的锚具且不少于5套，按产品设计规定的表面位置和硬度范围做硬度检验。钢绞线和锚具均应有放在通风良好，干净并有防雨的仓库中。

②施加预应力的准备工作

a.预应力钢绞线下料：钢绞线下料在梁面上进行，下料长度两端张拉为孔道长度＋2倍的千斤顶工作长度＋0.6m的下料富余量，单张拉为孔道长度＋千斤顶工作长度＋0.6m的下料富余量。下料用砂轮锯，不使用电气焊切割。钢绞线切割完后按各束理顺，并间隔1.5m用铁丝捆扎编束，切口两侧5cm处用细铁丝绑扎，确保同一束钢绞线顺畅不扭结；下料中和下料后避免钢绞线受损和污染。

b.预应力精轧螺纹钢下料：精轧螺纹钢下料长度包括锚下长度、张拉及固定端的工作长度。锚下长度按设计要求下料，张拉端露出锚具长度不小于6倍螺距，取10cm；固定端露出锚具长度按设计要求，如果设计无要求，必须露出锚具长度不小于精轧螺纹钢外径，取3.6cm。下料时，必须用电动砂轮切割精轧螺纹钢，严禁采用电焊或氧割，同时用砂轮或锉刀对切口进行修整。

c.具体要求：

施工现场应具备经批准的张拉程序和现场施工说明书；

现场已经具备预应力施工知识和正确操作的人员；

锚具安装正确，对后张构件，混凝土已达到设计要求的强度；

施工现场已具备确保全体操作人员与设备安全的必要的预防措施；

在使用之前所有的张拉设备均进行校验和配套标定。在使用过程中，根据需要重复进行必要的标定以进行校验。施加预应力所用的机具设备及仪表应由专人使用和管理，并应定期维护和校验；

为了确保张拉力的准确性，在张拉前读张拉设备（包括千斤顶、油泵油表、胶管）"进行油压值—输出力"的标定，以后每6个月进行1次校验或张拉200次以后校验。

e.预留孔道：

预应力预留孔道采用塑料波纹管，孔道定位严格按照施工图部分预应力孔道平弯、竖弯曲线要素进行安装定位。

预应力孔道定位采用定位钢筋按照设计间距固定。

f.预留孔道施工注意事项：

预应力筋预留孔道的尺寸与位置应正确，孔道应平顺，端部的预埋锚垫板应垂直于孔道中心线。

管道应采用井字形定位钢筋固定安装，使其能牢固地置于模板内的设计位置，并在混凝土浇筑期间不产生位移。固定波纹管的定位钢筋的间距不宜大于0.5m。

管道接头处的连接管宜采用大一个直径级别的同类管道，其长度宜为被连接管道内径的5～7倍。连接时应不使接头处产生角度变化及在混凝土浇筑期间发生管道的转动或移位，并应缠裹紧密防止水泥浆的渗入。

所有管道均应设压浆孔，还应在最高点设排气孔。

管道在模板内安装完毕后，应将其端部盖好，防止水或其他杂物进入。

③预应力筋安装：

a.纵向预应力筋采用后穿法进行，横向扁束采用先穿法安装。

b.在预应力筋安装在管道中后，管道端部开口应密封以防止湿气进入。

c.在任何情况下，当在安装有预应力筋的构件附近进行电焊时，对全部预应力筋和金属件均应进行保护，防止溅上焊渣或造成其他损坏。

d.对在混凝土浇筑之前穿束的管道，在预应力筋安装完成后，应进行全面检查，以查出可能被损坏的管道。在混凝土浇筑之前，必须将管道上一切非有意留的孔、开口或损坏之处修复，并应检查力筋能否在管道内自由滑动。

④预应力筋张拉

a.总体要求：

主梁悬臂浇筑段梁体预应力张拉施工必须严格按照设计规定的张拉顺序及施工步骤进行张拉施工：浇筑完成n号梁段混凝土→养护、等强→张拉n梁段顶板纵向预应力钢束→张拉（n-1）梁段横向、竖向预应力筋→挂篮前移→张拉n梁段横梁内预应力→对称安装并张拉斜拉索。

梁体横向预应力考虑张拉控制应力循环，采分级、分阶段进行张拉到位，即0→30%→50%→100%，具体张拉时以设计提供的张拉工艺流程进行控制。

悬臂浇筑梁预应力张拉必须严格做到大里程侧、小里程侧、上游侧、下游侧4个点对称同步张拉，防止箱体轴线偏位及局部应力过大。

竖向预应力精轧螺纹钢在箱梁顶板上进行张拉，张拉采用专用千斤顶，张拉达吨位后拧紧螺母致使油压下降，次日对竖向预应力进行复拉，张拉力达到设计要求。

张拉n梁段斜拉索时候，必须确保该斜拉索锚固横梁及顶板纵向、腹板竖向预应力全部张拉完成。

b.预应力钢束（钢绞线）张拉：

安装锚具、千斤顶→拉到初应力（设计应力的10%）→测量初始长度→张拉20%设计应力→量伸长量→张拉设计应力→持荷两分钟→量伸长量→回油锚固→量出实际伸长量并求出回缩值→检查是否有滑丝、断丝情况发生。

c.预应力筋（精轧螺纹钢）张拉：

将锚固端板清理干净→旋上六角螺母→用连接器连接千斤顶张拉杆与预应力钢筋→安装工具锚→按规范程序张拉到张拉控制力的10%、20%、100%并量测伸长值→检查伸长值是否满足要求→持荷5分钟→上紧六角螺母进行锚固→卸载→旋下工具锚。次日对竖向预应力进行复拉，张拉力达到设计要求。

精轧螺纹钢采用单根张拉，张拉时两边对称同时进行。

对每一根张拉进行记录，包括初始应力时实际伸长值，控制应力时的实际伸长值，以及相对应的油表读数。

d.预应力张拉施工注意事项

预应力钢绞线穿束前用压力水冲洗孔内杂物，观察有无窜孔现象，再用压风机吹干。

张拉前必须对构件端部预埋件、混凝土、预应力孔道全面检查。如发现有蜂窝、裂缝、露筋、空洞及孔道穿孔等缺陷，须按有关规定采取措施。端部的锚垫板一定要垂直于孔道中心线，钢板上的焊渣、毛刺、混凝土残渣等清除干净。

预应力后张法张拉程序根据具体的设计要求施工，一定要严格做到对称张拉。

实施张拉时，应使千斤顶的张拉力作用线与预应力筋的轴线重合一致。

张拉后钢绞线切割应离锚头3~5cm，采用砂轮机切断。张拉完毕后，应随即压浆，一般不宜超过48h。

压浆前必须对孔道进行检查，对排气孔、压浆孔等全面检查，并对压浆设备进行安装检查。

张拉操作工必须持证上岗，正确佩戴安全帽等劳动保护用品。

禁止张拉人员站在预应力筋的端头前方，油泵开动过程中不得擅自离开工作岗位。

张拉过程中，若发生异常响动，必须暂停，检查原因。

张拉后灌浆前，不得用重物敲击、碰撞精轧螺纹钢。切割多余的精轧螺纹钢，必须用砂轮切割机。

（8）预应力真空压浆施工

为了防止预应力筋的腐蚀，提高结构的安全度而后耐久性，确保工程质量，箱梁体内预应力压浆采用真空压浆施工工艺。

①终拉完成后，为防止锈蚀，宜在两天内进行管道压浆。

②压浆前，应使孔道干净湿润，必须时可先用高压水枪冲洗，然后用压缩空气吹干孔道内水分。

③孔道压浆水泥浆采用M40水泥浆，浆体配置严格按照压浆配合比进行。

压浆注意事项：

水泥浆搅拌：搅拌好的水泥浆要做到卸尽。在全部灰浆卸出之前，不得投入未拌和的材料，更不能采取边出料边进料的方法。严格控制浆体配比。

严格控制用水量，否则易造成管道顶端空隙。

对未及时使用而降低了流动性浆体，严禁采用加水的办法来增加灰浆的流动性，配制时间过长的浆体不应再使用。

水泥浆出料后应尽量马上压浆，否则应不停搅拌防止离析。

压浆完成后，应及时拆卸、清洗管、阀、压浆泵、搅拌机等所有沾有水泥浆的设备和附件。

每条孔道应一次压浆，连续完成。

温度控制：压浆时水泥浆的温度控制在5～25℃之间，高于25℃容易发生浆体离析，低于5℃时，浆体凝固后强度受影响。

压浆：待水泥浆调制合格及一切准备就绪后，开始压浆工作。每次制浆时制作不少于3组的70.7mm×70.7mm×70.7mm的水泥浆试块、养护28d后检查压浆试块抗压强度。

5. 挂篮拆除施工

（1）总体拆除施工思路

根据挂篮的结构特点及工程具体实施条件，确定采用原地解体、分部拆除的施工方法：挂篮桥面以上构件在桥面地直接解体，轮胎式起重机拆除；桥面以下构件采用精轧螺纹钢悬吊系统下放至下方运输船上，再进行拆除。

（2）拆除顺序

总体拆除顺序：先拆除边跨挂篮，再拆除中跨挂篮。

构件拆除顺序：底篮及其附属构件→外模及其附属构件→桥面主桁架及其附属构件。

（3）主要拆除施工方法

对于边跨，合龙施工时利用挂篮作为合龙吊架；对于中跨，挂篮在合龙段施工时，一侧挂篮后移，一侧挂篮前移作为合龙吊架；不充当合龙段施工吊架的挂篮可先行拆除（但要注意相应水箱配重）；挂篮拆除前，要先拆除内模，相应梁段完成张拉压浆，才可进行拆除。

①吊点转换

挂篮拆除准备工作完成后，底、侧模板降模10cm，调整底模板使其水平，并使底篮前、后横梁与底模板垂直。底篮共采用4个吊点进行同步下放；在梁面固定4台卷扬机，在前上横梁外侧2根吊杆处固定2组滑轮，卷扬机的钢丝绳穿过滑轮与前下横梁处对应位置连接牢固；在后下横梁的梁体外侧的2处吊挂处，通过预埋孔加设卷扬机的钢丝绳吊挂。

由于底篮纵梁与前、后横梁之间为铰接连接，为保证底篮下降过程中及搁置于地面上时的稳定，利用槽钢将底篮纵梁与前、后横梁之间焊接牢固，前后均匀对称设置2~3处。

将翼侧模利用精轧螺纹钢吊杆将整个翼侧模系统搁置于底篮上，并拆除翼侧模吊杆，翼侧模应与底篮进行焊接，完成固定，形成整体。拆除底篮其他各吊杆，完成底篮吊点的转换。

②底篮下降

待吊点转换完成后，在所有人员到位后，统一指挥，下落底篮，下降过程中必须保持4个吊点保持同步，防止受力不均匀发生底篮倾覆。

在底篮下降到运输船上后，将钢丝绳解绑，再到底篮系统进行拆解。

③挂篮上部结构的拆除

待底篮系统拆除完毕后，可以进行挂篮桥面之上的结构的拆除工作。将轮胎式起重机输送至挂篮所在梁段的前一梁段桥面，利用轮胎式起重机从桥面对挂篮上部结构进行拆除。

桥面构件包含主桁架、前上横梁、主桁架行走轨道等。拆除前，应在主桁片架前端、前上横梁处进行支垫处理，对于高度较矮的主桁片架前端、前上横梁拆除支垫可采用枕木、型钢等材料构成。

基本拆除顺序与安装顺序相反，先行安装的最后拆除，最后安装的最先拆除；具体顺序为：主桁架后拉板→主桁架间平联→主桁架前拉板→主桁架立柱→前吊横梁→松后锚点→主桁架底梁→轨道拆除。

前上横梁横向分3段进行拆除，拆除位置为原拴接拼装位置，拆除前，应拆除其表面加强板件。前上横梁拆除时，应对每段设置侧向抗倾覆支撑。

6. **挂篮施工注意事项**

（1）施工过程中的注意事项

①检查钢筋、管道及预埋件位置；

②浇筑时检查锚垫板的固定情况；

③检查压浆管是否畅通牢固；

④严格监视模板及挂篮变化情况，发现问题及时处理；

⑤检查对称浇筑进度；

⑥混凝土浇筑必须从悬臂端开始浇筑，两个悬臂端应对称均衡进行浇筑；

⑦浇筑混凝土全过程加强振捣；

⑧拆模后对梁端头混凝土进行凿毛处理，以加强接头混凝土的连接；

⑨严格按照监控单位提供的主梁立模标高进行主梁节段底模标高控制；

⑩严格按照监控单位提供的拉索索力张拉指令进行斜拉索张拉施工；

⑪项目部测量班每节段进行主梁线型观测；

⑫施工过程中和监控单位积极主动配合，加强挂篮底模标高、主梁标高及索力监控测量；

⑬施工过程中发现的问题及时反馈给监控单位及设计单位处理。

（2）拆除过程中的注意事项

①对所有人员进行安全技术交底，并有固定人员指挥和操作，将卷扬机编号；

②在周围设置警戒区域，防止人员误入；

③针对合龙段施工时，先行拆除的挂篮后，根据不平衡重量对梁体进行配重；

④下放挂篮时，速度要同步均匀，防止模板发生扭曲或弯折；

⑤挂篮底篮及翼缘板模板拆除完成前，后锚系统必须完全锚固；

⑥挂篮拆除前，对模板上进行全面检查，并清理所有杂物；

⑦挂篮拆除前，对所有机械及钢丝绳进行全面检查。

（3）主梁挂篮悬臂浇筑施工质量控制标准

主梁悬臂浇筑施工质量控制标准见表5-4。

表5-4　悬臂浇筑施工质量控制表

项目	规定值或允许值
混凝土强度（C55）	在合格范围内
塔柱顶偏位（mm）	符合设计和监控要求
轴线偏位（mm）	不大于10
斜拉索索力（kN）	符合设计和监控要求

续表

项目		规定值或允许值
断面尺寸（mm）	高度	（＋5，-10）
	顶宽	±30
	底宽	±20
	板厚	（＋10，0）
梁锚点高程（mm）		±L/5000
锚具轴线与孔位轴线偏位（mm）		5

六、合龙段施工

合龙前使两悬臂端临时连接，保持相对固定，以防止合龙混凝土在早期因为梁体混凝土的热胀冷缩开裂。同时选择在一天中的低温、变化较小时进行混凝土施工，保证混凝土处于温升、在受压的情况下达到终凝，避免受拉开裂。

按照设计的合龙顺序为先两个边跨合龙，再解除9#墩、11#墩临时固结，最后进行两个中跨合龙。合龙段采用挂篮作为吊架合龙施工。

1. 边跨合龙段的施工

（1）施工准备

①悬臂梁段浇注完成；

②清除箱顶、箱内的施工材料、机具，用于合龙段施工的材料、设备有序放置；

③在悬臂端预备配重水箱；

④密切灌注近期气温变化规律，并做好测量记录。

（2）边跨合龙段吊架及模板

边跨现浇段17#梁段采用钢管支架施工完成，悬臂梁段（1#-15#）浇注完毕，利用挂篮作为吊架进行合龙施工。外模及底模采用挂篮钢模板，内模采用竹胶板木模施工。

（3）设平衡配重

采用在悬臂端的水箱中加注水的方法设平衡重，所加平衡重吨位由施工平衡确定，在混凝土完成后放水。

（4）普通钢筋及预应力管道安装

普通钢筋在加工场地集中加工成型，运至合龙段绑扎安装，绑扎时将劲性骨架安装位置预留，劲性骨架锁定后补充绑扎。底板束管道安装前，应试穿所有底板束，发现问题及时处理。合龙段底板束管道采用钢管，或者用双层波纹管替代，管道内穿入钢绞线芯模，以保证合龙段混凝土浇筑后底板束管道的畅通。其余预应力束及管道安装同箱梁悬灌梁段施工。

（5）合龙锁定

合龙前使悬臂端与边跨等高度现浇段临时连接，尽可能保持相对固定，以防止合龙段混凝土在浇注及早期硬化过程中产生裂缝。锁定时间按合龙段锁定设计执行，临时"锁定"是合龙的关键。合龙"锁定"遵循又拉又撑的原则，即"锁定"焊接劲性骨架。支撑劲性骨架采用梁体预埋钢板上焊接槽钢的结构形式，其预埋钢板断面面积及支承位置根据锁定设计图纸确定。

（6）浇注合龙段混凝土

合龙段混凝土选择在一天中气温较低时进行浇注，可保证合龙段新浇注混凝土处于气温上升的环境中，在受压的状态下达到混凝土终凝，以防混凝土开裂，混凝土的浇注速度每小时10m³左右，3~4小时浇完。

（7）预应力施工

合龙段梁体永久束张拉前，采取覆盖箱梁悬臂并洒水降温以减小箱梁悬臂的日照温差。底板预应力束管道安装时采取措施保证管道畅通，待合龙段混凝土达到设计规定强度和相应龄期后，先张拉边跨顶板预应力束，再张拉底板预应力束，最后张拉边跨合龙段及15#梁段横向、竖向预应力钢束。按照设计要求的张拉吨位及顺序两端对称进行张拉，完成边跨合龙。

（8）拆除模板及支架

边跨合龙段混凝土达到设计规定的强度及龄期后，进行预应力张拉施工，完成边跨合龙段预应力张拉以后，拆除模板及支架。

2. 跨中合龙段施工

（1）合龙步骤

边跨合龙→拆除9#、11#墩临时固结体系→拆除一边中跨挂篮→加配重水箱→钢筋绑扎→预应力管道安装→合龙锁定→选择当天最低温度稳定时段浇注合龙段混凝土→逐级卸除水箱配重→合龙段预应力张拉、锚固、压浆完毕→拆除合龙段挂篮。

（2）拆除临时支撑体系

边跨合龙施工完成，在中跨合龙段施工前，先拆除9#墩、11#墩临时固结体系，进行体系转化。

（3）合龙段挂篮及模板安装

中跨合龙梁段采用挂篮作为吊架施工，合龙吊架和模板采用施工挂篮的底篮及模板系统。

安装步骤为：

①将挂篮的底篮整体前移至合龙段另一悬臂端；

②在悬臂端预留孔内穿入钢丝绳，用几组滑车吊起底篮前横梁及内外滑梁的前横梁；

③拆除挂篮前吊杆；

④用卷扬机调整所有钢丝绳，使底篮及内外滑梁移到相应位置，安装锚杆、吊杆和连接器将挂篮模板系统锚固稳定；

（4）设平衡重

采用在悬臂端的水箱中加水的方法设平衡重，近端及远端所加平衡重吨位由施工平衡确定。

（5）合龙锁定

合龙前使合龙段两端悬臂端临时连接，尽可能保持相对固定，以防止合龙段混凝土在浇注及早期硬化过程中产生裂缝。合龙前除"T构"悬臂端按平衡要求设置平衡重外，如施工控制有要求时还将对合龙段处采取调整措施。合龙段支撑劲性钢骨架施工周边跨合龙段施工。

（6）钢筋安装

普通钢筋及预应力管道安装与边跨合龙段相同。

（7）浇注合龙段混凝土

当合龙段钢筋绑扎完成后，施工选择当日气温最低（夜间）、温度稳定时段浇注；中跨合龙段混凝土浇筑与边跨合龙段施工相同。合龙段混凝土浇筑过程中，按新浇注混凝土的重量分级卸去平衡重（即分级放水），保证平衡施工。

（8）预应力施工

中跨合龙段混凝土强度达到100%后，张拉中跨合龙段顶板纵向预应力束，张拉中跨合龙段及15#梁段横、竖向预应力束，完成中跨合龙施工。

（9）拆除模板及吊架

拆除合龙段挂篮，即完成主梁合龙施工。

3. 合龙段施工中的其他事项

（1）箱梁合龙应选择在较稳定的天气、较低的气温时迅速完成焊接，并且紧接着浇筑合龙段混凝土。

（2）合龙段混凝土浇筑时应特别注意临时锁定槽钢下放的混凝土振捣密实。

（3）合龙段混凝土灌注完成后养生期间，要做好合龙段的降温工作。常用的降温措施有：梁顶面洒水降温，梁侧喷水降温，箱梁内洒水及通风降温。

（4）混凝土达到强度后尽快进行合龙段预应力束的张拉施工。

（5）箱梁悬臂浇筑应严格控制，使合龙的两悬臂高差不大于2cm，轴向偏移不大于1cm，若合龙时悬臂高差大于2cm，采用压重措施。

七、质量控制

1. 钢筋施工质量控制

（1）钢筋加工质量控制

箱梁钢筋加工在钢筋加工场制作成半成品，编号后分类堆存，根据现场需要，钢筋由平板汽车运输至施工现场，利用汽车吊或塔式起重机直接吊至施工作业面，由人工安装、绑扎。钢筋的接长应顺直、绑扎应牢固。

进场钢筋必须有出厂质量证明书及复试报告，当运输，卸载，加工中有异常时要进行化学试验分析。

钢筋进场后按规范要求进行试验，当试验满足试验要求，并且得到监理工程师的认可后，方可进行钢筋的制作。

（2）钢筋焊接与绑扎质量控制

施工时，在支好的底板上绑扎成形。在箱梁上焊接钢筋时，要求焊接的钢筋焊缝长度单面焊应不小于10d，双面焊不小于5d，钢筋的表面应洁净，使用前应将表面油渍、漆皮、鳞锈等清除干净；钢筋应平直，局部弯折成盘的钢筋和弯曲的钢筋均应调直。对于焊接接头，在接头长度内，同一根钢筋不得有两个接头。腹板、横隔梁钢筋骨架的高度必须严格控制。在认真复核图纸、精准推算顶板保护层尺寸后，进行反算控制骨架主筋、高度。顶、底板钢筋绑扎前要按钢筋布间距在箱梁模板或钢筋上做出标记。绑扎时，严格按标记布设、绑扎钢筋。安装翼板钢筋时应注意与护栏预埋钢筋的连接。顶、底板钢筋保护层的留设必须符合设计及规范要求，以免因保护层原因出现混凝土裂纹或漏筋现象。

梁体钢筋应整体绑扎。先进行底板及腹板钢筋的绑扎，然后进行顶板钢筋的绑扎。当梁体钢筋与预应力钢筋相碰时，可适当移动梁体钢筋或进行适当弯折。梁体钢筋最小净保护层必须满足图纸设计要求，且绑扎铁丝的尾段不应伸入保护层内。所有梁体预留孔处均增设相应的螺旋筋；桥面泄水孔处钢筋可适当移动，并增设螺旋筋和斜置的井字形钢筋进行局部加强。施工中为确保腹板、顶板、底板钢筋的位置准确，应根据实际情况加强架立钢筋的设置，可采用增加架立筋数量或增设W形或矩形的架立钢筋等措施。当采用垫块控制净保护层厚度时，垫块用采用与梁体同等标号的材料，且保证梁体的耐久性。

在预应力混凝土箱梁中，当普通钢筋与预应力钢筋定位有相互干扰时，应遵循"普通钢筋中的次要受力筋为主要受力筋让路，普通钢筋为预应力钢筋让路"的原则，可以适当调整普通钢筋的间距以便于让预应力钢筋通过，不可任意切断钢筋。实需切断时，在浇筑该部分混凝土时钢筋必须恢复，任何情况下必须保证预应力管道形状圆滑、线形流畅，绝对禁止"死弯"的出现，预应力管道定位钢筋间距不宜大于0.5米。

箱梁钢筋绑扎的顺序为：底板钢筋绑扎、预应力管道安装 → 腹板及横隔梁钢筋绑扎、预应力管道安装→顶板（含翼板）钢筋绑扎、预应力管道安装。

钢筋骨架保护层垫块的厚度及强度按设计要求确定。安装时，垫块按梅花形布置，间距不超过1m，底板和顶板适当加密；垫块的固定要牢固，垫块表面应洁净，颜色应与结构混凝土外表一致。

顶板钢筋绑扎前，在箱梁各跨每个截面留设挠度及沉降观测点，沉降及挠度观测标按要求埋设，设立位置选择在仪器便于观测部位。

2. 混凝土质量控制

（1）混凝土浇筑质量控制

箱梁混凝土的浇筑顺序为：纵桥向由各施工段高程较低的一端向另一端浇筑，横桥向由腹板底板相交处→底板→腹板→顶板（含翼板）。

浇筑前认真检查支架各支点牢靠，剪刀撑完善；模板支撑合理、齐全、坚实；检查预埋件、预留孔洞、泄水孔齐全、底板清洁无杂物；支座处逐个检查有无缝隙，以及面板标高控制标志（纵横2m焊出L型钢筋头）。

混凝土采用分节段分层的台阶推进式浇筑顺序。

施工顺序为顺序：0#块→挂篮施工快段→边跨现浇段→边跨合拢段→中跨合拢段 。

每节段顺序为腹板底板相交处、底板、腹板、顶板，水平分层浇筑。

混凝土浇筑时，应严格计算浇筑方量和浇筑时间，且分层长度不宜太长，以免形成施工冷缝。腹板混凝土浇筑时，每层控制在35cm左右。为保证施工质量，上一层混凝土浇筑一定要在下一层混凝土初凝前进行，且振捣时振捣棒要插入下一层不小于5cm的深度。混凝土浇筑时，要在顶板上相应于腹板浇筑工作面上摆放镀锌铁皮或竹胶模板，以免混凝土撒落在顶板钢筋上，影响顶板的浇筑质量。

顶板混凝土浇筑完毕后，及时清理通气孔，让其发挥作用，以避免箱室内外产生较大的温差。在混凝土浇筑过程中至最后浇注的混凝土初凝前，每间隔30min左右，由两头来回抽动橡胶管，防止水泥浆堵塞波纹管。

混凝土浇筑前，模内应用高压水枪彻底冲洗底板，同时在墩顶最低处开设泄水孔排水，水排出后再用木板堵好。

混凝土浇筑前留意天气情况，必要时备足防雨布。

在浇筑箱梁顶板混凝土前要在顶板变坡点立焊一根Φ12钢筋，高度和顶板混凝土厚度一样，然后以这些钢筋及翼缘板顶面作为控制顶板标高的标准。在混凝土浇筑时，用拉线法进行找平，则可将箱梁顶面标高控制在允许范围内。

混凝土输送泵车布设位置：每段旁放一台输送泵车，每次浇筑用两台输送泵车，输送泵车位置根据现场布设。

（2）混凝土振捣质量控制

混凝土的振捣用插入式振捣棒。振捣时间要适当掌握。不要漏振。也不要过振。振捣器移动间距不超过其作用半径的1.5倍。振捣棒不得撞击波纹管、各种预埋件，避免其跑位。梁腹混凝土振捣应用Φ30振捣棒。其他部位根据具体情况采用Φ50mm振捣棒。钢筋较密处也可以用小直径振捣棒振捣。小直径振捣棒功率低、作用半径小，注意适当延长振捣时间、加强振捣。振捣器在每一个位置中振捣延续时间一般掌握在混凝土不再下沉、无显著气泡上升、顶面平坦一致，并开始浮现水泥浆为止。一般不宜超过30s，避免过振。振捣器拔出时不可太快太猛，以免留下孔迹和空隙。

上层混凝土振捣时，振捣器应深入下层已振捣的混凝土中5~10cm，以加强上下层间的连接，振捣混凝土时，要在棒头上做好振捣深度标记，严格控制好振捣深度，为避免振捣棒触及侧模和内模。振捣棒应与侧模和内模保持8~12cm的距离。

每层混凝土振实前，不得增添新混凝土。如发现表面有浮水，应立即设法排除，但不得使水泥浆流失。

浇注底板及腹板后，在混凝土还未凝固前，应将面板钢筋上的混凝土清除干净。

振捣混凝土时，派专人检查模板是否漏浆，支撑是否牢固，发现问题及时处理，并随时观察沉降量。

混凝土经连续浇注，中间间断时不得超过规范规定，否则应与监理研究，按施工缝要求进行处理。

采用插入式高频振捣器振捣混凝土时，采用垂直点振方式振捣。若需变换振捣棒在混凝土拌和物中的水平位置。首先竖向缓慢将振捣棒拔出，然后再将振捣棒移至新的位置。不得将振捣棒放在拌和物内平拖，也不得用插入式振捣棒平拖驱赶下料口处堆积的混凝土拌和物。

（3）混凝土收面、养护质量控制

在混凝土初凝前应完成收面工作。顶、底板面至少进行3次找平收面，以防止表面收缩裂纹的产生。顶板前两次找平收成毛面，于混凝土初凝前收压成光面。混凝土初凝后，及时用透水土工布等覆盖并洒水养生。混凝土初凝后湿养时间不少于14d，在此时间内要保持混凝土面处于湿润状态。

混凝土浇筑完成后应及时进行养护。养护方法要适应施工季节的变化。一般情况下采用洒水养护，使混凝土表面的潮湿状态保持在7d以上；热期施工期间，混凝土表面覆盖潮湿的土工布。

（4）大体积混凝土温度控制

具体温控原则和方法可参见第三章承台大体积混凝土温度控制中的相关内容。下面仅就主桥0#块冷却水管布置进行介绍。

0#块大体积混凝土冷却水管布置：

主梁0#块墩顶横梁为宽4m、长26m、高4.8m的实心混凝土，混凝土方量合计为499.2m³，属于大体积混凝土。采用大型有限元MIDAS软件来计算该0#段施工期内部温度场及仿真应力场，并根据计算结果制定不出现有害温度裂缝的温控标准和相应的温控措施。该软件能够模拟混凝土的浇注、成长过程，能考虑到浇筑温度、混凝土水化热的散发规律、养护方式、冷却水管降温、外界气温变化、混凝土弹模变化、混凝土徐变等复杂因素。

根据混凝土内部温度分布特征及控制最高温度的目标，0#块实心节段埋设4层冷却水管。主梁0#块中部实心段梁高4.8m，第一层冷却水管距箱梁顶0.9m，第二层距第一层1.0m，第三层距第二层1.0m，第四层距第三层1.0m（即距箱梁底部0.9m），冷却水管内径32mm。冷却水管可采用丝扣连接或橡胶管套接，确保不漏水。采用橡胶管套接时，两根冷却水管在橡胶套管内应对碰，避免橡胶管弯折阻水，用多重铁丝扎紧。

3. 预应力施工质量控制

总体张拉顺序：

按先后顺序分：拆除分节段的模板后，先张拉纵向预应力，再张拉竖向预应力及横向预应力。

按位置分：先张拉腹板预应力，后张拉顶板、底板预应力。

当混凝土强度达到设计强度的90%以上、弹性模量达到100%、龄期7d以后，才能进行预应力张拉施工。

纵向预应力采用两端张拉，竖向预应力在梁顶张拉横梁预应力，采用在梁的两侧交替张拉。

（1）钢绞线下料及穿束质量控制

钢绞线制作质量控制：

钢绞线下料在梁面上进行，下料长度双张拉为孔道长度+2倍的千斤顶工作长度+0.6m的下料富余量，单张拉为孔道长度+千斤顶工作长度+0.6m的下料富裕量。下料用砂轮锯，不使用电气焊切割；砂轮片为增强型，以策安全。钢绞线切割完后按各束理顺，并间隔1.5m用铁丝捆扎编束，切口两侧5cm处用细铁丝绑扎，确保同一束钢绞线顺畅不扭结；下料中和下料后避免钢绞线受损和污染。

下料按先长后短的原则进行，以节约材料。下料时经两人确认长度无差错后再切割，避免出错。下料时拉动钢绞线不要太快，避免钢绞线散盘速度跟不上拉动速度而弯折。当钢绞线出现弯折后不得使用。

穿束质量控制：采取后穿法施工。

钢绞线采用钢绞线穿束机或其他机械进行穿束。将钢绞线端头戴上子弹头形护帽，从孔道的一端快速地推送入孔道。必要时采用卷扬机牵引穿束，并配备特制牵头。

预应力筋张拉、锚固质量控制：预应力张拉按设计要求达到混凝土强度的100%，龄期不小于7d后张拉。预应力要左右对称进行，最大不平衡束不能超过1束，张拉顺序要按设计图纸要求进行。两端张拉的预应力钢丝束在预应力过程中应保持两端的伸长基本一致。施工前，应对孔道摩阻损失、扩孔段摩阻损失和锚口摩阻损失进行实际测定。

张拉设备选择及检校质量控制：采用自锚穿心式双作用千斤顶及相应高压油泵，额定张拉吨位约为张拉力的1.5倍。张拉千斤顶在张拉前必须经过校正，校正系数不得大于1.05。校正有效期为6个月且张拉不超过200次张拉作业，拆修更换配件的张拉千斤顶必须重新校正。

压力表选用防震型，表面最大读数应为张拉力的1.5～2.0倍，精度不低于1.0级，校正有效期为1周。当用0.4级时，校正有效期可为1个月。压力表发生故障后必须重新校正。

油泵的油箱容量为张拉千斤顶总输油量的1.5倍，额定油压数为使用油压数的1.4倍。

压力表与张拉千斤顶配套使用。预应力设备应建立台账及卡片并定期检查。

（2）预应力束张拉质量控制

①张拉程序：安装锚具、千斤顶→拉到初应力（设计应力的10%）→测量初始长度→张拉20%设计应力→量伸长量→张拉设计应力→持荷2min→量伸长量→回油锚固→量出实际伸长量并求出回缩值→检查是否有滑丝、断丝情况发生。

②张拉准备工作

张拉前的检验工作：对锚具、夹片等进行检验；对千斤顶、油泵、油表等进行配套标定；对千斤顶作业空间进行检查、确认；对梁体做全面检查。如有缺陷，在征得监理工程师同意修补完好且达到设计强度，并将承压垫板及锚下管道扩大部分的残余灰浆铲除干净后，方可张拉。张拉千斤顶、压力表、油泵等应配套校正、配套使用。当在使用过程中出现异常现象时，应重新校正。预应力张拉千斤顶与油压表的关系曲线方程式应有当地技术监督局授权的检测机构确定，当出现油压表等损坏或失准需要更换时，必须重新确定新的方程式后才能使用。

割除多余钢绞线：钢绞线外露锚垫板的长度为锚具厚度+千斤顶最小工作长度+15cm的张拉富余量。富裕量不能过大，否则将增加施工难度。

安装工作锚和夹片：装好锚具后用手插垫在木块上敲击锚具，直至不能敲动。接着将夹片装入锚孔，用比钢绞线直径略大的钢管击打夹片，使之塞紧在锚孔内。用钢管击打夹片前，调整均匀同一夹片中各楔片的缝隙和外露量。装好后的夹片外露量基本一致且缝隙均匀，否则重装。

安装千斤顶和工具锚、工具夹片：千斤顶安装使用手拉葫芦。安装后至张拉完一直用倒链悬挂着千斤顶，以便用倒链调整千斤顶，使千斤顶轴线与管道和锚垫板轴线一致，保证钢绞线顺直，减少张拉摩阻力。为使张拉后夹片退锚顺利，在工具锚和工具夹片之间涂抹退锚材料。

安装千斤顶和工具锚、夹片符合下列要求：工作锚、限位板、千斤顶、工具锚、夹片按要求装好，工作锚位于锚垫板凹槽内，相互之间密贴；"四同心"符合要求，即预应力管道、锚垫板、锚具、千斤顶4部分基本同心；各油管接头满扣上紧，千斤顶、油表安放位置配套正确。

张拉千斤顶、压力表、油泵等应配套校正、配套使用。当在使用过程中出现异常现象时，应重新校正。预应力张拉千斤顶与油压表的关系曲线方程式应有当地技术监督局授权的检测机构确定，当出现油压表等损坏或失准需要更换时必须重新确定新的方程式后才能使用。

③张拉作业

所有纵向预应力束张拉均使用自锚式锚具，按"左右对称、两端同时"的原则进行。

检查油管连接可靠、正确后，开动油泵，使钢绞线略为拉紧后调整千斤顶位置，使其中心与孔道轴线基本一致，以保证钢绞线自由伸长，减少摩阻。同时调整工具夹片使之卡紧钢绞线，以保证各根钢绞线受力均匀。

然后两端同时给千斤顶主油缸徐徐充油张拉，使两端伸长基本保持一致，对称加载到初始张力（$0.1\sigma K$）后停止供油。检查夹片情况完好后，画线做标记，然后到$0.2\sigma K$后停止供油。检查夹片情况完好后，画线做标记。

继续向千斤顶加油加载，直至达到控制张拉力。张拉值的大小以油压表的读数为主，以预应力钢绞线的伸长值加以校核，每端锚具回缩量控制在6mm以内。

油压达到张拉吨位后关闭主油缸油路，并保持2min，测量钢绞线伸长量加以校核。在保持2min以后，若油压稍有下降，补油到设计吨位的油压值，千斤顶回油，夹片自动锁定，该束张拉结束，及时做好记录。全梁断丝、滑丝总数不超过钢丝总数的0.5%，且一束内断丝不超过1丝，也不得在同一侧。

当钢绞线长度较长、不能一次张拉到位时，则需多次张拉循环。多次张拉的操作方法和步骤和上述一样，只是将上一循环的锚固力（应力）作为本次循环的初始值。如此循环，直至达到最终的控制张力。

钢架线束伸长量量测方法：在相应张拉力下量取与之对应的千斤顶油缸外伸量。将每个张拉循环中0.2张拉力和初张拉力，以及终张拉力和初张拉力下对应的千斤顶油缸外伸量的差值之和，作为本张拉循环中钢绞线束的伸长量。各个张拉循环的伸长量之和，即为该束钢绞线初始张拉力至控制张拉力之间的伸长量。

纵向预应力施工时采用两端张拉两种方式，以张拉应力和张拉伸长量进行"双控"控制，并以张拉应力控制为主。

预应力筋的实际伸长值 ΔL 的计算公式如下：

$$\Delta L = \Delta L1 + \Delta L2$$

式中：$\Delta L1$——从初应力至 $0.2\sigma k$ 间的实测伸长值（mm）；

$\Delta L2$——由 $0.1\sigma k$ 至控制张拉力之间的实测伸长量（mm）。

钢绞线实际张拉伸长值与理论计算张拉伸长值的差值应在 $-6\% \sim +6\%$ 范围内，即表明本束钢绞线张拉合格。否则，张拉力虽已达到设计要求，但实际伸长值与理论伸长值之间的误差超标，则暂停施工，在分析原因并处理后继续张拉。

对伸长量超标的原因分析，从如下方面入手：张拉设备的可靠性即张拉力的准确度；对波纹管孔道摩阻和偏差系数取值的准确性；钢绞线弹性模量计算值与实际值的偏离；伸长量量测和计算方面的原因，如没考虑千斤顶内钢绞线伸长值等。若一切正常，则封堵锚具端头，尽快压浆。

横向预应力的张拉和纵向预应力张拉方法相同，横向预应力为单向张拉，交替对称张拉。

④张拉注意事项

千斤顶加载和卸载时做到平稳、均匀、缓慢、无冲击。张拉时混凝土强度和龄期达到设计图纸要求。张拉顺序按设计图纸要求进行。张拉作业中，对钢绞线束的两端同步施加预应力，保证两端张拉伸长量基本相等。若两端伸长量相差较大时，查找原因，进行纠正。

当气温下降到5℃以下时，停止张拉作业，以免钢绞线发生脆断。张拉过程中不敲击和碰撞张拉设备和油管。张拉完毕后，未压浆或压浆后水泥浆未凝固时，不敲击锚具和剧烈震动梁体。多余的钢绞线用切割机切割，切割后留下的长度不少于3cm。在高压油管的接头加防护套，以防喷油伤人。

在测伸长量时，停止开动油泵。张拉过程严格执行操作规程。转移油泵时将油压表拆卸下来另行携带转送。在有压情况下不拧动油泵或千斤顶接头。

⑤滑丝和断丝的处理

在张拉过程中，有多种原因都可能引起预应力筋滑丝和断丝，使预应力筋受力不均，甚至不能建立足够的预应力，从而影响桥梁的使用寿命。因此需要限制预应力筋的滑丝和断丝数量。当滑丝和断丝数量在允许范围内时，不需处理；但当滑丝和断丝数量超过允许范围时，则需处理。

滑丝判断：张拉完毕卸下千斤顶后，目视检查滑丝情况。仔细查看工具锚处每根钢绞线上的楔片压痕是否平齐，若不平齐则说明有滑丝；察看本束钢绞线尾端张卡前做的标记是否平齐，若不平齐则说明有滑丝。

滑丝处理方法：首先把专用卸荷座支承在锚具上，将专用千斤顶油缸伸至千斤顶行程的一半后，把退锚千斤顶装在单根钢绞线上。当钢绞线受力伸长时，夹片稍被带出。如此反复，直至夹片退出、钢绞线放松、重新张拉至设计张拉力并顶压楔紧新夹片为止。重新张拉完成后，立即进行压浆。

断丝处理方法：提高其他钢绞线束的控制张力作为补偿，但最大超张拉不得超过设计对各阶段极限状态的要求；换束，重新张拉；启用备用束。具体采用何种方式，应与设计单位商定。

⑥竖向预应力筋张拉

梁体Φ32精轧钢筋采用标准强度不小于785MPa的精轧螺纹粗钢筋，采用螺杆式穿心千斤顶张拉。张拉采取同一梁段两侧对称张拉的措施。

张拉工作程序：检查孔道是否通畅→将锚固端清理干净→旋上锚具→用连接器连接千斤顶张拉杆与预应力钢筋→安装工具锚→按规范程序张拉到设计吨位→复张拉→持荷5min→退回设计吨位→检查各项张拉控制指标→上紧锚具锚固→卸载→旋下工具锚。

预应力粗钢筋均采用单根张拉。在张拉时采用左右和上下对称原则进行。凡由永久筋和临时筋组成的预应力筋，须在张拉时将永久筋锚固后撤出临时筋，不得在所有筋张拉完成后一次拆除临时筋。

为保证张拉质量，对精轧螺纹钢筋采用复拉工艺是必要的。因为预应力粗钢筋一般设计较短，相应的伸长值也较短，在锁紧锚固螺母时，会因为偏心等因素造成伸长量的微量回缩。此值与本来就比较短的理论伸长值相比的比例会很大。如不采用复拉可能会造成预应损失值过大。复拉即在第一次张拉完成后，第二天再重复一次第一次张拉过程。张拉完成后，可使用手持砂轮锯切割锚具外露粗钢筋，切割时应留有2cm的外露端头。

竖向预应力粗钢筋张拉的注意事项：每一节段尾端与另一梁段接头处的一组竖向预应力粗钢筋留待与下一节段同时张拉，以使其预应力在混凝土接缝两侧都发挥作用。

张拉操作工艺：

按每束根数与相应的锚具配套，带好夹片，将钢纹线从千斤顶中心穿过。张拉时当钢纹线的初始应力达$0.2\sigma k$时停止供油。检查夹片情况完好后，画线做标记。

向千斤顶油缸充油并对钢纹线进行张拉。张拉值的大小以油压表的读数为主，以预应力钢纹线的伸长值加以校核，实际张拉伸长值与理论伸长值应控制在6%范围内，每端锚具回缩量应控制在6mm以内。

油压达到张拉吨位后，关闭主油缸油路，并持荷5min。测量钢纹线伸长量加以校核。再保持5min以后，若油压稍有下降，须补油到设计吨位的油压值。千斤顶回油，夹片自动锁定则该束张拉结束，及时做好记录。全梁断丝，滑丝总数不得超过钢丝总数的0.5%，且一束内断丝不得超过1丝，也不得在同一侧。

（3）孔道压浆、封锚施工质量控制

①孔道压浆

a.孔道压浆前的准备工作

水泥浆配合比：水泥浆配合比要根据孔道形式、压浆方法、压浆设备等因素通过试验，孔道压浆用水泥浆的配合比拟采用如下指标：水灰比0.35～0.4，并掺适量减水剂和不含氯盐的膨胀剂（UEA）；水泥采用普通硅酸盐水泥，水泥标号为P.O42.5普硅水泥；水泥浆的28d强度不低于C50级；泌水率最大不超过3％，拌和后3h的泌水率不超过2％，24h后泌水全部被浆体吸收；流动度为16s左右；膨胀剂的掺量经试验确定，掺入膨胀剂后水泥浆的自由膨胀率控制在2％左右。

施工时要冲洗管道后再用空压机吹去孔内积水，其中压缩空气不能含有油污。水泥浆在拌浆机内按照先放水和减水剂后再放水泥，最后放膨胀剂的顺序。拌和时间不能低于2min，拌好的灰浆过筛后存放于储浆桶内。储浆桶要不停地低速搅拌，并保持足够的数量，以保证每根管道的压浆能一次连续完成。水泥浆自压浆到完成压入管道的时间不得超过40min。

b.压浆作业程序

搅拌水泥浆，使其流动度等性能达到技术要求。

启动压浆泵，当压浆泵输出的浆体无自由水并达到要求稠度时，将浆泵土的输送管连接到喇叭的进浆管上，开始压浆。

压浆过程中，压浆泵保持连续工作。当水泥浆从排浆（气）管顺畅出，且稠度与灌入的浆体相当时，关闭排浆（气）管。关闭排浆（气）管的时候，压浆泵继续工作，直至压力达到0.7MPa，压浆泵停机，持压2min。

在持压2min的过程中，若浆体压力无明显下降，则关闭进浆管。在持压2min的过程中，若浆体压力有明显的下降，则在查找原因后再决定是继续持压或是冲洗管道、处理问题后重新压浆。

压浆泵回压至零。

拆卸外接管路、阀门及附件。

清洗干净所有沾上水泥浆的设备。

压浆后根据气温情况，在浆体初凝时卸下进浆管和排浆（气）管，冲洗干净。

c.压浆注意事项

在波纹管每个波峰的最高点设一排气管兼压浆管。压浆泵输浆管应选用抗压能力10MPa以上的抗高压橡胶管，输浆管连接件之间的连接要牢固可靠。水泥浆进入灌浆泵之前应通过1～15mm的筛网过滤。

搅拌后的水泥浆要做流动度试验，并根据试验结果做必要的调整，以确保压浆的顺利进行。

压浆要在灰浆流动性下降前（约40min）进行。同一根管道的要一次连续进行。出现意外情况中断时，应立即用高压水冲洗干净理好后，再重新压浆。

在现场做好压浆孔数和位置及水泥浆配合比的记录，以防漏压。压浆时必须采取压浆过后再稳压3~5min的办法以增加浆体的密实度，保证预应力筋的永存应力达到设计要求，减少应力损失。

②封锚

对悬灌过程中的顶板束，在张拉压浆后，将其直接浇注在下一节段混凝土内作为封端，因此对顶板束不再另外封端。而对合拢顶板束和底板束，由于锚头外露，必须另做封端。封端的施工和要求如下：

a.孔道压浆后将梁端水泥浆冲洗干净，并将端面混凝土凿毛。

b.绑扎端部钢筋网，并将钢筋网焊在端面预留钢筋上。

c.待两边跨端头纵向束张拉、压浆完毕后，锯齿块纵向束锚端即可加设钢筋网片，并用C55混凝土填封。填封混凝土前，将接茬面先凿毛，并用水冲洗干净。

4. 测量控制

（1）平面控制

①平面位置控制方法采用全站仪三维坐标法。

具体操作为：仪器精确对中、整平后，输入测站点三维坐标；然后输入后视点三维坐标，进行后视定向；再利用相邻控制点进行复核，确认设站和控制点无误后输入待测点三维坐标；自动照准待测点棱镜，确认设站内部软件自动计算数据，测定待测的三维坐标。

②影响测点精度的因素主要有对中、目标偏心、目标照准、大气折光影响等，因此在测量放样时候要注意：仪器按周期进行检定，在安置仪器时检查4个方向的点位对中，水准器整平是否一致，经常校正棱镜对中杆水准器；选择好测量时间，尽量避开风力大于3级气候和中午时段。

（2）高程控制

高程基准传递方法采用全站仪三角高程和水准仪钢尺量距法，用两种方法相互校核。

①全站仪三角高程具体操作

将全站仪安置在已知高程控制点上，在待测点安置棱镜对中杆，测定两点之间高差，再将全站仪置于待测点测定两点之间高差（往、返测均为四测回且要求在短时间内完成，仪器高、棱镜高精确至毫米），取往返测所观测的平均值作为待测点与已知点之高差，从而得出待定测点高程。

将全站仪安置在合适的位置直接测定已知高程点和待测点的高差，盘左和盘右分别测量四测回（要求在较短时间内完成），取平均值作为待测点与已知高程点之高差。

②水准仪钢尺量距法具体操作步骤

采用两台水准仪、两把水准尺（两把水准尺分别立在已知高程点和待测点上）、一把检定钢尺。首先将检定钢尺悬挂在固定架上（钢尺零点朝上保持竖直且紧贴塔柱壁）。下挂一个与钢尺检定时拉力相等的重锤（同时测量检定钢尺边的温度），通过上下水准仪的水准尺读数及钢尺读数计算已知高程点和待测点的高差，计算出待测点的高程。为检测高程传递成果，可以变换3次检定钢尺高度，取平均值作为最后结果。

5. 施工监控

（1）施工监控精度要求，见表5-5。

表5-5　施工监控精度要求

序号	监控内容	控制精度	测量要求
1	塔柱顶、底中心偏位（mm）	10	在早晨光线明亮、日照时间不长、风速不大的时间进行
2	塔柱倾斜度（mm）	10	
3	主塔锚固点高程（mm）	±10	
4	斜拉索锚具轴线偏差（mm）	±5	
5	施工中主梁轴线偏位（mm）	5	在2时~5时进行测量
6	施工中主梁立模标高（mm）	5	
7	施工中主梁标高（mm）	±20	
8	施工中主梁锚点标高（mm）	±10	
9	施工完成后裸梁顶标高（mm）	30	
10	箱梁合龙前合龙段两侧箱梁相对高差（mm）	20	

序号	监控内容	控制精度	测量要求
11	箱梁合龙前合龙段两侧箱梁相对轴线偏差（mm）	10	
12	每根斜拉索各股钢绞线的离散误差（kN）	±3%	
13	横桥向相同编号斜拉索之间差值（kN）	±1%	
14	整索索力偏差（kN）	±2%，且不大于50kN	
15	混凝土应力误差（MPa）	±15%；±1.5MPa（理论应力<10MPa时）	－

（2）挂篮试压

挂篮安装完成以后必须进行试压。按照预压方案执行，以消除挂篮的非弹性变形，收集弹性（挠度）数据。项目部测量组会同监控单位、监理单位根据试压方案测量有关变形数据。

（3）主梁线形监控测量

观测内容包括：每一个节段施工测量放样，立模标高、挂篮行走前后桥面标高观测；混凝土浇筑前后、预应力张拉前后、斜拉索张拉前后桥面标高观测。

①测点布置

主梁0#块浇筑完成之后，即在顶面设置基准点，也作为绝对标高控制点。主梁其他节段在腹板位置和桥面轴线位置布置标高观测点，每一截面主梁顶设置7个标高观测点，底板设置3个测点。测点采用在梁体预埋钢筋头的方法，钢筋头超出混凝土面2~3cm，在施工过程中保证测点不被破坏。高程测量绝对误差不得大于±5mm。定期对0#块上面的后视点进行复测，以保证标高测量的绝对误差满足要求。

②测试方法

布设好平面控制网和高程控制点，定期对控制点和水准点进行校核。采用先进的测量仪器，平面坐标用全站仪采用三维坐标法测量，标高采用精密水准仪进行测量。测量仪器注意保养，定期校准，保证测量精度。主要的仪器指定专人进行操作。每次观测前，电子仪器必须预热并对仪器状态进行检查。标高测量应在环境温度变化较小的时间段内进行，避开日照，特别是南北侧日照温差的影响，使温度对施工的影响尽量减小。与监控单位同时分别观测，相互校核，确保测量结果的准确性。做好测量记录并报监理工程师。

斜拉桥索导管精确定位安装是斜拉桥施工中的一项测量精度要求很高、测量难度极大的工作。斜拉桥索导管的位置及其角度均应该准确控制，符合设计要求。施工时一定要根据设计图纸、结合人员、仪器位置，以及现场实际情况，采用切实有效的方法进行具体的施工测量。

③测量控制的要求

严格控制施工临时荷载，其重量和位置严格对称控制，材料堆放要定点定量。

测量工作由施工方和监控方平行进行，以便在施工时候及时校对，同时由监理方进行监测。

挂篮立模在环境温度较小时进行，尽量消除温度对施工的影响。

每一施工工况完成后，由有关方进行测试。观测数据与施工程序中预计的控制值进行校核，其偏差需在规定范围内，并防止同向偏差累计。确认测量结果无误后进行下一工序的施工。

需经过有关单位签认监控指令表后，才能进行下一阶段的施工。

（4）整体稳定性监控

主梁悬臂施工长度大，施工过程中桥面临时荷载的严格控制，严防主梁在施工过程中由于梁面不对称荷载导致主梁扭转失稳。

具体控制措施如下：

①严格控制桥面不平衡堆载。

②技术人员每天测量桥面观测点的平面位置及高程变化情况。

③梁体预应力张拉严格控制，必须做到对称、同步张拉。

④拉索索力严格按照监控索力执行，挂索施工过程中加强桥面标高及线型的监控量测，数据信息及时反馈。

第三节　引桥满堂支架现浇梁施工

一、工程概况

九嶷大桥一共9联（30跨），其中西引桥为第一、二联，主桥为第三联，东引桥为第四至第九联。各联具体情况为：第一联4m×40m预应力混凝土现浇箱梁；第二联4m×40m预应力混凝土现浇箱梁；第三联为主桥；第四联40m+41.5m+40m预应力混凝土现浇箱梁；第五联29m+（2×29.5）m+29m预应力混凝土现浇箱梁；第六联左幅2m×16.5m（右幅2m×13.5m）现浇钢筋混凝土箱梁，第七联2m×17.5m现浇钢筋混凝土箱梁；第八联左幅2m×13.5m（右幅2m×16.5m）现浇钢筋混凝土箱梁；第九联4m×25m预应力混凝土现浇箱梁。

北匝道桥：第一、二联为3m×16m现浇钢筋混凝土箱梁；第三联西支为4m×13.5（东支为4m×15.5m）现浇钢筋混凝土箱梁。

南匝道桥：第一联为4×16m现浇钢筋混凝土箱梁；第二、三联为3m×16m现浇钢筋混凝土箱梁；第四联西支为4m×13m（东支为4m×15.5m）现浇钢筋混凝土箱梁。

主要施工项目和工程数量见表5-6。

表5-6　现浇梁工程数量表

位置	联段	孔跨布置（m）	梁高（m）	单幅桥宽（m）	结构类型
主线桥	第一联	4×40	2.4	16～19.5	预应力混凝土
	第二联	4×40	2.4	16	预应力混凝土
	第三联	70+2×120+70（主桥）			矮塔斜拉桥
	第四联	40+2×41.5+40	2.4	16	预应力混凝土
	第五联	29+2×29.5+29	1.9	16～19.5	预应力混凝土
	第六联	2×16.5（右幅 2×13.5）	1.3	异形块	钢筋混凝土
	第七联	2×17.5	1.3	12.5	钢筋混凝土
	第八联	2×13.5（右幅 2×16.5）	1.3	异形块	钢筋混凝土
	第九联	4×25	1.6	19.5	预应力混凝土

位置	联段	孔跨布置（m）	梁高（m）	单幅桥宽（m）	结构类型
北匝道桥	第一联	3×16	1.3	11.99	钢筋混凝土
	第二联	3×16	1.3	11.99	钢筋混凝土
	第三联	4×13.5（东支 4×15.5）	1.3	11.99～14	钢筋
南匝道桥	第一联	4×16	1.3	11.99	钢筋混凝土
	第二联	3×16	1.3	11.99	钢筋混凝土
	第三联	3×16	1.3	11.99	钢筋混凝土
	第四联	4×13（东支 4×15.5）	1.3	11.99～14	钢筋混凝土

二、施工工艺流程

1. 施工方法

现浇连续箱梁采用碗扣式满堂支架施工工艺。碗扣支架搭设完成后，对其采用堆载预压。预压采用钢棒进行预压。预压荷载为桥梁结构重量的1.2倍（一期恒载+施工荷载）。在预压过程中，消除非弹性变形与基础沉降变形后即可卸除荷载，调整现浇梁梁底立模标高。

支架搭设采用碗扣支架（直径48mm×壁厚3.5mm钢管）进行搭设施工。使用与立杆配套的横杆及立杆可调底座、立杆可调顶托。立杆顶设2层方木，立杆顶托上纵桥向设置10×15cm方木；纵桥向方木上面铺设10×10cm的横向方木，横向方木间距为0.3m（净距为0.2m）。现浇梁模板全部采用规格1220mm×2440mm×15mm的优质竹胶合板。现浇梁模板边角部位宜用4cm厚木板进行局部加强，防止转角漏浆或出现波浪形，影响梁体外观质量。

现浇箱梁混凝土浇筑可分两次浇筑，即先浇筑箱梁底板和腹板混凝土，再浇筑箱梁桥面顶板混凝土。施工缝设置在悬臂腋下（腹板与顶板连接处）；浇注混凝土时在箱梁顶板预留天窗，作为底板混凝土下料及内模拆除用的通道口；混凝土由拌和站集中拌和，混凝土运输车运输，混凝土输送车进行泵送浇筑；现浇箱梁混凝土养生采用覆盖土工布浇水养生。现浇箱梁预应力张拉采用两端对称张拉方法。

2. 施工工艺流程

见图5-4。

```
                    ┌──────────────┐
                    │  支架基础处理  │
                    └──────────────┘
                           │
                    ┌──────────────┐
                    │  搭设满堂支架  │
                    └──────────────┘
                           │
                    ┌──────────────┐
                    │   支架预压    │
                    └──────────────┘
                           │
┌──────────┐      ┌──────────────┐      ┌──────────┐
│ 模板加工  │─────▶│   安装底模    │◀─────│ 测量校正  │
└──────────┘      └──────────────┘      └──────────┘
                           │
┌──────────┐      ┌──────────────┐
│ 钢筋加工  │─────▶│  安装底板钢筋  │
└──────────┘      └──────────────┘
                           │
┌──────────┐      ┌──────────────┐
│ 模板加工  │─────▶│   安装内模    │
└──────────┘      └──────────────┘
                           │
                    ┌──────────────┐
                    │  绑扎腹板钢筋  │
                    └──────────────┘
                           │
                    ┌──────────────┐
                    │  立侧模、端模  │
                    └──────────────┘
                           │
                    ┌──────────────────┐   ┌──────────┐
                    │ 第一次浇注底板及腹板混 │◀──│ 制作混凝土 │
                    └──────────────────┘   └──────────┘
                           │
┌──────────┐      ┌──────────────┐
│ 钢筋加工  │─────▶│  安装顶板钢筋  │
└──────────┘      └──────────────┘
                           │
                    ┌──────────────┐      ┌──────────┐
                    │ 第二次浇注顶板混凝土 │─────▶│ 制作混凝土 │
                    └──────────────┘      └──────────┘
                           │                      │
                    ┌──────────────┐      ┌──────────┐
                    │   混凝土养护   │◀─────│ 压混凝土试 │
                    └──────────────┘      └──────────┘
                           │
                    ┌──────────────┐
                    │ 预应力张拉、压浆 │
                    └──────────────┘
```

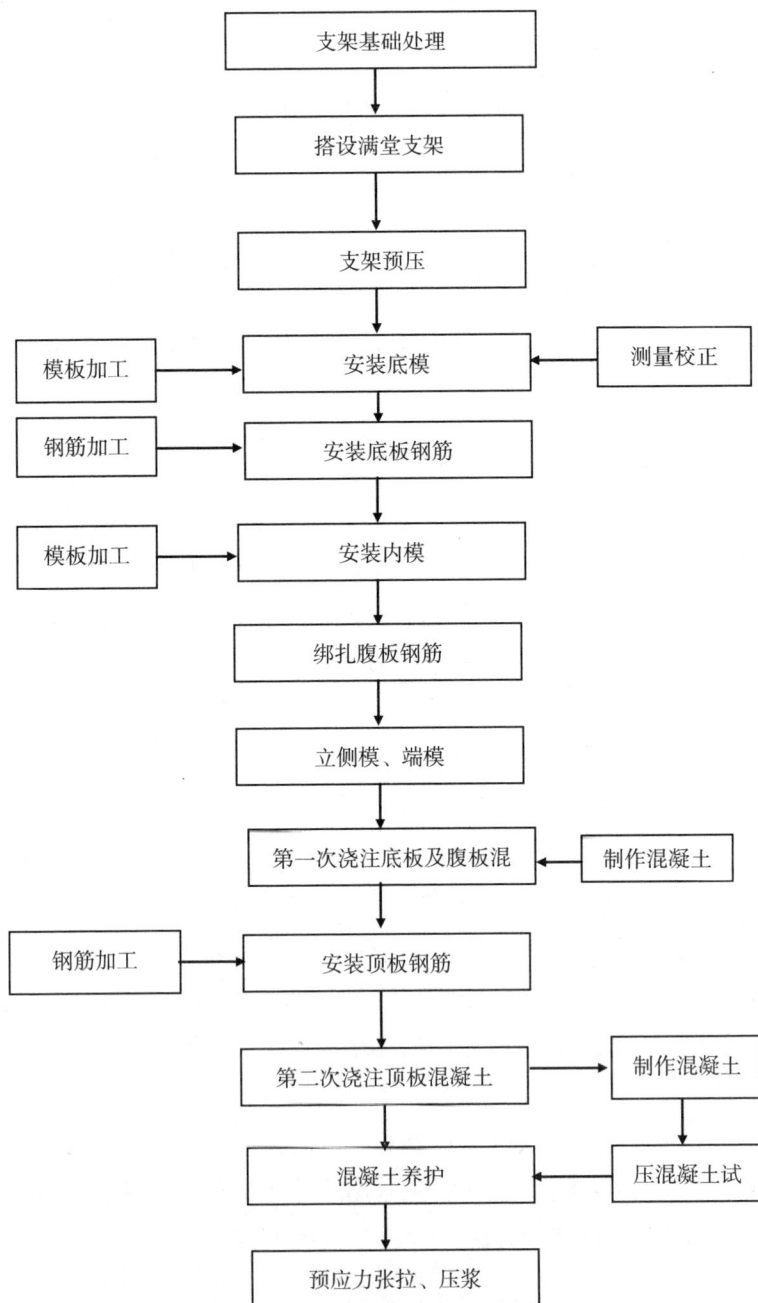

图5-14 现浇梁施工工艺流程图

三、施工准备

（1）组织施工技术人员学习施工图纸和其他设计文件，进行图纸会审并对现场全部施工作业人员进行全面安全技术交底。对施工现场地质进行勘察，充分了解情况，如遇不良地质应及时掘除换填处理，结合设计文件和施工现场相关情况，发现问题及时上报管理部门。

（2）现浇梁混凝土浇筑全过程中，设专人负责混凝土调度。匝道桥及主线桥第六、七、八联采用C40现浇钢筋混凝土结构，其余联采用C50现浇预应力混凝土结构（A类构件）。

四、满堂支架搭设

箱梁支架采用碗扣支架结构体系。考虑到永州市本地多雨的气候特点，处理方法是将软基用土石混渣或建筑拆迁废渣进行换填处理。分层振动碾压压实，经过工地试验室和质监站现场试验检测合格，压实度达到94%以上，地基承载力达到200kPa以上。地基承载力检测合格后，用C30混凝土硬化20cm厚满堂支架基础。

地基基础特殊情况处理：

在原桩基施工泥浆池位置，承台施工开挖回填位置，需要先将泥浆清除干净；对持力土地基碾压密实无回弹后，再进行面层回填碾压，保证地基密实无软弱地质，地基承载力符合要求。

支架基础两侧应确保排水畅通，不存在积水，基底作成一定1%～1.5%的坡度，两侧用C30混凝土或砖施工30cm宽×50cm深的排水沟。

1. 满堂支架布置方式

（1）主线第一联现浇箱梁（梁高2.4m），第二联现浇箱梁（梁高2.4m），第四联现浇箱梁（梁高2.4m），第五联现浇箱梁（梁高1.9m），最大梁高为2.4m。通过支架结构检算，满堂支架按照以下结构形式布置：

①箱梁腹板下方采用：

立杆横桥向间距×纵桥向间距×横杆步距为60cm×60cm×60cm支架结构体系。

②箱梁箱室底板下方采用：

立杆横桥向间距×纵桥向间距×横杆步距为90cm×60cm×120cm支架结构体系。

③箱梁横隔板下方采用：

立杆横桥向间距×纵桥向间距×横杆步距为60cm×60cm×60cm支架结构体系。

④箱梁悬臂端下方采用：

立杆横桥向间距×纵桥向间距×横杆步距为90cm×60cm×120cm支架结构体系。

⑤箱梁端横梁下方采用：

立杆横桥向间距×纵桥向间距×横杆步距为60cm×60cm×60cm支架结构体系。

备注：箱梁截面宽度渐变段、异形块下部满堂支架全部按照立杆横桥向间距×纵桥向间距×横杆步距为60cm×60cm×120cm进行搭设施工。

支架纵桥向、横桥向按照构造要求均设置竖向连续剪刀撑。高度在30m以下的支架，可每隔4~6跨设置1道全高连续剪刀撑，每道剪刀撑跨越5~7根立杆。剪刀撑与碗扣支架立杆成45度~60度角，用回转扣件与碗扣支架立杆牢固连接，剪刀撑搭接长度不小于1m，每个接头处用3个回转扣件连接。

纵向水平剪刀撑可以增强架体纵向的整体稳定性，每隔3~5步距假设1道连续闭合纵向水平剪刀撑。

支架底部按规范要求设置扫地杆，扫地杆用扣件与立杆牢固连接，扫地杆距离地平面35cm高。

（2）第六联现浇箱梁（梁高1.3m），第七联现浇箱梁（梁高1.3m），第八联现浇箱梁（梁高1.3m），第九联现浇箱梁（最大梁高1.6m），南匝道第一联现浇箱梁（梁高1.3m），南匝道第二联现浇箱梁（梁高1.3m），南匝道第三联现浇箱梁（梁高1.3m），南匝道第四联现浇箱梁（梁高1.3m），北匝道第一联现浇箱梁（梁高1.3m），北匝道第二联现浇箱梁（梁高1.3m），北匝道第三联现浇箱梁（梁高1.3m）；最大梁高为1.6m。通过支架结构检算，满堂支架按照以下结构形式布置：

①箱梁腹板下方采用：

立杆横桥向间距×纵桥向间距×横杆步距为60cm×90cm×60cm支架结构体系。

②箱梁箱室底板下方采用：

立杆横桥向间距×纵桥向间距×横杆步距为90cm×90cm×120cm支架结

构体系。

③箱梁横隔板下方采用：

立杆横桥向间距×纵桥向间距×横杆步距为60cm×90cm×60cm支架结构体系。

④箱梁悬臂端下方采用：

立杆横桥向间距×纵桥向间距×横杆步距为60cm×90cm×120cm支架结构体系。

⑤箱梁端横梁下方采用：

立杆横桥向间距×纵桥向间距×横杆步距为60cm×90cm×60cm支架结构体系。

备注：箱梁截面宽度渐变段、异形块下部满堂支架全部按照立杆横桥向间距×纵桥向间距×横杆步距为60cm×60cm×120cm进行搭设施工。

支架纵桥向、横桥向按照构造要求均设置竖向连续剪刀撑。高度在30m以下的支架，可每隔4~6跨设置1道全高连续剪刀撑，每道剪刀撑跨越5~7根立杆。剪刀撑与碗扣支架立杆成45度~60度角，用回转扣件与碗扣支架立杆牢固连接，剪刀撑搭接长度不小于1m，每个接头处用3个回转扣件连接。

纵向水平剪刀撑可以增强架体纵向的整体稳定性，每隔3~5步距设置1道连续闭合纵向水平剪刀撑。

支架底部按规范要求设置扫地杆，扫地杆用扣件与立杆牢固连接，扫地杆距离地平面35cm高。

在碗扣支架地基基础承载力检测合格后，搭设碗扣支架，采用可调的下底托、上顶托；立杆应垂直水平地面，横杆应水平，严格按支架搭设施工方案要求搭设满堂支架。

满堂支架搭设后，根据模板设计，在钢筋绑扎安装前对箱梁支架进行满跨预压。承载面为满铺1.5cm厚竹胶板，压力荷载采取钢棒预压形式，压力荷载不低于箱梁自重的120%。每跨检测时间为7d。通过高程监控点检测标高变化。预压的主要目的是消除模板支架的缝隙压缩空间、地基沉降等非弹性变形，并确保支架有足够的强度、刚度和稳定性，卸载时测定其非弹性变形。最终在全部卸载后根据现场实测数据，重新调整支架顶面高程，确定梁底立模标高以满足箱梁梁底设计高程的要求。

2. 材料特性

（1）构件材料的容重弹性模量等参数见表5-7。

表 5-7　材料特性值

名称	容重（kN/m³）	弯曲应力（MPa）	剪应力（MPa）	弹性模量（MPa）
混凝土	26	--	--	--
模板	7.5	19	8	10000
纵向方木	6.0	12	1.9	9 × 103
横向方木	6.0	12	1.9	9 × 103

表 5-8　碗扣支架自重

立杆横桥向间距 × 立杆纵桥向间距 × 横杆步距	支架自重q7的计算值（kPa）
60cm × 60cm × 120cm	2.82
60cm × 90cm × 120cm	2.07

（2）构件截面特性见表5-9。

表 5-9　截面特性

名称	面积	抗弯模量W	惯性矩Ix	惯性半径	截面参数	备注
模板	15000mm²	37500mm³	281250mm⁴	–	1220mm、15mm	
纵向方木	15000mm²	375000mm³	28125000mm⁴	–	100mm、1500mm	
横向方木	10000mm²	166667mm³	8333333mm⁴		100mm，100mm	
碗扣立杆	489mm²	5080mm³	121900mm⁴	15.8mm	48mm、3.5mm	

（3）荷载组合系数见表5-10。

表 5-10　标准荷载取值及组合系数

荷载类型	系数取值	
施工人员、材料、机具荷载	计算模板和其支撑小梁时	2.5
	计算主梁时	1.5
	计算支架立杆时	1
混凝土冲击及振捣混凝土时产生的荷载	2	
内外模板自重荷载	0.5	

续表

荷载类型	系数取值
恒载组合系数	1.2
活载组合系数	1.4

3. 荷载组合

模板、支架设计荷载组合见表5-11。

表 5-11　模板、支架设计荷载组合

模板结构名称	荷载组合	
	强度计算	刚度计算
模板及支架系统计算	(1)+(2)+(3)+(4)+(7)	(1)+(2)+(7)

4. 现浇箱梁支架验算

本段针对梁高2.4m及梁高1.9m的箱梁以引桥第1联左幅现浇箱梁（梁高2.4m）Ⅷ-Ⅷ断面（底板厚25cm，顶板厚25cm，腹板厚70cm，悬臂长度均为2.0m，悬臂端部厚20cm，根部厚45cm。）和Ⅳ-Ⅳ断面（端横梁实心段梁高2.4m，实心段长度2.5m，悬臂长度均为2.0m，悬臂端部厚20cm，根部厚45cm。）最大截面预应力混凝土现浇箱形连续梁（单箱四室）处为例，对荷载统计计算及对其支架结构体系进行强度、刚度、稳定性检算。

（1）计算方法

采用概率理论为基础的极限状态设计法，以分项系数的设计表达式进行设计。

根据立杆的设计允许荷载，当横杆步距为120cm时，立杆容许承载力 [N] =33kN；当横杆步距为0.6m时，立杆容许承载力 [N] =40kN。

（2）荷载计算

①箱梁自重——q1计算

第1联左幅现浇箱梁Ⅷ-Ⅷ截面箱室底板处q1计算：

根据横断面图算得该处梁体底板和顶板截面积：A＝1.04m²

$$则：q1 = \frac{W}{B} = \frac{\gamma_c \times A}{B} = \frac{26 \times 1.04}{2.1} = 12.88 KPa$$

第1联左幅现浇箱梁Ⅷ-Ⅷ截面腹板处q1计算：

根据横断面图算得该处腹板梁体截面积：A＝1.68m^2

则：$q1 = \dfrac{W}{B} = \dfrac{\gamma_c \times A}{B} = \dfrac{26 \times 1.68}{0.7} = 62.4\text{KPa}$

第1联左幅现浇箱梁Ⅳ–Ⅳ截面处q1计算

根据横断面图算得梁体截面积：A＝28.01m2

则：$q1 = \dfrac{W}{B} = \dfrac{\gamma_c \times A}{B} = \dfrac{26 \times 28.01}{12.0} = 60.69\text{KPa}$

②新浇混凝土对侧模的压力——q5计算

现浇箱梁采取水平分层以每层30cm高度进行浇筑，在竖向以V＝1.2m/h浇筑速度控制，混凝土入模温度T＝28℃控制。

因此，新浇混凝土对侧模的最大压力：$q5 = P_m = K \times r \times h$

K为外加剂修正稀数，取掺缓凝外加剂K＝1.2

当V/t＝1.2/28＝0.043＞0.035时，H＝1.53+3.8V/t＝1.70m

$q5 = P_m = K \times r \times h = 1.2 \times 26 \times 1.70 = 53.04KPa$

（3）碗扣支架立杆强度及稳定性验算

碗扣支架属于节点约束性能较为复杂的多层多跨空间结构，但组成结构的基本单元"杆件"属于单根钢管构件，以立杆承受竖向荷载作用为主，但碗扣支架由于立杆和横杆间为轴心相接，且横杆的"卜"型插头被立杆的上、下扣件紧固，对立杆受压后的侧向变形具有较强的约束能力。

本工程现浇箱梁支架按Φ48×3.5mm碗扣支架钢管立杆进行结构计算。

①第1联现浇梁Ⅳ–Ⅳ截面端横梁处

支架结构采用60×60×60cm的结构布置形式。

立杆强度验算：

立杆实际承受的荷载为：

N＝1.2（NG1K+NG2K）+0.9×1.4ΣNQK（组合风荷载时）

NG1K——结构自重标准值产生的轴向力；

NG2K——构配件自重标准值产生的轴向力；

ΣNQK——施工荷载标准值；

有：NG1K＝0.6×0.6×q1＝0.6×0.6×60.69＝21.85kN

NG2K＝0.6×0.6×q2＝0.6×0.6×1.0＝0.36kN

ΣNQK＝0.6×0.6×（q3+q4+q7）＝0.36×（1.0+2.0+2.82）＝2.09kN

则：N＝1.2（NG1K+NG2K）+0.9×1.4ΣNQK＝1.2×（21.85+0.36）+0.9×1.4×2.09＝29.29kN＜［N］设计＝40kN。

计算结果说明端横梁下采用60×60×60cm支架结构满足强度要求。

立杆稳定性验算：

根据《建筑施工碗扣式脚手架安全技术规范》（JGJ166-2008）有关模板支架立杆的稳定性计算公式：

$$N/\Phi A+0.9\beta MW/\gamma W（1-0.8N/NE）\leq f$$

其中：

β——有效弯矩系数，采用1.0；

γ——截面塑形发展系数，钢管截面为1.15；

W——立杆截面模量，W＝5.08×10mm³；

NE——欧拉临界力，NE＝π2EA/λ2（E为材料弹性模量，λ为压杆长细比）；

N——钢管所受的垂直荷载，N＝1.2（NG1K+NG2K）+0.9×1.4ΣNQK（组合风荷载时），同前计算所得N＝29.29kN；

f——钢材的抗压强度设计值，f＝205N/mm²（参考《建筑施工碗扣式脚手架安全技术规范》（JGJ166-2008）"附录B：有关计算参数"）；

E——弹性模量，E＝2.05×105（N/mm²）；

A——Φ48mm×3.5mm钢管的截面积A＝489mm²

Φ——轴心受压杆件的稳定系数，根据长细比λ查《建筑施工碗扣式脚手架安全技术规范》（JGJ166-2008）附录C表，即可求得轴心受压杆件的稳定系数Φ；

i——截面的回转半径，查《建筑施工碗扣式脚手架安全技术规范》（JGJ166-2008）"附录B：有关设计参数"，得i＝15.8mm；

长细比λ＝L/i；

L——水平步距，L＝0.6m；

于是，λ＝L/i＝600/15.8＝37.97，查《建筑施工碗扣式管脚手架安全技术规范》附录C，得Φ＝0.893；

NE＝π2EA/λ2＝3.142×2.05×105×489/0.8932＝1.239×109N；

MW——计算立杆段风荷载设计值产生的弯矩；

MW＝0.9×1.4×WK×La×h2/10；

$WK = 0.7uz \times us \times w0$；

uz——风压高度变化系数，查《建筑结构荷载规范》（GB50009-2012）表7.2.1，得 $uz = 1.38$；

us——风荷载脚手架体型系数，查《建筑结构荷载规范》（GB50009-2012）表6.3.1第36项，得 $us = 1.2$；

w0——基本风压，查《建筑结构荷载规范》（GB50009-2012）附表D.4，得 $w0 = 0.40kN/m2$（$n = 50$）；

故：$WK = 0.7uz \times us \times w0 = 0.7 \times 1.38 \times 1.2 \times 0.4 = 0.46kN$

La——立杆纵距0.6m；

h——立杆步距0.6m；

故：$MW = 0.9 \times 1.4 \times WK \times La \times h2/10 = 0.9 \times 1.4 \times 0.46 \times 0.6 \times 0.62/10 = 0.013kN.m$

则，$N/\Phi A + 0.9\beta MW/\gamma W$（$1 - 0.8N/NE$）

$= [29.29 \times 103/（0.893 \times 489）] + [0.9 \times 1.0 \times 0.013 \times 106/1.15 \times 5.08 \times 103 \times （1 - 0.8 \times 29.29 \times 103/1.239 \times 109）]$

$= 67.07 + 2.0 = 69.07kN/mm2 \leqslant f = 205kN/mm2$

计算结果说明端横梁下采用60×60×60cm支架结构满足稳定性要求。

②第1联左幅现浇梁Ⅷ-Ⅷ截面腹板处

支架结构采用60×60×60cm的结构布置形式

立杆强度验算

立杆实际承受的荷载为：

$N = 1.2（NG1K + NG2K）+ 0.9 \times 1.4\Sigma NQK$（组合风荷载时）

NG1K——支架结构自重标准值产生的轴向力；

NG2K——构配件自重标准值产生的轴向力；

ΣNQK——施工荷载标准值；

有：$NG1K = 0.6 \times 0.6 \times q1 = 0.6 \times 0.6 \times 62.4 = 22.46kN$；

$NG2K = 0.6 \times 0.6 \times q2 = 0.6 \times 0.6 \times 1.0 = 0.36kN$

$\Sigma NQK = 0.6 \times 0.6 \times （q3 + q4 + q7）= 0.36 \times （1.0 + 2.0 + 2.82）= 2.09kN$

则：$N = 1.2（NG1K + NG2K）+ 0.9 \times 1.4\Sigma NQK = 1.2 \times （22.46 + 0.36）+ 0.9 \times 1.4 \times 2.09 = 30.01kN <$［N］设计 $= 40kN$

计算结果说明腹板下采用60×60×60cm支架结构满足强度要求。

立杆稳定性验算

根据《建筑施工碗扣式脚手架安全技术规范》（JGJ166-2008）有关模板支架立杆的稳定性计算公式：

$$N/\Phi A + 0.9\beta MW/\gamma W（1-0.8N/NE）\leq f$$

其中：

β——有效弯矩系数，采用1.0；

γ——截面塑形发展系数，钢管截面为1.15；

W——立杆截面模量，$W=5.08\times10mm^3$；

NE——欧拉临界力，$NE=\pi 2EA/\lambda 2$（E为材料弹性模量，λ为压杆长细比）；

N——钢管所受的垂直荷载，$N=1.2（NG1K+NG2K）+0.9\times1.4\Sigma NQK$（组合风荷载时），同前计算所得$N=30.01kN$；

f——钢材的抗压强度设计值，$f=205N/mm^2$（参考《建筑施工碗扣式脚手架安全技术规范》（JGJ166-2008）"附录B：有关计算参数"）；

E——弹性模量，$E=2.05\times105$（N/mm^2）；

A——$\Phi48mm\times3.5mm$钢管的截面积$A=489mm^2$

Φ——轴心受压杆件的稳定系数，根据长细比λ查《建筑施工碗扣式脚手架安全技术规范》（JGJ166-2008）附录C表，即可求得轴心受压杆件的稳定系数Φ；

i——截面的回转半径，查《建筑施工碗扣式脚手架安全技术规范》（JGJ166-2008）"附录B：有关设计参数"，得$i=15.8mm$；

长细比$\lambda=L/i$；

L——水平步距，$L=0.6m$；

于是，$\lambda=L/i=600/15.8=37.97$，查《建筑施工碗扣式管脚手架安全技术规范》（JGJ166-2008）附录C，得$\Phi=0.893$；

$NE=\pi 2EA/\lambda 2=3.142\times2.05\times105\times489/0.8932=1.239\times109N$；

MW——计算立杆段风荷载设计值产生的弯距；

$MW=0.9\times1.4\times WK\times La\times h2/10$；

$WK=0.7uz\times us\times w0$；

uz——风压高度变化系数，查《建筑结构荷载规范》（GB50009-2012）表7.2.1，得$uz=1.38$；

us——风荷载脚手架体型系数，查《建筑结构荷载规范》（GB50009-2012）表6.3.1第36项，得us=1.2；

w0——基本风压，查《建筑结构荷载规范》（GB50009-2012）附表D.4，得w0=0.40kN/m^2（n=50）；

故：WK=0.7uz×us×w0=0.7×1.38×1.2×0.4=0.46kN

La——立杆纵距0.6m；

h——立杆步距0.6m；

故：MW=0.9×1.4×WK×La×h2/10=0.9×1.4×0.46×0.6×0.62/10=0.013kN.m

则，N/ΦA+0.9βMW/γW（1-0.8N/NE）

=[30.01×103/（0.893×489）]+[0.9×1.0×0.013×106/1.15×5.08×103×（1-0.8×30.01×103/1.239×109）]

=70.72kN/mm^2≤f=205kN/mm^2

计算结果说明腹板下采用60×60×60cm支架结构满足稳定性要求。

③第1联左幅现浇梁Ⅷ-Ⅷ截面箱室底板处

支架结构采用60×90×120cm的结构布置形式。

立杆强度验算：

立杆实际承受的荷载为：

N=1.2（NG1K+NG2K）+0.9×1.4ΣNQK（组合风荷载时）

NG1K——支架结构自重标准值产生的轴向力；

NG2K——构配件自重标准值产生的轴向力；

ΣNQK——施工荷载标准值；

有：NG1K=0.6×0.9×q1=0.6×0.9×12.88=6.96kN

NG2K=0.6×0.9×q2=0.6×0.9×1.0=0.54kN

ΣNQK=0.6×0.9×（q3+q4+q7）=0.54×（1.0+2.0+2.82）=3.14kN

则：N=1.2（NG1K+NG2K）+0.9×1.4ΣNQK=1.2×（6.96+0.54）+0.9×1.4×3.14=12.96kN<［N］设计=33kN

计算结果说明箱室底板采用60×90×120cm支架结构满足强度要求。

立杆稳定性验算：

根据《建筑施工碗扣式脚手架安全技术规范》（JGJ166-2008）有关模板支架立杆的稳定性计算公式：

$N/\Phi A + 0.9\beta MW/\gamma W(1-0.8N/NE) \leq f$

其中：

β——有效弯矩系数，采用1.0；

γ——截面塑形发展系数，钢管截面为1.15；

W——立杆截面模量，$W = 5.08 \times 10 mm^3$；

NE——欧拉临界力，$NE = \pi 2EA/\lambda 2$（E为材料弹性模量，λ为压杆长细比）；

N——钢管所受的垂直荷载，$N = 1.2(NG1K+NG2K)+0.9 \times 1.4 \Sigma NQK$（组合风荷载时），同前计算得$N = 12.96kN$；

f——钢材的抗压强度设计值，$f = 205N/mm^2$（参考《建筑施工碗扣式脚手架安全技术规范》（JGJ166–2008）附录B "有关计算参数"）；

E——弹性模量，$E = 2.05 \times 105$（N/mm^2）；

A——$\Phi 48mm \times 3.5mm$钢管的截面积$A = 489mm^2$；

Φ——轴心受压杆件的稳定系数，根据长细比λ查《建筑施工碗扣式脚手架安全技术规范》（JGJ166–2008）附录C表，即可求得轴心受压杆件的稳定系数Φ；

i——截面的回转半径，查《建筑施工碗扣式脚手架安全技术规范》（JGJ166–2008）"附录B "有关设计参数"，得$i = 15.8mm$；

长细比$\lambda = L/i$；

L——水平步距，$L = 1.2m$；

于是，$\lambda = L/i = 1200 \div 15.8 = 75.9$，查《建筑施工碗扣式管脚手架安全技术规范》附录C表，得$\Phi = 0.744$；

$NE = \pi 2EA/\lambda 2 = 3.142 \times 2.05 \times 105 \times 489/0.7442 = 1.786 \times 109N$；

MW——计算立杆段风荷载设计值产生的弯距；

$MW = 0.9 \times 1.4 \times WK \times La \times h2/10$；

$WK = 0.7uz \times us \times w0$；

uz——风压高度变化系数，查《建筑结构荷载规范》（GB50009–2012）表7.2.1，得$uz = 1.38$；

us——风荷载脚手架体型系数，查《建筑结构荷载规范》（GB50009–2012）表6.3.1第36项，得：$us = 1.2$；

$w0$——基本风压，查《建筑结构荷载规范》（GB50009–2012）附表

D.4，得w0＝0.40kN/m^2（n＝50）；

故：WK＝0.7uz×us×w0＝0.7×1.38×1.2×0.4＝0.46kN

La——立杆纵距0.6m；

h——立杆步距1.2m；

故：MW＝0.9×1.4×WK×La×h2/10＝0.9×1.4×0.46×0.6×1.22/10＝0.05kN·m

则，N/ΦA+0.9βMW/γW（1−0.8N/NE）

＝[12.96×103/（0.744×489）]+[0.9×1.0×0.05×106/1.15×5.08×103×（1−0.8×12.96×103/1.786×109）]

＝39.03kN/mm^2≤f＝205kN/mm^2

计算结果说明箱室底板采用60cm×90cm×120cm支架结构满足稳定性要求。

（4）满堂支架整体抗倾覆验算

依据《公路桥涵技术施工技术规范实施手册》（JTG／T F50-2011）第9.2.3要求支架在自重荷载和风荷载作用下时，倾覆稳定系数不得小于1.3。

K0＝稳定力矩/倾覆力矩＝y×Ni/ΣMw

采用第1联左幅跨中40m验算支架抗倾覆能力：

跨中支架宽22.2m，长40m；

现浇梁腹板下采用60cm×60cm×120cm支架结构体系；

现浇梁箱室底板下采用60cm×90cm×120cm支架结构体系；

现浇梁端横梁下采用60cm×60cm×120cm支架结构体系。

支架横向31排；支架纵向66排；计算高度取10m；

顶托TC60共需要：31×66＝2046个；

立杆需要：31×66×10＝20460m；

纵向、横向横杆需要：（66×22.2+31×40）×9＝24346.8m；

故：钢管总重（20460+24346.8）×3.84＝172.06t；

顶托TC60总重为：2046×7.2＝14.73t；

故q＝172.06×9.8+14.73×9.8＝1830.5kN；

稳定力矩＝y×Ni＝5×1830.5＝9152.71kN·m；

依据以上对风荷载计算：

WK＝0.7uz×us×w0＝0.7×1.38×1.2×0.4＝0.46kN/m^2

跨中40m共受力为：q＝0.46×10×40＝184kN；

倾覆力矩＝q×5＝184×5＝920kN・m；

K0＝稳定力矩/倾覆力矩＝9152.71÷920＝9.95＞1.3.

计算结果说明本方案碗扣支架满足抗倾覆稳定要求。

（5）底模下横桥向方木验算

①荷载计算

腹板下荷载计算：q＝1.2×62.4＝74.88kN/m^2

横向方木纵向间距为0.3m，跨径为0.6m，则：q＝74.88×0.3＝22.5kN/m

②强度、刚度验算

计算模型按两跨等跨连续梁计算。

正应力计算：

最大弯矩W＝0.125×22.5×0.6^2＝1012.5N・m

所用方木规格尺寸为10cm×10cm

抗弯截面模量W＝bh2/6＝166.7cm^3，I＝b×h3/12＝8.333×10^{-6}m^4

最大正应力：σmax＝Mmax/W＝1012.5/166.7＝6.07MPa≤[σ]＝12MPa

方木抗弯强度满足要求。

剪应力计算：

最大剪力Q＝0.625×ql＝0.625×22.5×0.6＝8.44kN

最大剪应力：τmax＝3Q/2A＝3×8.44×1000/（2×（100×100））

　　　　　　　　　＝1.27MPa≤[τ]＝1.9MPa

方木抗剪强度满足要求。

挠度计算：

在荷载作用下，挠度为：

fmax＝0.521qL4/100EI

＝0.521×22.5×0.64/（100×9×103×8.333×10-6）

＝0.2mm≤[f]＝L/400＝600/400＝1.5mm

方木刚度满足要求。

（6）立杆顶托上顺桥向方木验算

①荷载计算

受力分析：纵向方木为横向方木的支撑结构，其下方支撑在支架上。根据荷载传递路径，纵向方木主要承受上部横向方木传下来的荷载。30cm间距

10cm×10cm方木每平方重为$0.1×0.1×6/0.3=0.2kN/m^2$。

q＝74.88+0.2＝75.08kN/m²

纵向方木横向间距为0.6m，跨径为0.6m

则：q＝75.08×0.6＝45.05kN/m

集中力F＝45.05×0.6＝27.03kN

②强度、刚度验算

计算模型按简支梁计算。

最大弯矩W＝FL/4＝27.03×0.6/4＝4054.5N·m

所用方木规格尺寸为15×10cm

抗弯截面模量$w=bh2/6=375cm^3$，$I=b×h3/12=2.81×10^{-5}m^4$

最大正应力：σmax＝Mmax/W＝4054.5/375＝10.81MPa≤[σ]＝12MPa

方木强度满足要求。

在荷载作用下，挠度计算为：

fmax＝FL3/48EI＝27.03×0.63/（48×9×103×2.81×10-5）＝0.48mm≤

[f]＝L/400＝600/400＝1.5mm

方木刚度满足要求。

（7）模板计算

箱梁底模采用高强度优质竹胶板，板厚t＝15mm，竹胶板方木背肋间距为300mm，模板受力计算按三跨等跨连续梁考虑，验算模板强度采用宽b＝1000mm平面竹胶板。

模板受力计算（按三跨等跨连续梁考虑）：

底模板均布荷载：q1＝74.88×1＝74.88kN/m

①强度验算

由三跨等跨连续梁最大正应力计算公式（《路桥施工计算手册》）：

σmax＝0.100ql2/W＝0.100×74.88×0.32×106/（37.50×103）＝17.97MPa≤[σ]＝19MPa

竹胶板强度满足要求。

②挠度验算

从竹胶板下方木背肋布置可知，竹胶板可看作为多跨等跨连续梁，按三等跨均布荷载作用连续梁进行计算，计算公式为：

f＝0.677qL4/100EI＝0.677×74.88×204/（100×0.1×105×28.12）＝

0.28mm＜L/400＝0.5mm，

竹胶板刚度满足要求。

综上所述，竹胶板受力满足要求。

5. 立杆底座和地基承载力计算

①立杆承受荷载计算

在两侧立杆的间距为60×60cm，每根立杆上荷载为：

N＝a×b×q＝a×b×（64.2+q2+q3+q4+q7）＝0.6×0.6×（64.2+1.0+2.0+2.82）＝25.2kN。

②立杆底托验算

立杆底托验算：N≤Rd

通过前面立杆承受荷载计算，每根立杆上荷载最大值为：N＝25.2kN；

底托承载力（抗压）设计值，一般取Rd＝40kN;得：25.2kN＜40kN；

立杆底托符合要求。

③立杆地基承载力验算

$$\frac{N}{A_d} \leq K \cdot f k$$

式中：N——为脚手架立杆传至基础顶面轴心力设计值（kN）；

　　　Ad——为立杆底座面积Ad＝10cm×10cm＝100cm^2；

　　　K——地基承载力系数，对于碎石土、砂土、回填土取0.4，对于混凝土基础取1.0；

　　　fk——地基承载力标准值（kPa）。

按照最不利荷载考虑，立杆底托下C30混凝土基础承载力为：

N/A＝25.2/0.01＝2520kPa＜[fcd]＝30000kPa

底托下混凝土基础承载力满足要求。

按照最不利荷载考虑，底托坐落在20cm混凝土层上，通过混凝土基础将荷载扩散传递到地基土上面。

$$A＝（2×0.2×tg450+0.1）2＝0.25m^2$$

$\frac{N}{A}$＝25.2/0.25＝100.8kPa，考虑到预压增加1.2倍安全系数为100.8×1.2＝120.96kPa。

原地面为种植土、粉质黏土，通过换填土石混渣或建筑拆迁废渣，用50t

压路机振动压实，使压实度达到94%以上后，并经过工地试验室检测及第三方检测地基承载力达到121kPa以上，浇筑20cm厚C30混凝土基础。

6. 支架变形计算

支架变形量值F的计算：F＝f1＋f2

（1）f1为支架在荷载作用下的弹性变形量。

由上计算得每根钢管受力为32.4kN，Φ48mm×3.5mm钢管的截面积为489mm^2。

于是f1＝6×L/E

6＝25.2÷489×103＝51.53N/mm^2

则f1＝51.53×10÷（2.06×105）＝2.5mm。

（2）f2为支架在荷载作用下的非弹性变形量。

支架在荷载作用下的非弹性变形f2包括杆件接头的挤压压缩δ1和方木对方木压缩δ2两部分，分别取经验值为2mm、3mm。

则f2＝δ1＋δ2＝5mm。

故：支架变形量值为：F＝f1＋f2＝7.5mm。

现场实际施工时根据预压实测数据分析确定实际梁底立模标高。

五、满堂支架预压

1. 施工准备

（1）监测点布置

碗扣支架搭设好后，布置支架的沉降监测点，监测点布置按照本联施工梁段纵桥向每隔6m布置1道监测断面，每个监测断面布置5个监测点，分别布置在中线处1个，梁体横断面1/4处2个，翼缘板边处2个。支架沉降点在支架顶部和底部对应位置分别布置。

（2）测量仪器

预压采用水准仪测量，水准仪按现行行业标准《水准仪检定规程》（JJG960-2012）规定进行检定。

（3）监测

采用三等水准测量要求作业。

④资料表格

提前编制好沉降监测记录表格。

⑤机械设备、预压材料

在预压前事先安排好预压材料，预压采用钢材和水袋预压，人工配合起重机完成预压材料的摆放，预压时最少配备2台25t起重机。

⑥技术准备

根据预压施工图，提前计算预压每一步施工荷载重量，计算预压重量及预压长度、宽度，合理分布钢材、水袋位置及布置层数，保证预压实际荷载与设计荷载模拟一致。

施工前对施工班组进行施工、安全三级技术交底，将支架预压的施工方法和工艺要求：质量标准、检查方法及施工安全注意事项逐级、逐项落实，技术交底形成签字记录。

⑦机械设备、预压材料

预压时配备1台25t起重机，注水采用现场消防管，3m（宽）×3m（高）×6m（长）水袋，横梁及腹板位置采用钢筋预压。

2. 支架预压

对现浇梁进行支架预压，采集预压沉降观测数据，得出支架的非弹性变形与弹性变形值，为现浇梁的施工提供准确的预拱度值。

支架预压分区，根据每个区域的重量划分为5个分区。

支架预压加载全过程要求分区域对称、均匀加载，卸载过程要求对称、均匀卸载。

对箱梁支架进行满跨预压，承载面为满铺1.22m×2.44m×1.5cm厚竹胶板，压力荷载采取钢材堆载预压形式，压力为箱梁自重的120%。"预压过程分作"60%设计重量→80%设计重量→100%设计重量→120%设计重量"4个阶段。

（1）一区预压荷载计算：

①一区荷载计算

60%一区荷载：$0.6 \times (2.325m^2 \times 117m) \times 2.6t/m^3 = 424.4t$

80%一区荷载：$0.8 \times (2.325m^2 \times 117m) \times 2.6t/m^3 = 565.8t$

100%一区荷载：$1.0 \times (2.325m^2 \times 117m) \times 2.6t/m^3 = 707.3t$

120%一区荷载：$1.2 \times (2.325m^2 \times 117m) \times 2.6t/m^3 = 848.7t$

②单位面积预压荷载计算

一区加载60%设计重量单位面积荷载：$424.4t / (1.6 \times 117) = 2.26t/m^2$，

一区加载80%设计重量单位面积荷载：565.8t/（1.6×117）=3.02t/m²

一区加载100%设计重量单位面积荷载：707.3t/（1.6×117）=3.78t/m²

一区加载120%设计重量单位面积荷载：848.7t/（1.6×117）=4.53t/m²

③一区预压加载

由于一区为实心混凝土，最大加载重量为4.53t/m²，采用钢筋压载。

（2）二区预压荷载计算

①二区荷载计算

60%二区荷载：0.6×（1.89m²×117m）×2.6t/m³=344.9t

80%二区荷载：0.8×（1.89m²×117m）×2.6t/m³=460.0t

100%二区荷载：1.0×（1.89m²×117m）×2.6t/m³=574.9t

120%二区荷载：1.2×（1.89m²×117m）×2.6t/m³=689.9t

②单位面积预压荷载计算

二区加载60%设计重量单位面积荷载：344.9t/（1.15×117）=2.56t/m²

二区加载80%设计重量单位面积荷载：460t/（1.15×117）=3.41t/m²

二区加载100%设计重量单位面积荷载：574.9t/（1.15×117）=4.27t/m²

二区加载120%设计重量单位面积荷载：689.9t/（1.15×117）=5.12t/m²

③二区预压加载

由于二区为实心混凝土，最大加载重量为5.12t/㎡，采用钢筋压载。

（3）三区预压荷载计算

①三区荷载计算

60%三区荷载：0.6×（0.5m²×117m）×2.6t/m³=91.26t

80%三区荷载：0.8×（0.5m²×117m）×2.6t/m³=121.68t

100%三区荷载：1.0×（0.5m²×117m）×2.6t/m³=152.1t

120%三区荷载：1.2×（0.5m²×117m）×2.6t/m³=182.52t

②单位面积预压荷载计算

三区加载60%设计重量单位面积荷载：91.26t/（2.2×117）=0.35t/m²

三区加载80%设计重量单位面积荷载：121.68t/（2.2×117）=0.47t/m²

三区加载100%设计重量单位面积荷载：152.1t/（2.2×117）=0.59t/m²

三区加载120%设计重量单位面积荷载：182.52t/（2.2×117）=0.71t/m²

③三区预压加载

由于三区为箱梁底板混凝土，最大加载重量为0.71t/m²，采用水袋压载，水袋需注水，高71cm。

（4）四区预压荷载计算

①四区荷载计算

60%四区荷载：$0.6 \times （0.53m^2 \times 117m） \times 2.6t/m^3 = 96.74t$

80%四区荷载：$0.8 \times （0.53m^2 \times 117m） \times 2.6t/m^3 = 128.99t$

100%四区荷载：$1.0 \times （0.53m^2 \times 117m） \times 2.6t/m^3 = 161.23t$

120%四区荷载：$1.2 \times （0.53m^2 \times 117m） \times 2.6t/m^3 = 193.48t$

②单位面积预压荷载计算

四区加载60%设计重量单位面积荷载：$96.74t/（1.7 \times 117）= 0.49t/m^2$

四区加载80%设计重量单位面积荷载：$128.99t/（1.7 \times 117）= 0.65t/m^2$

四区加载100%设计重量单位面积荷载：$161.23t/（1.7 \times 117）= 0.81t/m^2$

四区加载120%设计重量单位面积荷载：$193.48t/（1.7 \times 117）= 0.97t/m^2$

③四区预压加载

由于四区为箱梁顶板混凝土，最大加载重量为0.97t/㎡，采用水袋压载，水袋需注水，高97cm。三区和四区压载为1个水袋，装水总高为0.97+0.71＝1.68m，水袋高3m，满足要求。

（5）五区预压荷载计算

①五区荷载计算

60%五区荷载：$0.6 \times （0.65m^2 \times 117m） \times 2.6t/m^3 = 118.64t$

80%五区荷载：$0.8 \times （0.65m^2 \times 117m） \times 2.6t/m^3 = 158.18t$

100%五区荷载：$1.0 \times （0.65m^2 \times 117m） \times 2.6t/m^3 = 197.73t$

120%五区荷载：$1.2 \times （0.65m^2 \times 117m） \times 2.6t/m^3 = 237.3t$

②单位面积预压荷载计算

五区加载60%设计重量单位面积荷载：$118.64t/（2 \times 117）= 0.5t/m^2$

五区加载80%设计重量单位面积荷载：$158.18t/（2 \times 117）= 0.66t/m^2$

五区加载100%设计重量单位面积荷载：$197.73t/（2 \times 117）= 0.85t/m^2$

五区加载120%设计重量单位面积荷载：$237.3t/（2 \times 117）= 1.0t/m^2$

③五区预压加载

由于五区为箱梁翼缘板混凝土，最大加载重量为1.0t/m²，采用水袋压载，水袋需注水，高1m。3个水袋高3m，满足要求。

预压顺序为：先对称加载一、二区钢筋，完成后，再将水袋均匀放在

三、四、五区位置，先均匀对称注水三、四区荷载，后均匀对称注水五区荷载，依次进行每个阶段的荷载。

加载第一阶段60%荷载量：

60%荷载量为一区424.4t×3+二区344.9t×2+三区91.26t×4+四区96.74t×4+五区118.64t×2=2952.28t。

当加载完第一阶段时，停止下一级加载，并应每间隔12小时对支架进行一次沉降观测；当支架顶部检测点12h的沉降量平均值小于2mm时，可进行下一级加载，直至预压荷载达到设计要求。

加载第二阶段80%荷载量：

80%荷载量为一区565.8t×3+二区460t×2+三区121.68t×4+四区128.99t×4+五区158.18t×2=3936.44t。

加载完第二阶段荷载时，停止下一级加载，并应每间隔12小时对支架进行一次沉降观测；当支架顶部检测点12h的沉降量平均值小于2mm时，可进行下一级加载，直至预压荷载达到设计要求。

加载第三阶段100%荷载：

100%荷载量为一区707.3t×3+二区574t×2+三区152.1t×4+四区161.23t×4+五区197.73t×2=4918.68t。

加载完第三阶段荷载时，停止下一级加载，并应每间隔12小时对支架进行一次沉降观测；当支架顶部检测点12h的沉降量平均值小于2mm时，可进行下一级加载，直至预压荷载达到设计要求。

加载第四阶段120%荷载：

120%荷载量为一区848.7t×3+二区689.9t×2+三区182.52t×4+四区193.48t×4+五区237.3t×2=5904.5t。

当全部加载完成后，利用水准仪进行观测，每隔24h进行1次观测，当各监测点最初24h的沉降量平均值小于1mm时或各监测点最初72h的沉降量平均值小于5mm时，支架预压合格，可卸载。

3. 支架卸载

预压结束后，按照"120%设计重量→100%设计重量→80%设计重量→60%设计重量分级卸载→0"步骤，当卸载完成6h后，测量监测点标高，并记录支架的沉降值。

分析支架沉降值的观测结果，得出支架的非弹性变形与弹性变形值，为现浇梁的施工提供准确的预拱度值。

六、现浇箱梁施工

1. 模板制作、安装

（1）准备工作

模板安装前应向施工班组进行详细的技术安全交底，明确施工中技术难点施工方法。竖向模板安装的底面应处理平整，并采取可靠的定位措施。模板应统一刷脱模剂。

（2）支座安装施工

①施工前必须将工作面凿毛，将锚栓孔凿到设计位置和设计深度，并用水冲洗（或高压风吹）干净，保证工作面无灰尘，并且干燥；同时在4个孔的外侧凿4个槽口，用于支座安放后灌注锚栓孔砂浆。

②在支座设计位置处划出十字中心线，同时在支座顶板和底板上也标出十字中心线。

③用竹胶板条钉个无底木盒，盒子面积比支座底面积稍大，用于调整高程和浇筑面层环氧砂浆之用。木盒安放之后，四角高差控制在5mm之内，调整好木盒位置，并固定。

④配制支座板下面垫层较干硬性的环氧树脂砂浆；

⑤浇筑面层环氧树脂砂浆，同时控制好砂浆面四角高差，高差控制在2mm以内。

⑥待面层环氧砂浆有一定的强度后，安放支座，将地脚螺栓穿入底板地脚螺栓孔并旋入底柱内。

⑦支座就位对中并调整支座水平用的垫块，用水平尺检测支座水平度，四角高差控制在2mm内。

⑧按环氧树脂砂浆的配合比及配制方法拌制好流动性较好的环氧树脂砂浆，从锚栓孔侧面的灌浆槽灌注锚孔砂浆，要求灌注密实，不得留有空洞。

⑨在安装之前确定好支座的方向，严禁将支座的方向安装错误。

（3）模板安装技术措施

①模板上堆料要均匀，禁止集中堆放。

②模板及其支撑在安装过程中，必须有防倾倒的临时固定设施。在2m以上高处作业必须具有满足操作要求的可靠立足点。

③支撑杆接长使用时，接头不得超过2个，且应采用辅助支柱来保证接头的承载力和稳定性。

④现浇钢筋混凝土箱梁结构时，在安装外层结构模板及其支撑时，内层结构必须具有承受上层荷载的能力，或在内层架设有足够的支撑，上、下层支撑柱应在同一竖向中心线上。

⑤模板安装完毕，进行检查验收后，方可浇筑混凝土。

⑥按照《建设工程高大模板支撑系统施工安全监督管理导则》（建质〔2009〕254号）要求进行模板安装及支撑加固。

（4）模板施工工艺

①采用12mm厚优质竹胶板，为保证箱梁底部外观质量，方木上下平面应进行过刨处理。箱梁底模板拼缝必须与箱梁底板轴线平行或垂直，并使得模板缝沿纵、横桥向为直线。两相邻模板间表面高低差不超过2mm，用塞尺验收表面平整度不超过3mm。

②箱梁底模板的铺设应根据箱梁底板的曲面变化调整托撑的高度，模板铺钉应严密，接缝处无起台现象。

③安装底模时，应根据设计要求和支架预压实测数据进行箱梁预拱度分析，确定箱梁预拱度。根据要求由测量班放线，使底模产生预拱度。

④顶板底模板为了能够拆除箱室内支架及模板，在梁面板上跨梁端支座约1/4处预留800mm×1500mm孔洞，四周预留钢筋。待预应力钢束张拉完毕、预应力孔道压浆完成后，焊接顶板钢筋，吊模封闭洞口。

⑤箱室内膜采用组拼式竹胶板框架结构，面板采用 $\delta = 12$ mm普通竹胶板，内膜内部采用碗扣式支架进行加固。

⑥翼板底模与底板底模一样，在支架上安装纵横向方木，方木上安装底模，底模板各种接缝要紧密不漏浆，在模板接缝上贴密封胶带，保证接缝平顺。

⑦模板由底模、侧模、内侧模以及内顶模4个部分组成，一次安装。

⑧顶板底内模板在箱室混凝土底面上用钢管搭设支架，支架上安装纵横向方木，方木上安装模板，拐角处用方木加工成定型角模。为减少浪费且考虑箱室较大，内模板应尽量回收利用。

⑨曲线模板制作与安装，由于是空间曲线，在施工前制作模型，并现场放样制作出曲线部位模板。安装时需根据中心线及外控线，控制好模板的位

置，固定牢固，防止变形。注意木线条应固定牢固。

⑩平曲线、竖曲线范围及加宽渐变段处施工时，应按设计半径要求立模，不得按折线简化处理，直线与曲线连接处要平顺圆滑。

（5）模板安装

①底模

箱梁腹板处底模：

纵向碗扣支架顶托上铺设10cm×15cm方木，纵向方木顶横向铺设10cm×10cm方木，横向间距为30cm（净间距20cm），顶面铺设1.5cm厚优质竹胶板。

箱梁箱室底板处底模：

纵向支架顶托上铺设10cm×15cm方木，纵向方木顶横向铺设10cm×10cm方木，横向间距为30cm（净间距20cm），顶面铺设1.5cm厚优质竹胶板。

②侧模

侧模模板材质同底模，采用1.5cm厚优质竹胶板，模板竖肋及侧向斜撑为10cm×10cm方木；方木间距30cm。

③内模

箱梁内模分段加工，现场拼装成型。内模板采用1.5cm厚竹胶板满铺，横肋、竖向及横向支撑采用10×10方木；间距30cm，相互之间用铁钉钉牢，内模底垫块采用与箱梁混凝土同配比、同材料、同要求的C50混凝土预制，长、宽各5cm；高度根据底板厚度确定，混凝土垫块顺桥向布置应根据内模横肋位置布置。

模板拼模时竹胶板之间的缝隙用醇酸泥子抹严，防止跑浆。钢筋安装、绑扎前对模板、支撑等进行1次全面的仔细检查，并用空压机清理模板内的杂物、污垢等，确保模板表面干净。

④现浇箱梁模板制作允许偏差详见表5-12。

表5-12　模板制作允许偏差

项目		允许偏差（mm）	检查频率		检验方法
			范围	点数	
木模板	模板的长度和宽度	±5	每个构筑物或每个构件	4	用钢尺量
	不刨光模板相邻两板表面高低差	3			用钢板尺和塞尺量

续表

项目			允许偏差（mm）	检查频率		检验方法
				范围	点数	
木模板	刨光模板和相邻两板表面高低差		1	每个构筑物或每个构件	4	用2m直尺和塞尺量
	平板模板表面最大的局部不平（刨光模板）		3			
	平板模板表面最大的局部不平（不刨光模板）		5			用水平尺量
	榫槽嵌接紧密度		2		2	用钢尺量
相邻两板表面高低差	清水模板		2		4	用钢板尺和塞尺量
	混凝土模板		4			
表面平整度	清水模板		3		4	用2m直尺和塞尺量
	浑水模板		5			
模内尺寸	梁、板、墙		+3		3	用钢尺量，长、宽、高各1点
	柱、桩、拱		−6			
轴线偏位	梁、柱、拱、塔柱		8		2	用经纬仪测量，纵。横向各1点
	横隔梁		5			
支承面高程			+2 −5	每支承面	1	用水准仪测量
预埋件	支座板、锚垫板、连接板等	位置	5	每个预埋件	1	用钢尺量
		平面高差	2		1	用水准仪测量
	螺栓、锚筋	位置	3		1	用钢尺量
		外露长度	±5		1	
预留孔洞	预应力筋孔道位置（梁端）		5	每个预留孔洞	1	用钢尺量
	其他	位置	8		1	用钢尺量
		孔径	+10 0		1	
梁底模拱度			+5 −2	每根梁、每个构件、每个安装段	1	沿底模全长拉线，用钢尺量
对角线差	板		7		1	用钢尺量
侧向弯曲	板、拱肋、桁架		L/1500且不大于6		1	沿侧模全长拉线，用钢尺量
	梁		L/2000且不大于10			

2. 钢筋加工与安装

（1）所有钢筋的加工、安装和质量验收等均应严格按照《公路桥涵施工技术规范》（JTG/T 3650—2020）的有关规定进行。

（2）所有钢筋接长均采用焊接，焊缝长度单面焊10d，双面焊5d或闪光对接焊；同一截面钢筋接头不应超过50%。各部分预埋主筋的位置和锚固长度应满足设计图纸和规范要求。

（3）施工需要而断开的钢筋当再次连接时，必须进行焊接处理，并应符合《公路桥涵施工技术规范》（JTG/T 3650—2020）的要求。

（4）当钢筋和预应力管道或其他主要构件在空间上发生干扰时，可适当移动普通钢筋的位置，以保证钢束管道或其他主要构件位置的准确。钢束锚固处的普通钢筋如影响预应力筋施工时，可适当弯折，待预应力施工完毕后应及时恢复原位。施工中钢筋间如发生位置冲突，可适应调整其布置，但应确保钢筋的净保护层厚度满足规范要求。

（5）如锚下螺旋筋与分布钢筋相干扰时，可适当移动分布钢筋或调整分布钢筋间距。

（6）伸缩缝预埋钢筋应按照伸缩缝供货厂家提供的有关图纸进行伸缩缝钢筋预埋施工，以便对其他钢筋进行调整。

（7）钢筋安装后应保证保护层厚度，钢筋与模板间设置混凝土垫块，垫块与钢筋扎紧，并互相错开，每平方米布置不少于4个。

（8）为防止电焊熔渣烧坏模板，在必须焊接处垫铁皮，焊接完成后将焊渣清理干净。

（9）施工中应注意各种预埋筋（件）的定位及安装，如支座钢筋网片及上承钢板；栏杆、伸缩缝预埋筋等，避免疏漏，造成损失。

3. 波纹管、锚垫板、钢绞线安装

（1）波纹管安装

预应力管道采用波纹管制作，波纹管的位置按设计要求准确布置，并采用每隔50cm 1道的定位筋进行固定，接头用大一号的波纹管套接不小于20cm，接头要平顺，外用胶布缠牢。

（2）锚垫板安装

锚垫板安装前，要检查锚垫板的几何尺寸是否符合设计要求，锚垫板要牢固地安装在模板上。要使垫板与孔道严格对中，并与孔道端部垂直，不得错位。锚下螺旋筋及加强钢筋要严格按照图纸设置，喇叭口与波纹管道要连接平顺，密封。对锚垫板上的压浆孔要妥善封堵，防止浇注时漏浆堵孔。

（3）钢绞线安装

预应力筋采用钢绞线。钢绞线的下料长度要通过计算确定。计算应考虑孔道曲线长、锚夹具长度、千斤顶长度及外露工作长度等因素。钢绞线的切割宜用砂轮锯切割。钢绞线要求整编穿束。钢绞线编束时应梳理顺直，绑扎牢固，防止相互缠绞。束成后，要统一编号、挂牌，按类堆放整齐，以备使用。

4. 混凝土浇筑

（1）准备工作

①舱面清理：在具备浇筑条件后，采用手持式风机及洗车用手持式水枪对模板面进行全面清理，形成的污水及杂物通过预留的清扫孔排出。

②由于箱梁浇筑仓面及混凝土量较大，需做好夜间浇筑的照明准备。施工现场夜间浇筑采用每联箱梁架设2个2000W金属氯化物灯作为主要照明工具，布置在箱梁两端，保证整个施工场地均有较好的照明。每个箱室内配置安全电压防潮灯具，按间距5m设置1盏。

③由于箱梁混凝土浇筑时间较长，在夏季施工时，必须做好覆盖保湿塑料薄膜及土工布的准备。根据浇筑混凝土凝固情况，及时进行覆盖洒水养护。

④安排专人在整个混凝土浇筑过程中检查支架、模板，出现问题及时通知停止浇筑，并立即处理。

⑤箱梁计划浇筑前，至少提前一天通知拌和站做好准备，保证混凝土连续供应；同时在施工现场准备1台发电机，以防施工过程中出现停电。

（2）混凝土浇筑施工及注意事项

①箱梁混凝土浇筑可分2次浇筑，即先浇筑箱梁底板和腹板混凝土，再浇筑箱梁桥面顶板混凝土，施工缝设置在悬臂腋下（腹板与顶板连接处）。

②每次浇筑必须1次完成混凝土浇筑，前后两次混凝土浇筑时间间隔不超过15d。施工缝均按规范要求凿毛进行处理，以便新老混凝土接合良好。

③匝道桥及主线桥第六、七、八联采用C40现浇钢筋混凝土箱梁结构，其余采用C50现浇预应力钢筋混凝土结构。浇筑时混凝土坍落度控制在180～200mm，混凝土采用混凝土运输车运输，混凝土输送车浇筑混凝土。混凝土

输送车的支设应选择不妨碍罐车进出的平整场地位置设置。混凝土到场后，应检查混凝土配合比及混凝土坍落度，检查合格后一次浇筑完成。

④浇筑原则由低处向高处、从一端向另一端分层浇筑，阶梯前进。混凝土自由倾落高度不大于2m，每次浇筑厚度为30cm左右，顺桥向混凝土坡长距离小于10m，同时避免混凝土流动距离过长。浇筑时应先从腹板下料，待底板翻满混凝土后，再顺序向前浇筑，混凝土必须保证连续浇筑施工。人工用插入式振捣器振捣密实。振捣时，要快插慢拔，并避免振捣棒碰到塑料波纹管。每一点振捣持续时间宜为20～30s，插入下层混凝土深度为10～15cm。振捣间距不得大于作用半径的1.5倍，控制在50cm范围内，直至混凝土停止下沉、不冒气泡、表面泛浆平坦为止。浇筑顶板时，应人工木抹收面。

⑤各部分截面应尽量一次浇筑完成。为防止混凝土开裂和棱边碰损，应待混凝土强度达到施工规范要求时拆模。

⑥在箱梁腹板与底板、顶板连接处、钢绞线锚固端以及其他钢筋密集部位，应特别注意振捣。为避免碰破波纹管，可先将振捣棒放在波纹管空挡间，上好混凝土后，再开动电机振捣，密实后垂直抽出振捣棒；振捣棒分30mm和50mm两种，30mm棒用于振捣钢筋密集部位，50mm棒用于钢筋较稀疏部位。浇筑时应随时检查模板、管道、锚固端钢板以及支座预埋件等，以保证其位置、尺寸符合设计要求。

⑦为防止混凝土浇筑时砂浆进入波纹管道，可在箱梁两端来回抽动钢绞线，保证钢绞线不被砂浆黏结、铸死。

⑧箱梁混凝土浇筑期间设专人看模并设仪器观测支架沉降量，观测点每跨3个，分别在跨中和1/4L处，发现问题及时报告，立刻处理安全隐患。

⑨箱梁混凝土如在夜间开始进行浇筑，由于浇筑时间较长，故整个过程中要准备好照明设施，始终保持光线充足。箱梁混凝土表面极易出现收缩裂缝，为避免收缩裂缝的出现，最后压面的操作人员应一字排开，反复搓抹，在高温季节压面遍数不少于2遍。在收浆后覆盖无纺布并在12h内连续洒水养生，强度达到2.5MPa以前不得踩踏。白天外露面全面覆盖，避免受日光直接曝晒并保持湿润状态，带模养生直到达到设计强度的90%后，方可拆除侧模及翼模并准备预应力张拉。

⑩混凝土颜色应全桥保持一致。外露部分宜尽可能采用同一厂家、同一品种的水泥。模板应采取措施确保表面光滑平整。

⑪混凝土配合比应通过试验确定，确保混凝土强度满足设计要求，混凝土养护要求保温保湿防晒，尽量减少收缩，温差的影响，避免产生收缩裂缝。

⑫大体积混凝土施工时，应采取有效措施（采用低水化热的水泥、埋冷却水管，加强养护等），降低水化热的危害，确保混凝土施工质量。

⑬混凝土必须达到设计强度和弹性模量90%以上，同时混凝土养护时间不少于7d后才能施加预应力。

⑭箱梁顶面的高程差应不大于2cm，平整度应不大于1cm。

5. 预应力张拉、压浆施工

（1）梁体混凝土必须达到设计强度和弹性模量90%以上，同时混凝土养护时间不少于7d后才能施加预应力。

（2）预应力钢材及预应力锚具进场后，应严格按现行规范要求检验、试验、验收和保管。

（3）所有预应力钢材不得焊接，钢绞线使用前应作除锈处理。

（4）钢绞线应用圆盘砂轮切割机冷切割，不得用电、气切割。钢绞线、锚具应避免生锈及局部损伤，以免影响强度和发生脆性破坏。

（5）纵向预应力钢束采用两端张拉时，应保持两端同步进行。

（6）所有预应力张拉均采用伸长量与张拉力双控，以张拉力为主，通过试验测定E值，校正计算伸长量，要求实测引伸量与计算引伸量两者误差在±6%以内。测定伸长量要扣除非弹性变形引起的全部伸长量。预应力筋断丝或滑移限制如下：每束钢绞线断丝或滑丝不得超过1丝；每个断面断丝之和不得超过该断面钢丝总数的1%；不允许出现整根钢绞线拉断。

（7）预应力束张拉顺序：0→10%设计吨位（初应力值作伸长量的标记）→103%控制张拉力（保持5min，测伸长量）→锚固。

（8）预应力钢束张拉完毕后，严禁撞击锚头和钢束，并尽快压浆。钢绞线多余的长度应用砂轮切割机切割，切割方式和切割后留下的长度应满足规范要求。

（9）为确保预应力质量，要求对定位钢筋、管道成形过程严格控制，具体要求如下：

①管道安装前检查管道质量及两端截面形状，遇到有可能漏浆部分应割除、整形和除去两端毛刺后使用。

②接管处及管道与喇叭管连接处，应用胶带或冷缩塑料密封。

孔道定位必须准确可靠，严禁波纹管上浮，直线段每0.8m、弯道部分每0.5m左右设置定位钢筋1道，定位后管道轴线偏差不大于5mm，切忌振捣棒碰穿孔道。

主梁预应力束顶、底板竖弯曲线段必须设置直径16mm防崩钢筋，间距小于30cm，并且与顶、底或腹板钢筋可靠绑扎。

③管道与喇叭口连接处管道应垂直于锚坐板。

④压浆嘴和排气孔可根据施工实际需要设置。管道压浆前应用压缩空气清除管道内杂质，排除积水，从最低压浆孔压入。管道压浆要求密实，浆内可掺适量减水剂和微膨胀剂，但不得掺入氯盐。压浆采用M40水泥浆。

⑤预应力束封锚混凝土宜在压浆后尽快施工，包封的钢筋网应与结构钢筋可靠连接，施工时要特别注意。

⑥箱梁预应力钢绞线的张拉顺序为先纵向后横向，在同一孔跨内当预应力有长短之分时，应先张拉长束，后张拉短束。

⑦预应力钢束张拉应有完整准确的张拉记录（包括钢束编号，引申量和吨位等）。

6. 模板及支架拆除施工

（1）基本要求：

①严格并正确使用劳动保护用品，遵守高空作业规定，工具必须入袋，物件严禁高处抛掷；

②遇到6级以上大风、雨天环境时，不准进行拆除作业；

③拆除区域须设置警戒范围，设立明确的警戒标志，非拆除作业人员不得进入和通过，分部应配置专职警戒人员进行现场监护；

④脚手架采用人工传递杆件至地面的方法，脚手架上应每一步架1人，所拆除的杆件及其他各种构件严禁直接抛掷到地面上。

（2）人工配合起重机先拆侧模及内模，后拆底模及支架。用人工将侧模拆除，起重机吊到地面码放整齐备用。

（3）待箱梁混凝土全部预应力张拉、压浆完毕达到设计强度后，方可拆除支架。先用人工将支架上顶托下调10cm，人工配合起重机先将底模拆除，然后将方木拆除，最后人工拆除碗扣支架。拆除应遵循先支的后拆，后支的先拆的原则。

（4）支搭、拆除时严格按《施工安全操作规程》中有关规定执行，要有安全、技术交底。详见后安全保障措施。

（5）注意事项：

①脚手架拆除人员必须按要求佩戴安全帽，系好安全带，否则不能进入施工现场；

②如有恐高症等不适合高空作业的人员，一律禁止进行拆除工作，并严禁在酒后进行施工作业。

七、质量控制

1. **碗扣支架构配件检查与验收标准**

（1）新钢管的检查应符合下列规定：

①应有产品质量合格证；

②应有质量检验报告，钢管材质检验方法应符合现行国家标准及金属拉伸试验方法的有关规定；

③钢管表面应平直光滑，不应有裂缝、结疤、分层、错位、硬弯、毛刺、压痕和深的划道；

④钢管外径、壁厚、端面等的偏差，应分别符合《建筑施工碗扣式脚手架安全技术规范》（JGJ166-2008）的相关规定。见表5-13。

表 5-13　钢管外径、壁厚、端面等的偏差要求

序号	项目	允许偏差（mm）	检查工具
1	焊接钢管尺寸（mm） 外径 壁厚	−0.5 −0.5	游标卡尺
2	钢管两端面切斜偏差	1.7	塞尺、拐角尺

⑤钢管必须涂有防锈漆；

（2）旧钢管的检查应符合下列规定：

①表面锈蚀深度应符合《建筑施工碗扣式脚手架安全技术规范》（JGJ166-2008）的相关规定，锈蚀检查应每年1次。见表5-14。

表 5-14 表面锈蚀深度要求

序号	项目	允许偏差（mm）	检查工具
3	钢管外表面锈蚀深度	≤ 0.5	游标卡尺

②检查时，应在锈蚀严重的钢管中抽取3根，在每根锈蚀严重的部位横向截断取样检查，当锈蚀深度超过规定值时不得使用。

（3）钢管弯曲变形应符合《建筑施工碗扣式脚手架安全技术规范》（JGJ166-2008）的相关规定，见表5-15。

表 5-15 表面锈蚀深度要求

序号	项目	允许偏差（mm）	检查工具
4	a.钢管弯曲 各种杆件的端部弯曲 l ≤ 1.5	≤ 5	钢板尺
	b.立杆钢管弯曲 3m < l ≤ 4m 4m < l ≤ 6.5m	≤ 12 ≤ 20	
	c.水平杆钢管弯曲 l ≤ 6.5m	≤ 30	

（4）扣件的验收应符合下列规定：

①新扣件应有生产许可证、法定检测单位的测试报告和产品质量合格证，当对扣件质量有怀疑时，应按现行《钢管脚手架扣件规范》（GB15831-2006）的规定抽样检测；

②旧扣件使用前应进行质量检查，有裂纹必须更换；

③新、旧扣件均应进行防锈处理。

2. **预应力筋质量标准**

见表5-16。

表 5-16 预应力后张法实测项目表

项次	检查项目		规定值或允许偏差	检查方法和频率
1	管道坐标 （mm）	梁长方向	30	抽查30%，每根查10个点
		梁高方向	10	

续表

项次	检查项目		规定值或允许偏差	检查方法和频率
2	管道间距（mm）	同排	10	抽查30%，每根查个5点
		上下层	10	
3	张拉应力值		符合设计要求	查张拉记录
4	张拉伸长率		±6%	查张拉记录
5	断丝滑丝数	钢束	每束1根，且每断面不超过钢丝总数的1%	查张拉记录

3. 混凝土箱梁质量标准

见表5-17。

表5-17　梁（板）实测项目表

项次	检查项目		规定值或允许偏差	检查方法
1	混凝土强度		在合格标准内	按JTJ071-98附录D检查
2	轴线偏位（mm）		10	用经纬仪检查每跨5处
3	顶面高程（mm）		±10	用水准仪检查每跨5处
4	断面尺寸（mm）	高度	+5，-10	每跨用尺量5个断面
		顶宽	±30	
		顶、底、腹板厚	+10，0	
5	长度（mm）		+0，-10	用尺量
6	平整度（mm）		8	用2m直尺检查

第六章　索塔施工管理技术

索塔是全桥的主要承重构件之一，它具有造型多样、空间结构复杂等特点。索塔要承受巨大的竖向轴力，还要承受部分弯矩。根据矮塔斜拉桥的构造和受力特点，对成桥后索塔的几何尺寸和轴线为宗旨的准确性要求都很高。

索塔施工过程中受到施工偏差、混凝土收缩徐变、基础沉降、风荷载、温度变化等因素影响，其集合尺寸、平面位置有可能出现偏差。如果控制不当，则会造成缺陷，不仅影响其外观质量，还会给索塔的布置、张拉和调整带来困难，甚至影响桥梁的结构安全性。因此，加强索塔的施工质量控制，确保塔柱的施工进度是管理的重点。本章以九嶷大桥索塔翻模施工为例，简要介绍索塔的施工管理技术。

第一节　索塔施工概述

一、索塔的常见形式

斜拉桥塔柱的结构形式，由斜拉索的布置、桥面宽度以及主梁跨径等因素决定。顺桥向有柱形和A字形两种；横桥向塔柱的布置有单柱形、双柱形、门形、A形、倒Y形、钻石形等。

单柱形适用于桥面较宽，设有中央分隔带的桥梁，其优点是外形简洁、结构经济；缺点是要求主梁有较高的抗扭刚度。

A形、倒Y形、钻石形桥塔，横向刚度较大，适用于大跨径的斜拉桥，其缺点是需要一个宽度很大的承台以支撑塔肢。

门形桥塔特别适用于桥面较窄的桥梁，如铁路桥，其优点是横向刚度较大。

矮塔斜拉桥由于塔柱高度较低，多采用单柱形塔柱，如九嶷大桥。

二、索塔施工的难点

1. 从作业环境分析

索塔一般地处宽阔水域设计预留的通航孔处. 施工受桥位环境的影响较大，直接影响施工的环境有风速、雨情、可见度、温度和湿度等，影响因素复杂，施工的安全隐患多。其具体表现在：

（1）在江面上施工，受风、雨、雾等的环境影响较大。

（2）高空作业是索塔施工的特点之一，安全隐患多，施工难度大。

（3）施工场地狭小，塔柱作业面单一且施工时间长。

（4）水上运输条件困难，包括人员的运输、材料的运输以及水、电等。

（5）施工人员的施工过程均在露天作业，容易受到大风、暴雨、酷热和寒流等恶劣天气的影响。

（6）施工对桥位处水域的通航安全以及过往船舶对施工的安全影响大。

2. 从结构特点分析

（1）塔柱线形复杂，截面变化大，模板的制作及安装施工难度大。

（2）塔柱高度高，混凝土泵送难度大。

（3）高空恶劣环境下塔柱混凝土施工质量控制难度大。

（4）高空大型吊装作业多（如钢锚梁、箱安装，钢塔式起重机安装等），安全风险大。

（5）随着桥梁宽度设计的增加，塔柱支腿的跨度随之增大，塔柱横梁的跨度也越来越大，施工难度越来越高。

（6）塔柱结构的精度要求高，施工控制困难。

3. 塔柱施工所需施工设施复杂

（1）大型施工临时设施复杂，如主塔墩施工平台、塔身横梁施工支架、水上拌和站、发电机平台、临时生活设施等。

（2）大型施工设备复杂，如塔式起重机、液压爬模、施工电梯、混凝土输送泵、塔顶起升设备等。

（3）大型起重吊装设备复杂，如钢锚箱（梁）吊装、钢塔柱安装等。

三、索塔施工的主要控制点

（1）施工设备合理的选择和布置是索塔顺利施工的基础。

（2）塔柱施工方法和模板的设计是保障索塔施工精度和质量的根本。

（3）塔柱钢筋和劲性骨架的施工是控制重点之一。

（4）塔柱施工的支撑系统是确保索塔施工线形的关键。

（5）塔柱混凝土的施工，应重点关注混凝土配合比的设计、高塔混凝土的泵送、混凝土的高空养护、混凝土的外观控制和成品保护等。

（6）横梁的施工支架系统，应有足够的刚度和稳定性，并消除其非弹性变形。

（7）拉索锚固区是塔柱受力最复杂的部位，施工应确保其精度和质量。

第二节　主塔施工

一、主塔概况

主塔采用独柱式钢筋混凝土矩形截面，通过增设倒角和刻槽塔身呈现凹凸多变的立体感；塔高21m（不包括避雷针及防空灯高度），塔身截面纵桥向宽度为4m，在距塔顶部3.3m处由4m线性渐变至塔顶部0.7m，横桥向宽度2.2m，设装饰凹槽；从美观考虑，沿纵桥向塔顶设计成尖顶型，外形简洁大方；主塔采用C50混凝土，斜拉索在塔顶的锚固采用分丝管鞍座结构。九嶷大桥主塔成品见图6-1。

图6-1　九嶷大桥主塔

二、主塔施工规划

九嶷大桥9#、10#、11#主塔塔柱采用分段翻模法施工。

下塔柱无索区高度7.5m，共分2段施工完成，第一段浇筑高度2×2.05m＝4.1m，第二段浇筑2.05+1.35＝3.4m；

上塔柱有索区高度9.5m，分5次施工完成，第三段浇筑高度2.05m，第四段浇筑高度2.05m，第五段浇筑高度2.05m，第六段浇筑高度2.05m，第七段浇筑高度1.3m；

塔顶斜面变截面区高度4.0m，一次浇筑完成（2.05m+1.95m），第八段浇筑高度4.0m。

主塔外模采用大块整体定型钢模，标准节每节2.05m高，每个塔柱3节，每次浇筑2节，高4.1m；设置1.35m、1.3m、1.95m调节块各1块，塔柱定型钢模板由专业模板厂家加工制造，其强度、刚度、垂直度、同心度、表面光洁度等都须满足施工要求，以保证其安装、拆卸方便，脱模容易。模板加工好后，在工厂试拼，确保无误后出厂运输至工地现场。

模板进场后质检人员组织对模板进行进场验收，检查模板面板平整度、背肋数量和间距、对拉孔数量及间距、螺栓孔数量及间距、面板焊缝宽度和厚度等，并形成检查验收记录。

塔柱施工配备3台QTC5012-5（80）型塔式起重机，分别是9#墩设置1台塔式起重机，10#墩设置1台塔式起重机，11#墩设置1台塔式起重机；每台塔式起重机起吊最大高度为50m（从承台面起算），用以吊运模板和材料。施工人员沿塔柱外侧临时脚手架步梯走道上下通行。根据总体施工进度，3个主塔基本平行施工，混凝土浇筑交叉进行，混凝土在项目部拌和站集中拌制，混凝土罐车运至工地后，由混凝土输送泵车进行泵送浇筑施工。

在施工中必须从塔底到塔顶每个节段均设置劲性骨架，劲性骨架在施工中主要起稳固塔柱钢筋以及对斜拉索索鞍进行定位等作用，同时，在施工中也可作为施工导向、施工操作平台、施工中的一些着力件使用。劲性骨架为用角钢和槽钢拼成的杆件结构，其主体在地面分节制作，塔座下端的劲性骨架与0#块中的预埋件焊接连接，其余部分分节拼焊成整体。

索塔翻模施工分为下塔柱无索区（7.5m）施工、上塔柱有索区（9.5m）施工和塔顶变截面无索区（4.0m）施工。

三、主塔模板验算

1. 模板选择

模板是由3节段大块组合模板及支架、外工作平台组合而成的成套模具。每一节段翻模主要由外模板、模板固定架、拉杆、工作平台等构成。根据现场实际，翻模板用大块组合模板拼成，因塔柱较高，综合考虑总体施工时间、机具长度及钢筋配料和减少混凝土施工缝的数量，每套加工3层模板，每层2.05m，总共6.15m。施工时，每次浇筑2节模板的高度，即每次翻2层模板，浇筑4.1m高的混凝土。

施工第一循环混凝土时，第一节段模板支立于0#块顶上，第二节段模板支立于第一节段模板上，测量定位后一次性浇筑混凝土。第二循环混凝土施工时，先将第三节段模板立于第二节段模板上，拆除第一节段模板（混凝土达到拆模强度后），待第一节段模板做调整和打磨后利用塔式起重机、手拉葫芦将其翻升至第三节段模板上，施工第三循环及以后循环为拆除下两层模板，安装到顶层模板上，依此循环向上形成劲性骨架安装、索鞍安装、钢筋焊接绑扎、拆模、翻升立模、模板组拼、浇筑混凝土、养生和测量定位、标高测量的不间断施工作业，直至达到设计高度。

2. 模板受力分析

（1）设计荷载

①竖向荷载

桥梁塔柱模板竖向荷载规定见表6-1。

表6-1　塔柱模板承受竖向荷载

序号	项目	材料容重或荷载大小		备注
1	模板容重	组合钢模、连接件及钢楞	$0.75kN/m^2$	
2	钢筋混凝土容重	以体积计算的含筋率按＞2%考虑	$26kN/m^3$	
3	施工人员、施工料具运输、堆放荷载	计算模板及直接支撑模板的小楞，均布荷载取值	2.5kPa	
4	倾倒混凝土时产生的冲击荷载	采用导管倾倒时	2kPa	
5	振捣混凝土时产生的荷载	2kPa		
6	其他可能产生的荷载	雪荷载、冬季保暖设施荷载等	0	

②水平荷载

塔柱水平荷载规定见表6-2。

表6-2　塔柱模板承受水平荷载

序号	项目		荷　载　计　算
1	新浇混凝土对模板侧面压力	采用内部振捣器	对竖直模板来说，新浇筑的混凝土的侧压力是它的主要荷载。当混凝土浇筑速度在6m/h以下时，作用于侧面模板的最大压力Pm可按下式计算： （1）空心墩台 　Pm＝K·Y·h＝1.2×24×（1.53＋3.8×1.8/30）＝50.63kPa（其中：当V/T≤0.035时，h＝0.22＋24.9V/T；当V/T＞0.035时，h＝1.53＋3.8V/T） 式中：Pm为新浇混凝土对侧面模板的最大压力，kPa； 　h为有效压头高度，m； 　T为混凝土入模时的温度，冬季取T＝8℃，夏季取T＝30℃； 　K为外加剂影响系数，不加时，K＝1；掺缓凝外加剂时，K＝1.2； 　V为混凝土的浇筑速度，空心墩台取V＝3m/h，实体墩取V＝1.8m/h； 　H为混凝土浇筑层（在水泥初凝时间以内）的高度，m； 　Y为混凝土的容重，kN/m³
		泵送混凝土浇筑施工时	泵送混凝土入模温度在10℃以上时，模板侧压力Pm＝4.6V0.25＝5.47kPa
2	振捣混凝土时对侧面模板的压力		按4.0kPa计
3	倾倒混凝土时对侧面模板产生的水平荷载	竖直模板	由于本工程塔柱模板竖直，可认为与倾倒混凝土时产生的冲击荷载相同，即为2kPa

③模板的荷载效应组合

塔柱只考虑新浇混凝土时对侧面模板的压力和倾倒混凝土时产生的水平荷载，荷载效应组合为：

$$50.63 \times 1.2 + 4 \times 1.4 = 66.36\text{kPa} = 0.0664\text{N/mm}^2$$

（1）容许应力

模板属于临时结构，其强度设计采用容许应力法。组合钢模板钢材采用

· 228 ·

A3号普通碳素钢，其容许应力见表6-3。

表6-3　钢模板及配件的容许应力（MPa）

材种	应力种类	符号	规范规定	新钢模板及配件	
				提高系数	计算采用
A3钢材	抗拉、抗压轴向力	[σ]	140	1.25	175
	弯曲应力	[σw]	145	1.25	181
	剪应力	τ	85	1.25	106

注：①钢材弹性模量E取2.1×105MPa。

②当钢模板等构件及配件较旧时，提高系数应降低，但不小于1。

（2）容许挠度

验算模板刚度时，其容许挠度不得超过表6-4所示的规定值。

表6-4　钢模板及配件的容许挠度值

序号	模板类型	容许挠度值	符号意义
1	结构表面外露的模板	L/400	L：模板构件计算跨度
2	结构表面隐蔽的模板	L/250	
3	钢模板的面板或单块钢模板	1.5mm	
4	钢模板的钢楞	3mm	

（3）模板的弯矩和挠度计算

考虑到模板的连续性，在均布荷载下其弯矩及挠度可按表6-5近似计算。

表6-5　模板弯矩及挠度计算

名称	均布荷载	跨中的集中荷载	符号意义
弯矩	$qL^2/10$	PL/6	q：沿模板长度的均布荷载；
挠度	$qL^4/（128EI）$	PL3/（77EI）	P：集中荷载； L：计算跨径； I：模板截面的惯性矩； E：模板弹性模量。

（4）混凝土与模板的黏结力

实际施工中，钢模板采用涂刷隔离剂进行脱模。塔柱混凝土设计标号为50MPa，涂刷隔离剂时，混凝土与钢模板的法向黏结力平均值为6.6kPa，最大值为10.7kPa；混凝土与钢模板的切向黏结力平均值为5.9kPa，最大值为18kPa。

3. 模板验算

塔柱模板采用如下设计参数：模板材料采用A3号普通碳素钢；单块模板的高度设计为2.05m，模板间连接采用螺栓联结；竖肋采用［10槽钢，最大间距30cm，焊于面板上；背楞为］［14b槽钢，最大间距为110cm；面板采用6mm钢板。

（1）侧模面板验算

根据面板的跨径Lx＝30 Ly＝112.5，可知Ly/Lx＝112.5/30＝3.75＞2，面板为单向板。

①强度验算

取10mm宽的板条作为计算单元，荷载为：

q＝0.0664×10＝0.664N/mm，弯矩系数为k＝0.1

M＝kqL^2＝0.1×0.664×300^2＝5976N·mm

其截面抵抗矩：W＝bh^2/6＝10×6^2/6＝60mm^3

支座弯矩最大处截面应力：σ＝M/W＝5976/60＝99.6N/mm^2＜［σ］＝175N/mm²，故其强度可满足要求。

②挠度验算

查表可知三等跨连续梁边跨中挠度最大，10mm板的截面惯性矩为：

I＝bh3/12＝10×63/12＝180mm^4

则面板挠度：

ω＝qL4/128EI＝0.664×3004/（128×2.1×105×180）＝1.1mm＜1.5mm

完全满足施工要求。

（2）竖肋计算

侧模设有14道竖肋，为［10槽钢，其刚度较大，故进行竖肋受力分析时，可简化为三等跨连续梁计算。

每道竖肋［10槽钢承受均布线荷载为：

q＝0.0664×300＝19.92N/mm。

①竖肋强度计算

三等跨连续梁其最大弯矩产生在支座处，其支座负弯矩值为Mmax＝Kql2＝0.1×19.92×11002＝2.41×106N·mm，

则支座处截面应力σ＝Mmax/W＝2.41×106÷（39.4×103）＝61N/mm^2

＜〔σ〕＝235N/mm²，故其强度可满足要求。

②竖肋刚度计算

三等跨连续梁的挠度最大产生在跨中位置，则竖肋的最大挠度为：

ω＝ql4/128EI

＝19.92×11004÷（128×2.1×105×198.3×104）]

＝0.6mm＜L/500＝1100÷500＝2.2mm，故其刚度可满足要求。

（3）背楞验算

①背肋强度计算

穿墙螺栓作为背楞的支撑，根据穿墙螺栓布置及竖肋较密，故背楞近视按均布荷载计算。

荷载q＝0.0664×1100＝73.04N/mm。

背楞螺栓上、下侧为悬臂，悬臂长450mm，最大弯矩在下端支座处：

Mmax＝0.5ql2＝0.5×73.04×450²＝7395300N.mm，

背楞采用2根〔14b槽钢，2W＝174cm³，2I＝1218.8cm⁴。

则支座处截面应力σ＝Mmax/2W＝7395300/（174×10³）＝42.5N/mm²＜〔σ〕＝235N/mm²，故其强度可满足要求。

②背楞刚度计算

背楞总体近视为等跨连续梁，按三等跨连续梁计算。

三等跨连续梁的挠度最大产生在边跨跨中位置，则竖肋的最大挠度为：

ω＝ql4/128EI＝73.04×9004/（128×2.1×105×1218.8×103）

＝1.46mm＜L/500＝900÷500＝1.8mm，故其刚度可满足要求。

四、主塔施工方案

1．施工准备

（1）技术准备

①施工前已对所有特种作业人员进行岗前培训，持证上岗。

②所有施工材料必须经试验室自检和监理工程师抽检合格后方能使用。

③对下塔柱接0#块部分混凝土接触面进行凿毛处理，要求处理后的混凝土面必须为毛面，无浮浆且要露出粗骨料。凿毛后要用清水将接触面混凝土表面清洗干净。

（2）测量准备

九嶷大桥全桥建立了9个控制点。在河东岸布设3个控制点，河西岸布设3个控制点，9#墩、10#墩、11#墩0#块上面各设置1个控制点，利用这9个控制点控制主塔和主梁的测量施工。经复核控制点的精度满足施工要求。依照测量规范及监理工程师的指示，适时做好控制网的复测、加密、联测、平差等工作，以确保控制网的精度。

对于本桥的塔柱来说，它的平面位置是固定不变的。因此，可以根据每一模利用全站仪复测钢模板的里程和偏距控制塔柱垂直度。

对于拉索区塔柱来说，塔柱垂直度控制利用全站仪控制。斜拉索索鞍放样采用全站仪，索鞍出口中心坐标（X，Y，Z）在计算机上编程，只要输入高程，即可显示塔柱在此高程下特殊点的里程桩号、偏距及平面坐标。在现场用全站仪测定特殊点的三维坐标，利用塔柱索鞍计算程序，输入高程可以立即计算它的理论桩号、偏距和平面坐标，再考虑预偏量，与实测坐标相比较，即可发现模板或劲性骨架的偏差。

塔柱施工过程中，要充分考虑模板的刚度，塔柱混凝土浇筑产生的侧压力、混凝土的收缩徐变、基础的沉降以及塔身的竖向弹性压缩变形对模板的影响。通过理论计算和现场观测获得上述数据，在模板定位过程中预留上述影响的预偏量。

索鞍的定位是斜拉桥施工测量的难点和重点，索鞍的测量定位精度也是影响斜拉桥成桥质量的重要因素。首先在塔柱上放出塔柱的纵横轴线以及高程控制线，使用垂球和钢尺对定位架进行粗定位，利用竖向调节螺栓、葫芦等工具不断调整定位架的纵横轴线位置、高度及垂直度。当索鞍的出口坐标（X，Y，Z）三维位置误差小于10mm范围内时，将定位架焊接牢固；精密定位时使用全站仪测量定位架的特征点的三维坐标值以及定位架上索鞍出口中心点的三维坐标值，利用微调螺栓不断调整索鞍的三维位置，直到满足设计图纸和施工规范要求。

2. 施工工艺流程

（1）下塔柱无索区施工：施工放样→劲性骨架安装→钢筋安装→模板安装→混凝土浇筑施工→拆模养生。

（2）上塔柱有索区施工：施工放样→劲性骨架安装→索鞍测量定位安装→钢筋安装→模板安装→混凝土浇筑施工→拆模养生。

（3）塔顶变截面无索区施工：施工放样→劲性骨架安装→钢筋安装→模板安装→混凝土浇筑施工→拆模养生。

3. 劲性骨架的加工及安装

（1）劲性骨架的制作

塔柱劲性骨架总高度23m，预埋进主桥0#块2m，第一次架设高度为6m（3m+3m），以后每节高度3m。考虑到钢筋模数及方便施工，采取分节加工安装，劲性骨架竖向采用[16b槽钢，其余横向与斜向连接采用∠75mm×75mm×8mm角钢，连接节点采用380mm×500mm×10mm的钢板进行四面贴脚焊。

劲性骨架加工在钢筋加工厂进行，为了保证劲性骨架的平面尺寸以及倾斜角度符合要求，在钢筋加工厂使用型钢、钢板搭设一个水平度满足要求的施工平台，利用此平台进行劲性骨架加工。

劲性骨架加工方法如下：

①根据劲性骨架尺寸、倾斜角度，在施工平台上使用墨线弹出劲性骨架外廓线。

②按照构件尺寸进行下料。

③根据骨架外轮廓线加工下部型钢，安装斜向联系杆。

④安装上部立杆型钢，安装剩余的横向连接撑以及斜撑杆，并焊接加固。所有节点焊接均采用四面贴脚焊，焊缝高度为7mm。

⑤加工完成后按照劲性骨架安装位置进行编号，以方便现场安装。

（2）劲性骨架的安装

劲性骨架加工完成后，装车运至施工现场进行安装。劲性骨架现场安装方法如下：

①骨架预埋时，其伸出混凝土顶面至少20cm。

②塔式起重机吊装劲性骨架。当劲性骨架对角立柱与下层伸出劲性骨架对齐时，由测量人员校核其位置是否符合要求。当达到设计要求后，立即将骨架上下立杆施焊加固定位。

③劲性骨架安装固定后，用角钢按设计要求把骨架联结固定起来。

（3）劲性骨架的质量控制

①劲性骨架在钢筋加工厂制作完成后，必须经项目质检人员检查验收合格后方能投入使用。劲性骨架其加工制造标准如下：

长度、宽度容许误差±5mm，对角线容许误差±6mm，轴线容许误差2mm。加工及安装后的劲性骨架应自检合格，并报监理工程师验收通过后，方可进入下一道施工工序。

②劲性骨架安装允许偏差：平面偏差≤5mm；以索塔中线为基准线，斜率偏差≤H/3000mm；标高容许误差±5mm；外形尺寸容许误差±5mm。

4．钢筋加工及安装

（1）进场钢筋应附有钢筋出厂合格证。进场所有钢筋必须按试验规范要求，进行取样试验。试验合格后，方可进场堆放，并挂设标牌，注明钢筋品牌、进场时间、钢筋数量、检验人员、检验状态等。钢筋进场后，应分类整齐堆放，便于取用。钢筋堆放时，应垫设枕木隔水，钢筋顶面铺盖帆布避免日晒雨淋。

（2）钢筋在加工场加工成半成品，钢筋运输车运到施工现场安装绑扎成型，塔柱竖向主筋采用临时简易支架定位。钢筋按6m定尺接长，主筋连接采用剥肋直螺纹套筒接头连接。

（3）主筋丝头加工

①螺纹加工直径调定：主筋采用直径Φ32钢筋，采用Φ32调整棒调整直径，然后锁紧滚丝轮，严禁一次调定，滚丝牙应相对吻合，严禁丝牙交叉锁紧。

②长度调整：根据所滚压钢筋直径丝头长度，把行程调节板上相应的刻线对准护板上的"0"刻线，然后锁紧，即完成初步调整。

③直径、长度的调整：由于各部误差积累影响刻线的准确性，所以刻线均为初步指示线，最后以实际加工的直径和丝头长度进行微调，直至调整合格。调整时必须直径从大到小、丝头长度由短到长的顺序渐渐地进行调整。

④钢筋安放：把床头置于停车极限位置，将加工钢筋卡在夹钳上，钢筋伸出长度以其端面与滚丝头钢丝轮外端面对齐为准，然后夹紧钢筋。

⑤丝头加工：开启水泵，逆时针搬动进给手柄，使主机启动，并平稳前进。当滚丝轮接触钢筋后，仍需给手柄一定的力，使其能自动按螺距前行两个螺距后再去掉手柄力，使其自动进给。当完成丝头滚压长度后，机床会自动倒车回返。在滚轮与丝头完全脱开后，顺势摇到"0"位，机床自动停车。松开夹钳，取下钢筋，即完成一个丝头的加工。

（4）丝头加工注意事项

①钢筋滚压直螺纹丝头端面应垂直于钢筋轴线，不得有挠曲及马蹄形。

②夹钳上的钢筋伸出长度向里外都直接影响丝头的加工长度，故其伸出

端面必须与钢丝轮外端对齐。

③按要求调定滚丝轮直径和调节板刻线，并夹紧钢筋。

（5）连接方法：丝头加工完成先按丝头质量控制。检测标准：将丝头的外观直径长度进行检查，检查合格后，即可用管钳将螺纹连接套筒拧入丝头端部，空头一端用塑料保护帽拧上或采用其他保护措施，编号存放备用。如即加工即安装，可将另一根带螺纹的钢筋对准螺纹套筒，用管钳顺时针旋动钢筋拧入套筒内，拧紧为止（外露完整丝牙不得超过2丝）。

（6）施工检验与验收

①同一施工条件下同等级、同型号、同规格的钢筋接头，以 300个为1个验收批进行检验与验收，不足300个的也作为1个验收批。

②第一验收批必须随机截断3个试件作单向拉伸试验。如拉伸强度大于母材强度则可评定验收该批为合格。如有1根试件不合格，应取双倍试件（6个）进行复检，直到全部试件合格，才能进行钢筋连接施工。

③连接检验10个验收批。其全部单向拉伸试件一次抽样均合格时，验收批接头数量可扩大到1000个。

（7）加工质量检验方法

①钢筋丝头螺纹中径尺寸的检验应符合通环规则顺利旋入整个有效扣长度，而止环规旋入丝头的深度小于等于3P（P为螺距）。

②钢筋丝头螺纹的有效旋合长度用专用丝头卡板检测，允差不大于1P。

③连接套螺纹中径尺寸的检验用止、通塞规。止塞规旋入深度小于等于3P；通塞规应全部旋入。

（8）在钢筋的绑扎中，钢筋的交叉点应用扎丝绑扎结实，必要时可用点焊焊牢。部分纵横水平钢筋可预放在绑扎位置，留出工人振捣混凝土的作业空间，边浇筑混凝土边定位绑扎。

（9）为保证保护层厚度，在钢筋与模板间设置高强混凝土保护层垫块。

5. 模板安装

（1）首次模板安装

①模板进场后，首先进行模板预拼装，检查模板各部分尺寸、模板接缝及平整度。

②在主梁0#块施工完成后，于立模部分抹上一层砂浆并用水准仪找平，并于其上测量放样塔柱几何尺寸关键点，用墨线弹出立模边线。

③劲性骨架安装完毕，进行钢筋安装绑扎。经检验合格后进行钢模板的安装施工，模板拼装之前先将模板磨光清除干净，涂抹脱模剂，涂刷时要轻、薄、均匀，全桥塔柱采用同一种脱模剂，以保证混凝土表面颜色一致。

④塔柱钢模板采用塔式起重机吊装，人工辅助就位。模板竖向连接采用双螺母，拉杆采用直径22mm的精轧钢，同时配备双螺母+5mm的钢板垫片。每节模板安装时，可在两节模板间的缝隙间塞填双面胶防止漏浆。塔柱钢模板安装时，安全员全程进行安全监控，防止无关人员靠近施工区域。并给安全员、模板工、塔式起重机司机配备无线电对讲机，便于三者之间及时沟通。

⑤模板的检查：模板安装完成后对模板进行检查，首先检查模板的接缝及错台，如果有不合格的情况，用手拉葫芦和千斤顶进行调整。另外对钢模板地对拉杆数量及模板加固情况进行全面检查。

⑥混凝土浇筑完成后，待工作层混凝土强度达到3MPa，支撑层混凝土强度达到10MPa。用起重机或塔式起重机拆除支撑层模板并吊至地面打磨除锈涂脱膜剂，待钢筋加工完成经检验合格后用以工作层模板为新的支撑受力点安装模板。如此循环直至塔柱翻模施工完成。

⑦为保证塔柱外观质量，在拉杆上套PVC管，以便拉杆抽拔再次循环利用。

（2）模板外侧作业平台加工

在模板支立前，需先在模板上加设作业平台。作业平台在施工现场采用[12槽钢焊接组装，间距1m。护栏采用L63mm×6mm×1160mm角钢，横向布置3层Φ48钢管，每30cm 1道，外侧密目网防护。在模板顶面槽钢上铺设5cm厚木板作为操作平台。在工作平台下端设置防坠落安全网，保证使用工具及小型物品掉落伤人。

（3）模板翻升施工

模板支立和拆除均采用塔式起重机进行施工。模板拆除前先用塔式起重机挂钩吊住模板并使吊机保持受力状态。在作业平台下部挂1个1mm×1m的吊篮。吊篮采用具有资质的专业厂家进行生产的合格产品，人员下至吊篮进行竖向螺栓拆除。施工人员必须挂安全带（安全带要求挂在模板上，严禁把安全带挂在作业平台栏杆上），然后上至平台拆除横向螺栓。模板拆除时先松开拉筋，但不能取出，以防止模板与混凝土突然脱落而引起模板掉落；拆除过程中安排专人观察模板动向。如出现模板位移则停止施工，重新调整塔式起重机后再行拆除。模板拆除作业时必须慎用撬棍或其他重型工具，以防止模板突然脱落造成人员及机具损伤。

模板提升注意事项：

①正式提升前，先要对提升系统做全面检查，还要检查大块模板的位置、牢靠程度、吊钩及连接杆件等，在确认大块模板结构牢固后再正式提升。

②正式提升前，还应先拆除与相邻大模板间的连接杆件，使各提升模板单元体分开。

③提升时应先收紧模板顶板钢丝绳，然后拆卸穿墙螺栓。同时还要检查卡环和安全钩，调整好大模板支架的重心，使其保持垂直，防止晃动与扭转。

④提升时要稳起、稳落、稳就位，防止大幅度摆动和碰撞，注意不要使大块模板与其他物件轧住，若发现有轧住现象应先行排除后方可提升。

⑤遇六级以上大风，应停止作业。

模板拆除完毕后，重新对模板进行打磨及涂刷脱模剂处理，处理完毕吊至上层模板后再行连接支立。

6. 混凝土浇筑

主桥塔柱混凝土全部为C50高性能耐久性混凝土。混凝土施工采用拌和站集中拌制，混凝土罐车运输至施工现场，混凝土输送泵入模，插入式振捣器振捣。

（1）浇筑混凝土前，应对模板、钢筋和预埋件进行检查，并做好记录，符合设计要求后方可浇筑。

（2）混凝土的运输能力应适应混凝土凝结速度和浇筑速度的需要，使浇筑工作不间断，并使混凝土运到施工现场时仍然保持均匀性和规定的坍落度。

（3）由于每次混凝土浇筑高度为4.1m，浇筑采用泵车，混凝土通过软管进入模板内，禁止将混凝土直接从模板顶倒入模板内，避免混凝土在下落过程中与塔柱密集的钢筋相撞造成严重离析。

（4）浇筑混凝土前，先将塔柱内杂物清理干净。混凝土的振捣采用插入式振动器，振动器的移动距离在30~35cm范围内，与侧模保持5~10cm的距离。

（5）混凝土分层浇筑，每层厚度控制在30cm。每放一层料时先将料扒平再开始振捣。严禁用振动棒横拖混凝土。

（6）振捣顺序为：从中间向两侧振捣，振捣时间控制在30s左右，以混凝土不再下沉、不再冒气泡、表面泛浆为准。在混凝土的振捣过程中有技术人员现场严格控制。

（7）振捣器要垂直插入先浇混凝土内一定深度（一般控制在5～10cm），以保证新老混凝土能良好结合。

（8）因塔柱混凝土分节浇筑，控制好每节混凝土顶面高度可以保证相邻两段塔身接缝良好，从而保证混凝土的外观美观。当混凝土浇筑到顶时，使混凝土面稍高于模板顶，以便凿毛时方便清洗处理；浇筑完毕后派专人用木抹子将模板四周附近的混凝土抹平，保证混凝土面与模板顶面平齐，以保证上下两节段为一条平齐的接缝。

（9）为了保证上下浇筑段混凝土良好的结合，待混凝土强度达到2MPa后进行人工凿毛。首先必须将混凝土表面的浮浆凿掉，露出石子，凿深1～2cm，凿完后先用高压风枪吹掉混凝土残渣，再用高压水冲洗干净。以保证凿毛的混凝土面清洁。

（10）在浇筑混凝土时，不宜过快，保证每小时30m³即可，同时应安排专人进行模板监测。如出现异常情况应及时汇报，由现场技术人员确定是否可继续进行混凝土浇筑。

7. 混凝土养护

由于塔柱较高，塔柱混凝土的养生，项目部拟采用混凝土养护剂进行。待模板拆除后，混凝土表面没有游离水后喷洒养护剂。用喷雾器将养护剂溶液喷洒在混凝土表面上，喷头距表面30cm左右。喷洒时，操作人站在上风处，按顺序逐行喷洒，向前推进。混凝土初凝时喷洒第一度，待第一度喷液成膜后（夏季约0.5h、冬季约3h）再进行第二度喷洒，第二度与第一度的喷洒方向应垂直，以保证喷洒均匀。

养护剂喷洒的厚薄用每kg溶液的喷洒面积来控制。喷洒面积过大则厚度太薄，影响混凝土强度；面积过小，则厚度大，造成浪费。一般规格的养护剂每公斤可养护3～4m²混凝土。

五、塔式起重机的安设

1. 塔式起重机的选择

根据现场实际情况决定选用3台QTC80型塔式起重机。

2. 基础设置

考虑到塔式起重机附着臂长为3.5m，根据现场实际情况，塔式起重机基础设置在主墩承台上，0#块具体基础形式及预埋件位置尺寸，由塔式起重机租赁公司派专业人员现场实际勘测指导施工。塔式起重机具体安装位置及塔式起重机基础预埋件施工见第三章围堰、承台专项施工方案。

3. 连墙件设置

随着建筑结构物高度不断变化，塔式起重机自身高度也在不断升高。根据塔式起重机施工要求，每升高15m与建筑结构物连接1道。具体连接方式及要求如下：

（1）在塔柱浇筑到30m位置，初次埋设塔式起重机连墙件预埋钢板。以后每隔15m设置1道。

（2）连墙件预埋在纵桥向塔身外侧。连墙件采用塔身预埋钢板，再与连墙件焊接的方式施工。

（3）预埋钢板尺寸为40cm×40cm×2cm。在钢板上割孔插入Φ28螺纹钢，单根长50cm。一面采用贴焊，一面采用塞焊。钢筋末端预留直弯钩。

（4）在进行附墙杆锚固焊接时，要求焊缝应饱满、密致、平整、均匀，并且无焊接缺陷。预埋钢板处的混凝土应浇灌捣实，确保预埋装置能承受附墙拉杆对其施加的作用力。

4. 塔柱爬梯设置

为了保证施工安全和提高生产效率，结合工程特点及现场作业情况，现场采用扣件式脚手架步梯上下通行。

（1）井形脚手架搭建

采用Φ48钢管搭建一个"井"形框架结构的支架。再在支架内部搭建一个"之"字形回旋步梯。脚手架每隔9m附着在塔柱上。

采用Φ48钢管，钢管一端与脚手架的立杆用碗扣连接，另一端的钢管与提前预埋在塔柱内的钢板焊接。预埋钢板尺寸为30cm×30cm×2cm。

井形脚手架平面结构单元采用18根立杆。脚手架长×宽为5m×3m，脚手架采用Φ48钢管，钢管壁厚3.5mm，立杆横距1m，立杆纵距1.5m，步高1.5m，共14步。

塔柱高度范围内，每1.5m 1个平面结构单元，拟设计脚手架最高高度21m，共14个平面结构。井形4个侧面和中间2个面，高度范围内每6m设置1对剪刀撑。剪刀撑采用长6m钢管。整个支架每个交点均设置扣件。搭建过程中，对支架整体的垂直度进行严格控制，保证在21m顶部位置倾斜偏差小于3cm。

脚手架立杆设置在0#块上。立杆下焊接25cm×25cm×2cm钢板作为支腿，靠近地面8cm位置设1个平面单元，并在平面单元内设置剪刀撑。

（2）步梯设置

在井形脚手架内设置步梯，步梯由2根承重钢管、若干踏板承重钢管、2个扶手钢管组成。高度每1.5m设置1个转向平台，平台宽度1m、长3m；每登步梯高30cm、宽30cm，下部有两根间距20cm、长度1.5m钢管承重，钢管上铺设厚3cm、长1.6m、宽30cm木板，木板与钢管采用铁丝绑扎牢固。扶手和踏板之间用防护网包裹，防止高空眩晕。

六、斜拉索施工

1. 斜拉索施工工艺流程

（1）斜拉索施工工艺流程

见图6-2。

图6-2　斜拉索施工工艺流程图

（2）斜拉索安装顺序

斜拉桥拉索布置形式为三塔单索面，每号索有两根并排相邻的拉索，每个主塔有9对共计18根拉索，3个主塔共计54根斜拉索。

总体施工顺序是由短索到长索。为了确保主塔偏心受力在允许范围内，每号索两根并排相邻的拉索在钢绞线施工时循环交叉逐根安装，如1#拉索（43孔）施工顺序为：1#上游侧第一根钢绞线→1#下游侧第一根钢绞线→1#上游侧第二根钢绞线→1#下游侧第二根钢绞线→1#上游侧第三根钢绞线→1#下游侧第三根钢绞线……以此类推直至安装完最后一根钢绞线。

2. **下料**

拉索钢绞线下料时，应对钢绞线索盘出厂编号、质量保证书编号及单个索盘钢绞线重量进行记录。

（1）下料长度计算

按下列公式列表计算出无应力状态下的自由长度

①下料长度计算公式为：

$$L = L0 + 2（L1 + A1 + A2 + L3 + L4）$$

式中：

L0——两侧梁端垫板底面之间的中心线或弧长（mm），该数据由设计院提供；

A1——锚板外露长度（mm）；

A2——锚固螺母厚度（mm）；

L1——张拉端工作长度（mm），一般取1400mm；

L3——有圆管限制的垂直影响长度（mm）；

L4——塔梁施工误差的影响长度（mm），一般取5～10mm。

通过以上计算公式，可计算出该桥无应力状态下无黏结钢绞线下料长度。

②钢绞线HDPE剥除长度

张拉端L张＝L1+A3+A4−L5

式中：

A3——锚板外露长度（mm）；

A4——密封筒长度（mm）；

L5——为HDPE护套进入锚具内的长度（mm）。

说明：由于钢绞线的热挤PE护套与钢绞线之间敷有无黏结预应力筋专用防护油脂，两者之间的黏结力是很小的。在钢绞线张拉过程中PE层不会随钢绞线的伸长而伸长，因此钢绞线张拉端HDPE剥除长度可不考虑伸长值的影响。

通过以上计算公式，可计算出该桥无应力状态下无黏结钢绞线PE剥除长度。

（2）下料施工

下料时注意：

①发现PE护套有破损之处，应马上修补，若损坏严重难以修补，则应弃用此段钢绞线。为尽量减少人为损坏PE护套，下料人员应严禁穿硬底鞋，同时下料场应进行封闭，以免非下料人员进入现场损坏PE护套层；

②为了保证钢绞线下料长度准确，除保证钢绞线行走路线直线外，还应遵守分组进行长度丈量、标识和复核的下料原则；

③断料应用砂轮切割机，严禁用气割等易产生高温的设备进行断料；

④钢绞线PE层为易燃材料，下料场地应完善防火措施。

（3）剥皮及清洗

将钢绞线两端的PE剥掉一部分作为工作和锚固长度。剥皮时应注意刀具不能损伤钢绞线，清洗时应将钢绞线端头打散后并用清洗剂清洗干净。同时清洗后的光面钢绞线要进行防污保护。

（4）切丝及镦头

钢绞线清洗完成后，在钢绞线两端打散后在端头约12cm长度范围内平齐切掉外圈6丝，保留中心丝，然后将钢绞线复原。复原后用LD10镦头器将两端的中心丝镦成半圆形镦头，供挂索牵引用。

3. HDPE管焊接

HDPE管焊接时，应对段管编号、段管长度、焊接头预热温度、预热压力、加热时间、切换时间、焊接压力、冷却时间和焊接时间等进行记录。

（1）焊接长度

L焊＝L0-L6-A5- L7-L8- L9/2+L10

式中：

L0——两侧塔梁垫板间距（mm），该数据由设计院提供；

L6——梁端预埋管长度及钢垫板厚度之和（mm）；

A5——梁端防水罩HDPE管限位长度（mm）；

L7——塔端连接装置长度（mm）；

L8——塔端锚固筒长度（mm）；

L9——分丝管长度（mm）；

L10——HDPE外套管进入塔端连接装置长度（mm）。

通过以上计算公式，可计算出HDPE外套管焊接长度。

（2）焊接工艺

HDPE管的连接采用专用发热式工具对焊方式。HDPE管焊接时，应对段管编号、段管长度、焊接头预热温度、预热压力、加热时间、切换时间、焊接压力、冷却时间和焊接时间等进行记录，其焊接工艺流程见图6-3。

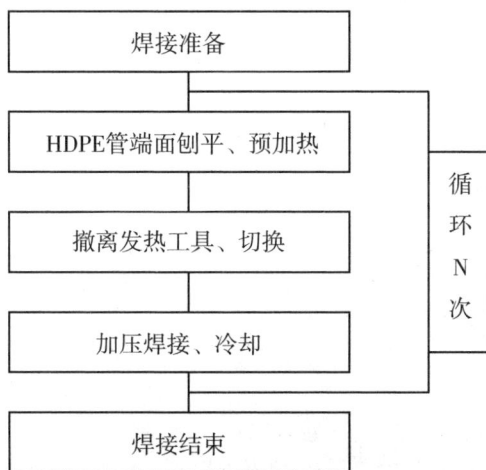

图6-3　HDPE管焊接流程图

HDPE管焊接操作要点：

①HDPE管要按规格大小分类堆放，堆放场地要垫平，堆放高度不宜超过6层，要远离火源。用卷尺选出PE管并做好顺接标记，变形严重的HDPE管不能使用。

②将HDPE管放上托架在PE焊机处进行对接，调整PE管位置和卡箍使PE管基本顺直，两管外圆高差不大于2mm。

③刨削时压力要均衡，刨花成连续圈状，厚度均匀，才能退刀，退刀时压力要适当减小，退刀时要直进直出，不能左右摆动。退刀后进行试对，看管接缝四周是否有缝隙，如有缝隙必须重新刨削。刀片刀口钝用细砂轮进行

水磨，要注意刀口的角度。

④刨削后调整卡箍使管口接口处外圆高差小于1mm。

⑤对每种规格的HDPE管正式焊接之前进行试焊，确定焊接参数。

⑥加热时要控制温度和压力恒定，时间控制准确，同时观察熔高要符合要求。

⑦加热完成后取加热板、活塞推进要在5秒钟内完成，控制好对接压力各时间，观察焊缝翻转高度5~8mm。

⑧在冬天进行HDPE管焊接时要采取取暖措施，保障焊接温度在20℃左右，冷却时用棉纱头、挡风布对接头进行保暖。冷却接近室外温度时取出HDPE管，焊好的HDPE管堆放场地要平整，不能在HDPE管上堆放杂物，不能踩踏HDPE管，防止焊好的HDPE管变形。

⑨严格按HDPE焊机操作规程焊接，做好详细记录，保证焊接质量。HDPE护套管焊接见图6-4。

⑩HDPE套管计算长度，必要时考虑上下管口挂索操作空间及整体防护时热胀冷缩的影响长度。

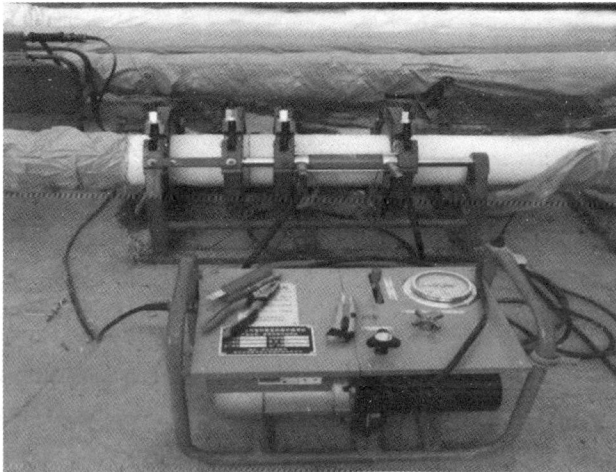

图6-4　HDPE护套管焊接

（3）焊接条件

HDPE管焊接时，根据管材规格，其焊接条件按照以下几方面进行控制：

管材规格、预热温度（℃）、卷边高度H＝1mm时的预热压力、预热完成后加热时间、允许最大切换时间、焊接压力、冷却时间等。

特别提示：HDPE管焊接前，将管材旋转于夹紧装置内并将之夹紧，在压力作用下用平行机动旋刀削平两个管材的被焊端面。

在焊接过程中，无论如何焊接压力都必须保持至焊缝完全满足冷却时间且硬化后才能撤去。

4. 分丝管安装及梁端预埋件的安装

（1）分丝管安装

塔柱在浇筑前安装分丝管定位支架，支架由型钢焊接而成，待分丝管定位好后将弯管焊接在托梁上固定。

①在主塔分丝管前一个节段浇筑混凝土前，先安装支架预埋件，预埋件顶面高程与该节段混凝土顶面一致。

②待前一节段混凝土浇筑后，即在主塔上拼装焊接劲性骨架中的立柱、连接杆及斜撑，立柱与预埋件焊接固定。

③以前一节段混凝土顶面高程为参考点来初步确定1#分丝管主边跨侧的高程，结合设计图纸中分丝管与主塔的相对位置初步确定1#管主边跨侧横桥向及顺桥向位置，并首次临时固定。

④取分丝管端垫板外板竖向边中心点作为控制点，用测量仪器精确测量首次固定后分丝管单侧的位置并调整。每调整一次即测量一次，直至分丝管与设计位置误差满足设计规范要求。注：单侧位置精确固定前，应及时调整分丝管另一侧的位置，使其与设计位置相差不至于太大。

⑤牢固焊接托梁，定位钢筋及撑杆、拉杆，固定分丝管。

⑥同步骤④精确测量并调整1#管另一侧的位置，再按步骤⑤固定分丝管。

⑦然后以1#管分丝管为基准点初步确定2#管的位置，并临时固定。重复步骤④⑤⑥即完成2#管的安装。

⑧以此类推即可完成主塔所有分丝管的安装。

⑨劲性骨架可以按浇筑节段分段拼装。

（2）梁端预埋管的安装

①用精轧螺纹钢加工一个可调整高度的支撑平台，该平台可反复使用。

②安装前必须提供模板的实测标高值和上、下端管口的安装标高值。

③根据上、下端管口的坐标通过测量确定其在模板上的投影点。

④在投影点附近安装支撑平台，调整支撑平台上平面的标高值，然后把

预埋管搁置在该支撑平台上。

⑤调整预埋管的纵横向坐标值，使之满足设计要求。

⑥通过测量确定锚垫板的坐标满足要求。

⑦用葫芦或其他起重设备调上端管口的仰角，加强测量使之满足设计坐标要求。

⑧焊接临时支架使之固定，拆除支撑平台，绑扎钢筋。

5. 施工塔外平台

塔外施工平台采用普通钢管脚手架搭设施工。施工脚手架仅作为人员上下及挂索人员操作的平台，脚手架基础支撑在0#块桥面上。在塔柱横桥向两侧采用双排钢管脚手架，内外排钢管立杆间距90cm，沿周边方向立杆间距120cm。脚手架外围拉满安全网。竖向每层作业面满铺5cm厚脚手板。按规范要求设置纵向剪刀撑，剪刀撑斜角约45度。塔柱两侧脚手架之间竖向每隔3m横向连接一次，每间隔6m与塔柱连接1次。脚手架设置之字形斜道，人行斜道宽度为1m，斜道坡度为1：3，拐弯处设置休息平台，宽度与斜道相同。斜道拉杆及挡脚板与脚手架相同设置，应用脚手板满铺，四角扎牢，坡道上设置踏步，并采用防滑条，坡道两侧加设防护栏杆，满铺脚手板。

6. 张拉端锚具安装

梁下张拉端锚具安装前应清洁锚孔，并保持清洁无污。由于锚具分别由多个零部件组成，运到工地后应进行检查。

锚具安装就位时要求：

（1）安装前，清洁锚孔、密封筒和锚筒内壁，将锚板按注浆孔在下、排气孔在上定位好；

（2）中、边跨锚具组装件的锚板上明显成排的中排孔的中心线必须严格控制在同一垂直平面内；

（3）锚板的中心线与承压板（锚垫板）的中心线应力求保持一致，两者偏差不得超过5mm；

（4）中、边跨锚板及塔上分丝管锚孔也必须相互对齐，以免钢绞线缠绕。

7. 调整护管安装

在距梁下预埋管口约50cm的预埋管内壁位置上，均布焊上3个挡块，并将调整护管放进预埋管内的挡块上。

8. 张拉支座安装

将张拉支座吊装到锚固端锚具端部，然后按支座下的定位板孔对准部位再用螺杆将张拉支座与锚板连接稳固。

9. HDPE套管吊装

HDPE套管吊装前，应先将按给定的长度焊好的套管运至中央分隔带上，然后将梁端整圆式防水罩、梁端防护钢管、塔端连接装置、塔端锚固筒组装并固定好。

安装时，在套管两端头附近装上专用抱箍，专用抱箍垫上1块3～5mm橡胶板以增加摩擦。然后用塔式起重机或1T卷扬机的牵引绳将套管一端吊至塔上管口附近并用葫芦挂好。

按以上方法将两侧的HDPE管吊至塔端后，通过张拉锚具最上一排的两根钢绞线将其托住（其挂索张拉工艺与单根挂索张拉一致）。HDPE管吊装图6-5。

图6-5　HDPE管吊装

10. 单根挂索

（1）单根挂索工艺流程

见图6-6。

```
┌─────────────────────────────────┐
│          钢绞线准备               │
└─────────────────────────────────┘
                │
┌─────────────────────────────────┐        ┌────┐
│   两端锚具牵引绳穿至预埋管口       │        │    │
└─────────────────────────────────┘        │    │
┌─────────────────────────────────┐        │    │
│   前端钢绞线穿过后端HDPE管        │        │    │
└─────────────────────────────────┘        │    │
┌─────────────────────────────────┐        │    │
│     前端钢绞线穿过分丝管          │        │    │
└─────────────────────────────────┘        │    │
┌─────────────────────────────────┐        │ 循 │
│   前端钢绞线穿过前端HDPE管        │        │    │
└─────────────────────────────────┘        │ 环 │
┌─────────────────────────────────┐        │    │
│   前端钢绞线与前端牵引绳连接       │        │    │
└─────────────────────────────────┘        │    │
┌─────────────────────────────────┐        │    │
│ 前端钢绞线穿过前端锚具直至满足工作长度需要需要│  │
└─────────────────────────────────┘        │    │
┌─────────────────────────────────┐        │    │
│   后端钢绞线与后端牵引绳连接       │        │    │
└─────────────────────────────────┘        │    │
┌─────────────────────────────────┐        │    │
│ 后端钢绞线穿过后端锚具直至满足工作长度需要│  │    │
└─────────────────────────────────┘        └────┘
                │
┌─────────────────────────────────┐
│          单根挂索完毕             │
└─────────────────────────────────┘
```

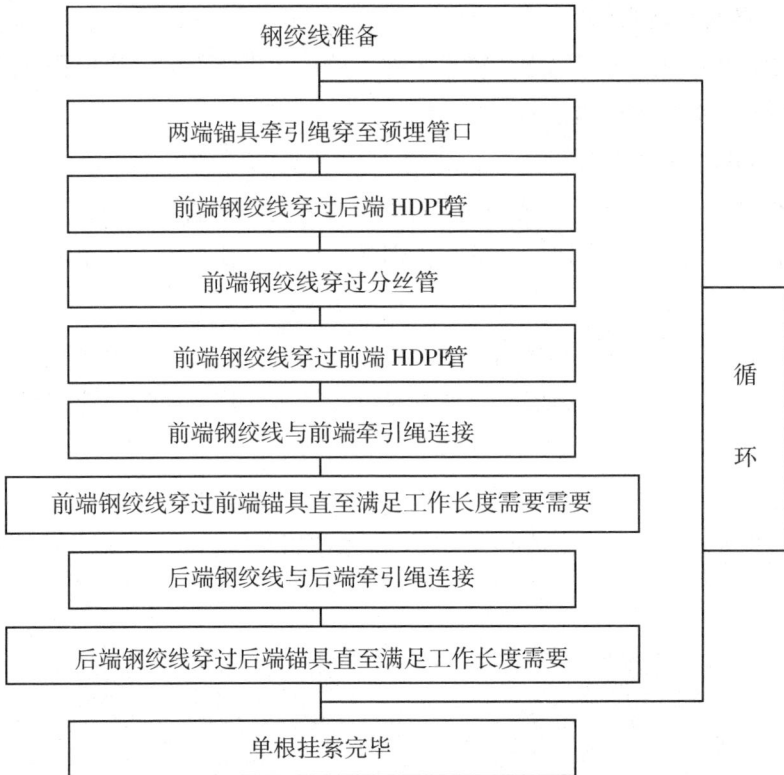

图6-6　单根挂索工艺流程图

（2）单根挂索工艺

①将单根成盘的钢绞线运至桥面穿索附近点，拆开钢绞线的缠包带，从内圈抽出钢绞线的一头（称前端，与抗滑键距离端头长的一头），并用穿索机将其穿过HDPE管（称后端，与抗滑键距离端头短的一头）；

②用穿索机将钢绞线按事先约定好的顺序先后穿过后端防松装置、后端抗滑锚具、分丝管、前端抗滑锚具及前端防松装置，继续将钢绞线穿出前端的HDPE管到达前端预埋管口，待前端钢绞线与牵引绳的穿束器连接好后，在牵引绳的引导下将钢绞线穿过前端锚具直至单根张拉所需的工作长度；

③前端钢绞线及抗滑键到位，随即将后端钢绞线与牵引绳连接，同样在牵引绳的引导下将钢绞线穿过后端锚具直至单根张拉所需的工作长度；

④前后两端调整好钢绞线后，单根挂索完毕；

⑤在单根挂索时，应注意钢绞线的HDPE护套的保护和防止打绞现象发生。

11. **斜拉索张拉及调索**

每根索的钢绞线均逐根挂索后即用YDCS160千斤顶进行张拉。单根张拉时，要对张拉油压、张拉力、传感器读数、初值油压、测量初值、测量终值及回缩值等进行记录。

单根张拉顺序为：先张拉不带抗滑键的一端，让抗滑键紧贴锚垫板；再根据张拉力以及索伸长量，同时张拉钢绞线两端。单根张拉见图6-7。

图6-7　单根张拉

（1）索力均匀性控制

为使每根索中各钢绞线索力均匀，采用等值张拉法进行张拉，即每根钢绞线的拉力以控制压力表读数为准，传感器读数进行监测。挂索前，将监测传感器安装在一根不受外界影响的钢绞线上，安装顺序为：支座垫板→传感器→单孔工作锚。随后张拉时每根钢绞线的拉力是按当时传感器的显示变化值进行控制的。

通过以上索力控制，索力均匀性可控制在每根斜拉索的各股钢绞线的离散误差不大于理论值的±2％；

（2）单根钢绞线张拉力及张拉方式

①张拉力：由施工监控单位以索力监控指令的形式给出。

②工艺要点：安装上YDCS160千斤顶；加载至单根钢绞线设计应力的15％时测钢绞线伸长初始值；用压力表读数控制最后一级张拉力，使之跟传感器显示变化值相同时，测终止伸长值，装上工作夹片，适度打紧，卸压至3MPa时测回缩值后锚固；在挂索结束后，即拆出传感器，并按传感器拆除时

的读数再进行补张拉；

③在单根张拉完每一根钢绞线后，应严格控制工作夹片的跟进平整度；

④在单根张拉过程中，两侧应同时均衡进行加载，力求两端伸长值的不均匀值应控制在设计允许范围之内。

（3）斜拉索索力调整

调索施工时，应对调索工况、设计调整索力、设计张拉油压、初张力、实际张拉油压、实际调整索力、回缩值等参数进行记录。

调索过程中，钢绞线拉索张拉到位时，注意利用打紧器及时将夹片打紧。当索力调节至设计值时，调索完毕。

12. 塔端抗滑锚固装置安装

斜拉索调索完毕后，进行抗滑装置的安装，抗滑装置由抗滑键、抗滑插片、塔端锚固筒、抗滑螺母等组成。

第一步：先将抗滑插片，逐片依次由上至下插入钢绞线间隙之间（注意抗滑插片的方向，确保方向正确）；

第二步：将锚固筒往塔端分丝管上推，一直推到靠近钢垫板，并用螺杆将之与钢垫板连接、扭紧。

第三步：安装抗滑螺母，将螺母旋入锚固筒中，直至螺母顶到抗滑插片达到设计顶紧力为止。

抗滑装置安装完毕。描固筒安装效果见图6-8。

图6-8 锚固筒安装效果

13. 梁端紧索、减振器及管口索夹安装

单根张拉结束后应立即进行梁端紧索、减振器及索夹安装等工作：

（1）紧索时，在管口索夹旁相应的位置装上一套紧索器将索收紧，然后将预先裁好长度为1.0m左右钢绞线（即假索）填入索体相应位置周围空隙中，使之成型至设计断面；

（2）将组装好的减振器推入调整护管内，直至减振器端面与调整护管端口持平，再收紧螺栓，按内缩外胀原理，使其内外分别与索体和调整护管壁紧紧相贴；

（3）在成型的索体相应位置装上钢质索夹并收紧螺栓，使索与索夹之间紧密。索箍安装见图6-9。

图6-9　索箍安装

14. 安装梁端防松装置

（1）安装防松装置前，应先用手提砂轮机切除锚头两端的多余钢绞线，并预留一定的长度。要求钢绞线端头平整、光滑。

（2）装上防松装置，拧紧锁紧螺母，以便有效地防止夹片松动。

15. 塔端减振器、索箍及连接装置安装

塔端锚固筒安装完成后，即可依次进行减振器、索箍及连接装置安装，在安装过程中要注意减振器处索体之间的密封。减震器安装见图6-10。

图6-10　减震器、索箍安装

16. 斜拉索防护

（1）防护材料

根据设计要求，锚具外露钢绞线的保护罩和梁端锚具密封筒内灌注防腐材料。

（2）灌注方法

灌注时，为保证其密实度，除用专用的高压灌浆泵外，还要注意灌浆孔在下排气孔在上。防腐材料灌注见图6-11。

图6-11 防腐材料灌注

灌注前准备：检查进浆口与出浆口有没有堵塞，确保灌浆线路通畅。检查灌浆设备，确保性能良好。

灌注施工注意事项：灌注过程注意做好防护措施，保护好现场环境不受污染。

第七章　施工监控管理技术

　　斜拉桥的施工监控主要是为施工服务的，它是将斜拉桥结构测试试验和现场计算分析技术应用于斜拉桥施工，并结合施工过程形成斜拉桥结构计算分析、监测及反馈控制系统。在大跨度斜拉桥的施工中进行相应的施工控制研究是对其施工安全、可靠进行的重要保障，是提高施工质量的重要技术手段。

　　在《公路桥涵施工技术规范》（JTG/T 3650—2020）中，明确要求斜拉桥施工时，应通过施工控制，保证结构在施工过程中始终处于安全范围内，使程桥后的线性和内力符合设计的要求。监控测试是施工控制的重要组成部分，通过测试所获得的斜拉桥在施工各阶段结构内力和变形的第一手资料，是施工控制、调整的主要依据，同时也是监测施工、改进设计、保证结构在施工过程中安全的重要手段。环境条件对测试数据的准确性和可靠性有直接影响，温度变化特别是日照温差的变化对于斜拉桥结构内力和变形的影响尤其明显，因此在对施工过程进行监控测试时，需要满足环境条件的要求，最大限度地保证施工测试实测值的真实性。本章将介绍斜拉桥的施工监控基本内容和方法，并以九嶷大桥施工监控方案为例，阐述监控的具体实施过程。

第一节　施工监控概述

一、施工监控的概念

　　斜拉桥施工阶段的控制是一个系统工程，主要包含两部分：一部分是数据采集系统；另一部分是数据分析处理系统。前者是利用事先在塔、梁和拉索等主要部位埋设数种性能各异的传感器和相关的测试仪器获得大量的数据，包括几何参量和力学参量。监控则是利用高效计算机程序，对数据进行分析处理，并确定下一个阶段的施工参数。通过两者的有机结合，调整控制桥梁的内力和线形，实现斜拉桥结构的内力和线形同时达到设计预期值，确保斜拉桥施工安全和正常运营，并保证其具有优美的外观形状。

二、施工控制的重要性

斜拉桥是高次超静定结构，成桥的梁部线形和结构恒载内力与施工方法有着密切的关系，也就是说，不同的施工方法和工序会导致不同的结构线形和内力。另外，索塔、主梁和拉索之间刚度相差悬殊，受拉索垂度、温度变化、风力和日照影响、施工临时荷载、混凝土收缩徐变、材料的弹性模量、结构自重等各种因素的随机影响，使力与变形的关系十分复杂，加之在测量等方面的误差，结构的原始理论设计值难以做到与实际测量值完全一致，两者之间会存在偏差。尤其值得注意的是，某些偏差（如主梁的高程误差、轴线误差、索力误差等）具有累积的特性。若对偏差不加以及时有效的调整，随着主梁的悬臂长度的增加，主梁的高程会显著偏离设计值，造成合龙困难或影响成桥的内力和线形。特别是对于大跨度斜拉桥，施工中的不合理误差状态如不能及时地加以识别和处理，主梁、索塔的应力有可能发生积聚而超出设计安全状态发生施工事故。

斜拉桥施工过程中，由于施工控制方案及调整控制措施不当，会出现常见的以下几类问题：

（1）斜拉桥成桥线型较大地偏离原设计线形，导致运营效果不佳。成桥后主梁线形呈明显波浪起伏状，使行车舒适度下降，引起桥梁的使用寿命缩减。

（2）主梁悬臂施工中线形误差累积过大，导致主梁合龙困难。最终不得不采用压重强迫合龙，主梁的内力因而产生不利的影响。

（3）主梁悬臂施工中内力误差累积过大，进行内力调整将滞延施工工期。若不对内力误差进行及时调整，主梁的施工安全会受到极大影响。

对斜拉桥的施工进行监控可避免上述问题的出现，是保证斜拉桥达到设计要求的重要手段。

三、施工监控的目标

施工监控的目的是对成桥目标进行有效控制，修正在施工过程中各种参数的误差，避免其对成桥目标的影响，确保成桥后结构受力和线形满足设计要求。斜拉桥的施工控制应能完成以下工作目标：

（1）确保施工过程中结构的安全，施工过程中和竣工后结构内力状况满足设计要求。

（2）成桥的线形、索力逼近设计状态。

（3）精度控制和误差调整的措施不对施工工期产生实质性的不利影响。

（4）主梁合龙前两端标高误差、轴线偏差能够保证顺利合龙。

（5）控制及监测精度达到施工控制技术要求的规定。

第二节　施工阶段监控的内容和方法

斜拉桥是高次超静定结构，它对成桥线形有较严格的要求，每个节点坐标的变化都会影响结构内力的重新分配。桥梁线形一旦偏离设计值，势必导致内力偏离设计值。大跨度斜拉桥施工阶段的施工控制是一个"施工—测量—计算分析—修正—预告"的循环过程，最根本的要求是在确保结构安全施工的前提下，要做到主梁线形和内力符合设计规定的允许误差范围。而施工阶段的监控是施工控制中的重要环节，包括几何指标参量的测量、物理参数测量和力学指标参量的测量等内容。

一、主梁线形测量

大跨度斜拉桥的主梁线形测量包括高程测量和中线测量。其中，高程线形测量用几何水准测量法，先测出已施工各节段的节段控制水准点的绝对高程，再根据各节段竣工时测得的与其梁底的高差，推算出相应节段的梁底高程。为消除日照温差引起的梁体的不规则变化，线形测量应选择在温度变化小、气温稳定的时间段进行，测量工作持续的时间越短越好。

中线测量是观测已施工节段的中线点相对于桥轴线的偏距。由于梁体受混凝土徐变和现浇段超重以及施工偏差、塔柱扭转等因素的影响，容易造成梁体产生局部变形或引起整个梁体演离桥梁中心线，为了保证边、中跨按设计中线正确合龙，必须控制主梁中线偏差值，一般不应偏离上下游1cm。

中线测量的一般方法是将经纬仪安置在0#块主梁中心点上，以另一墩主梁中心线后视点定向。对于与后视方向同侧的主梁中线测量，可采用视准线法直接利用小钢尺测量每一块主梁中心点的偏离值；对于与后视方向异侧的主梁中线测量，则采用正、倒镜观测法，依次测量每一块主梁中心点的偏离值，最后取两次结果的平均值作为该块主梁中心点的偏离值。后者也可以采用正、倒镜观测确定最前端一块主梁的中心线方向，再以此方向定向，依视准线法直接一次读取每一块主梁的中心点的偏离值。但中线测量观测时间应与高程线形测量同步。

中线测量和高程测量的测点一般均应布置在主梁顶面上。观测点断面间距应根据主梁长度确定。一般情况下，在梁体应力、温度测量断面必须设点，其他部位可酌情确定。

测量结果：提供主梁在各个施工阶段的高程实测值和中线实测值；提供主梁线形随温度变化的曲线，以随时掌握主梁温度变形的影响。

二、主塔线形测量

主塔线形测量包括顺桥向和横桥向两个方向变位值的测量。主塔在施工和成桥状态通过斜拉索均承担相当部分的梁体重量。在不平衡荷载和大气温差及日照等影响下，均会使主塔产生不同程度的变形。为了不影响主梁的架设施工，必须研究掌握主塔在自然条件下的变化规律以及在索力影响下偏离平衡位置的程度。

测量方法主要采用天顶基准法、投影法（或称测小角法）、外距法等3种方法。所使用的仪一器设备为经纬仪和全站仪等。测站点的布置一般选在梁顶面上相应比较适当的位置，观测点的布置可随测试阶段做相应的适时调整，一般设置在塔柱侧壁或顶端部位。

测量成果：提供塔柱在日照下随温度变化发生纵横向偏移的曲线以及在主梁施工过程中塔柱的变位偏移值。

三、索力测量

大跨度斜拉桥斜拉索索力的准确与否，直接关系到主梁的线形、整个施工过程的安全乃至成桥后运营的安全。因此，在大跨度斜拉桥施工中必须确保斜拉索的索力测试结果正确可靠。

目前测定拉索索力的方法主要有以下几种：一是千斤顶张拉。直接利用千斤顶油压表读数得到索力。它是施工安装过程中的通常做法，利用它测读索力没有任何问题，但精度有限。二是测力传感器。通过安装在锚头与锚座之间的测力传感器读取索力。该方法测试成本较高，还存在测试设备长期观测的稳定性或能力问题。三是测拉索频率。利用附着在斜拉索上的高灵敏度传感器拾取斜拉索在环境振动激励下的振动信号。经过滤波、放大和频谱分析.再根据频谱图来确定斜拉索的自振频率，然后根据自振频率索力的关系确定索力。该方法快速、方便，但具体实施时须考虑到斜拉索弯曲刚度的影响，应进行测量前的标定工作，并在测量中加以修正。

斜拉索的索力测量一般多采用振动频率法，或是同时采用两到三种方法，相互验证、标定和进行修正。

斜拉索的索力测试内容包括：施工挂篮挂索张拉后，每悬浇一个标准节段后，体系转换张拉斜拉索时邻近的4～5对索、中间调索和全桥合龙调索时全部斜拉索的索力等。

测量结果：提供施工过程中各测试阶段的索力以及关键索力随温度变化的曲线等。

四、温度测试

温度变化，特别是日照温差的变化，对于大跨度斜拉桥结构内力和变形的影响是复杂的。尤其对于大跨度钢斜拉桥的结构内力和变形的影响更为敏感。在大跨度斜拉桥的施工阶段，日照温差对主梁挠度和塔柱水平位移的影响极为显著。

温度的影响总体上可分为两种：一是昼夜温差；二是季节温差。前者是指太阳每日的起落对桥梁各部位的日照变化在混凝土结构内形成由表及里且深度一般不超过40cm的浅层温度梯度，使混凝土产生非均匀变形。后者则是由于长期的昼夜变化，使混凝土结构产生基本均匀的伸长和缩短。

现代大跨度混凝土斜拉桥的主梁和斜拉索的刚度，相对于空心箱形混凝土塔身刚度而言是较小的，主梁的抗弯刚度几乎只有塔身的1/90～1/25。再加之斜拉索又细又长，对温度变化十分敏感，容易掩盖主梁因昼夜温差产生的变形。季节性温差则使主梁、索塔、斜拉索产生均匀伸缩。总之，温度引起的主梁变形因悬臂长度的增加而增加，但是，如果想从挠度实测值中分离出因受温度影响引起的变形，则相当困难。因此，选择测量工作时间至关重要，宜在一天中日照温差对结构变形影响最小的时候进行测量，清晨通常是最佳选择。

为了便于施工阶段施工控制资料的分析，还应测量出较有代表性的某一天或几天的24h内结构温度变化情况。结合塔柱偏移和主梁线形测量结果，总结出结构日照温差变形规律和季节性的温差变形规律。温度测量元件一般选用性能优良的热敏电阻。根据电阻与温度的标定曲线，由测定的电阻值推算温度值。主梁和塔柱的温度测试断面一般与应力测量断面相同，以资对应，也便于计算分析。

斜拉索索温测量的一般方法是制造一段同实索等粗的长约1.5m的试验索，在其中心和内部以及外表均对称布置测点，吊挂于施工现场实索部位，以承受同样的大气环境条件。对其他实索，每种型号选择1～2根，在其表面布设测点，测得表面温差，对照试验短索的测量结果，确定实索的内外温差。

测量结果：提供主梁、索塔、斜拉索各测试断面温度短期变化曲线和季节性温差变化曲线；对于斜拉索，尚应提供索内外温差和中心点温差的对应关系曲线。

五、应力测试

大跨度斜拉桥应力监控测量包括主梁的安装应力监控和索塔的施工应力监控两大类。主要目的是了解梁塔控制截面的应力状况，并对梁体重量及其他荷载变化情况进行判断，确保结构施工质量和施工安全。

大跨度斜拉桥的施工应力测试是一项长期的现场观测，涉及的测试技术困难较多。经过长期的大量的现场观测实践，发现针对钢梁的安装应力测试，多采用手持式应变计相对比较可靠。针对混凝土梁则一般选用钢弦式应变计，并用无应力计加以补偿，测试结果较好，可以满足施工控制的要求。而大跨度斜拉桥的施工应力测试影响因素相当复杂，除荷载作用引起的弹性应变之外，还有与收缩、徐变、温度等因素有关的应变。对混凝土梁，应在埋设应力测点的相同部位埋设无应力计，补偿混凝土自身的体积应变和收缩应变以及自由温度应变。并且在测试工艺上采取有效措施，使混凝土徐变和温差产生的应变减少到最低限度，根据测量时的龄期、环境温度状态进行修正，基本上可以达到施工监控的目的。

　　大跨度斜拉桥施工应力测试截面一般由设计单位根据施工计算的控制截面确定。原则上应包含以下几个方面：安装阶段的最大正、负弯矩截面，成桥状态的最大正、负弯矩截面，主塔及其横梁的应力控制截面以及设计单位从设计角度考虑的其他控制截面。

　　由于大跨度斜拉桥施工应力测试成本较高，为了既能满足施工监控的要求，又不至于投入多余的财力，一般情况下，梁体应力监测断面可选择6~10个，主塔应力测试断面可选择1~3个。混凝土梁施工的应力测点一般是测试截面的法向应力，对于箱梁截面应在顶板和底板上布设测点，对于边主梁结构应在主梁上下边缘处布设测点，方向与截面法向一致。在主横梁中部，宣布设横桥向应力测点。而对钢箱梁和钢桁梁结构，可选择控制部位和控制杆件、连接部位等制作手持式应变计测点，并读取初始读数和钢构件温度及环境温度，结合温度补偿测点的数值，以便正式测量时参照修正。

　　应力测量结果：包括各施工状态下监测截面的应力值，塔柱监测截面的应力值以及成桥状态下各监测截面的恒载应力水平。

第三节　施工监控实施方案

一、项目特点

　　九嶷大桥技术难度大，建设目标较高，在标准采用方面，设计使用寿命100年，还要达到安全、环保、耐久、舒适、美观的要求。建设目标高，规范、标准要求相对较高，安全环保要求高，在管理、技术上等各方面满足九嶷大桥的建设标准要求，达到大桥建设的宏伟目标是本工程监控的重点。

　　目前国内尚无一套完整的矮塔斜拉桥设计计算规范或标准，斜拉桥设计细则中有关矮塔斜拉桥的内容并不多，国内修建的矮塔斜拉桥数量也不多，对于大跨径且半径较小的矮塔斜拉桥更是极少。对于技术难度大、建设标准高的九嶷大桥而言，如何高质量、高标准地完成矮塔斜拉桥的监控工作，是本项目监控工作的难点。

1. 施工监控计算

施工监控计算按照施工监控实施的各个阶段可划分为施工前期监控计算、施工过程中的监控计算和成桥后的监控计算。对于任何一座大桥而言，施工监控计算是大桥监控实施的基础，也是施工监控的核心。九嶷大桥施工监控计算的内容包括：进行施工监控预测计算，提供控制目标理论值；对反馈施工信息进行分析，确定施工误差状态；利用参数识别系统对计算参数进行识别、修正；确定适用的施工误差容许度指标和应力预警机制；利用施工监控实时计算调整控制坐标；桥面铺装过程的计算；成桥阶段的计算复核。可以说监控计算是贯穿于大桥施工监控的始终，保证计算结果的及时、准确是确保大桥高质量建设的关键，是施工监控工作最重要的组成部分之一。

主梁采用后支点悬臂挂篮施工，边跨现浇段采用鹰架现浇施工，施工过程中还伴随着斜拉索的张拉。本工程施工方法丰富，施工工序复杂，要准确考虑每一个箱梁节段的各阶段变形，计算其施工预拱度线形，难度较大。对于曲率半径较小的九嶷大桥而言，空间效应分析至关重要。如何准确计算大桥的空间效应，进而得到大桥的横向预拱度，是监控计算的一个难点。主梁边跨现浇段采用现浇施工，需要预先提供平衡重G，计算模式不尽相同，确保交接墩的安全，并准确计算平衡重是监控计算的一个难点。

九嶷大桥的建设要求和标准较高。为了确保分析结果的准确可靠和工作内容的圆满完成，九嶷大桥计划安排不同的计算分析人员采用不同的分析程序独立进行计算分析，相互比较计算结果，确保计算结果的准确性。根据计算量和数据处理量大的特点，相应地增加数据分析人员，并组织论证数据分析的可靠性。通过对各种施工方法的充分考虑，准确模拟九嶷大桥施工状态进行计算，得到主塔和主梁的施工预拱度线形及成桥线形，方能高精度达到目标线形，以吻合设计的最终目标。

2. 线形监控

线形监控是施工监控内容中最直接的内容之一。九嶷大桥线形监控重点为主塔几何位置和主梁几何位置。主塔的施工监控主要考虑以下方面：主塔线形控制；主塔预偏及塔柱变形观测，含轴向压缩、面内面外偏移等监测；

主塔索道管坐标控制；日照温差对塔柱线形影响的控制。主梁的几何位置是本桥施工监控的最重点的工作内容。

主梁施工工序多，工艺复杂，主梁的设计线形、预拱度线形以及斜拉索的张拉吨位和次数均会对主梁结构受力和结构线形造成影响。施工监控应充分考虑各种因素的影响，准确地分析结构，并采取合理有效的监控措施确保上述环节控制到位是保证线形的有效对策。对于平面线形控制，应准确计算平面坐标，采用高精度仪器进行放样和控制。对于主塔和主墩的横向位移，在结构计算的基础上，合理设置横向预偏，并在大桥的整个施工过程中实时监测其横向位移，确保成桥后主塔和主墩的线形满足设计要求。

3. 应力监控

为确保大桥在施工过程中的安全，应力监控是最直接、最重要的内容。九嶷大桥应力控制包括主梁、主塔的应力监测。其中斜拉索的应力由索力控制，而主梁和主塔通过设置应力传感器进行应力监测。对于高墩、大跨、曲率半径较小的九嶷大桥而言，主梁和主塔的应力监控关系到大桥施工过程的安全性，是大桥施工控制的一个重点工作。

大桥采用墩、塔、梁固结体系。主梁的相当一部分荷载由斜拉桥通过主塔传递给主墩，塔根部的固结区域应力状况十分复杂。如何准确把握固结区域的实际应力状况，是施工监控的一个难点。

针对应力状况复杂的区域进行局部结构应力仿真分析，把握结构的局部应力状况，并在控制断面布置应力传感器，实时监测大桥应力状况。根据招标文件初步布置了传感器测试截面位置。后期根据实际施工监控模拟计算结果，再进行截面位置和截面上传感器布置位置调整。通过实际监测与理论计算结果进行对比分析，实时把握实际的局部区域应力状况。

4. 施工索力的监控与调整

矮塔斜拉桥的斜拉索应力值较大，在张拉完成后不再调整索力来改变结构的受力分配，所以合理确定九嶷大桥的斜拉索初张力在施工监控计算中是一项十分重要的工作。在拉索索力作用下，主塔将承受巨大的压力和弯矩。矮塔斜拉桥和一般斜拉桥一样，要经历分阶段施工的过程。结构的荷载（自重、施工机具重量、预应力等）在施工过程中逐级加载，每一个施工阶段都可能伴随着结构的变形，构件材料的收缩、徐变，边界条件的增减，预应力张拉，体系转换等，后期结构受力状态与力学行为，与前期结构有着密切的联系，所以施工阶段的分析计算显得尤为重要。因此，要求施工控制理论分析必须准确模拟斜拉索，确定合理的斜拉索初张力及张拉顺序，保证施工过程中主塔柱间受力平衡，并结合理论计算和监测结果进行对比分析，对各阶段斜拉索张拉力进行调整。现场索力测试时要求测控精度满足工程要求，确保索力测试的准确、可靠。

九嶷大桥的施工监控理想目标是主梁标高和斜拉索索长（或索力）同时满足精度要求（即所谓的"双控"）。但由于存在主梁重量偏差以及施工荷载、材料特性等因素的影响，往往很难同时达到上述两项目标。如何综合考虑这些影响因素，保证现场索长测试时测控精度满足工程要求，确保索力测试的准确、可靠，使主梁、主塔、斜拉索处于合理受力状态，是斜拉桥监控的一个难点。

通过理论分析和现场实测，把握结构变形规律，进行误差分析和识别，准确预测初张力效果，是保证标高与索力双控效果的一个重要措施。斜拉索张拉内力控制条件如下：

（1）控制每根斜拉索每股钢绞线的离散误差不大于理论值的3%；

（2）严格控制同一断面上、下游索索力或横桥向相同编号斜拉索之间差值不大于整索索力理论值的1%，以减小主塔弯曲和扭转应力，保证主塔受力安全；

（3）斜拉索整索索力误差不大于理论索力的5%；

（4）斜拉索张拉要求分级张拉，并保证同步对称张拉。

5. 稳定性监控

九嶷大桥采用三塔单索面布置形式，悬臂施工长度大，结构施工过程中的稳定性关乎施工和结构安全，稳定性控制是本项目施工控制的重点。

在大桥施工过程中，施工临时荷载往往对结构的标高预测、施工过程安全影响极大。单索面斜拉桥的抗扭性能不及双索面好，在悬臂状态承担横向不对称荷载的性能差，本项目在施工控制过程中对不对称临时荷载的控制非常重要，关系到结构的稳定性安全。

根据桥梁施工的实际状况，对施工过程中的主要环节进行结构稳定性分析，保证施工过程中的稳定性。计算分析主要包括：箱梁、索塔临时结构（或杆件）稳定性验算；施工中的结构（局部和整体）稳定性验算和控制；影响施工中结构（含临时）稳定的因素分析、监测与控制。此外，并对施工过程中桥面临时荷载进行严密调查和控制，严防主梁在施工过程中不对称荷载导致的扭转失稳。

6. 合龙控制

斜拉桥的合龙控制是一个关键工序，合龙精度往往是评价监控工作成败的一个重要指标。合龙过程是一个体系转换的过程。因此要求施工监控考虑各种影响因素，为九嶷大桥的合龙选择最佳方案和时机。

九嶷大桥边跨现浇段采用支架现浇方式施工，边跨及中跨均设置合龙段。由于在水上施工的施工条件较差，影响因素众多，高质量、高精度的合龙是确保合龙段受力满足设计要求的关键因素，所以合龙方案及合龙时机是本工程的重点，也是难点。

实际调查当地的气温、湿度等状况，考虑混凝土浇筑等影响因素，通过连续观测，包括合龙口的长度、宽度及温度监测，选择气温稳定的时间段作为合龙时机。对合龙方案进行对比分析，充分考虑到合龙前后结构内力变化，采用对主梁受力最有利的合龙方案，分析合龙误差的影响因素，并对温度效应等影响因素进行敏感性分析，将合龙误差降到最低，确保高精度合龙。

7. 施工临时设施监测

施工过程中除了对主体结构进行监控以外，应考虑钢栈桥、围堰、挂篮、满堂支架等临时结构的应力、变形、位移等监测。挂篮的变形监测是保证施工过程中提供主梁立模标高的关键因素，挂篮变形值的大小直接决定主梁节段立模标高的调整，也是确保节段浇筑过程中施工安全的重要保证。本桥现浇节段采用满堂支架。满堂支架的变形对现浇段的主梁线形的影响较大，另外满堂支架结构的应力是确保支架安全的重要保证。同时施工过程中对围堰结构也需要进行变形和应力监测。

二、监控设备

施工监控所采用的仪器设备主要用于索塔及主梁（以及临时结构）的线形监测，索塔与主梁（以及临时结构）应力监测以及温度监测、斜拉索索力监测、支座反力监测等。具体各监测设备简述如下：

（1）线形监测设备

线形监测设备情况见表7-1。

表 7-1　施工监测线形监测设备

序号	仪器设备名称	型号	数量	国别产地	制造年份	用途
1	水准仪	徕卡 NA728	1	瑞士	2010	精密水准测量
2	自动全站仪	NET05 日本 SOKKIA	1	日本		几何测量
3	激光垂度仪	苏州一光 DZJ2	1	苏州	2005	测量构造物的垂直度

（2）应力监测设备

应力监测设备情况见表7-2。

表 7-2　应力监测设备

序号	仪器设备名称	型号	数量	国别产地	制造年份	用途
1	应力、温度测试仪	TFL-ZXRB-B1	2	北京	2017	采集应力、索力、温度数据
2	埋入式应变计	TFL-S-NM15	208	北京	2017	测量混凝土应力
3	表贴式应变计	TFL-BM	50	北京	2016	测量临时结构应力

（3）温度监测设备

温度监测设备情况见表7-3。

表 7-3　温度监测设备

序号	仪器设备名称	型号	数量	国别产地	制造年份	用途
1	应力、温度测试仪	TFL-ZXRB-B1	2	北京	2017	采集应力、索力、温度数据
2	非接触式红外线测温仪	泰克曼 TM550	1	香港	2017	测量温度
3	温度传感器	TFL-T-DZ120	48	北京	2017	测量大体积混凝土温度及主塔、主梁温度场

（4）斜拉索索力监测设备

斜拉索索力监测设备情况见表7-4。

表 7-4　索力监测设备

序号	仪器设备名称	型号	数量	国别产地	制造年份	用途
1	索力动测仪	JMM-268	1	长沙	2008	斜拉索索力测量
2	穿心式力传感器（锚索计）	TFL-MS-40	4	北京	2017	斜拉索索力

（5）支座反力监测设备

支座反力监测，通过对支座变形的监测计算支座反力，具体设备情况见表7-5。

表 7-5　支座反力监测设备

序号	仪器设备名称	型号	数量	国别产地	制造年份	用途	备注
1	千分表	——	8	北京	2017	测量支座反力	

三、监控实施方案

1. 主要工作内容

施工监控是针对每段实际施工工序及施工监测获取的数据，对桥梁进行实时平差、分析和验算，并根据分析结果及时调整施工监控指令，以确保结构逐段施工符合设计要求。施工监测是采用先进仪表和设备，按施工监控要求，对施工过程中桥梁的线型、应力、索力等进行实时监测，为施工监控提供所需要的参数和数据。

施工监控具体工作要随大桥施工进程而同步开展。施工监控的总目标是确保结构在施工中应力、变形与稳定状态在允许范围内，从而确保施工阶段桥梁结构的安全以及竣工后桥梁的内力和线型最大限度符合设计目标状态。

（1）主要监控工作

①施工监控测量内容

现场测试参数：在施工监控计算中，根据实际施工中的现场测试或核定参数，进行仿真计算，并根据实际施工中的实时测量数据对这些参数进行分析拟合，以使施工监控计算能与实际施工相符。

进行现场测定的参数主要包括：

实际材料的物理力学性能参数：混凝土的弹性模量及容重（在工地试验室测试）；斜拉索的弹性模量及容重（由斜拉索制造厂家提供）。

实际施工中的荷载参数：恒载；主塔、箱梁节段、T梁节段自重；二期恒载（铺装、人行道、栏杆、缘石、灯柱、过桥管线等）；施工荷载（主要施工机具、压重等）；临时荷载（临时堆放的机具、材料等）。

人工实时监测体系：

从施工现场采集的信息除了现场测试的参数以外，大量的是现场的实时监测数据。这些实时监测数据大致可分为：

物理测量：包括时间、温度等；

力学监测：指主塔关键截面应力观测，含截面变化处、斜拉索锚点位置处等的应力监测、主梁应力、斜拉索索力、支座反力等；

线型监测：指主塔几何位置，塔柱变形观测，含轴向压缩、面内面外偏移等、主梁几何位置，主梁立模标高、轴线偏移监测等；

大临设施监控：钢栈桥、围堰、挂篮、满堂支架的结构应力、变形、位移等监控。

②施工监控计算、分析内容

施工监控计算主要内容：进行施工监控预测计算，提供控制目标理论值；对反馈施工信息分析，确定施工误差状态；利用参数识别系统对计算参数进行识别、修正；确定适用的施工误差容许度指标和应力预警机制；利用施工监控实时计算调整控制目标值；桥面铺装过程的计算；成桥阶段的计算复核。

施工监控主要对象：主塔几何位置；主梁几何位置；斜拉索索力；应力测试结果作为对比分析及预警用途，可以不作为主要的控制对象。

施工过程监测：塔柱变形观测，含轴向压缩、面内面外偏移等监测；主塔关键截面应力观测，含截面变化处、斜拉索锚点位置处等的应力监测；基础沉降监测；主梁立模标高、轴线偏移监测；斜拉索索力跟踪监测（张拉力控制、中间索力控制、已拼装节段索力控制）、支座反力；主梁温度场监测；支座反力监测；钢栈桥、围堰、挂篮、满堂支架的结构应力、变形、位移等监控。

（2）施工监控技术要求

①几何控制技术要求

主塔、主梁节段放样高程及轴线误差根据设计单位要求及监控指令要求进行。

几何控制误差均指实测值与理论预测值之间的差异。

控制工况主塔、主梁的几何位置允许偏差值应满足相关规范或设计要求，每个主塔、主梁节段施工完毕后监控单位应对监控结果进行评价并提供报表。

②索力控制技术要求

索力控制误差指实测值与理论预测值间的差异。

③应力监测其他技术要求

应采取有效措施保证测试元件损坏率不得大于20%，如元件损坏率超过20%应进行修复。埋置于混凝土中的元件应考虑使用水工电缆或其他不易损坏的电缆。

应力监测结果应在每个节段完成后提供。

④温度场监测其他技术要求

监测内容仅用于施工监控分析，可不单独提供温度场监测报表。

具体监控精度要求见表7-6。

表7-6 九嶷大桥施工监控精度要求

序号	监控内容	控制精度	测量要求
1	塔柱顶、底中心偏位（mm）	10	在早晨光线明亮、日照时间不长、风速不大的时间进行
2	塔柱倾斜度（mm）	10	
3	主塔锚固点高程（mm）	±10	
4	斜拉索锚具轴线偏差（mm）	±5	
5	施工中主梁轴线偏位（mm）	5	在2时—5时进行测量
6	施工中主梁立模标高（mm）	5	
7	施工中主梁标高（mm）	±20	
8	施工中主梁锚点标高（mm）	±10	
9	施工完成后裸梁顶标高（mm）	30	
10	箱梁合龙前合龙段两侧箱梁相对高差（mm）	20	
11	箱梁合龙前合龙段两侧箱梁相对轴线偏差（mm）	10	
12	每根斜拉索各股钢绞线的离散误差（kN）	±3%	
13	横桥向相同编号斜拉索之间差值（kN）	±1%	
14	整索索力偏差（kN）	±2%，且不大于50kN	
15	混凝土应力误差（MPa）	±15%；±1.5MPa（理论应力<10MPa时）	–

（3）施工监测测点布置要求

①测点布置原则

测点的布置应能监测环境、结构状态的特征值。

②测点的保护

所有测点的布置，应便于测量、不易破坏。应采取有效措施保证测试元件损坏率不得大于20%，如元件损坏率超过20%应进行修复。

2. **主桥结构计算**

（1）计算基础数据

①设计标准

设计荷载：城-A级。

计算模型：（70+120+120+70）m。

桥面组成：3.75m（人行道）+11.75m（行车道）+0.3m（防撞护栏）+2.4m（中央分隔带）+0.3m（防撞护栏）+11.75m（行车道）+3.75m（人行道），单幅桥面总宽：34m。

结构设计安全等级：一级。

预应力结构设计：按A类构件计算。

②设计参数及计算采用荷载

永久作用：

一期恒载：混凝土容重按26kN/m³计；斜拉索容重按78.5×1.1kN/m³计。

二期恒载：考虑桥面铺装、人行系统、防撞墙，按160kN/m计。

基础变位：主墩按2cm沉降考虑，边墩按1cm沉降考虑。

混凝土收缩、徐变、预应力：按《公路钢筋混凝土及预应力混凝土桥涵设计规范》（JTG 3362-2018）规定计算。管道摩阻系数μ和管道偏差系数κ分别按0.15和0.0015计。

可变作用：

汽车荷载：城-A级，按6车道计算，考虑车道横向折减系数0.55，纵向折减系数0.97，超载系数1.15。

汽车荷载制动力及冲击力：按《公路桥涵设计通用规范》（JTG D60-2004）规定计算。

温度荷载：整体均匀升降温取±20℃；箱梁竖向梯度温度按《公路桥涵设计通用规范》（JTG D60-2004）第4.3.10条规定计算；斜拉索与主梁、主塔间温差按±10℃计。

风荷载：桥面风速Vd＝27.2m/s。

临时荷载：挂篮荷载暂时按照100t计算。合龙吊架按照50t计算（单端荷载25t）。

（2）结构计算模型

①结构有限元模型离散

对全桥建立有限元模型进行计算分析，结构采用桥梁专用程序MIDAS/civil 2010计算，并与设计单位的计算结果进行校核。全桥共划分了293个单元，其中梁单元185个，桁架单元108个。结构计算模型见图7-1。

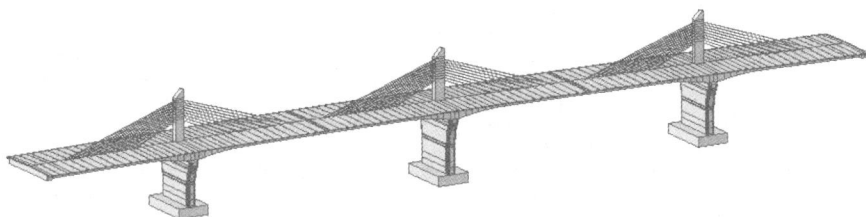

图7-1　九嶷大桥主桥MIDAS计算模型

②结构仿真分析施工阶段划分

九嶷大桥主桥施工阶段划分见表7-7。

表7-7　九嶷大桥主桥结构计算施工阶段划分

序号	施工内容	施工时间（d）	累计时间（d）
CS1	基础承台及墩身施工	180	180
CS2	0#块施工	7	187
CS3	0#块预应力张拉	1	188
CS4	塔柱施工	180	368
CS5	挂篮安装-0#块	7	375
CS6	1#块浇筑	7	382
CS7	1#块预应力张拉	1	383
CS8	挂篮安装-1#块	2	385
CS9	2#块浇筑	7	392
CS10	2#块预应力张拉	1	393

续表

序号	施工内容	施工时间（d）	累计时间（d）
CS11	挂篮安装 -2#块	2	395
CS12	3#块浇筑	7	402
CS13	3#块预应力张拉	1	403
CS14	挂篮安装 -3#块	2	405
CS15	4#块浇筑	7	412
CS16	4#块预应力张拉	1	413
CS17	挂篮安装 -4#块	2	415
CS18	5#块浇筑	7	422
CS19	5#块预应力张拉	1	423
CS20	挂篮安装 -5#块	2	425
CS21	6#块浇筑	7	432
CS22	6#块预应力张拉	1	433
CS23	挂篮安装 -6#块	2	435
CS24	安装张拉 A1 及 J1 斜拉索	1	436
CS25	7#块浇筑	7	443
CS26	7#块预应力张拉	1	444
CS27	挂篮安装 -7#块	2	446
CS28	安装张拉 A2 及 J2 斜拉索	1	447
CS29	8#块浇筑	7	454
CS30	8#块预应力张拉	1	455
CS31	挂篮安装 -8#块	2	457
CS32	安装张拉 A3 及 J3 斜拉索	1	458
CS33	9#块浇筑	7	465
CS34	9#块预应力张拉	1	466
CS35	挂篮安装 -9#块	2	468
CS36	安装张拉 A4 及 J4 斜拉索	1	469
CS37	10#块浇筑	7	476
CS38	10#块预应力张拉	1	477
CS39	挂篮安装 -10#块	2	479
CS40	安装张拉 A5 及 J5 斜拉索	1	480

序号	施工内容	施工时间（d）	累计时间（d）
CS41	11#块浇筑	7	487
CS42	11#块预应力张拉	1	488
CS43	挂篮安装–11#块	2	490
CS44	安装张拉 A6 及 J6 斜拉索	1	491
CS45	12#块浇筑	7	498
CS46	12#块预应力张拉	1	499
CS47	挂篮安装–12#块	2	501
CS48	安装张拉 A7 及 J7 斜拉索	1	502
CS49	13#块浇筑	7	509
CS50	13#块预应力张拉	1	510
CS51	挂篮安装–13#块	2	512
CS52	安装张拉 A8 及 J8 斜拉索	1	513
CS53	14#块浇筑	7	520
CS54	14#块预应力张拉	1	521
CS55	挂篮安装–14#块	2	523
CS56	安装张拉 A9 及 J9 斜拉索	1	524
CS57	边跨支架段现浇	15	539
CS58	15#块浇筑	7	546
CS59	15#块预应力张拉	1	547
CS60	拆除边跨挂篮	3	550
CS61	边跨合龙吊架	3	553
CS62	边跨压重	1	554
CS63	边跨合龙	7	561
CS64	张拉边跨合龙束	1	562
CS65	拆除边跨合龙吊架	3	565
CS66	边跨支架拆除	3	568
CS67	9#墩及 11#墩临时固接拆除	3	571
CS68	拆除中跨挂篮	3	574
CS69	中跨合龙吊架	3	577
CS70	中跨压重	1	578

序号	施工内容	施工时间（d）	累计时间（d）
CS71	中跨合龙	7	585
CS72	张拉中跨合龙束	1	586
CS73	拆除中跨合龙吊架	3	589
CS74	桥面系施工	30	619
CS75	十年收缩徐变	3650	4269

（3）主桥结构复算

结构复算混凝土桥梁按照全预应力混凝土结构验算。九嶷大桥主桥分别采用MIDAS/civil 2015进行验算。

①验算主要内容

短暂状况构件的应力验算（施工阶段承载能力极限状态）：验算施工阶段正截面应力。

持久状况的应力验算（使用阶段承载能力极限状态）：验算使用阶段正截面混凝土的法向压应力、斜截面混凝土的主压应力和受拉钢筋的拉应力。

持久状况正常使用极限状态验算（短期效应和长期效应组合）：按正常使用极限状态的要求，验算构件的抗裂性及主梁挠度。

持久状况承载能力极限状态验算：按承载能力极限状态的要求，验算构件承载能力。

②荷载组合

a.承载力极限状态荷载组合

基本组合：永久作用的设计值效应与可变作用设计值效应组合。按此组合进行持久状况承载能力极限状态验算。

组合设计值S：计入汽车冲击系数；

混凝土荷载分项系数（不利1.2；有利1.0）；

预应力分项系数（不利1.2；有利1.0）；

徐变作用分项系数（不利1.0；有利1.0）；

基础变位分项系数（不利0.5；有利0.5）；

汽车荷载分项系数1.4；

风荷载分项系数1.1；

其他（风、汽车除外）荷载分项系数1.4；

偶然组合：此处不做偶然作用验算。

b.正常使用极限状态组合

作用短期效应组合：永久作用的标准效应与可变作用频遇效应组合。

组合设计值S：汽车荷载（不计冲击力）频遇值系数0.7；

人群荷载频遇值系数1.0；

风荷载频遇值系数0.75；

温度梯度荷载频遇值系数0.8；

其他作用频遇值系数1.0。

作用长期效应组合：永久作用的标准效应与可变作用准永久效应组合。

组合设计值S：汽车荷载（不计冲击力）准永久值系数0.4；

人群荷载准永久值值系数0.4；

风荷载准永久值值系数0.75；

温度梯度荷载频遇值系数0.8；

其他作用频遇值系数1.0。

③短暂状况构件的应力验算（施工阶段承载能力极限状态）

全桥施工过程中短暂状况应力验算，程序给出了所有施工阶段最不利的应力状态，上、下缘最大法向压应力、最小法向压应力见图7-2、图7-3。图中压应力为正，拉应力为负，sig-T指上缘应力，sig-B指下缘应力，sig-ALW指限值，下同。

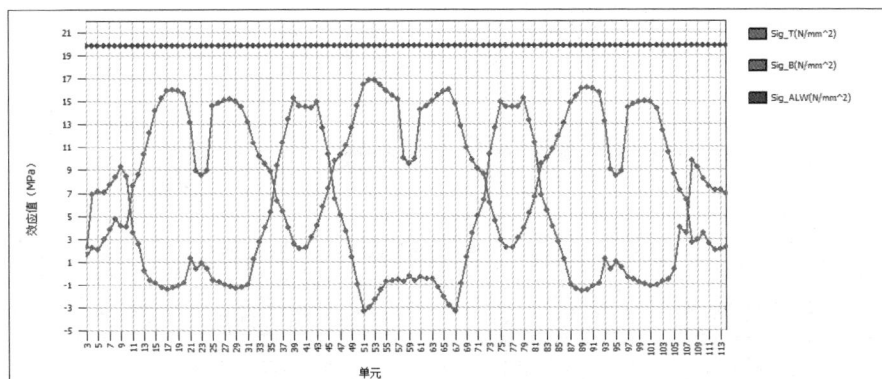

图7-2　短暂状况混凝土主梁上、下缘最大法向压应力图

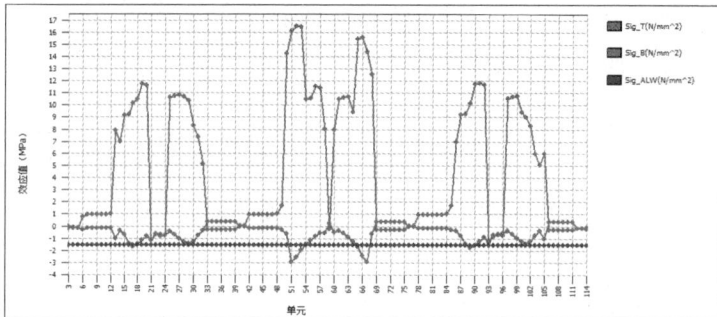

图7-3　短暂状况混凝土主梁上、下缘最小法向压应力图

由图7-3可知，本桥施工过程中主梁上缘最大应力为16.5MPa，最小应力为-0.30MPa，下缘最大应力为15.3MPa，最小应力为-2.95MPa，其中中间塔1#索位置处主梁下缘最小应力超限。《公路钢筋混凝土及预应力混凝土桥涵设计规范》（JTG 3362-2018）规定的预应力混凝土受弯构件，在预应力和构件自重等施工荷载作用下截面边缘混凝土的法向压应力应符合。

压应力　$\sigma_{cc}^{t} \leq 0.8 \times 0.70 f_{ck}^{t} = 0.8 \times 0.7 \times 35.5 = 19.88\text{MPa}$

拉应力　$\sigma_{ct}^{t} \leq 0.8 \times 0.70 f_{tk}^{t} = -0.8 \times 0.7 \times 2.74 = -1.534\text{MPa}$

考虑现阶段计算模型未考虑施工阶段临时荷载等因素的影响，并且对于施工挂篮荷载也是临时暂定，在施工方案确定后另行根据实际荷载情况计算主梁应力状态，如此时短暂状况构件的应力验算仍未通过，需要与设计单位沟通。

④持久状况的应力验算（使用阶段承载能力极限状态）

持久状况混凝土正截面压应力验算：

持久状况下混凝土主梁上、下缘正截面压应力见图7-4。

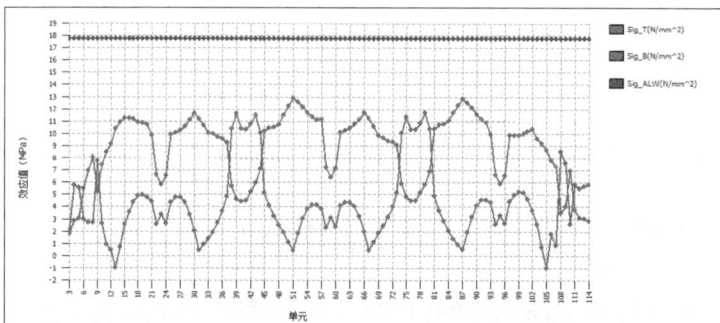

图7-4　持久状况混凝土主梁上、下缘正截面最大压应力图

根据《公路钢筋混凝土及预应力混凝土桥涵设计规范》（JTG 3362-2018）规定，受压区混凝土最大压应力不能超过$0.5fck=0.5\times35.5=17.75MPa$，由图7-4可知，持久状况主梁正截面上缘最大压应力12.88MPa，下缘最大压应力11.85MPa，均小于17.75MPa，满足规范要求。

持久状况混凝土斜截面主压应力验算：

持久状况下混凝土主梁斜截面最大主压应力见图7-5。

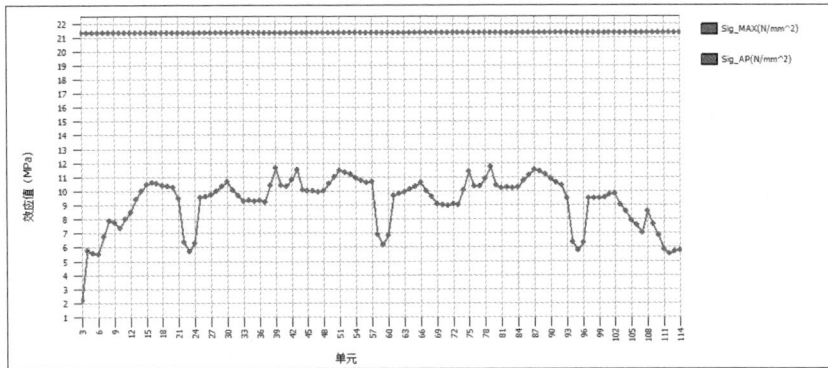

图7-5 持久状况主梁斜截面最大主压应力图

根据《公路钢筋混凝土及预应力混凝土桥涵设计规范》（JTG 3362-2018）规定，混凝土最大主压应力不能超过$0.6fck=0.6\times35.5=21.3MPa$，由图7-5可知，本结构最大主压应力11.73MPa<21.3MPa，满足规范要求。

钢束应力验算：

根据《公路钢筋混凝土及预应力混凝土桥涵设计规范》（JTG 3362-2018）第7.1.5条规定，受拉区钢绞线预应力钢筋的最大拉应力不能超过$0.65fck=0.65\times1860=1209MPa$。所有钢束中，钢绞线的最大拉应力为1222.5MPa，超过预应力钢束应力限值的钢束为T10~T15钢束，但均没超过限值的5%，其余钢束应力均未大于规范规定的限值，满足规范要求。

⑤持久状况正常使用极限状态验算

正截面抗裂验算：

全预应力混凝土构件在作用短期荷载效应组合下最大拉应力见图7-6。

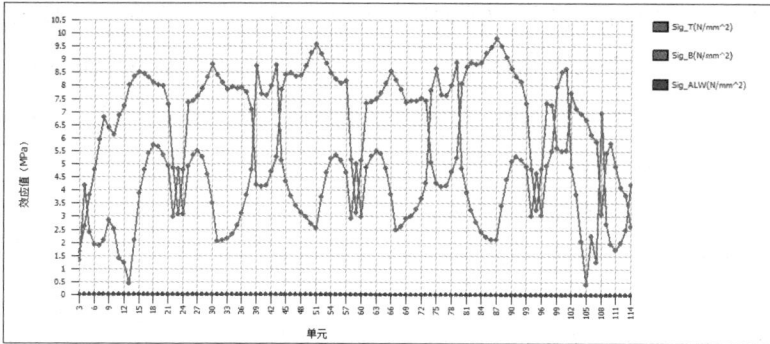

图7-6　短期荷载效应组合下最大拉应力图

根据规范《公路钢筋混凝土及预应力混凝土桥涵设计规范》（JTG D62
—2004）规定，全预应力混凝土构件在作用短期效应组合下分段浇筑构件应
满足：

$$\sigma_{st} - 0.80\sigma_{pc} \leq 0$$

本结构在短期效应组合下，梁段均未出现拉应力，上缘最小压应力为
1.67 MPa，下缘最小压应力为0.44MPa，正截面抗裂满足规范要求。

斜截面抗裂验算：

短期荷载效应组合下最大主拉应力见图7-7。

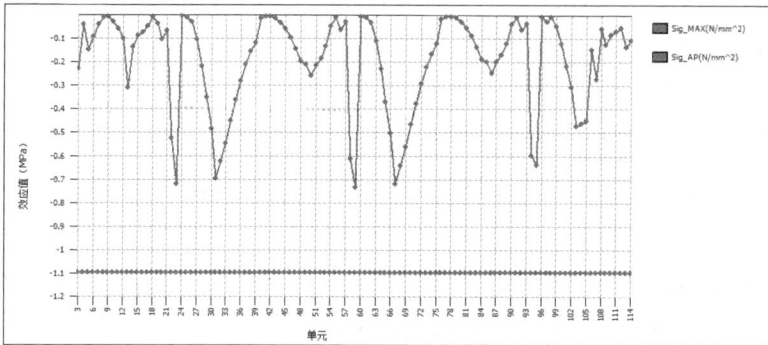

图7-7　短期荷载效应组合下最大主拉应力图

根据规范《公路钢筋混凝土及预应力混凝土桥涵设计规范》（JTG 3362-
2018）规定，全预应力混凝土现场浇筑构件在作用短期效应组合下：

$$\sigma_{tp} \leq 0.4f_{tk} = 0.4 \times 2.74 = 1.096MPa$$

所有单元斜截面主拉应力均未超过应力限值，斜截面抗裂满足规范要求。

⑥持久状况承载能力极限状态验算

持久状况承载能力极限状态下正截面最大弯矩及抗力见图7-8。

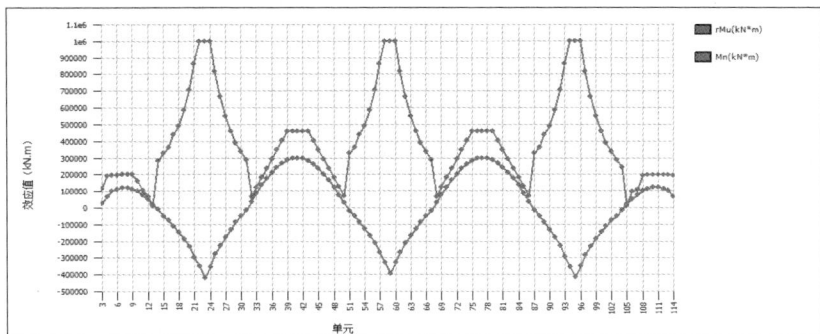

图7-8　承载能力极限状态正截面最大弯矩图

持久状况承载能力极限状态下正截面最小弯矩及抗力见图7-9。

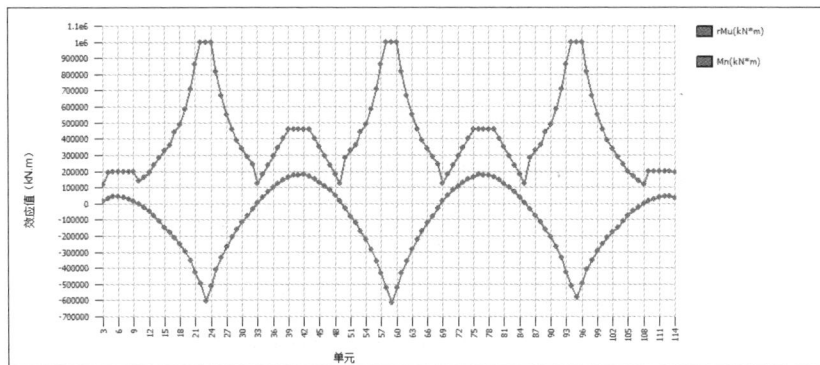

图7-9　承载能力极限状态正截面最小弯矩图

由上两图可知，作用效应小于结构抗力，根据《公路钢筋混凝土及预应力混凝土桥涵设计规范》（JTG 3362-2018），本结构正截面承载能力满足规范要求。

⑦复算结论

通过对全桥的验算分析，可以得到如下结论：预应力混凝土主梁在短暂状况下的应力满足规范要求。预应力混凝土主梁在持久状况承载能力极限状态下的正截面压应力部分超限，未能满足规范要求；斜截面压应力和预应力钢束的拉应力满足规范要求。预应力混凝土主梁在持久状况正常使用极限状态下的正截面抗裂及斜截面抗裂满足规范要求。预应力混凝土主梁在承载能力极限状态下的承载力满足规范要求。

4. 主桥施工监控计算

施工监控的重点是全桥在整个施工过程中的线形和应力的控制。

（1）线形计算

通过对九嶷大桥主桥进行施工全过程仿真分析，得到桥梁的成桥后施工累计位移，MIDAS 2015计算模型结果见图7-10、图7-11。

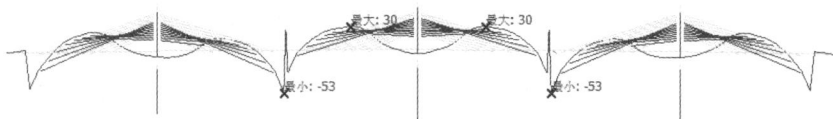

图7-10　MIDAS模型成桥后累计位移计算结果（单位：mm）

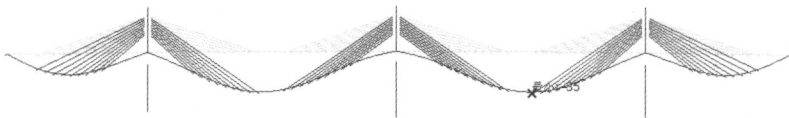

图7-11　MIDAS模型计算汽车活载结果（单位：mm）

主梁成桥后（桥面铺装完成），10年收缩徐变后的累计位移、汽车活载竖向最小位移的具体计算结果见表7-8。

表 7-8　九嶷人桥位移计算结果表

节点号	节点里程（m）	裸梁设计标高（m）	成桥累计位移（mm）	10年后累计位移（mm）	活载位移（mm）
1	K3+220.050	114.056	0	0	0
2	K3+220.850	114.066	0	0	0
3	K3+222.350	114.085	1	0	−1
4	K3+225.350	114.121	2	1	−4
5	K3+228.850	114.164	3	1	−7
6	K3+230.850	114.188	−46	−47	−9
7	K3+234.850	114.237	−21	−24	−12
8	K3+238.850	114.286	−8	−11	−15

节点号	节点里程（m）	裸梁设计标高（m）	成桥累计位移（mm）	10年后累计位移（mm）	活载位移（mm）
9	K3+242.850	114.335	4	0	−17
10	K3+246.850	114.383	13	8	−18
11	K3+250.850	114.432	18	13	−18
12	K3+254.850	114.481	21	16	−18
13	K3+258.850	114.530	24	19	−18
14	K3+262.850	114.579	24	19	−16
15	K3+266.850	114.627	20	17	−14
16	K3+269.850	114.664	13	10	−12
17	K3+272.850	114.700	7	5	−10
18	K3+275.850	114.736	3	0	−9
19	K3+278.850	114.771	−1	−3	−7
20	K3+281.850	114.805	−4	−6	−5
21	K3+284.850	114.838	−6	−8	−3
22	K3+287.850	114.870	−7	−10	−1
23	K3+289.850	114.891	−7	−10	0
24	K3+291.850	114.911	−8	−11	−1
25	K3+294.850	114.941	−8	−12	−4
26	K3+297.850	114.970	−8	−12	−6
27	K3+300.850	114.999	−7	−12	−8
28	K3+303.850	115.026	−5	−11	−11
29	K3+306.850	115.052	−1	−8	−13
30	K3+309.850	115.078	3	−5	−16
31	K3+312.850	115.102	10	2	−18
32	K3+316.850	115.134	14	4	−22
33	K3+320.850	115.164	15	5	−25
34	K3+324.850	115.192	12	2	−28
35	K3+328.850	115.218	10	0	−30
36	K3+332.850	115.243	5	−4	−32

节点号	节点里程（m）	裸梁设计标高（m）	成桥累计位移（mm）	10年后累计位移（mm）	活载位移（mm）
37	K3+336.850	115.267	−3	−11	−34
38	K3+340.850	115.289	−13	−20	−35
39	K3+344.850	115.309	−27	−33	−35
40	K3+348.850	115.327	−53	−59	−35
41	K3+349.850	115.332	25	20	−35
42	K3+350.850	115.336	−28	−34	−35
43	K3+354.850	115.352	−5	−11	−34
44	K3+358.850	115.367	7	0	−32
45	K3+362.850	115.380	15	9	−30
46	K3+366.850	115.391	22	14	−28
47	K3+370.850	115.401	26	18	−25
48	K3+374.850	115.409	27	20	−22
49	K3+378.850	115.416	30	22	−18
50	K3+382.850	115.421	28	21	−15
51	K3+386.850	115.424	24	18	−12
52	K3+389.850	115.426	16	11	−10
53	K3+392.850	115.426	9	5	−8
54	K3+395.850	115.426	5	1	−6
55	K3+398.850	115.425	1	−1	−5
56	K3+401.850	115.423	−1	−3	−3
57	K3+404.850	115.420	−4	−6	−2
58	K3+407.850	115.416	−4	−6	−1
59	K3+409.850	115.413	−4	−6	0
60	K3+411.850	115.409	−4	−6	−1
61	K3+414.850	115.403	−4	−6	−2
62	K3+417.850	115.396	−1	−3	−3
63	K3+420.850	115.389	2	−1	−5
64	K3+423.850	115.380	5	1	−6

节点号	节点里程（m）	裸梁设计标高（m）	成桥累计位移（mm）	10年后累计位移（mm）	活载位移（mm）
65	K3+426.850	115.370	9	5	−8
66	K3+429.850	115.360	16	11	−10
67	K3+432.850	115.348	25	19	−12
68	K3+436.850	115.332	28	22	−15
69	K3+440.850	115.314	30	23	−18
70	K3+444.850	115.294	27	20	−22
71	K3+448.850	115.272	26	19	−25
72	K3+452.850	115.249	22	15	−28
73	K3+456.850	115.225	16	9	−30
74	K3+460.850	115.199	7	1	−32
75	K3+464.850	115.171	−5	−10	−34
76	K3+468.850	115.141	−28	−34	−35
77	K3+469.850	115.134	26	20	−35
78	K3+470.850	115.126	−53	−59	−35
79	K3+474.850	115.094	−27	−33	−35
80	K3+478.850	115.061	−13	−21	−35
81	K3+482.850	115.026	−3	−11	−34
82	K3+486.850	114.989	5	−4	−32
83	K3+490.850	114.951	10	0	−30
84	K3+494.850	114.911	12	2	−28
85	K3+498.850	114.870	15	5	−25
86	K3+502.850	114.827	14	4	−22
87	K3+506.850	114.782	10	2	−18
88	K3+509.850	114.748	3	−5	−16
89	K3+512.850	114.712	−1	−8	−13
90	K3+515.850	114.676	−5	−11	−11
91	K3+518.850	114.639	−7	−12	−8
92	K3+521.850	114.601	−8	−12	−6

续表

节点号	节点里程（m）	裸梁设计标高（m）	成桥累计位移（mm）	10年后累计位移（mm）	活载位移（mm）
93	K3+524.850	114.562	−8	−12	−4
94	K3+527.850	114.522	−8	−11	−1
95	K3+529.850	114.495	−7	−10	0
96	K3+531.850	114.467	−7	−10	−1
97	K3+534.850	114.425	−5	−8	−3
98	K3+537.850	114.382	−3	−6	−5
99	K3+540.850	114.339	−1	−3	−7
100	K3+543.850	114.294	3	1	−9
101	K3+546.850	114.248	7	5	−11
102	K3+549.850	114.202	13	10	−12
103	K3+552.850	114.156	20	17	−14
104	K3+556.850	114.094	24	19	−16
105	K3+560.850	114.032	24	20	−18
106	K3+564.850	113.970	21	16	−18
107	K3+568.850	113.908	18	14	−18
108	K3+572.850	113.846	13	8	−18
109	K3+576.850	113.784	4	0	−17
110	K3+580.850	113.722	−8	−11	−15
111	K3+584.850	113.660	−21	−24	−12
112	K3+588.850	113.598	−46	−47	−9
113	K3+590.850	113.567	3	1	−7
114	K3+594.350	113.512	2	1	−4
115	K3+597.350	113.466	1	0	−1
116	K3+598.850	113.443	0	0	0
117	K3+599.650	113.430	0	0	0

（2）应力计算

为了保证施工过程中桥梁结构的安全，需对应力主要控制断面布置应力传感器。应力控制断面需要以各施工阶段的理论计算结果为依据，选择针对性强的断面进行应力控制。通过对桥梁结构施工全过程仿真分析，分析应力计算结果。此处示出全桥主要施工阶段的应力图，以指导选择应力控制断面及应力控制测点布置，见图7-12、图7-13、图7-14、图7-15。图中主梁应力图向下，且数值为负时表示压应力。

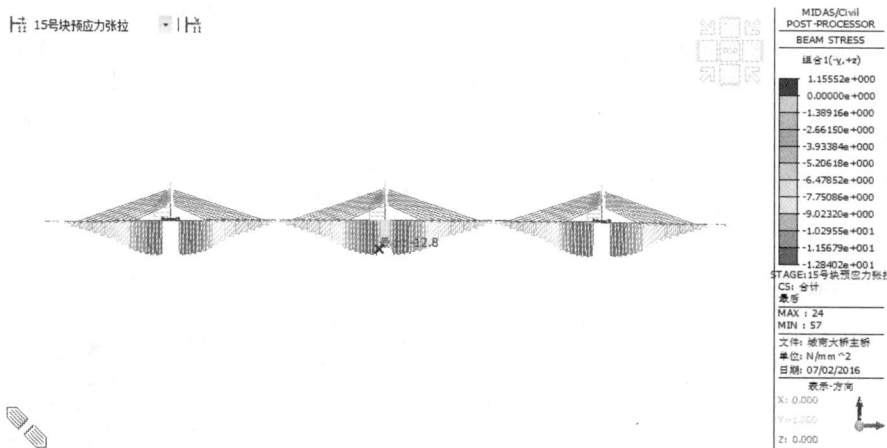

图7-12　最大悬臂（施工15#块）阶段截面的最大应力图（单位：MPa）

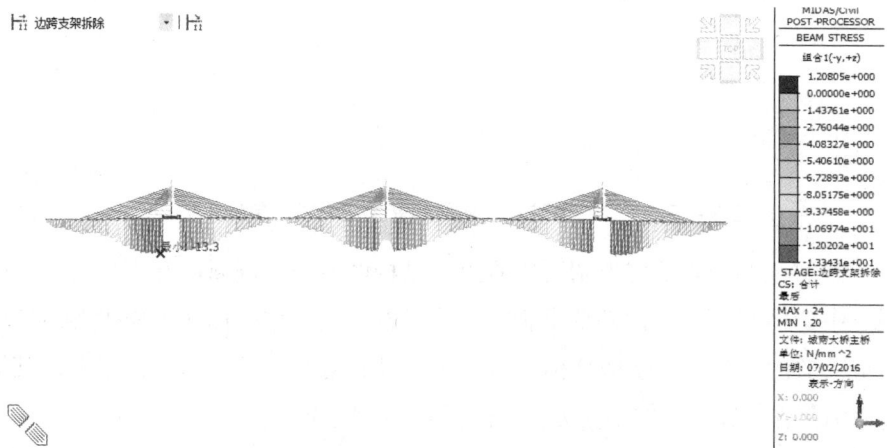

图7-13　拆边跨支架阶段截面的最大应力图（单位：MPa）

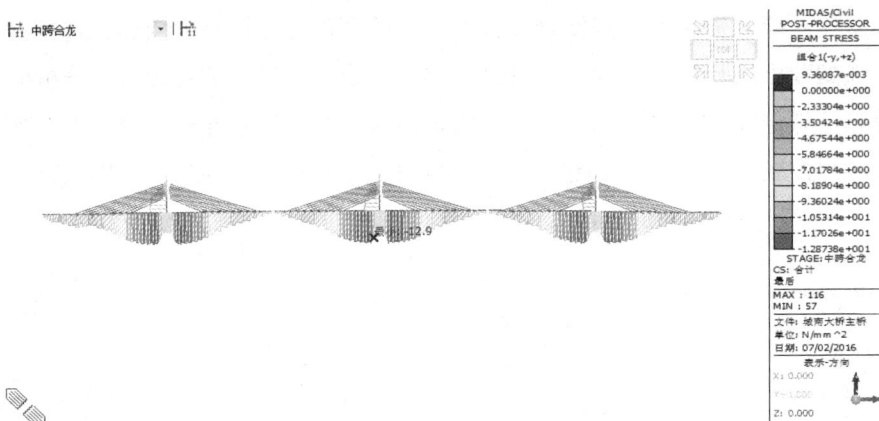

图7-14　中跨合龙阶段截面的最大应力图（单位：MPa）

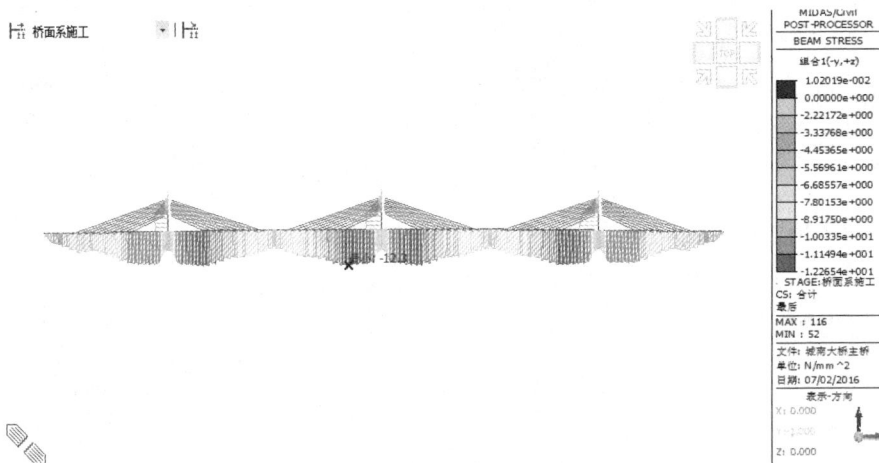

图7-15　上二期铺装阶段截面的最大应力图（单位：MPa）

　　通过主要阶段的应力图可以看出，结构的应力控制断面基本出现在中墩顶、中跨1/4截面和中跨跨中断面，应力控制应在这些断面布置应力传感器进行应力监测。其中无索区结构受力复杂，且布置有大量的预应力钢束，其局部应力将作为施工监控中应力控制的重点关注断面。

　　（3）索力计算

　　斜拉索张拉力值见表7-9。

表 7-9　斜拉索张拉力值

	拉索编号	初张力（KN）		拉索编号	初张力（KN）		拉索编号	初张力（KN）
	A1/J1	4350		A1/J1	4350		A1/J1	4350
	A2/J2	4350		A2/J2	4350		A2/J2	4350
	A3/J3	4350		A3/J3	4350		A3/J3	4350
9#塔	A4/J4	4350	10#塔	A4/J4	4350	11#塔	A4/J4	4350
	A5/J5	4350		A5/J5	4350		A5/J5	4350
	A6/J6	4350		A6/J6	4350		A6/J6	4350
	A7/J7	4350		A7/J7	4350		A7/J7	4350
	A8/J8	4350		A8/J8	4350		A8/J8	4350
	A9/J9	4350		A9/J9	4350		A9/J9	4350

桥面铺装完成后，斜拉索索力计算结果见表7-10、表7-11、表7-12。

表 7-10　9#塔斜拉索成桥索力计算结果

拉索编号	成桥索力（KN）	拉索编号	成桥索力（KN）
A1	3548	J1	3573
A2	3650	J2	3647
A3	3780	J3	3751
A4	3867	J4	3823
A5	3959	J5	3903
A6	4056	J6	3990
A7	4158	J7	4081
A8	4262	J8	4176
A9	4360	J9	4273

表 7-11　10# 塔斜拉索成桥索力计算结果

拉索编号	成桥索力（KN）	拉索编号	成桥索力（KN）
A1	3523	J1	3533
A2	3620	J2	3629
A3	3739	J3	3748
A4	3813	J4	3822
A5	3891	J5	3900
A6	3973	J6	3982
A7	4058	J7	4067
A8	4144	J8	4153
A9	4233	J9	4242

表 7-12　11# 塔斜拉索成桥索力计算结果

拉索编号	成桥索力（KN）	拉索编号	成桥索力（KN）
A1	3563	J1	3558
A2	3637	J2	3661
A3	3742	J3	3791
A4	3814	J4	3878
A5	3894	J5	3970
A6	3981	J6	4067
A7	4073	J7	4169
A8	4167	J8	4273
A9	4265	J9	4371

3．监控内容实施方案

（1）施工监控计算

①施工前期监控计算

设计复核计算：按照相关技术规范和设计文件对结构进行承载能力极限状态验算和正常使用极限状态验算。

计算采用的参数为设计参数，设计参数是结构分析计算的基础，其取值大小直接关系到计算结果。由于某些参数本身存在一定的不确定性，取值时仅依靠规范不一定合理，因此需要结合实际桥梁及试验等因素来确定。为了保证施工监控计算的准确性，起到设计复核的作用，需对主要设计参数（材料参数、截面参数、荷载参数等）进行复核。

合理成桥目标状态复核：常用的确定合理成桥状态时所采用的方法有影响矩阵法、最小弯曲应变能法、考虑活载效应的分步算法、刚性支撑连续梁法、用索量最小法、最小弯矩法等，本桥将综合采用多种方法确定。

在确定最优成桥索力时，应考虑以下问题：

索力分布要尽量均匀，但又不完全受此项要求约束，有相对的灵活性。通常短索的索力小，长索的索力大，呈递增趋势。

恒载状态，主梁弯矩应与活载效应的弯矩方向相反，在数值上接近于活载最大效应值与最小值代数和的一半，这样能使荷载组合时，弯矩包络图的中心线接近于零，有利于充分利用材料的强度。

在恒载作用下，主塔的弯矩不能太大，并适当考虑活载的影响。在恒载状态下，塔宜向岸侧有一定的预偏。

荷载组合作用下，塔梁的应力包络图宜尽量平坦，不应有较大突变，最大、最小应力均需在规范允许的范围内且有一定的安全储备。

成桥状态桥面线形满足设计要求。

施工监控预测计算，提供控制目标理论值：在确定合理的成桥目标状态后，利用有限元软件将结构离散为杆系结构，根据施工组织设计中的施工方案划分详细的施工阶段，进行施工监控预测计算。计算时尽可能真实地模拟现场，充分考虑徐变、非线性、温度、临时荷载、风荷载、基础沉降、临时结构等因素影响。通过施工监控预测计算可以得到理论施工过程各工况结构（主塔、主梁、斜拉索等）应力、内力、变形、施工过程主塔和主梁稳定性、斜拉索下料长度、斜拉索张拉力、斜拉索锚固点施工坐标、结构预拱度值、主梁和主塔立模标高等,将其与设计和相应规范值对比是否满足要求。

结构参数敏感性分析:斜拉桥施工控制是一个复杂系统的工程,施工过程中的多种因素对于施工控制成果均可能会产生重要的影响。利用结构的关键参数对于结构力学行为的影响进行系统的研究,进而确定合理的施工控制方案,指导制造和安装节段关键制造参数的选取,以及施工过程中的参数识别及误差评定均具有重要意义。

主要参数包括弹性模量(包括主梁的弹性模量和斜拉索的弹性模量)材料重量、斜拉索制造长度、边界条件等以及其他的结构参数共计8个参数。具体参数变化值见表7-13,表中"±"表示增减。所考察的成桥结构响应见表7-14,表中的"△"代表考察该响应值。

表 7-13　敏感性分析主要参数

结构主要参数	基准状态	变化一	变化二	变化三
主梁刚度	按E=3.55×10⁴MPa计算	±2%	±5%	
主塔刚度	按E=3.45×10⁴MPa计算	±2%	±5%	
斜拉索弹性模量	按E=1.95×10⁵MPa计算	±2%	±5%	±10%
斜拉索制造长度	按设计值计算	误差上限	误差下限	
斜拉索重量	按设计值计算	±2%	±5%	
预应力摩阻损失	管道摩阻参数	±2%	±5%	
锚固点高程变化	设计锚固点高程计算	±5mm	±10mm	±20mm
边界条件变化	设计结构约束体系	增大固结刚度	减小固结刚度	

表 7-14　成桥结构响应

结构主要参数	主塔内力、应力	箱梁内力、应力	箱梁线形	斜拉索索力	主塔线形
主梁刚度	△	△	△	△	△
主塔刚度	△	△	△	△	△
斜拉索弹性模量	△	△	△	△	△
斜拉索制造长度	△	△	△	△	△
斜拉索重量	△	△	△	△	△

续表

结构主要参数	主塔内力、应力	箱梁内力、应力	箱梁线形	斜拉索索力	主塔线形
预应力摩阻损失	△	△	△	△	△
锚固点高程变化	△	△	△	△	△
边界条件变化	△	△	△	△	△

在对结构进行参数敏感性分析时，采用单一变量的方法，即除考察的参数外，其余参数均采用基准状态的值。

②节段施工前计算

在节段施工之前，应对节段施工过程中结构的内力和变形进行预测，并作为节段施工过程控制的目标。

斜拉索无应力下料长度计算：

斜拉索是斜拉桥的重要受力构件之一，精确地计算斜拉索下料长度对于顺利、安全地施工是非常重要的。斜拉索过长则安装过程中必须加垫块进行处理，不利于局部受力；斜拉索过短则根本无法安装。在计算下料长度的时候，需充分考虑斜拉索垂度、材料弹性模量等修正。斜拉索的下料长度（端到端）：

$$Lo=L1+（t1+t2）/2+h1+h2$$

$$L1=LC-\triangle Le+\triangle Lf$$

其中△Le为弹性伸长量，△Lf为垂度影响的伸长量。

考虑将张拉和锚固端的螺母都放置在锚杯的1/2处，t1、t2、h1、h2由制造厂家给定，参照相关锚具资料对数据进行校核。

斜拉索上、下端锚管方向确定：由于斜拉索垂度效应的影响，斜拉索在上、下端锚管位置处的空间角度不能直接按照直线索计算。因此，对于斜拉索上、下端锚管的方向需作为计算的重点之一。九嶷大桥斜拉索上、下端锚管方向计算采用自编的EXCEl程序计算。

主梁、主塔立模标高基础数据计算：主要考虑主梁和主塔施工过程中的累计位移值，现场挂篮变形量，施工临时荷载、不同块段重量、人为调整值等。

斜拉索初始张拉力、张拉后索力、后续调索力计算；

主塔各节段施工完成后的数据计算；

主梁各节段施工完成后的数据计算；

边跨合龙前后结构应力、索力及线形数据计算；

中跨合龙前后结构应力、索力及线形数据计算；

铺装过程结构应力、索力及线形数据计算；

施工过程中调索前后结构应力、索力及线形数据计算。

③节段施工后计算

在节段施工完毕之后，需要根据实际的测试和测量结果，得出一组消除各种误差因素后结构的实际状态数据，并与预测值进行对比分析，找出差值，对计算模型进行修正，并重新计算作为后续施工的依据。主要是考虑节段在不同施工期所取结构参数（如容重、弹模、边界及荷载等）对理论计算模型的修正，使得理论计算的应力、变形等数据与真实情况趋于一致。如果实测值与计算值有较大差异，需要分析原因并在后续施工过程中考虑采取适当的调整措施。

对节段施工后反馈的施工信息分析，确定施工误差状态。

结构响应分析评估和结构状态评估：

节段施工后根据当前施工状态下的边界、荷载对当前结构进行结构响应分析评估和结构状态评估。

计算参数的识别与修正：根据节段施工后的各参数测量误差值识别模型中预定的计算参数，对预定的计算参数进行修正，调整计算模型。

误差分析与调整：根据上一节段的施工误差，进行误差分析，根据误差分析结果对下一节段可能存在的施工误差的制定有针对性的调整措施。

实施计算调整控制目标：根据计算参数修正后的计算模型进行实时计算，根据计算结果调整下一块段的控制目标值。

确定施工误差容许度指标和应力预警机制：混凝土应力监测结果平均应力误差小于±15%，当理论应力水平小于10MPa时可按照±1.5MPa来进行控制，当应力水平达到80%材料允许强度（包括拉应力）或超过上述误差范围时应提供预警，以确保大桥的安全施工。

④成桥阶段的计算复核

根据实际参数取值，考虑既有施工误差等影响，计算桥梁的成桥状态线形、应力和稳定性，并按照设计规范进行运营状态验算，得出运营阶段荷载组合内力情况，将计算结果与设计成桥内力和线形比较，做出成桥状态分析评估和施工监控成果评价，为桥梁运营阶段的监测养护管理等工作提供初始结构状态。

（2）主塔线形

①主塔基础沉降监测

由于本桥承台埋入土中，所以基础沉降监测点设在主墩上标高2.00m位置，每个主墩设置4个测点。以主墩上标高12.00m位置完成作为沉降观测起始时间点，测量人员在主塔施工、主梁施工、斜拉索施工等主要施工节点进行基础沉降观测。当观测结果发现异常时，应对观测时间间隔适当加密。

②主塔施工过程线形监测

主塔施工过程中监控技术流程见图7-16。

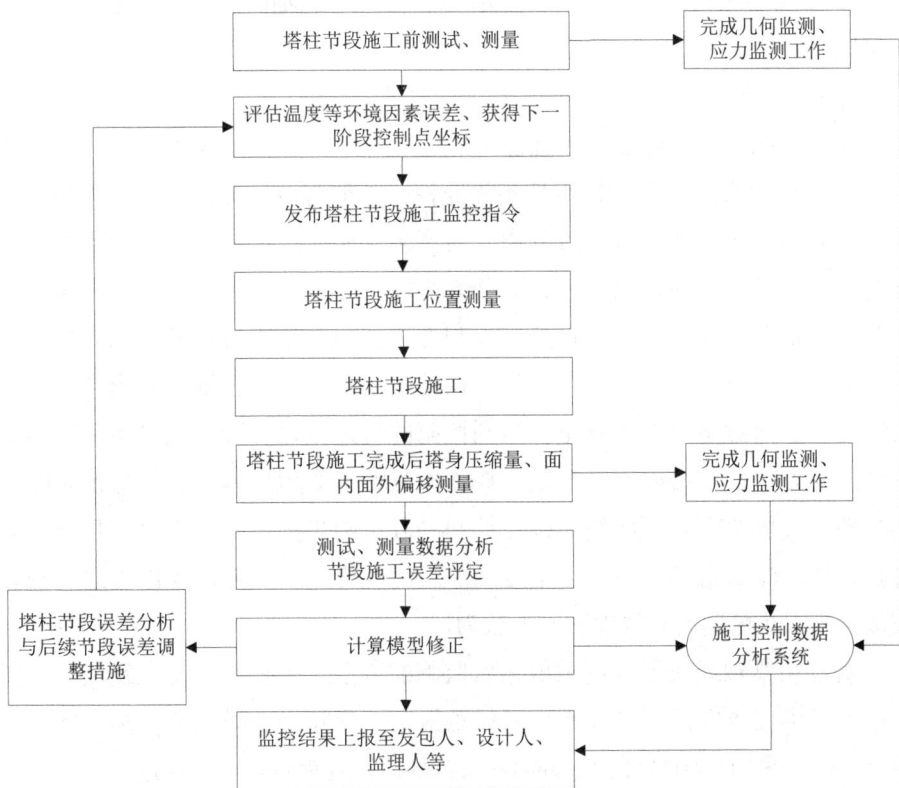

图7-16 主塔监控技术流程

每节段主塔定位监测：本工程主塔施工节段多，施工过程复杂，监测工作量大。本工程将使用全站仪三维坐标法测量塔柱的平面位置和高程。

塔柱施工过程中，要充分考虑到模板的刚度、混凝土收缩、基础的沉降以及塔身的竖向弹性压缩变形对模板位置的影响，通过理论计算和现场观测获得上述数据，在模板定位过程中预留上述影响的预偏量。其他日照变形、温度变形、风荷载变形值的影响可以通过合理选择定位时间来消除。同时在测量定位过程中要停止塔式起重机的作业，以避免塔式起重机运行过程中造成的塔身变形。

③成塔后主塔线形监测

主塔建成后，主塔监测主要是塔顶轴向压缩量和面内面外偏移监测。主塔变位的监测主要采用全站仪进行监测，测点布置在主塔的顶端位置处。

在主塔封顶前安排进行24小时的塔顶几何位置连续测量，时间间隔为2小时/次。后续主梁施工过程中每3个块段进行1次塔顶轴向压缩量和面内面外偏移量监测。

（3）主梁线形

①主梁线形监控监测技术流程

大跨径桥梁的上部结构线形施工监控，一般有两种方法：一是采用纠偏终点控制的方法，即在施工过程中，对产生主梁线形偏差的因素跟踪控制，随时纠偏，最终达到理想线形，这种方法常用Kalman滤波法和灰色理论等。二是应用现代控制理论中的自适应控制方法，即对施工过程的标高和内力的实测值与预测值进行比较，对桥梁结构的主要参数进行识别，找出产生偏差的原因，从而对参数进行修正，达到控制的目的。在实际应用中主要采用后一种监控方法，主要原因是自适应控制方法可以全程控制，容易保证实际线形与理论线形的吻合；而纠偏终点控制的方法则主要以终点为控制目标，对过程数据无法求精确，只是"学习"。因此九嵕大桥线形监控以自适应控制方法为主，灰色理论和线性回归方法为辅。

对于箱梁轴线线形控制采取事后监测的方法，监控单位首先复核设计图纸中的箱梁轴线坐标，可计算得到任意给定里程箱梁轴线上的坐标。施工监控单位同时采用测距精度为1mm+1ppm、测角精度为1s的全站仪进行测量，监控单位通过计算判别轴线偏差是否满足要求，如轴线偏差大于1cm时及时通知施工单位，监控单位会同施工单位分析原因并及时纠正。主梁轴线测量可采用相对0#块测量结果，测量误差不得大于±2mm。

九嵕大桥上部结构线形监控的技术流程见图7-17：

箱梁节段施工前测试、测量

评估温度等环境因素误差、获得下一阶段控制点坐标

发布箱梁节段施工监控指令

挂篮移动后高程测量

箱梁节段现浇

节段现浇后高程、轴线偏位测量

张拉预应力

张拉预应力后高程、轴线偏位测量

斜拉索施工

斜拉索施工后完成高程、轴线偏位测量

测试、测量数据分析
节段施工误差评定

箱梁节段误差分析与后续节段误差调整措施

计算模型修正

施工控制数据分析系统

监控结果上报至发包人、设计人、监理人等

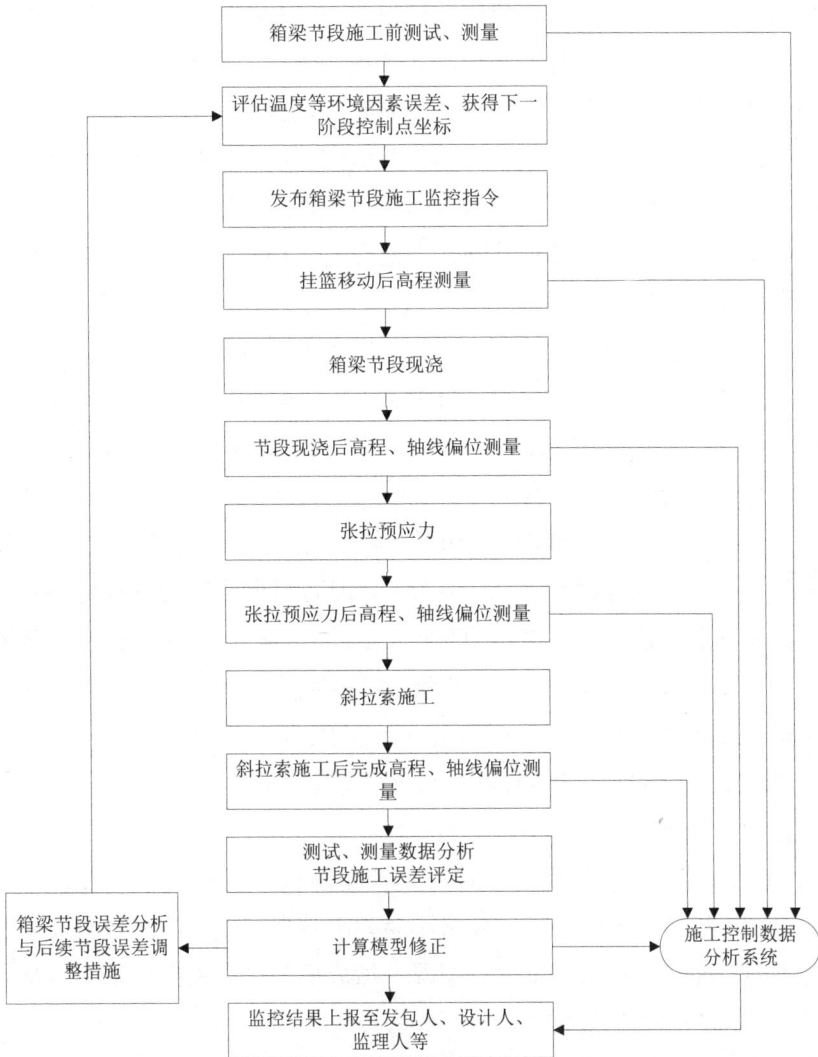

图7-17　主梁线形监控技术流程

②理论立模标高计算

箱梁理论立模标高的计算是做好监控的基础。一般情况，在计算立模标高的同时应给出结构3条高程曲线：设计曲线、目标曲线和预拱度曲线。设计曲线是指大桥的设计线形；目标曲线是指将长期收缩徐变和运营活载影响值迭加到设计曲线后的曲线；预拱度曲线则是各施工阶段累计位移反号迭加到目标曲线后的曲线。

目标曲线的确定十分重要。因为长期徐变作用使跨中挠度增大，这个问

题是大跨径斜拉桥设计与施工值得注意的。如果长期徐变计算分析不准，跨中预抛高值设置不当，运行一两年后，跨中线形会明显下垂。因此，对跨中预抛高值的设置（目标曲线）应当给予充分的重视。一般做法是各跨跨中预抛高值由设计单位根据计算结果给出，然后按两次抛物线过渡，并迭加到设计线形上，最终形成目标线形。监控单位的职责是校核预抛高值，给出校核意见。由于长期徐变很难计算准确，因此在实际操作中，往往要参照已建成的同等跨径桥的预抛高值资料。

监控单位根据预拱度曲线可以得到箱梁各节段的理论立模标高。计算预拱度曲线应考虑施工阶段、索力、自重、温度、收缩徐变、挂篮和预应力等作用，所采用的结构材料参数应按实测数值，比如弹模 E 和容重 γ。

③箱梁节段线形测点布置

监控单位在箱梁每个块段顶板的前端顶板面上埋设7个测点，底板设置3个测点。钢筋头超出混凝土表面2~3cm，钢筋距箱梁悬浇段前端10cm，在施工中保证测点不被破坏。钢筋的直径不宜小于8mm。采用每公里往返测量误差不大于1mm的高精度自动安平水准仪进行高程监测，高程测量绝对误差（相对施工控制网）不得大于±5mm。应定期（每隔3~5个梁段）对 0#块上后视点进行复测，以保证标高测量的绝对误差满足要求。

④箱梁节段线形测量阶段

在箱梁悬臂节段施工中，正确确定测量阶段很有必要。一方面测量阶段不能过多，过多既影响施工进度又不易处理数据；一方面测量阶段不能过少，过少则不能全面反映箱梁变形情况，给分析提供立模标高带来困难。经过大量实践，采用四阶段测量较为合理。

第一阶段：挂篮移动后，测现浇段；

第二阶段：张拉预应力之前，测现浇段和已浇段；测已浇段的目的主要为分析线形；

第三阶段：张拉预应力之后，测现浇段；

第四阶段：斜拉索张拉后，测现浇段。

⑤数据处理、预测分析和立模标高

数据处理和预测分析是监控的关键技术，也是本桥监控的一大难点。在分析数据时重点考虑影响高程数值的主要因素有：挂篮变形误差；桥面临时荷载影响；结构刚度误差；温度影响；张拉预应力误差；定位误差；斜拉索索力误差等。悬臂长度不同，影响因素的量值也不同。监控单位根据实际施工进度，通过数据处理和预测分析，给施工单位发出立模标高指令。

（4）主塔和主梁应力

主塔和主梁应力监控是九嶷大桥另一重要内容。只有做好结构应力监控才能确保大桥的安全施工。应力监控方法是在结构受力关键部位预埋混凝土应变计，然后随施工进展测量每一工况前后的应力变化，最后将实测应力数值与理论数值对比来确定当前结构状态是否安全。

①应力测点布置

九嶷大桥主梁应力断面位置及断面上传感器布置见图7-18、7-19、7-20、7-21。

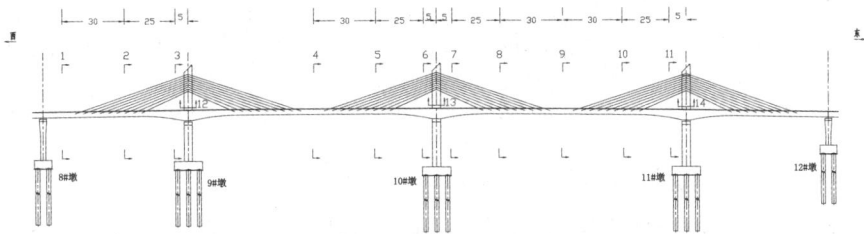

图7-18 九嶷大桥主梁应力测点布置截面图

图7-19 12、13、14截面应力测点布置图

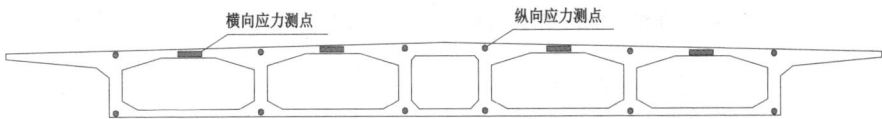

图7-20 1、2、4、5、8、9、10截面应力测点布置图

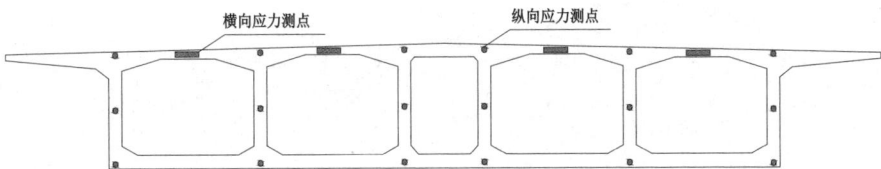

图7-21 3、6、7、11截面应力测点布置图

②传感器数量统计

九嶷大桥主桥主塔和主梁应力测量传感器数量统计见表7-15。

表7-15 应力测量传感器数量

序号	仪器设备名称	功能、规格、参数	单位	数量	备注
1	埋入式应变计TFL-S-NM15	应变测量精度：2.5% F.S. 应变分辨率：0.25% F.S.（1με） 温度测量精度：±1℃	个	8	主塔应力监测
2	埋入式应变计TFL-S-NM15	应变测量精度：2.5% F.S. 应变分辨率：0.25% F.S.（1με） 温度测量精度：±1℃	个	200	主梁应力监测
3	应变采集设备FL-ZXRB-B1	弦频率精度：1%±0.1Hz 应变精度：±2uε 压力精度：±1kN 温度精度：±1℃	台	2	主塔和主梁应力数据采集

③应力测试与预警流程

施工应力测试影响因素相当复杂，除荷载作用引起的弹性应变之外，还有与徐变、温度等因素有关的应变。通过测量时的龄期、环境温度等因素进行修正，基本上可以达到实测值与理论值的对比分析，从而保证结构应力的真实性。应力监控监测流程见图7-22。

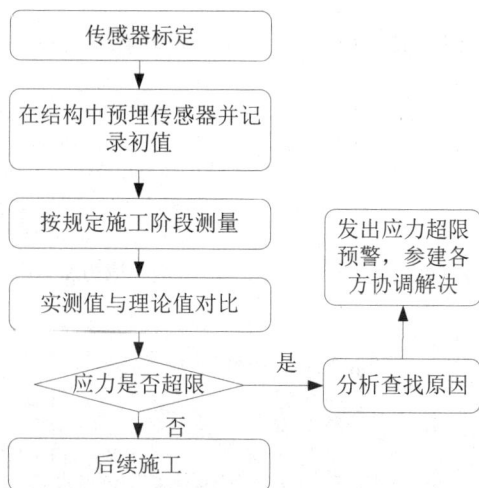

图7-22 应力监控监测流程

④应力测试要求

九嶷大桥主塔和主梁应力测点传感器采用智能弦式数码传感器TFL-S-NM15。该智能弦式数码传感器内置智能芯片和存储器，测量数字化，而且具有智能记忆功能，无需作人工线头编号，有力地防止了测试线被剪断、线编号混乱等致使传感器无法使用。传感器测读仪器采用FL-ZXRB-B1综合测试仪。上述传感器兼有温度测试功能，使用配套测读仪器可同时测读埋设位置的结构应变与即时温度。所有传感器应变测量误差小于±0.5%，年漂移量小于±0.5%，温度漂移小于±0.25%/10℃，温度测量仪器误差小于±1℃。

应力传感器的安装：结合节段施工安装的工程实际进度，节段安装前与安装后都需对传感器进行监测。混凝土内应力传感器的安装与数据采集见图7-23。

图7-23　混凝土内应力传感器的安装与数据采集

测点的保护：所有测点的布置，应便于测量，不易破坏。应采取有效措施保证测试元件损坏率不得大于20%，如元件损坏率超过20%应进行修复。

对所有测点设置醒目的标识，便于识别和避让、保护；

在含有测试断面的位置进行施工时，应注意避免焊接电弧灼伤测试元件、测试线路；

在测试元件附近应避免使用高温或强电磁设备；

严禁将液体物质倾置于测试元件附近；

严禁涂污线路及测点编号；

严禁在测点附近堆放施工荷载。

（5）索力

①斜拉索索力监测方法

一般斜拉索索力监测采用的方法为锚索测力计静测法和索力动测仪频率

法。采用锚索测力计静测法监测控制，在每根索的锚垫板与锚具之间安装1台锚索测力计，这种方法测试精度高且适应于长期实时监测但费用较高；影响索力动测仪频率法的量测精度的因素比较多，偶然和人为因素均对索张拉力有很大的影响，特别是对于短索，量测结果可能不准确。综合多种因素，对于九嶷大桥的索力监测采用锚索测力计静测法（见图7-24）和索力动测仪频率法（见图7-25）相结合的方法，在1#索及9#索的梁上锚固端布置锚索计，全桥共布置4个，其余斜拉索采用索力动测仪、张拉千斤顶和1#索锚索计读数推算数据相互校核的方式进行监测。

锚索计

图7-24 锚索测力计安装照片

图7-25 采用索力动测仪进行索力测量

九嶷大桥锚索计的布置图见图7-26。

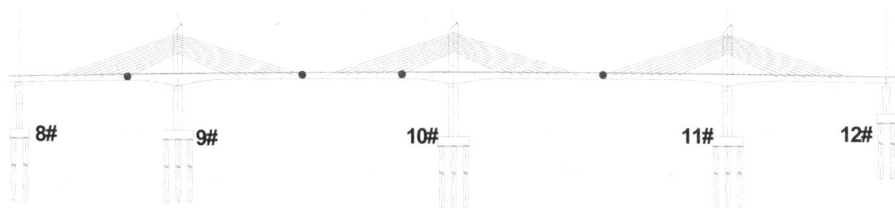

图7-26　九嶷大桥锚索计布置图

九嶷大桥采用的索力测试设备见表7-16。

表 7-16　索力测试采用的设备

序号	设备名称	量程	数量
1	穿心式锚索计	根据索力确定	4只
2	综合读数仪	六通道	1台
3	索力动测仪（包含动测头）	单通道	1台

②斜拉索索力监测的技术流程及注意事项

斜拉索安装阶段的索长及索力的监测的技术流程见图7-27。

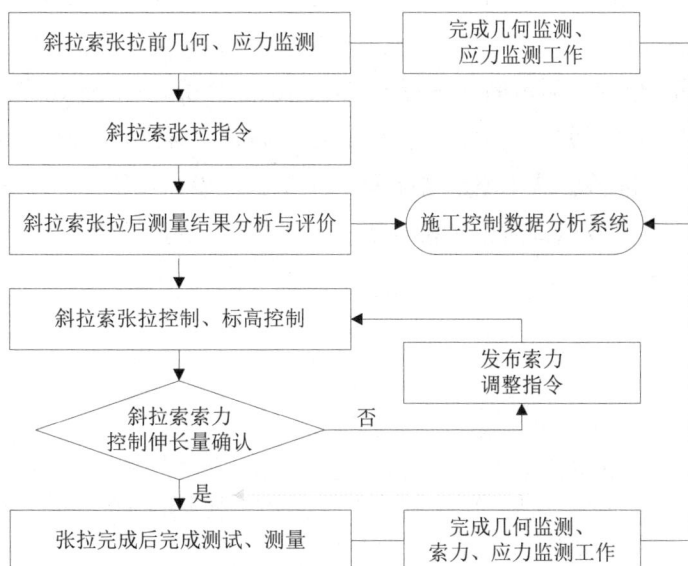

图7-27　斜拉索安装阶段的索长及索力的监测技术流程

③斜拉索索力监控技术要求：

斜拉索索力监测在箱梁浇筑后、张拉预应力后、拉索张拉、挂篮移动就位均进行当前索索力监测，每张拉一对斜拉索后对已安装斜拉索及相邻3对斜拉索进行索力监测。以拉索最后一次张拉到位作为一个梁段的测量控制结果评价工况，并保证每隔5个梁段进行一次控制工况的索力通则，并应与主梁高程通则一同进行；主梁施工过程中，调索前后均进行全桥（调索影响敏感区域的斜拉索）的索力测量；合龙前后进行全桥索力测量；铺装后成桥索力测量；根据控制需要的其他工况也需要测量。

斜拉索施工过程中每根斜拉索各股钢绞线之间的离散误差小于±3%，横桥向相同编号斜拉索之间差值小于±1%，每根斜拉索张拉完成后及成桥后整索索力偏差小于±2%，且不大于50kN，每个梁段施工完毕应对监控结果进行评价并提供报表。

（6）温度监测

桥梁施工过程中，环境温度的大小及日照温差会影响到结构体系的内力分布。同时，结构的温度变化还会影响施工精度及测量精度，因此，对结构的温度场以及环境温度进行监测，并修正温度效应所导致的施工控制误差是非常有必要的。

温度监测的项目主要有主梁结构温度场监测和环境温度监测等。

①箱梁温度场监测

9#塔在箱梁13#块后端断面进行温度场测试，全桥共2个测试断面，每个断面布置24个测点，并与应力监测点结合起来布置。温度场观测主要是通过在箱梁内安装温度传感器（测量精度为0.5℃），获得当地箱梁随温度变化的温度场，为合龙以及运营阶段本桥分析温度作用提供实测数据。测点布置见图7-28。

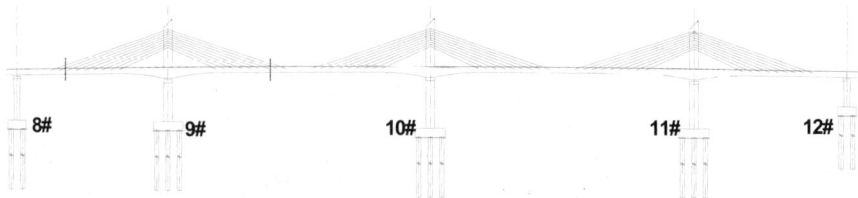

图7-28　九嶷大桥主梁温度场测试断面布置图

箱梁温度场观测选在有代表性的天气进行，每个月选择阴晴各1天，同时选择典型气候条件下的一天（极端冷、极端热天），一天中的观测时间预计安排如下：从早晨6时开始，每小时1次，至次日6时为止。测点布置见图7-29。

图7-29　箱梁温度场测试断面温度测点布置图

在箱梁温度场观测期间，要对箱梁温度与主梁线形同时监测，绘制箱梁温度-挠度曲线，找到温度变化与主梁高程之间的关系，从而根据节段施工时的温度对箱梁节段立模标高进行修正。由于悬臂施工初期主梁段受温度影响较小，故箱梁温度-挠度关系曲线的实际观测一般放在箱梁悬臂较长时做。

②环境温度监测

环境温度监测采用水银温度计，对环境温度的测量应连续进行，根据施工进度由测试小组完成温度及湿度数据采集，监测位置根据现场实际情况确定。

③传感器数量统计

九嶷大桥温度测量传感器数量统计见表7-17。

表 7-17　温度测量传感器数量

序号	设备、仪器名称	功能、规格、参数	单位	数量	备注
1	混凝土温度传感器TFL-T-DZ120	精度：±1℃ 测量范围：-20℃ ~ +110℃ 线性误差：0.5℃	个	48	主梁温度场监测
2	温度采集设备	弦频率精度：1%±0.1Hz 应变精度：±2uε 压力精度：±1kN 温度精度：±1℃	台	1	与应力采集设备共用

（7）结构参数现场测试

在施工监控计算中，根据实际施工中的现场测试或核定参数，进行仿真计算，并根据实际施工中的实时测量数据对这些参数进行分析拟合，以使施工监控计算能与实际施工相符。

进行现场测定的参数主要包括：

①实际材料的物理力学性能参数

混凝土的弹性模量及容重（在工地试验室测试）；斜拉索的弹性模量及

容重（由斜拉索制造厂家提供）。

②实际施工中的荷载参数

恒载；主塔、箱梁节段、T梁节段自重；二期恒载（铺装、人行道、栏杆、缘石、灯柱、过桥管线等）；施工荷载（主要施工机具、压重等）；临时荷载（临时堆放的机具、材料等）。

③挂篮荷载试验

挂篮荷载试验设计：

九嶷大桥的挂篮设计和荷载试验方案由本合同标段的施工单位完成，挂篮设计的总吨位不得超过设计要求。为了保证主梁的浇筑质量及控制浇筑时间，要求挂篮的刚度和强度满足一次浇筑完毕整个梁段。

挂篮荷载试验主要采用堆载法或千斤顶张拉法。无论采用哪种方法都是通过模拟施工荷载检验挂篮的强度和刚度。试验中所施加荷载应为最大施工荷载的1.2倍以上，且分级加载、分级卸载。

挂篮荷载试验目的：消除挂篮非弹性变形。无论新老挂篮均要做这一点。获得挂篮弹性压缩变形值，供监控单位参考。检验挂篮整体承载能力，确保施工全过程安全。

挂篮荷载试验主要内容：检测锚固钢筋的变形和应力（一般变形控制）；检测吊带的伸长值；检测挂篮悬臂端挠度；得到荷载–挠度关系曲线。

④预应力摩阻试验

预应力摩阻试验方案应由监控单位负责、施工单位配合完成。关于测试预应力布置，待进场后与施工单位共同确定。

预应力摩阻试验目前有两种做法：一是按照《公路桥涵施工技术规范》（JTG/T 3650-2020）附录 "预应力损失测定"提供的方法做；二是在钢束两端安装压力传感器，通过类似附录的方法做摩阻试验。两种方法，前者简单费用低，但数据可靠性差；后者复杂费用高，但数据可靠。九嶷大桥采用后者。

为准确了解预应力摩阻损失，取3个不同长度的预应力束做摩阻试验，每根钢束做3次试验取其平均值。

（8）支座反力监控

主桥采用GPZ（Ⅱ）盆式橡胶支座，支座所有钢板均采用耐候钢。支座处梁底设调平楔块调整纵坡、横坡，保证支座水平设置，墩顶水平。

一般而言对于支座反力监测通常在支座设计时考虑测力支座，测力支座能够在制作安装完成后直接测试出支座反力。本桥支座为常规的盆式橡胶支座，因此支座反力的监测手段通过采用高精度千分表测量支座的压缩变形，搜集厂家在支座出场检验时的支座的材料特性（弹性模量）计算支座的反力。本桥支座反力监测选择在8#墩及11#墩各选择一个支座进行监测。每个支座布置4支千分表，共计8支千分表。

（9）临时结构监测

施工过程中临时结构的受力情况不仅对临时结构本身的安全有影响，也对主体结构的变形及受力有影响。因此在施工过程中对钢栈桥、围堰、挂篮、满堂支架的结构应力、变形、位移等进行监测。具体监测方法如下所述。

①钢栈桥监测

钢栈桥结构主要包括栈桥桥面板、贝雷片、上下横梁、支撑牛腿以及底部钢管桩及平联。

钢栈桥变形监测主要测试每一孔钢栈桥的墩顶及跨中位置处的变形。监测方法采用水准仪监测。钢栈桥应力监测选择一个墩顶和一孔跨中位置进行监测，应力监测测点主要布置在钢栈桥上下横梁贝雷片，钢管桩位置处。钢栈桥应力采用应力传感器监测。

②围堰监测

钢围堰施工完成后，采用全站仪对钢围堰的四个角点进行变形监测，主要监测在施工过程中钢围堰角点坐标的变化情况，如有异常及时上报。钢围堰应力监测布置在钢围堰侧壁板上。具体钢围堰线形及应力监测测点布置待施工方案确定后进行细化。

③挂篮监测

挂篮监测主要包含两部分内容。一为挂篮预压监测，通过挂篮预压试验消除挂篮非弹性变形，得出挂篮弹性变形值，绘制挂篮荷载位移曲线，用于浇筑施工过程中的立模标高控制。挂篮预压试验时同时对挂篮的应力进行监测。二为挂篮悬臂浇筑过程中，主要对挂篮的应力进行监测，以判断挂篮施工过程中结构是否处于安全状态。

挂篮应力监测测点布置在主桁架上，具体布置位置待挂篮设计完成后进行细化。预压试验见图7-30，数据采集见图7-31。

图7-30　挂篮预压试验

图7-31　挂篮预压试验数据测量

④满堂支架监测

满堂支架监测主要包含两部分内容。一是满堂支架预压监测，通过支架预压试验消除支架非弹性变形，得出支架弹性变形值，用于确定支架现浇段的立模标高控制。支架预压试验时同时对支架立柱及平联结构的应力进行监测。二是支架现浇过程中，主要对支架的应力进行监测，以判断现浇施工过程中支架结构是否处于安全状态。

支架应力监测测点布置在支架立柱和平联上。

4. 监控指令及成果报告

（1）监控指令

根据施工的实际情况，结合施工监控工作的具体特点，在施工过程中及时发布监控指令，将施工监控指令数据表设计为4类：

第一类指令表：为混凝土主塔、主梁塔架设指令，含混凝土立模标高、各节段标志点位置、容许误差及控制手段等要求；

第二类指令表：为箱梁混凝土立模标高、各节段标志点位置、容许误差及控制手段等要求；

第三类指令表：为斜拉索张拉调整指令，将根据现场情况提供斜拉索工厂制造长度数据、斜拉索张拉调整索力及容许误差要求；

第四类指令表：为其他控制要求指令，将视情况通知相关单位进行调整，如：进行节段重量的重新测定、进行标高或索力的重新测量、进行临时荷载分布调查或进行临时荷载限制等工作。

（2）监控成果报告

施工监控成果分析报告为施工监控组根据各类施工反馈报表数据对施工

实际状况进行分析评价的专项报告。

在监控过程中，实时对监控结果进行整理，按建设单位的要求以预警报告、月报的形式送达有关各方（建设单位代表、设计、监理、施工等）。

每个主塔、主梁节段施工完毕后，一次索力和线型通测后，监控单位应对监控结果进行评价并提供报表。如施工进行中出现误差异常情况时，施工监控组将提交相应的分析报告供相关单位进行参考。工程结束时，提交完整的监控总报告及电子文档。

施工监控分析报告分为4部分内容。包括：

（1）几何误差分析报告，包括几何误差计算、误差形态分析、误差预测等；

（2）斜拉索索力误差分析报告，包括索力误差计算；

（3）应力测试结果分析报告，包括应力和温度场的测试结果、结构施工安全度评价或安全预警报告；

（4）施工监控建议，包括对总体施工误差和安全状态的评价、对容许施工误差度的调整等内容。

第八章　健康监测系统应用技术

　　自然环境中的桥梁结构，在建造及使用过程中，不可避免地会受到恒载、汽车可变荷载、环境腐蚀等因素的共同作用，桥梁建筑材料会发生劣化、损伤，从而造成结构性能的不断退化。如果缺乏必要的检测手段和维护规范，这些损伤将无法得到及时的发现和修复，从而不断恶化甚至造成桥梁安全事故的发生。因此，桥梁的建造质量、使用寿命和安全运营成了关注的焦点问题。有效的监测手段、准确的检测方法以及合理的管养措施成为桥梁发展的趋势。

　　桥梁健康监测系统主要依靠精密的测量设备、实时信号传输设备、数据处理与警报系统等构成，它能够弥补传统桥梁检测上的不足，并配合桥梁检测及时预测、发现桥梁结构的安全隐患和病害特征，缩短病害发展的周期，降低后期桥梁维修加固费用，提高桥梁运营的安全性和保障性。本章将简要阐述桥梁健康监测系统的概念，并介绍九嶷大桥健康监测系统的具体实施方法。

第一节　健康监测系统概述

一、健康监测系统的概念

　　在实际的桥梁建设中，利用科学合理的设计计算以及严格的施工过程控制来确保桥梁结构的安全性。但在实际的施工中，由于种种的原因，如设计本身的缺陷、施工过程中操作误差以及施工技术的不完备等，均可造成桥梁结构在施工完成后或者运营一段时间后，发现桥梁结构的实际线性和开始设计阶段的线形不一致。同时也由于桥梁结构在运营一段时间以后，其受力构件受周围环境的侵蚀、自身的老化以及荷载的作用等综合作用下，其承载能力可能会低于设计承载力，从而导致桥梁结构发生倒塌或者破坏。为了避免由于以上问题使结构发生破坏，过去的做法是对桥梁结构进行定期的检测对结构的可靠性和安全性进行评定，但是这种定期的检测存在缺点：检测花费的代价较大，结果的整体性较差，不能进行实时的检测。

为了克服这些影响结构安全的弊端和施工现场出现的误差，结构健康监测技术得到了快速发展。结构健康监测的定义是：利用结构现场固定的检测装置，对结构在运营过程中的效应和结构动力特性实施监测分析，以达到对结构的健康以及损伤进行定量分析区别。结构的健康监测不同于结构检测。检测是一种静态的过程，对结构进行观察并确定其适用性。而健康监测是一个实时动态的过程，通过监控判断结构的状态，其分析内容包含结构检测。对于桥梁的健康监测来说，是多种参数综合分析的过程，主要包括：结构的应力、应变、挠度、温度以及动力特性。这种过程利用安置在桥梁特殊部位的传感器，在施工和运营阶段，对桥梁实施安全状况实时的检测，并对检测数据进行有效的分析，最终得到桥梁结构的健康状态。同时，根据所得到的分析结构对桥梁结构存在的危险进行预警，为桥梁结构的正常运营提供有效的决策。

桥梁结构在实际的发展过程中，由于交通量的增加、荷载等级的提高以及行车速度的增加，还有自然环境中不可预知的风险也会导致桥梁结构的危险。在桥梁结构施工过程中预留永久的测点，在桥梁结构全寿命周期内为其提供检测。实时检测的数据可以为桥梁结构在运营阶段的安全性提供真实、可靠的保证。目前对桥梁结构来说，对于这种需求的迫切程度极高，长期有效的检测系统使得在桥梁服役阶段的安全性得到有效的保证。现实中，要快速地实现高效地对桥梁结构进行实时的检测是很难达到的，需要在桥梁结构中建立一套可靠的结构健康监测系统。同时需要对桥梁结构进行永久的养护，才能实现对造价巨大、社会效应显著的桥梁的安全运营。因此，实现桥梁结构的安全运营是桥梁健康监测的主要目标。

二、监测的必要性

桥梁工程投资规模大、结构复杂、服役环境恶劣，其服役期长达几十年甚至上百年，在长期运行中不可避免地遭受恶劣环境侵蚀、极端灾害（地震、风、暴雨、洪水、爆炸、撞击等）、相邻结构影响、车辆超载、疲劳荷载等多种灾害作用。上述作用和灾害或导致其服役性能总是处于劣化过程中。这种劣化过程的宏观表现为结构变形增大、裂缝发育、钢筋锈蚀加重、混凝土开裂剥落、构件呈现损伤破坏等，可能造成结构局部破坏或整体失效。此外，桥梁结构作为生命线系统的控制性工程，局部的劣化或破坏都将可能导致整个交通网络的瘫痪。大桥结构一旦破坏失效将带来巨大的直接和间接经济损失及恶劣的社会影响，严重危害社会公共安全。

为了及时掌握桥梁结构的性能表现，保障结构的安全性、完整性、适用性与耐久性，需对桥梁增设安全监测系统，以监测结构在外部极端荷载作用下的状态变化，如汽车超载、船撞、强风、地震等；把握结构服役期间汽车荷载、风荷载、温度荷载等长期运营荷载作用及在这些荷载作用下的结构性能长期演变规律；基于已有监测信息，掌握桥梁关键部件或构件的性能退化过程，实时把握结构安全性，为结构的早期预警、安全评定、维修决策乃至寿命预测是极为必要的。

《公路桥涵设计通用规范》（JTG D60-2015）和《公路桥梁结构安全监测系统技术规程》（JT/T 1037-2016）明确规定，技术复杂的大型桥梁工程需要设置必要的结构监测设施。

随着技术的进步，结构安全监测系统技术得到长足发展。在公众对工程结构安全性日益关注的背景下，根据各个桥梁的结构特点、地理环境和系统目标，结合国内外最新研究成果和经验，开展相应的安全监测已势在必行。

三、监测目的与意义

为保证桥梁交通畅通，加强对桥梁的维护管理工作极为重要。桥梁管理的目的在于保证结构的可靠性，主要指结构的承载能力、运营状态和耐久性能等，满足预定的功能要求。桥梁建成后，在长期的静载和活载作用下，以及在气候、氧化或老化等因素的影响下，相应的强度和刚度会随时间的增加而降低。这不仅会影响行车的安全，亦会使桥梁的使用寿命缩短。通过建立九巃大桥结构安全监测系统，利用收集到的特定信息对大桥结构安全状态进行评估，确保大桥安全运行。

健康监测系统建设的主要监测内容在于通过实时监测反映大桥环境激励和结构性能状态的相关重要信息，把握桥梁的工作性能，以保证大桥的安全运营，为大桥的养护维修提供科学依据。与传统的桥梁检测方法不同，桥梁结构安全监测重在诊断可能发生结构损伤或灾难的条件和环境因素，评估结构性能退化的征兆和趋势，以便及时采取养护维修措施。而传统的检测方法重在损伤发生后检查损伤的存在并采取维修加固的手段，因此，桥梁结构安全监测系统的概念具有革命性的变革。随着传感技术的革新和自动远程监测技术的更新换代，桥梁结构安全监测系统正向简单易装、经济可行、持久可靠的方向发展，并已开始成为许多大型桥梁建设工程的一部分。

桥梁结构安全监测系统的建立具有重要意义：

（1）能够监测到人工日常养护中无法检测的桥梁整体工作性能，以及对一些人工无法到达的隐蔽部位进行监测。

（2）实现实时或准实时的损伤监测，及时发现桥梁的损伤与质量退化，对桥梁结构在使用过程中出现的损伤进行定性、定位和定量分析，实现防患于未然。

（3）利用收集到的特定信息对大桥状态和安全进行评估，给管理者提供桥梁养护维修的客观依据，节约大量的后期维护经费。

（4）在突发性事件（如强烈地震、强台风或其他严重事故等）之后对桥梁进行结构安全性评估。通过评估、维修与加固，挖掘桥梁的潜力，使其继续为现代交通运输服务。

（5）通过对监测系统采集数据的综合分析，可以更为准确地把握桥梁在各种荷载下真实的受力及变形状态，实时监测的数据和分析结果对桥梁的设计者和建造者是非常重要的资料，为以后的项目提供设计和建造依据，对今后同类工程的开发建设也具有十分重要的指导意义。

（6）在大桥整个设计使用寿命内，确保大桥安全可靠运营前提下，使维护管理费用保持在相对较低的稳定水平，这是引进桥梁结构安全监测系统的最终目的。

桥梁健康安全监测系统的成功建设和运行，为运营期桥梁科学有序地养护运营管理提供了一个平台。建立桥梁结构全寿命期的数字化、信息化"档案"，将极大地减少大桥管理的现场工作量及养护管理费用，使管理者能够及时了解桥梁的运营状态、病害和外部事件的影响。利用自动化监测数据，结合检测数据，及时对桥梁结构进行安全预警、结构安全状态评估和管养决策分析，有效地掌控运营期结构使用状态及其发展演化趋势，科学地指导桥梁结构管养决策，制定合理、主动、预防性的养护措施，实施有效的管养、维修与加固工作，实现按需维护、及时维护，有效降低结构全寿命期的运营养护成本，最大限度延长桥梁的使用年限，全面支撑结构安全预警和运行维护，最大限度地确保结构运营安全，使桥梁长期发挥重要作用。

第二节　健康监测系统实施方案

一、监测系统总体方案设计

1. 系统设计总体原则

为使九嶷大桥结构安全监测系统成为一个功能实用，能真正长期用于结构预警和状态评估，满足结构运营期信息化养护监管的需要，同时又具经济和技术先进性的安全监测系统，系统设计时遵循了以下主要原则：

（1）统一性：本系统的监控设备和软件采用统一规划、统一设计的监管方案，并进行统一安装、集成与调试。系统构建完成后进行统一维护和管理，结合本项目业主及国家相关部门的规定要求而研发；

（2）先进性：系统应具有技术先进性和前瞻性，应考虑相关支撑技术的发展现状；

（3）兼容性：各种传感器、数据采集仪表、通信设备、数据存储和管理以及附属设备和软件系统可协调工作、无缝衔接；

（4）经济性：在保证系统的可靠性等各项要求的前提下，应适当考虑经济性，选择有代表性的监测项目和构件或部位进行监测；系统供电通信缆线尽量利用交通工程已有的纵、横桥架和预留孔洞走线；监控中心系统控制设备尽可能与三大机电系统资源共享，以节省投资；

（5）实用性：重点考虑系统需与结构实际养护管理的需要，可在结构运营中充分发挥作用，实现"实用、好用、管用"的目标；

（6）可靠性：系统的各监测设备应处于在正常工作状态，无过载超负荷等现象发生，并考虑一定的富裕度和冗余贮备，即使个别设备出现故障，系统仍能正常工作；

（7）安全性：系统应充分考虑安全性，系统设计实施与结构施工紧密结合，确保系统的实施不对结构相关构件或区域的安全性、耐久性产生影响，系统自身能安全稳定地运行；

（8）可扩展性：系统应采用开发的架构，可以满足未来新的发展和需求。

2. 系统建立总体思路

九嶷大桥结构安全监测系统的总体监测目标是保障结构安全承载，掌控桥梁整体内在使用状态的变化，为桥梁养护决策提供支持。监测系统建立的总体思路如下：

九嶷大桥结构安全监测系统是一个集结构分析计算、计算机技术、通信技术、网络技术、传感器技术等高新技术于一身的综合性系统工程。安全监测系统应包括传感器模块、数据采集与传输模块、数据处理与管理模块、数据分析与安全评估及预警等组成部分，并通过系统集成技术将各软硬件模块集成为统一协调的系统。

安全监测系统采用自动化数据采集方式建立。考虑合理性及经济性等因素，自动化数据采集子系统主要实时监测桥梁上部结构性能状态的变化，掌控桥梁的结构内力状态的改变。然后"从内而外，由表及里，由局部到整体"，推断大桥构件和结构整体的安全使用状态，建议需要进行维修和维护的工作内容，辅助进行桥梁结构全寿命期经济、高效的管养决策制定。

3. 系统总体架构

九嶷大桥结构安全监测系统核心任务是获得桥梁在运营服役期间的代表性环境与荷载以及结构的整体性能、局部性能等监测数据。通过对监（检）测数据分析，综合评定结构的安全状态，获得行车和结构的双重安全状态信息，为结构的安全、高效、经济的运营管养提供成套技术支持，全面支撑九嶷大桥结构安全预警和运行维护，最大限度地确保结构运营安全。

针对系统所需要满足的功能和目标，九嶷大桥结构安全监测系统由以下子系统组成：

（1）传感器子系统

感知获取荷载环境参数及结构性能参数，将各类监测信号转换为电（光）以及数字信号。

该模块主要为监测元器件及其附属及保护设施，属于整个监测系统的最底层的一个子模块。主要功能是：在桥梁代表性的、控制性的关键截面和部位上安装各种类型适宜的传感测试设备，其受控监控中心发出的指令拾取结构荷载源参数和结构性能参数。传感器"感知"这些参数幅值，并通过内置感应电路将这些参数值转换为电压、电流、电荷、电极、频率或数字等模拟电量或物理量，然后通过适宜的采集传输方式送给外场的数据采集和传输子系统中的采集板卡或调理器进行模数转换，完成信号数据采集。

（2）数据采集、传输及处理子系统

数据采集与传输子系统由分布在全桥的多个数据采集站、光纤信号传输网络和支撑供配电子项组成。数据采集站采用行业内最先进的专业产品，以确保系统的稳定性、可靠性、耐久性和高精度。光纤信号传输网络采用光纤冗余环网拓扑结构，以保证信号传输的高度可靠性。供配电系统采用不间断电源UPS对仪器仪表系统供配电，保证系统的供配电质量和可靠工作。

该子系统同时拥有电子采集传输硬件设备和采集传输控制软件的开发。主要功能是通过该子系统的采集设备或调理器将传感器端传过来的模拟量信号进行模拟-数字转换（A/D），将采集到的电信号转换成计算机可识别的数字信号，并通过有线或无线网络输送到监控中心的数据处理和分析子系统。另外，对于九嶷大桥监测内容、传感器类型和数量比较多的监测系统，数据采集和传输子系统还包括便携式数据采集、检查和维护子系统，主要功能是配合传感器子系统和数据采集传输子系统硬件设备的定期检查、标定、维护和更换工作，数据采集和传输子系统需要交直流电源和网络通信技术等的配合。

系统通过九嶷大桥交通工程和沿线设施设计预留的主供电电缆供电接出点向系统各子测项目监测点中各采集设备供电；系统通过交通工程和沿线设施设计预留的主通信光缆双向向桥梁上各采集机柜以及监控中心计算机控制设备发送指令进行各监测设备的信号采集和传输控制。

数据处理与分析子系统包含监控中心计算机设备和相应的数据处理和分析软件。主要功能是由计算机系统完成信号数据的预处理、后处理、归档、显示和存储等数据管理，并通过网络设置和控制桥梁现场的各个数据采集站、调理器设备和传感测试设备的工作。

（3）数据管理子系统

子系统包含监控中心计算机设备和相应的数据库管理和接口软件，为监控中心系统的"数据信息心脏"，它是桥梁信息化、数据化管理的核心。主要功能是管理和储存整个监测系统各结构主体的全寿命静态资料信息和动态监测数据。

静态资料信息包括桥梁基本设计资料、荷载试验资料、监测系统所有软硬件技术资料、参数、图片，以及监测系统各类监测巡检数据文件信息、操作人员权限信息等；动态监测数据则是指系统实时采集的结构监测项目原始数据，包括当前数据和历史数据。目前应用数据库管理这些动态数据的方法主要有两个：一是直接将原始监测数据进入数据库表格进行储存和管理；二是先将原始监测数据在采集端存为后续各个分析软件都能识别的通用文件格式，然后下载这些原始数据文件到监控中心服务器，数据库只保存这些数据文件在服务器端的路径信息。数据管理子系统在整个监测系统中属于一个支撑系统，是整个系统集成的平台，主要在后台运行，为其他子系统提供数据支持服务。

（4）安全评定与预警子系统

根据系统结构和构件的代表性监测数据进行自动化统计、分析、预警，并根据监测数据及预警结果进行安全评定及定期编制报告报表并提交监测报告给大桥养护管理维修部门，为桥梁构件的维修、维护工作提供技术支持。

（5）用户界面子系统

安全监测系统的集成体现窗口，具有实时监测数据显示、历史数据查询、报告报表查看、预警信息发布展示、三维模型展示等功能。该子系统是整个监测系统的一张"脸"，所有各类监测信息、巡检信息、评估报告信息等都将通过这张"脸"展示给本工程桥梁各级结构管养机构部门及人员，并且接受用户对系统的控制与输入（出）自检操作。

二、监测内容

1. 监测项目及监测点

（1）监测项目及监测点选取原则

①监测项目选取原则

对于九嶷大桥结构安全监测系统监测项目的确定，首先考虑大桥结构形式的特点、运营状况，及定期检测发现的结构问题。另外，从运营期养护维修的角度出发，考虑提供详细必要的数据给养护管理系统，为养护需求、养护措施决策采用提供科学依据，确保结构安全运营，真正做到预防性养护。确定监测内容还需根据监测系统的自身要求来选择适合的监测项目，主要考虑到测试手段的可行性、分析方法的可靠性等因素。其确定的总体原则有：

根据大桥各类结构构件在结构安全中的重要性和构件的易损性；

根据大桥所处的地理环境和气候环境特点，确定对结构受力影响的因素；

从结构状态评估的需要和运营养护管理需求出发，要为未来进行状态识别和结构安全评判做技术准备；

对于大桥的特殊结构要重点监测；

根据大桥特点，资金投入和经济性，实时监测与定期监测相结合。

②监测测点选取原则

根据结构危险性分析结果，确定结构构件易损部位、结构控制部位和损伤敏感部位，如变形控制点、应力集中的位置、动力响应敏感点等。根据监测的目的和功能要求，包括：所要监测的信息类型，预计的结构性能与行为，所要记录的响应数量等；充分利用结构对称性原则，并考虑一定的冗余度；应用有关优化理论进行测点优化分析的结果；综合考虑采集方案，尽量减少布线与数据传输距离；充分考虑结构的构造，尽量减少对结构的破坏，并不能改变结构的受力状态；监测位置应考虑设备便于维护、更新，有利于设备的耐久性；考虑最大共享原则，能与施工监控、荷载试验以及结构运营管理实现最大数据共享。

（2）监测项目及监测点汇总

根据上述原则，结合九嶷大桥的运营环境和结构受力特性与构造特点，根据实用性、可靠性、经济性、技术先进性和耐久性等对主桥布设监测点及仪器进行安全监测，对应进行传感器子系统、采集、传输及处理子系统等子系统方案的设计。

九嶷大桥确定的监测项目分为环境与荷载、结构整体性能及结构局部性能三大部分：

①环境与荷载监测项：包括动态交通荷载、视频、船撞、风荷载、箱梁内温湿度、气象因素。

②结构整体性能监测项：包括位移、桥墩基础沉降、挠度、结构振动。

③结构局部性能监测项：包括斜拉索索力、钢束预应力、结构应变（结构温度）。

九嶷大桥结构安全监测项目的监测项目及测点汇总见表8-1。

表 8-1　九嶷大桥健康监测系统监测项目及测点汇总一览

监测项目		布设位置	监测测点数量	传感器类型	备注
环境与荷载	动态交通荷载	8#墩引桥铺装层	1套（4车道）	动态称重系统	
	视频	8#墩引桥	4个	视频摄像机	
	船撞	9#、10#、11#桥墩墩顶部	3个	三向加速度计	
	风荷载	10#塔顶	1个	三维超声风速风向仪	
	箱梁内温湿度	主桥各跨跨中箱梁内	4个	温湿度计	
	气象因素	10#塔顶	1个	温湿度计	
结构整体性能	桥墩基础沉降	9#、10#、11#桥墩墩顶部	3个	GPS	1个基准站
	跨中挠度	主桥各跨跨中	4个	GPS	
	位移	伸缩缝	4个	拉绳式位移计	
	结构振动	主桥各跨跨中	8个	单向加速度计	
结构局部性能	斜拉索索力	斜拉索	18根	光纤光栅-FRP钢绞线	
	钢束预应力	顶板预应力钢束（纵向）	18根	光纤光栅-FRP钢绞线	
		中跨底板预应力钢束（纵向）	12根		
		横向预应力钢束	10根		
	结构应变	各跨跨中主梁断面	28个	光纤光栅应变计	
		桥塔两侧主梁断面	42个		
		桥塔底部	24个		
	结构温度	主桥各跨跨中	29个	光纤光栅温度计	
		桥塔两侧主梁断面	39个		
		桥塔底部	6个		

2. 传感器子系统

（1）传感器选型原则

对于各监测项目的传感器仪器的选型，应遵循以下原则：

①先进性原则：根据监测要求，选用技术成熟、性能先进的传感器；

②实用可靠性原则：保证监测系统在结构服役环境下安全可靠运行，经济实用；

③耐久性原则：选用耐久性好和抗干扰强的传感器；

④可维护、可扩展原则：传感器易于维护和更换；

⑤精度适中原则：根据结构受力和变形特点，选用精度满足监测要求的传感器。

另外，传感器的选型、布置等应考虑被测物理量的数据要求，应尽可能反映被测物理量的自身特性；传感器的选型、布置等还应考虑传感器本身的环境要求、结构对传感器的限制和工程造价控制等多方面的因素。

（2）各监测项目对应传感器

①动态交通荷载监测–动态称重系统

动态交通荷载是桥梁运营期间主要承受的活荷载之一，对于桥梁结构，交通荷载在内力组成中占相当的比重。大桥上日夜行驶的交通流量、流向、轴重、车重、偏载等直接关系到桥梁结构的长期使用安全和疲劳使用寿命；且超载车辆是造成未来桥梁桥面铺装及附属伸缩装置等破坏和影响构件寿命的主要因素。进行动态交通荷载监测的主要内容：

对所有通过主桥的车载和交通量进行统计，对过桥的车辆信息（如轴重、轴数、总重等）进行实时动态监测和管理，当车辆超载时给出预警提示和记录，为大桥养护管理部门处理各种突发事件提供技术支持；定期提供每月、每季、每年的过桥车辆荷载报告；为结构内力状态识别、疲劳分析提供荷载依据；建立和分析九嶷大桥的交通荷载疲劳谱和极值分布模型、参数及规律，用于桥梁关键结构部位的疲劳性能退化分析和剩余寿命评估；进行交通荷载与结构变形、位移的相关性分析。

安装位置：称重传感器需埋置于4个机动车道所在桥面铺装层中，选择安装在主桥8#墩伸缩缝处引桥5米内的沥青混凝土铺装层里。

②视频监测–视频摄像机

在本桥上进行视频监测的目的是使动态称重系统与视频监测系统协同工作，对主桥的车辆进行视频拍摄，结合动态称重系统的预警，及时发现超载车辆，对造成桥梁损伤的车辆采取及时有效的处理手段。当动态称重系统反映受力指标超限时，通过视频监测系统能获取此刻的桥面荷载信息，便于对照分析，由此也可以用于监测超载车在桥上的行驶状况，并做下纪录，以为桥梁监控评估提供实证。同时，便于追溯桥面以上的交通事故发生的原因。

安装位置：根据监测需求，在主桥8#墩附近引桥上，将视频摄像机安装在灯柱上，每车道各架设1台监测摄像机，结合动态称重系统对交通状况进行监控。

③船撞监测–三向加速度计

船撞监测是指在船撞发生时监测大桥的加速度时程及其频谱，为结构整体和局部的动静力响应及灾后评估提供依据，为大桥管理部门应急处理突发事件提供资料。进行地震及船撞监测的主要监测内容为：

监测地震、船撞等突发性的灾害事故，并记录时程曲线，为结构整体和局部的计算分析及灾后评估提供输入计算依据；为结构灾后评估提供依据，为大桥管理部门处理突发事件提供资料；记录地震船撞瞬时加速度时程，进行实时报警，灾后迅速根据船的吨位和桥墩的加速度响应进行承载力验算，评估突发性灾害对桥梁的影响或破坏程度。

安装位置：船撞响应监测采用三向加速度计，为保证监测巡检人员可以到达以及便于采集走线，仪器安装在9#、10#、11#桥墩顶部，共计3台。

④风速风向监测–三向风速仪

风荷载是关系到桥梁结构安全运营的重要荷载之一。风致结构振动以及斜拉索风雨振变化原因的分析等都具有十分重要的意义。根据以往类似桥梁运营过程中发生的振动事件，需对风致振动导致的安全风险引起重视，尤其是抖振和涡振等影响结构舒适性和结构安全的振动，通过对风荷载的监测主要收集以下数据：

记录并存档监测测点的风速时程数据，绘制风速风向风玫瑰图；风速风向是保证行车安全的一个重要预警指标，监测风速风向为大桥管养者是否采取交通限载和关桥等交通管制措施提供数据支持；获得主桥所在区域的风场环境特性，为运营中进一步改善行车环境和行车管理措施提供依据；计算脉动风速谱，建立各级风速疲劳谱，建立风荷载与结构变形的关系，辅助结构内力分析，为评估九巃大桥主桥的适用性提供信息；为大桥钢结构、斜拉索疲劳寿命分析提供依据；通过监测桥址处风的信息与设计的参数和假定进行比较，可论证设计。

安装位置：在大桥10#桥塔塔顶选取1个风速风向测点，选用三维超声风速风向仪对风速风向进行监测。在选取测点位置处搭设1个支撑架，在支撑架上安装仪器。

⑤箱梁内温湿度监测－温湿度仪

温度特别对桥梁结构中的钢结构和混凝土结构的变形和应力状态影响较大，由温度作用产生的混凝土箱梁的应力和变形直接影响到混凝土结构的安全性、耐久性和实用性。日照温差对结构的影响，因日照辐射强度、桥梁方位、日照时间、地理位置、地形地貌等随机因素，使结构表面、内部温差形成不均匀分布，由于混凝土的热传导性能差，在混凝土箱梁中形成较大的温度差，会产生很大的温差应力。潮湿环境将使主梁、预应力钢束、斜拉索及其锚固系统等钢构件可能发生腐蚀作用，需进行箱梁内温湿度监测，主要监测内容：

监测箱梁内温湿度状况，以便绘制温湿度随时间（每天、每月和每年）的变化图；辅助指导桥梁的养护维修工作；温湿度测量数据可作为分析结构状态和结构损伤发展状态的重要参数指标；为箱梁内仪器设备的工作环境控制提供参考数据。

安装位置：在大桥主桥4跨跨中的箱梁内各选取1个温湿度测点，选用温湿度仪对箱梁内的温湿度进行监测，共计4个温湿度计。

⑥气象因素监测－气象站

九嶷大桥桥位区气候处热带湿润气候，春夏之间雨量集中，多年平均降雨量1278.2mm，4—6月雨量占41.7%，7—9月雨量较少，秋季多旱，暑热期长，年平均气温17.9℃，极端最高气温39.9℃，极端最低气温-8.5℃。各种气象因素造成材料的老化、腐蚀等作用明显。为了了解桥址处周边的环境温湿度、降雨量、风速风向等环境气象因素，进行气象监测，以达到如下主要监测目的：监测桥址处环境气象因素，辅助指导桥梁的养护维修工作，环境气象测量数据可作为分析结构状态和结构损伤发展状态的重要参数指标，为系统采集站设备的工作环境控制提供参考数据。

安装位置：在大桥10#桥塔塔顶选取1个环境气象测点，选用综合式气象站对环境气象、降雨量等进行监测，在选取测点位置处搭设1个支撑架，在支撑架上安装气象站。

⑦伸缩缝位移监测－位移计

桥梁在交通、地震、温度及风荷载等的作用下会发生纵向变形，这种纵向变形将通过伸缩缝的相对位移来反映。通过监测可以掌握主梁伸缩缝纵向变形情况，如果主梁的纵向变形异常（变形未被释放），则会对主梁安全产生危险。监测主梁梁端纵向位移或伸缩缝位移的目的为：

作为运营期间安全性预警的重要信息；为评估伸缩缝的安全使用状态提供依据；作为直观评估大桥内力状态的重要参数。

安装位置：在大桥8#、12#桥墩处主桥与引桥之间的两端伸缩缝位置分别设置2个伸缩缝位移测点，共计4个。

⑧桥墩基础沉降监测–GPS

以桥梁建成通车时其各主要构件的空间位置为初状态，通过运营期监测数据与初状态的对比，可分析计算出结构内力的变化及其发展趋势，为运营期结构承载能力的判断及维护调整提供科学依据。此外，在特殊荷载作用下，结构的变位响应与荷载的对应关系也是判断结构状态的主要依据。因此，桥梁结构空间状态的监测和对比分析是评估结构安全使用状态的重要组成部分。

桥墩及基础作为支撑桥梁上部结构的重要结构，桥墩基础沉降变化是大桥结构安全最直观的反应，需要对其重点监测。桥墩基础沉降监测的主要作用为：作为运营期间结构安全性预警的重要信息；作为行车舒适性和桥梁适用性评价的直接指标；是进行桥梁内力状态识别的最重要的输入参数。

安装位置：分别在9#、10#、11#桥墩顶部布设1个GPS接收机作为监测站，同时，在湘江一侧岸边，选择一处不宜破坏且地势空旷的位置各布设1个GPS基准站，该基准站与跨中挠度监测共用。

⑨跨中挠度监测–GPS

桥梁主梁作为直接承受车辆荷载的结构，各跨跨中挠度是反映当前舒适性、安全性、大桥内力状态的重要指标，是大桥结构安全最直观的反应，需要对其重点监测。结构空间变位监测的主要作用为：作为运营期间结构安全性预警的重要信息；作为行车舒适性和桥梁适用性评价的直接指标；是进行桥梁内力状态识别的最重要的输入参数。

安装位置：分别在主桥各跨跨中桥面中间处布设1个GPS接收机作为监测站，同时，在湘江一侧岸边，选择一处不宜破坏且地势空旷的位置各布设1个GPS基准站。

⑩结构振动监测–加速度计

结构动力特性的参数（频率、振型、模态阻尼系数）是结构整体性能评价的指标。桥梁的振动水平（振动幅值）反映桥梁的安全运营状态。桥梁自振频率的降低、桥梁局部振型的改变可能预示着结构的刚度降低和局部破坏，或约束条件的改变，所以进行结构动力及振动特性监测的目的为：从整体使用状态上把握结构的安全使用状况；是进行结构损伤评估重要依据；检验和修正用于桥梁状态分析预测的有限元模型；作为影响行车舒适度的预警指标。

安装位置：在大桥主桥2个中跨跨中，2个边跨跨中截面的上、下游各选取1个测点，布设单向加速度计，共计8个单向加速度计，以监测桥梁的竖向振动。

⑪斜拉索力监测–光纤光栅–FRP钢绞线

拉索是桥梁核心受力构件，拉索索力的变化直接反映桥梁结构受力状态的变化，关系拉索的使用寿命以及整座大桥的安全状态。由于拉索布置在梁体外部，由于温度、湿度和侵蚀性介质作用，使拉索钢丝很容易受到腐蚀作用。此外拉索在车辆、风、雨荷载作用下容易产生激烈的振动，使其长期处于较高应力状态，从而加速拉索的疲劳损坏。

上述腐蚀、疲劳等因素将大大缩短索体的服役寿命，从而严重影响桥梁的正常使用。为了科学地判断桥梁结构是否安全、确定索体更换方案，准确、实时地把握索体的内力及其变化特征显得至关重要。因此，对索力的监测目的包括：评估斜拉索状态的重要预警指标；进行内力状态识别的重要的输入参数；评估拉索的使用寿命提供依据；从整体使用状态上把握结构的安全使用状况。

安装位置：在大桥六排索面各选取3根拉索：最长斜拉索1根、最短斜拉索1根及中间斜拉索1根。通过在每根监测斜拉索中内置1根光纤光栅–FRP钢绞线进行索力监测，每根光纤光栅–FRP钢绞线上布设2个光纤光栅应变测点，共计18根光纤光栅–FRP钢绞线、36个光纤光栅应变测点。

⑫钢束预应力监测–光纤光栅–FRP钢绞线

九嶷大桥为预应力混凝土桥，其主梁采用三向预应力体系，主梁纵向和横向预应力钢束采用了高强松弛钢绞线，主梁竖向预应力钢束采用了高强螺纹钢筋。在结构的运营期间，预应力水平随着预应力钢绞线的松弛会产生不同程度的降低，容易导致混凝土结构的开裂、渗水、钢筋的锈蚀。预应力水平降低造成的后果不可估量，因此准确及时掌握钢束预应力钢绞线的内力及其变化特征对于判断结构安全至关重要。

进行钢束预应力监测，以达到如下主要监测内容：把握结构钢束预应力水平及其性能退化规律；评估预应力钢束受力状态的重要预警指标；进行内力状态识别的重要的输入参数；从整体使用状态上把握结构的安全使用状况。

安装位置：在大桥各段顶板预应力钢束（纵向）中，分别选取最长、最短钢束，共计18根，采用光纤光栅–FRP钢绞线。在箱梁中跨底板连续束（纵向）中，分别选取最长、较长钢束、最短钢束，共计12根，采用光纤光栅–FRP钢绞线。在横向应力钢束中，在各跨跨中、主桥梁端相应位置分别选取钢束，共计10根，采用光纤光栅–FRP钢绞线。

⑬结构应变监测–光纤光栅应变计

成桥后的结构应力是判断结构安全最直接的指标。结构损伤状态往往将导致应力超限或应力异常重分布。通过应变监测实时掌握各关键部位在车辆荷载、风荷载、温度场和地震等外荷载作用下的应力情况，可直接判断测试位置应力是否处于安全水平、校验构件的疲劳应力，并校核结构模型修正及损伤识别的结果。进行结构应力（变）监测的目的为：作为运营期间主梁、桥塔等结构应力安全性预警的重要信息，也是结构状态分析的参考信息；进行疲劳热点区域的疲劳寿命估算；与动态称重系统相结合进行车辆荷载效应分析。

安装位置：对于桥梁的结构应变（力）监测，选取各桥主梁或索塔的代表性截面进行应力监测。全桥共计94个光纤光栅应变传感器。

对于主梁结构应变监测，在主梁各跨跨中选取1个监测断面，布设7个光纤光栅应变传感器，共4个监测断面、28个光纤光栅应变传感器；在主桥桥墩9#、10#、11#对应的两侧桥面各选取1个断面进行混凝土的应变，共6个监测断面，布置42个光纤光栅应变传感器。

对于桥塔结构应变监测，在主桥桥塔9#、10#、11#底部各选取1个监测断面，布设8个光纤光栅应变传感器。监测桥塔顺桥向和竖向应变，共选取3个监测断面，布置24个光纤光栅应变传感器。

⑭结构温度监测–光纤光栅温度计

结构温度的分布状况将直接影响到结构的变形和内力状态，结构温度场中的温差效应的实际分布为重要结构参数。对结构温度分布情况的监测可以用于分析结构温度场对结构静力响应的影响，以使基于静力测试的识别方法能更准确地反映结构基准状态，为结构定期受力分析提供帮助。本项目桥梁结构应力监测采用光纤设备，进行结构温度场监测同时对应力监测光纤设备进行温度补偿。

进行温度监测的主要内容为：监测结构温度测点的温度，以便绘制温度随时间（每天、每月和每年）的变化图；绘制关键位置处桥梁热运动与温度的关系图，如主跨跨中的竖向运动，伸缩缝的纵向运动，测得的结果将与设计值进行比对；分析结构温度对结构静力响应的影响，以使基于静力测试的识别方法能更准确地反映结构基准状态；作为应变计的温度补偿；预测可能出现的极限环境温度荷载。

安装位置：本项目桥梁结构温度监测的传感器主要布设在桥梁主梁或桥塔各结构应变监测断面上，测点采用与结构应变测点对应兼顾经济合理的布置形式。

三、安全评定与预警

1. 安全评定方式

安全评定是指通过监测数据分析结构当前的工作状态，并与相应的临界失效状态进行比较分析，评价其安全等级。九嶷大桥结构安全监测系统的安全评定方式分为在线评定和离线评定。在线评定利用监测数据评估结构健康状态，形成对结构健康状态的初步判断。离线评定需对采集的各种数据进行深入分析挖掘，给出完整的各结构健康状态结论及未来的发展趋势等。本系统主要采用二级安全评定模式。

2. 安全一级评定

安全一级评定为通过各类传感器监测数据特征值与预先设定的容许值进行比较分析的结构安全评定方法。

在结构服役早中期，在正常的环境与荷载条件下，结构往往处于安全状态，主要进行安全一级评定，只需要将关键构件以及结构关键整体性能指标与结构关键构件以及整体设计指标进行比较即可。在实际运营过程中，当结构的整体性能或局部性能发生红色预警时，应进行数据分析，并按照相关规定进行安全一级评估，形成《安全一级评定报告》。在结构服役的中早期，每年至少进行1次安全一级评定。

（1）一级评定准则及其评定内容

桥梁安全状态评估内容根据结构特性确定，以反映各项结构性能状态的指标作为评估内容，主要评估准则如下：

①当最大车重或轴重超过设计值时，可判定桥梁车辆荷载出现异常，在此条件下，分别根据第③和第④进行评估。

②当最高温度、最低温度、最大温差和最大温度梯度超过设计值时，可判定温度荷载出现异常，可根据第③、第④、第⑥进行相应的评估。

③当桥梁变形小于设计值时，桥梁结构处于正常状态；否则，可判定桥梁结构状态异常，应进行安全二级评估；

④关键构件的拉压应力小于设计值时，监测点处构件应力状态正常；当拉压应力大于设计值时，监测点处构件应力状态异常，应进行专项检查。

⑤当环境相对湿度大于80%的天数累计大于1460天时，应进行斜拉索、钢束等钢构件的腐蚀情况进行专项检查。

⑥顺桥向伸缩缝位移累加值达到伸缩缝设计值的80%或者梁端位移最大值达到设计值时，应进行安全二级评估。

⑦利用应变进行钢结构疲劳状态评估应符合下列规定：不出现拉应力的部位可不进行疲劳状态评估；可采用容许应力法或疲劳损伤指数法进行监测点处构件疲劳状态评估；采用容许应力法进行疲劳状态评估时，当应力最大值小于规范规定的构件疲劳容许应力时，监测点处构件疲劳状态正常；否则，监测点处构件疲劳状态异常，根据下一步进行桥梁疲劳状态评估；应力时程应采用雨流法和Miner准则计算监测点处构件的疲劳累积损伤指数D，采用表8-2的相关规定进行疲劳状态评估；当关键构件疲劳状态超过中等损伤时，可判定为监测点处构件疲劳状态异常，应进行专项检查。

表8-2　疲劳状态分级

D值	构件测点状态
0 ~ 0.05	完好状态
0.05 ~ 0.20	较好状态
0.20 ~ 0.45	中等损伤状态
0.45 ~ 0.80	严重损伤状态
>0.80	危险状态

注：给出的疲劳状态分级未考虑腐蚀对疲劳寿命的影响，当发生腐蚀时应考虑腐蚀对钢构件疲劳寿命的不利影响。

⑧斜拉索/预应力钢束的安全评估应符合下列规定：当斜拉索或预应力钢束应力小于设计值时，斜拉索或钢束处于正常状态，否则，可判定状态异常，应进行专项检查；当斜拉索或预应力钢束应力最大值大于规范的容许疲劳应力时，可判定斜拉索或预应力钢束疲劳状态异常，应按顺桥向伸缩缝位移累加值达到伸缩缝设计值的80%或者梁端位移最大值达到设计值的要求进行疲劳状态评估。

针对上述要求，九嶷大桥要进行评估的内容见表8-3。

表8-3　九嶷大桥评估内容

序号	项目内容	数据采集方式	监测仪器设备或手段
1	动态交通荷载	自动采集	动态称重系统
2	船撞	自动采集	三向加速度计
3	风速风向	自动采集	三向风速仪
4	箱梁内温湿度	自动采集	温湿度仪
5	环境气象因素	自动采集	综合气象站
6	伸缩缝位移	自动采集	位移传感器
7	桥墩基础沉降	自动采集	GPS
8	主梁跨中位移	自动采集	GPS
9	结构振动	自动采集	加速度传感器
10	斜拉索索力	自动采集	光纤光栅-FRP钢绞线
11	钢束预应力	自动采集	光纤光栅-FRP钢绞线
12	结构应变	自动采集	光纤光栅应变传感器
13	结构温度	自动采集	光纤光栅温度传感器

（2）评估报告内容

安全一级评估报告为在线评估报告，在线评估报告可分为月度评估、季度评估、年度评估。安全一级评估报告内容包括九嶷大桥结构及安全监测系统的基本信息、评估项目、一级评估判定状态异常的界限值、评估结果以及报告异常状态的传感器编号、位置、数量和建议等内容。

3. **安全二级评定**

当一级评定结果出现异常时，如发现结构整体性能异常，或者结构局部性能异常经专项检查发现结构损伤，应在数据分析和安全一级评定的基础上，进行安全二级评定，形成《安全二级评定报告》；在结构服役的中后期，每年不宜少于1次安全二级评定。

安全二级评定基于监测数据分析、安全一级评估、专项评估和专项检查的结果进行结构损伤识别与模型修正，然后基于修正的有限元模型进行结构重分析和极限承载力分析，再按照相关规定确定结构安全评定等级。

（1）损伤识别与模型修正

当一级评定结果出现异常时，如发现结构整体性能异常，或者结构局部性能异常经专项检查发现结构损伤，则首先需要进行损伤分析，基于损伤分析结果进行模型修正，对当前结构有限元模型进行更新。

①结构构件或局部损伤分析和单元模型修正

根据各桥梁结构构件或局部监测数据以及安全一级评估、专项评估和专项检查的结果，对发现异常状态的构件进行损伤分析。根据损伤分析的结果修正相应构件或单元的弹性刚度矩阵，如构件发生腐蚀损伤，则可通过修正该构件的横截面积来修正构件的弹性刚度矩阵。当进行结构极限承载力分析和安全评估时，则要修正构件或单元的弹塑性恢复力模型；当桥梁结构构件或局部的损伤还直接降低材料强度或构件承载力时，应修正材料容许应力或构件允许承载力。

②基于结构动力响应的损伤识别和模型修正

对于桥梁结构的损伤识别可根据模态参数进行损伤识别，也可采用其他可靠的损伤识别方法；损伤识别需要融合构件或局部损伤分析、多种识别方法和专项检查的结果、多传感器信息以及对比分析结构整体性能和监测点处构件或部位的损伤状态进行综合判断。同时根据桥梁构件的监测数据和安全一级评估、专项评估、专项检查的结果直接修正相应结构构件的有限元模型。

根据模态参数进行模型修正，在模型修正优化求解前，宜对所采用的模型进行参数灵敏度分析，选取对目标函数敏感的结构参数作为修正参数，宜根据参数物理意义设置参数的变化范围。采用有限元模型与实测自振频率之差的平方和、有限元模型振型与实测振型的模态置信因子（MAC）值，或者两者的组合值来确定模型修正的优化目标函数，也可采用其他与结构自振频率和振型相关的结构振动参数作为模型修正的目标函数。

振型的MAC值计算方法：

$$\mathrm{MAC}_n\left(\phi_{ur}, \phi_{pr}\right) = \frac{\left(\phi_{ur}^T \phi_{pr}\right)^2}{\left(\phi_{ur}^T \phi_{ur}\right)\left(\phi_{pr}^T \phi_{pr}\right)} \qquad r = 1, 2, \cdots n$$

式中，ϕ_{ur}——成桥试验测试的桥梁初始状态的第r阶模态；

ϕ_{pr}——当前识别的桥梁第r阶模态；

n——可测量的模态总数；

上标T——向量的转置。

（2）结构重分析和安全评定

在完成损伤识别与模型修正后，需要进行结构重分析，重新评定当前结构的安全状况。所谓结构重分析，是指根据结构当前的实际状态进行的结构分析。实际状态包括结构构件的实际强度和刚度、结构的实际恒荷载和活荷载等。结构重分析能够反映结构的现状，对结构的监测、检测和维修均具有指导作用。

将当前环境与荷载监测分析结果和规范的设计荷载比较，选取较大值作为结构重分析的输入荷载，对于未监测荷载的选用规范的设计值，按照各结构相应规范的设计要求设置荷载工况选择最不利荷载组合。

将选择好的最不利荷载组合输入到修正更新后的结构有限元模型进行结构分析，并计算桥梁结构的荷载效应，与结构设计荷载效应对比，统计不满足设计指标的构件或部位的数量及位置。

在完成结构重分析后，根据计算分析结果，进行结构的安全状态评定分级，见表8-4。

表 8-4 桥梁结构安全状态等级划分与评定标准

分类	总体评定	评定依据
Ⅰ级	完好状态	结构车辆荷载和抗风的整体安全储备大于2；在设计荷载和监测荷载作用下，所有构件的内力、变形均小于规范的设计允许值，不影响结构安全、行车舒适性和耐久性
Ⅱ级	较好状态	结构车辆荷载和抗风的整体安全储备介于1.6～2.0；在设计荷载和监测荷载作用下，关键构件良好，部分次要构件（10%以内）的内力、变形大于规范设计允许值的5%，但不影响结构安全、行车舒适性和耐久性
Ⅲ级	中等损伤状态	结构主要频率降低；结构车辆荷载和抗风的整体安全储备介于1.4～1.6；在设计荷载和监测荷载作用下，部分关键构件（5%以内）内力大于规范设计允许值的5%，较多次要构件（10%～20%）内力大于规范设计值的10%，影响结构的行车舒适性和耐久性，但不影响结构的安全
Ⅳ级	严重损伤状态	结构主要频率明显降低；结构车辆荷载和抗风的整体安全储备介于1.2～1.4；在设计荷载和监测荷载作用下，部分关键构件（10%以内）内力大于规范设计允许值的10%或关键构件疲劳累积损伤指数0.45～0.80，承载能力下降10%以内，影响结构安全性

续表

分类	总体评定	评定依据
V级	危险状态	结构主要频率大幅降低或者振型MAC值显著减小；结构车辆荷载或抗风的整体安全储备小于1.2；在设计荷载或监测荷载作用下，关键构件内力大于规范设计允许值的10%，损伤发展扩大，或者关键构件疲劳累积损伤指数>0.8，出现重大破坏，影响结构的稳定和安全

注：识别的频率、振型和成桥后监测系统首次采集数据得到的相应频率、振型进行比较。

（3）桥梁结构极限承载力分析和安全评定

在完成损伤识别与模型修正后，针对修正更新后的有限元模型，按照荷载试验的荷载工况进行加载，并以10%的增量逐步提高车辆荷载水平，全过程分析桥梁结构破坏的极限承载能力，以结构关键构件出现破坏时极限车辆荷载与荷载试验车辆荷载的比值作为结构车辆荷载的整体安全储备。

对于九嶷大桥，还应基于修正后的有限元模型按照规范的设计风速进行加载，并以10%的增量逐步提高风荷载水平，全过程分析桥梁结构抖振破坏的极限承载能力，以结构关键构件出现破坏极限风速与设计风速比值作为结构抗风的整体安全储备。

4. 安全预警

安全预警主要作用是在结构实时或离线监测过程中对发生的可能威胁到结构运营安全的可变荷载（如风载、超重车等）以及结构性能指标（索力、应变等）进行预警，提供结构在特殊气候、交通条件下或营运状态异常时所触发的预警信息，提醒管理养护人员关注结构的运营与安全状态。

基于监测数据分析结果、安全一级评定结果，对结构主要监测点的环境与荷载参数和结构性能参数进行预警。对于自动化在线监测系统，其安全预警为在线实时预警。

（1）预警参数的确定

预警参数是指用于预警的九嶷大桥结构特征参数，包括直接测试参数和衍生参数。预警参数的确定需考虑监测系统的测试项目，保证预警参数能被稳定可靠地采集和计算。同时预警参数要能突出地反映结构的受力状态及环境与荷载状况。

对于永州市九嶷大桥结构安全监测系统，其在线预警参数见表8-5。

表 8-5　九嶷大桥在线预警参数表

序号	监测项目	预警参数
1	动态交通荷载	车重、轴重
2	船撞	振动加速度值、加速度统计均方根值
3	风荷载	10分钟平均风速
4	箱梁内温湿度	温度、湿度
5	环境气象因素	温度、湿度、降雨量、风速风向
6	位移	梁端伸缩位移
7	桥墩基础沉降	沉降位移
8	跨中挠度	跨中竖向位移
9	结构振动	振动加速度值、加速度统计均方根值、振动频率
10	斜拉索索力	各监测斜拉索索力、索应力疲劳计数
11	钢束预应力	各监测钢束应力
12	结构应变	各测点应变值、应力疲劳计数
13	结构温度	温度

（2）预警等级的划分

对于结构危险状态通常采用二级预警：

黄色预警：当发生时，提醒管养单位应对环境、荷载与结构影响加强关注和跟踪观察；

红色预警：当发生时，管养单位应对环境、荷载与结构性能连续密切关注和跟踪观察，查明报警的原因，采取适当的检查、应急措施以确保桥梁安全运营，并应及时进行数据分析与结构安全评估。

（3）预警指标的确定

预警指标是指预警参数的预警限值。基于规范限定值、材料允许性、设计最不利值、行车安全性、历史记录、交通流量、环境参数等参数，参考结构设计方及专家的意见综合研究设置预警指标。预警指标可根据结构自身运营状况进行动态调整。

预警指标阈值的确定将遵循以下原则：

①相应结构设计规范中规定的限值，包括按极限状态理论设计时承载能力极限状态、正常使用极限状态规定的限值以及按容许应力法设计时规定的设计容许值等；

②国家相应的法律法规，如国家对超载车辆的重量限制；

③结构管理常用的管理措施，如一定风速下对车辆通行的相关规定；

④考虑结构安全可靠度采取不同的安全系数进行阈值的分级；

⑤建立在监测数据统计分析的基础上，对阈值进行的调整。

（4）预警条件的确定

预警条件是指处于预警状态时各预警参数和相应的预警指标所满足的条件。

九嵕大桥结构安全监测系统的在线预警的各类监测项目的参数预警条件如下：

①动态交通荷载：当车辆总重或轴重大于设计车辆荷载1.5倍时进行黄色预警；大于设计车辆荷载的2.0倍时，发出红色预警；

②风荷载：当最大平均风速大于设计风速的0.8倍时，发出黄色预警；大于设计风速时，发出红色预警；

③船撞：当船撞水平加速度峰值大于设计对应的加速度峰值时，发出黄色预警；大于设计E2地震作用对应的加速度峰值时，发出红色预警；

④温度：当最高温度、最低温度、最大温差和最大温度梯度大于设计值时，发出黄色预警；

⑤湿度：当环境相对湿度大于80%的天数累计大于1460天时，发出红色预警；

⑥桥墩沉降位移：当桥墩沉降位移大于设计值的0.8倍时，发出黄色预警；大于设计值时，发出红色预警。

⑦跨中位移：当主梁跨中位移大于设计值的0.8倍时，发出黄色预警；大于设计值或1个月内发出10次以上黄色预警时，发出红色预警。

⑧伸缩缝位移：当伸缩缝大于设计值的0.8倍时，发出黄色预警；大于设计值或1个月内发出10次以上黄色预警时，发出红色预警。

⑨索力：当斜拉索应力或钢束预应力大于设计值的0.95倍时，发出黄色预警；大于设计值或1个月内发出10次以上黄色预警时，发出红色预警；

⑩应变：当应力大于设计值的0.8倍时，发出黄色预警；大于设计值或1个月内发出10次以上黄色预警时，发出红色预警。

第九章　桥梁检测技术

　　对采取大跨度、复杂结构及采用新型材料等修建的桥梁进行荷载试验，是施工验收和质量评定的重要手段。主要检测包括动载试验和静载试验两类。通过对选定的桥梁结构按不同的工况进行加载测试，验证测试桥梁的施工质量和结构受力性能是否与设计理论规范相符，对桥梁结构的实际承载能力进行评价，确定桥梁结构的实际运营状况，是桥梁交竣工验收的重要依据。本章阐述桥梁检测的目的与内容，结合九嶷大桥成桥后的荷载试验，详细介绍具体检测方法。

第一节　桥梁检测概述

一、检测目的

　　桥梁的荷载试验主要包括动载试验及静载试验，通过直接对桥梁构造物进行车辆加载或加载物直接加载，测试相关的试验桥跨结构，并对相关的试验过程及结果进行分析记录。荷载试验可分为试验前的准备阶段、理论计算分析阶段、现场加载测试阶段、对所测得的试验结果进行分析整理阶段等，分析桥梁结构在受荷作用时的真实工作性能及状态，进而对桥跨结构的设计施工情况进行分析评价，为后续的桥梁竣工验收以及日常维护保养的探究提供一定的科学依据。桥梁荷载试验的目的就是要获得桥梁结构作用与响应的各类参数。

二、检测流程与内容

　　检测流程主要分为试验准备、现场实施和试验结果分析3个阶段。

1. **试验准备阶段**

（1）资料准备。为了便于确定参数，在检测前应收集下列资料：

勘察设计资料：设计图纸、变更设计图纸和作为设计依据的其他原始资料。主要包括桥位地质钻探资料及水文勘测资料，设计计算书、变更设计计算书等。

施工和监理资料：材料性能试验报借、各分项或分部工程验收报告等。主要包括材料试验资料、施工记录、监理资料、施工监控资料、地基与基础试验资料等。

施工监控资料：施工监控报告、成桥线形、内力（应力）、索力等。

竣工资料：竣工图纸、工程验收报告等。

（2）现场调查，主要调查桥梁结构的总体尺寸，主要构件截面尺寸，主要部位的高程，桥面平整度，支座工作状况，材料的物理力学性能，结构物的裂缝缺陷、损伤和钢筋锈蚀状况等。

（3）测试孔选择。对拟试验桥联（座）进行现场踏勘和外观检查，选择代表性桥孔作为测试孔，同时宜考虑便于支架搭设或检测车操作、加载方便、仪器设备连接容易实现等。试验桥孔通常具有试验桥联（座）受力性能的代表性，即结构受力最不利、技术状况较差、损伤缺陷处。

（4）方案编制。根据试验控制荷载作用下的结构内力、变位及结构基频等的理论计算结果，结合测试内容，按等效原则拟定试验荷载大小、试验工况、加载位置及方法，制订试验加载、测点布设及测试方案等。

2. **现场实施阶段**

工作内容包括：

（1）现场准备。包括试验测点放样、布置，荷载组织，现场交通组织及试验测试系统安装调试等。

（2）预加载试验。在正式实施加载试验前，应先进行预加载试验，检验整个试验测试系统工作状况，并进行调试。

（3）正式加载试验。按照预定的荷载试验方案进行加载试验，并记录各测点测值和相关信息。

（4）过程监控。监测主要控制截面最大效应实测值，并与相应的理论计算值进行分析比较，关注结构薄弱部位的力学指标变化、既有病害的发展变化情况，判断桥梁结构受力是否正常、再加载是否安全，确定可否进行下一级加载。

3. 试验结果分析阶段

工作内容应包括：

（1）理论计算。按照实际施加荷载情况对桥梁结构内力、应力（应变）和变形进行理论计算。必要时尚应对裂缝宽度、动力响应等进行分析。

（2）数据分析。对原始测试记录进行分析处理，提取有价值的信息。

（3）报告编制。根据理论计算与测试结果数据对比分析，对试验结果做出判断与评定，形成荷载试验报告。

三、检测环境的要求

（1）为确保检测过程的安全，试验数据不受其他荷载因素的干扰，荷载试验应在封闭交通状态下实施。

（2）荷载试验不宜在强风下进行。悬索桥、斜拉桥、大跨径桁架拱桥及特高墩桥梁等，宜在3级风及3级风以下实施。对处于风力较大地区的特大跨径桥梁，荷载试验时宜对风环境进行监测，不能满足试验要求时，应暂停试验，以减少风荷载对数据的影响。

（3）为了减少温度变化对试验结果造成的影响，荷载试验应在气温平稳的时段进行。气温低于5℃或高于35℃时，不宜进行荷载试验。当气温较低或较高时，应根据仪器设备正常工作的温度范围，确定是否进行荷载试验。

（4）大、中雨及大雾天气不宜进行荷载试验。小雨天气进行荷载试验时，应做好仪器设备、加载物及传输线路防雨措施。

（5）在冲击、振动、强磁等干扰测试效果的时段内不宜进行荷载试验。

（6）荷载试验应避开大浪、高湿度等恶劣环境，选择天气条件较为平稳的时段进行检测。

四、数据计算原则

（1）进行桥梁的交竣工验收荷载试验时，应依据竣工图文件建立计算模型，并根据试验对象的设计荷载等级确定试验控制荷载。按照相应设计规范的规定对结构的动力参数、控制截面内力、应力（应变）、变位等效应进行计算。对加固或改建后桥梁的交竣工验收荷载试验，计算时应考虑新旧结构的相互作用及二次受力的影响。

（2）对于技术状况等级为四、五类的桥梁，拟提高荷载等级的桥梁，需要通过特殊重型车辆荷载的桥梁，遭受重大自然灾害或意外事件袭击的桥梁或者采用其他方法难以准确判断其能否承受预定的荷载的桥梁，以及以目标荷载为控制荷载的桥梁进行荷载试验时，应依据桥梁几何尺寸、材料特性及结构实际状况等实测参数建立计算模型，根据控制荷载进行分级，由低一级向高一级荷载加载试算，按相应的设计规范规定对结构的动力参数、控制截面内力、应力（应变）、变形等效应进行检算。当缺乏设计、施工等技术资料时，可参考同年代同类型桥梁设计（竣工）文件，由低一级向高一级荷载等级加载检算。

（3）对异型桥梁进行计算分析时，宜考虑其空间力学效应。

（4）分析桥梁结构动力特性时，宜采用空间模型进行计算。加固或改建后桥梁的动力分析宜考虑新旧材料、结构等的力学性能差异。

（5）按等效原则拟定等效试验荷载时，可按最不利截面在目标荷载作用下的内力、应力（应变），位移、裂缝等与拟试验荷载相应值的比较，但不应使其他截面的相关结构反应超出规定范围。

第二节　九嶷大桥荷载试验方案

一、荷载试验目的

依据现场加载试验及对试验观测数据和试验现象的综合分析，对实际结构做出总体评价，检验结构设计和施工质量，确定工程的可靠性，为交工验收提供技术依据。具体如下：

（1）直接掌握九嶷大桥的实际结构受力状况，验证设计计算结果，对实际结构做出总体评价：

①通过测定桥跨结构在试验荷载作用下的控制截面应力和挠度，并与理论计算值比较，检验实际结构控制截面应变与挠度值是否与设计要求相符；

②通过测定桥跨结构的自振特性以及在试验动荷载作用下桥跨结构的动力反应，评定实际结构的动力性能。

（2）获得成桥空间几何状态等桥梁特征参数，为交工验收提供重要的技术数据；并作为大桥的初始信息档案，为桥梁运营和养护管理提供基本信息或参考依据。

（3）将试验成果与相关设计、科研成果相结合，并作为大桥的初始信息档案，为桥梁运营和养护管理提供基本信息或参考依据，同时为后期同类型桥梁积累技术资料。

二、荷载试验检测内容

主桥：九嶷大桥主桥荷载试验检测内容主要包括桥梁初始状况检测及荷载试验。见表9-1。

表9-1　永州九嶷大桥主桥荷载试验的检测内容

检测工程名称	主要工程内容
九嶷大桥主桥荷载试验	（1）九嶷大桥结构状态参数检测，包括主桥结构几何状态测量、斜拉索恒载索力测定； （2）九嶷大桥主桥的荷载试验，包括静载试验、动载试验、动力特性参数测定等； （3）其他规范应检测的项目（除施工监控及健康监测以外）

引桥：九嶷大桥引桥右幅第二联荷载试验检测内容主要包括桥梁初始状况检测及荷载试验。见表9-2。

表9-2　永州九嶷大桥引桥荷载试验的检测内容

检测工程名称	主要工程内容
九嶷大桥引桥荷载试验	（1）九嶷大桥结构状态参数检测，主要为引桥结构几何状态测量； （2）九嶷大桥引桥的荷载试验，包括静载试验、动载试验、动力特性参数测定等； （3）其他规范应检测的项目（除施工监控及健康监测以外）

1. 结构状态参数检测内容

九嶷大桥主桥桥梁结构初始状态测量工作主要包括以下几方面内容：

（1）几何状态测量

对大桥已有测量控制点进行复测，布设二级控制点、测量支点等，测量大桥完工时的几何状态。主要测试内容为全桥桥面高程线型测量。

①测点布置

利用东西两侧引桥设置的永久性测点（右幅桥为YM01和YM02，左幅桥为ZM01和ZM02），全桥现场布置测点。主桥部分边跨按桥跨四分之一等分点、主跨按桥跨八分之一等分点、东西引桥按桥跨二分之一等分点，整体形成九嶷大桥侧网。测点横桥向上布设于应急车道外侧，距外侧人行道矮墙均为20cm，每幅桥面设75点，从大里程往小里程方向，编号依序为ZR1—ZR75（右幅桥）或ZL1—ZL75（左幅桥）。

②测量方法

本次桥面高程线形测定采用电子水准测量仪器匹配3m铟瓦条形码水准标尺进行桥面高程进行测定。桥面高程测量以BL1作为高程起算点（高程为105.0541m），水准观测线路布设为闭合环（YM01 à ZL1……ZL75 à ZR75……ZR1 à YM01），按照国家二等水准观测要求。水准观测均在成像清晰而稳定的条件下进行。前后视距用皮尺等距量取，并在实地用红漆作标志。

（2）成桥索力检测

①测试内容

在成桥恒载状态下，对主桥全部54根斜拉索索力进行测量。

②测试方法

主缆及吊索索力采用基于振动法的金码综合测试仪进行测试。振动法测试索力是根据拉索张力与索固有频率之间的关系，通过测量索随机环境振动时横向振动频率，换算索的拉力。具体测试原理见图9-1。

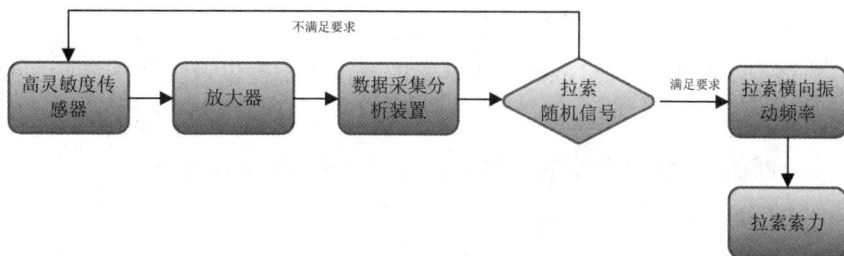

图9-1 斜拉索索力测试原理图

2. **静力荷载试验内容**

（1）试验内容

主桥：主桥静力荷载试验对象为（70+120+120+70）m的三塔单索面混

凝土梁矮塔斜拉桥，其主梁、斜拉索、主塔为其主要构件，针对这一结构特点，测试内容见表9-3。

表9-3　静力荷载试验拟定测试内容

序号	测试项目
1	边跨（第9跨）最大正弯矩及最大挠度
2	边墩支点（9#塔）主梁最大负弯矩
3	边塔（9#塔）塔顶最大纵桥向位移及塔底最大弯矩
4	主跨（第10跨）跨中最大正弯及最大挠度
5	中塔支点（10#塔）主梁最大负弯矩
6	中塔（10#塔）塔顶最大纵桥向位移及塔底最大弯矩

引桥：引桥静力荷载试验试验桥联为引桥右幅第二联4×40m预应力混凝土现浇箱梁，测试内容见表9-4。

表9-4　静力荷载试验拟定测试内容

序号	测试项目
1	主跨支点（5墩顶附近）最大负弯矩
2	主跨（第6跨）跨中最大正弯矩及最大挠度
3	边跨（第5跨）跨中最大正弯矩及最大挠度
4	主跨支点（5墩顶附近）附近最大剪力

（2）测试断面及测点布置

①主桥

根据本次静载试验初步拟定的试验内容，主桥挠度及应变测试断面布置如下：

A-A断面：边跨（第九跨）最大正弯矩及挠度测试断面；

B-B断面：边墩支点（9#塔）顶弯矩测试断面；

C-C断面：中跨（第十跨）最大正弯矩及挠度断面；

D-D断面：中塔支点（10#塔）顶弯矩测试断面（186.5m）；

E-E断面：边塔（9#塔）塔底弯矩测试断面；

F-F断面：中塔（10#塔）塔底弯矩测试断面。

②引桥

根据本次静载试验初步拟定的试验内容，引桥挠度及应变测试断面布置如下：

A–A断面：边跨（第五跨）最大正弯矩及挠度测试断面；

B–B断面：主跨支点（5墩顶）最大负弯矩测试断面；

C–C断面：主跨支点（5墩顶）附近最大剪力测试断面；

D–D断面：边跨（第五跨）跨中最大正弯矩及最大挠度测试断面。

（3）试验荷载模型

①主桥

主桥按照城市–A级、六车道加载，结构几何、材料参数等均按设计图纸要求取定。本次试验加载方案的确定，采用MIDAS结构分析软件进行计算。其中主塔离散为梁单元，斜拉索离散为桁架单元，主梁离散为梁单元。

②引桥

引桥按照城市–A级、三车道加载，结构几何、材料参数等均按设计图纸要求取定。本次试验加载方案的确定，采用MIDAS结构分析软件进行计算。其中主梁离散为梁单元。

（4）加载车辆参数

试验车辆拟定为总重320kN的试验车，前轴重F1＝60kN，中轴、后轴重F2＝130kN，轴距L1＝3.5m、L2＝1.4m，轮距L3＝1.8m。见图9-2所示。

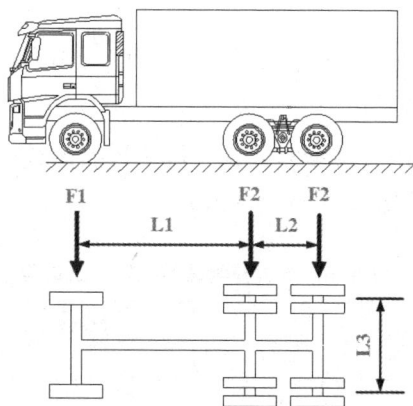

图9-2　试验加载车辆示意图

（5）试验荷载效率及载位布置

静力试验荷载加载方式是采用单辆重约320kN的三轴载重汽车作为等效荷载，在试验过程中模拟设计活载所产生的内力值。因此就具体某一测试项目（截面）而言，其所需加载车辆的数量，将根据设计标准活荷载产生的在该项目（截面）最不利内力或变位值，按下式要求所确定的原则等效换算而得，不同截面其荷载效率将随加载位置不同而不同。

$$0.95 < \eta = \frac{S_{state}}{(1+\mu)\cdot s} \leq 1.05$$

式中：η——静力试验荷载效率；

S_{stat}——试验荷载作用下，某一加载试验项目（截面）对控制截面内力或变位等的最大计算效应值；

S——设计标准活载不计冲击荷载作用时产生的该加载试验项目（截面）对应的控制截面内力或变位等的最不利计算效应值；

$(1+\mu)$——设计计算取用的冲击系数。

试验加载位置与加载工况的确定主要依据以下原则进行：

尽可能用最少的加载车辆达到最大的试验荷载效率；

在满足试验荷载效率以及能够达到的试验目的前提下，加载工况进行简化、合并，以尽量减少加载位置，同时兼顾其他截面不产生超过其最不利效应的情况；

每一加载工况依据某一加载试验项目为主，兼顾其他加载试验项目。

①主桥试验荷载效率

采用所建立的有限元模型对九嶷大桥主桥的荷载试验效率和加载载位的进行计算，计算得到荷载效率总结见表9-5。

表 9-5　静力荷载试验拟定测试内容

工况	控制项目	测试断面	效应	试验荷载效应	设计荷载效应	荷载效率
工况I	边跨支点（9#塔）最大负弯矩	边墩支点（9#塔）顶弯矩测试断面（73.5m）–[B断面]	M	–42392	–45849	0.92

续表

工况	控制项目	测试断面	效应	试验荷载效应	设计荷载效应	荷载效率
工况Ⅱ	中跨跨支点（10#塔）最大负弯矩	中塔支点（10#塔）顶弯矩测试断面（186.5m）-[D断面]	M	-66445	-69305	0.96
工况Ⅱ	主跨跨中最大正弯及最大挠度	第2跨正弯矩最大断面（130m）-[C断面]	M	38249	36153	1.06
			Dz	-38.887	-38.287	1.02
	中塔塔顶最大纵桥向水平位移及塔底最大弯矩	中塔（10#塔）塔底弯矩测试断面-[F断面]	M	-8304	-9150	0.91
		中塔（10#塔）塔顶纵桥向水平位移	Dx	-8.759	-9.233	0.95
工况Ⅲ	边跨最大正弯及最大挠度	1跨正弯矩最大断面（30m）-[A断面]	M	30254	32439	0.93
			Dz	-14.413	-16.741	0.86
工况Ⅳ	边塔塔底最大弯矩	边塔（9#塔）塔底弯矩测试断面-[E断面]	M	-9094.55	-10184	0.89
	边塔塔顶最大纵桥向水平位移	边塔（9#塔）塔顶纵桥向水平位移	Dx	13.411	13.112	1.02

注：表中数据弯矩单位为kN·m，索力单位为kN，位移及挠度单位为m，挠度向下为负，主梁及主塔纵向位移正方向为自西向东方向。

②引桥试验荷载效率

采用所建立的有限元模型对九嶷大桥引桥的荷载试验效率和加载载位的进行计算，计算得到荷载效率总结如下，详细载位布置见表9-6。

表9-6　静力荷载试验拟定测试内容

工况	控制项目	测试断面	效应	试验荷载效应	设计荷载效应	荷载效率
工况Ⅰ	主跨支点最大负弯矩	5#墩顶弯矩测试断面（41.2m）-[B断面]	M	-8989.278	-8575.399	1.05
工况Ⅱ	主跨跨中最大正弯	6跨中（60m）-[D断面]	M	9292.627	10183.842	0.91
			D	-3.992	-3.819	1.05

续表

工况	控制项目	测试断面	效应	试验荷载效应	设计荷载效应	荷载效率
工况Ⅲ	边跨最大正弯	5跨正弯矩最大处（18.1355）–[A断面]	M	11210.801	12048.780	0.93
			D	−4.7725	−4.569	1.04
工况Ⅳ	主跨（中）支点附近最大剪力	5墩顶剪力测试断面（42.4m）–[C断面]	V	−1815.613	−1730.643	1.05

注：表中数据弯矩单位为kN·m，剪力单位为kN，位移及挠度单位为mm，挠度向下为负、向上为正。

（6）测试方法

①主梁挠度及挠度曲线测量

在主梁顶面布置挠度测点，采用Trimble DINI 03电子水准仪对主梁挠度及线形曲线进行测量。

②塔顶位移测量

索塔位移以塔顶位置安装的棱镜作为基准点，采用全站仪进行极坐标观测。

③静态应力（应变）测试

混凝土结构静态应力（应变）测试采用粘贴标距为100×10mm、阻值为120Ω的应变片，匹配DH3821数据采集分析系统进行测量。

（7）加载过程控制

①加载方式与分级加载

为了获取结构试验荷载与变位的相关曲线，防止结构加载意外损伤，就某一加载试验项目，其静力试验荷载分成二到三级加载，分一级卸零。

加载方式为单次逐级递加到最大荷载，然后分级卸至零荷载。静力试验荷载的加载分级主要依据加载车在某一加载试验项目对应的控制截面内力和变位影响面内纵横向位置的不同以及加载车数量的多少，大约分成设计标准活荷载产生该加载试项目对应的控制截面内力或变位的最不利效应值的50%、70%、100%。

②试验加载程序控制

在进行正式加载试验前，用4辆载重加载车分别对测试对象各跨跨中进行横桥向对称的预加载，预加载试验每一加载载位的持荷时间为15min。预加载的目的，一方面是使结构进入正常工作状态，另一方面是检查测试系统和试验组织是否工作正常。

预加载卸至零荷载，并在结构得到充分的零荷恢复后，才可进入正式加载试验。正式加载试验分别按加载工况序号逐一进行，完成一个序号的加载工况后，应使结构得到充分的零荷恢复，方可进入下一序号的加载工况。结构零荷充分恢复的标志是，加载试验实测的结构最大变位测点在卸零荷后变位恢复最后一个10min的增量小于第1个10min增量的15%。

③静力试验规则

静力试验原则上宜选择在气温变化不大于2℃和结构温度趋于稳定的时间间隔内进行。试验过程中在量测试验荷载作用下结构响应的同时应相应地测量结构表面温度。

静力试验荷载持续时间，原则上取决于结构变位达到相对稳定所需要的时间，只有结构变位达到相对稳定后，才能进入下一荷载阶段。同一级荷载内，若结构变位最大的测点在最后5min内的变位增量小于第一个5min变位增量的15%，或小于所用量测仪器的最小分辨值，即认为结构变位达到相对稳定。

全部测点在正式加载试验前均应进行零级荷载读数，以后每次加载或卸载后应即读数1次，并在结构变位达到相对稳定后，进入下一级荷载之前再读数1次。对结构变位较大的测点，宜每隔5min观测1次，以观测结构变位是否达到相对稳定。

若在加载试验过程中发生下列情况之一应立即终止加载试验：

控制测点应力或力值超过计算值并且达到或超过按规范安全条件反算的控制应力或力值时；

控制测点变位超过规范允许值时；

由于加载试验使结构出现非正常的受力损伤或局部发生损坏，影响桥梁承载能力和今后正常使用时。

另外，在施加试验荷载过程中，当某一加载工况接近满载时（大于满载量的80%），应将该工况后续加载车在试验测试桥跨的行车速度控制在10km/h以下；在卸载过程中，禁止多辆加载车同时启动。

④加载车辆调度控制原则

为保证试验桥跨结构的安全，需对加载车辆进入和退出试验区进行控制。一般每次加载车辆总数必须控制在总体加载车辆的10%以内，加载和卸载速度必须控制在15km/h之内。

明确加载车辆的临时停放区域，保证车辆前后排列距离，车辆前后净距离一般不低于20m。

车辆之间的安全操作距离也要有所保证，保证其启动和减速所需的距离，避免车辆之间由于操作不当引起安全事故。

对于抛锚车辆的牵引需要备有处置预案，以保证试验正常的进行。

3. *动力荷载试验内容*

（1）试验内容

动力荷载试验包括：脉动试验、行车试验（无障碍行车试验）等试验测试内容。具体如下：

脉动试验：在桥面无任何交通荷载以及桥址附近无规则振源的情况下，测定桥跨结构由于桥址处风荷载、地脉动、水流等随机荷载激振而引起的桥跨结构微小振动响应。

无障碍行车试验：在桥面无任何障碍的情况下，用2辆载重汽车（引桥为1辆，每辆重320kN）按对称情形分别以20km/h、30km/h、40km/h、50km/h的速度驶过桥跨结构，测定桥跨结构在运行车辆荷载作用下的动力反应。

（2）测试断面与测点布置

①脉动试验

测试的项目内容：脉动试验测试的主要项目为桥跨结构的自振频率、振型和阻尼比。

测试断面及测点布置：主桥脉动试验测试断面沿纵桥向布置在边跨次边跨四等分点、中跨八等分点上，分上游（右侧）、下游（左侧）两条测线布置测点。

引桥脉动试验测试断面沿纵桥向布置在试验联每跨的四等分点上，分上游（右侧）、下游（左侧）两条测线布置测点。

②行车（无障碍）试验

测试的项目内容：主要通过测试桥跨结构在动荷载作用下的时程应变曲

线，并通过分析计算得出桥跨结构的最大动应变及冲击系数。

测试断面及测点布置：主桥行车试验测试截面布置在第十跨L/2截面上。引桥行车试验测试截面布置在第六跨L/2截面上。

（3）测试方法

①脉动试验

脉动试验，在桥面无任何交通荷载以及桥址附近无规则振源的情况下，测定桥跨结构由于桥址处风荷载、地脉动、水流等随机荷载激振而引起的桥跨结构微小振动响应。

采用DH5907无线测试系统进行测试和分析。测试过程中要注意保证振动响应信号完整，信号测记长度应足够，并需照顾到各测记通道的动态范围，小信号足够灵敏，大信号不饱和，测计时应监视振动响应信号的质量。

②有（无）障碍行车试验

主桥混凝土结构动态应变测试采用粘贴标距为$100 \times 10mm$、阻值为$120\,\Omega$的应变片，匹配DH5908无线遥测动态应变测试分析系统进行测试。

三、结构状态参数检测结果

1. 桥面高程线型测量结果

全桥高程测量结果见表9-7所示，本次测量结果可作为后期养护和检测工作的基准值。

表9-7　桥面高程测量结果（多云，气温18℃）

测点	高程（m）	测点	高程（m）
BL1	105.0541	BL1	105.0440
ZL1	104.1565	ZR1	104.1214
ZL2	104.1473	ZR2	104.1016
ZL3	104.1150	ZR3	104.1061
ZL4	104.1102	ZR4	104.1322
ZL5	104.1914	ZR5	104.1894
ZL6	\	ZR6	104.2860
ZL7	104.4076	ZR7	104.4088
ZL8	104.5661	ZR8	104.5759
ZL9	\	ZR9	104.7549

续表

测点	高程（m）	测点	高程（m）
ZL10	105.2767	ZR10	105.3370
ZL11	105.3825	ZR11	105.4497
ZL12	105.5567	ZR12	105.5917
ZL13	105.6774	ZR13	105.7142
ZL14	105.7916	ZR14	105.8577
ZL15	106.2259	ZR15	\
ZL16	106.4345	ZR16	106.4669
ZL17	106.6625	ZR17	106.6881
ZL18	106.8893	ZR18	106.8999
ZL19	107.1466	ZR19	107.1322
ZL20	107.3342	ZR20	107.3763
ZL21	107.6048	ZR21	107.6522
ZL22	107.8818	ZR22	107.8726
ZL23	108.0859	ZR23	108.0824
ZL24	108.1242	ZR24	108.1010
ZL25	108.3957	ZR25	108.4085
ZL26	108.7206	ZR26	108.7076
ZL27	109.0289	ZR27	109.0267
ZL28	109.3580	ZR28	109.3627
ZL29	109.6541	ZR29	109.6853
ZL30	109.9966	ZR30	109.9642
ZL31	110.3471	ZR31	110.3307
ZL32	110.6946	ZR32	110.6262
ZL33	110.7466	ZR33	110.6585
ZL34	110.9875	ZR34	110.9811
ZL35	111.2436	ZR35	111.2625
ZL36	111.5165	ZR36	111.5234
ZL37	111.7439	ZR37	111.7310
ZL38	111.9599	ZR38	111.9306
ZL39	112.1156	ZR39	112.1150
ZL40	112.2863	ZR40	112.2315

测点	高程（m）	测点	高程（m）
ZL41	112.4465	ZR41	112.4292
ZL42	112.5201	ZR42	112.4753
ZL43	112.5992	ZR43	112.5758
ZL44	112.6630	ZR44	112.6371
ZL45	112.6563	ZR45	112.6565
ZL46	112.7017	ZR46	112.6961
ZL47	112.6728	ZR47	112.6525
ZL48	112.6807	ZR48	112.6402
ZL49	112.6656	ZR49	112.6554
ZL50	112.5484	ZR50	112.5090
ZL51	112.4145	ZR51	112.4537
ZL52	112.3106	ZR52	112.2826
ZL53	112.1569	ZR53	112.1324
ZL54	111.9798	ZR54	111.9826
ZL55	111.7465	ZR55	111.7594
ZL56	111.5385	ZR56	111.5398
ZL57	111.3060	ZR57	111.3097
ZL58	111.2753	ZR58	111.2717
ZL59	111.0464	ZR59	111.0061
ZL60	110.7836	ZR60	110.7786
ZL61	110.5008	ZR61	110.5020
ZL62	110.2698	ZR62	110.2799
ZL63	110.0406	ZR63	110.0789
ZL64	109.7848	ZR64	109.8265
ZL65	109.5368	ZR65	109.5279
ZL66	109.3693	ZR66	109.3322
ZL67	109.3537	ZR67	109.3037
ZL68	109.0596	ZR68	109.0647
ZL69	108.8138	ZR69	108.8081
ZL70	108.4990	ZR70	108.4873
ZL71	108.1206	ZR71	108.0993
ZL72	107.6541	ZR72	107.6076

续表

测点	高程（m）	测点	高程（m）
ZL73	107.1451	ZR73	107.1054
ZL74	106.5330	ZR74	106.5213
ZL75	105.9567	ZR75	106.0012

注："\"表示无有效数据。

　　由线型数据可见，全桥测量闭合差1.0cm，桥面线形基本平顺，同一测试断面的对称测点结果具有良好的对称性，未见明显下凹或凸起线形，高程数据基本符合设计要求。

2．**成桥索力检测结果**

　　成桥索力测试结果见表9-8、表9-9、表9-10。

表9-8　9#索塔成桥索力测试结果

拉索编号	成桥索力设计值（kN）	左索实测索力（kN）	与设计值偏差	右索实测游索力（kN）	与设计值偏差
A1	3548	3525	0.65%	3517	0.87%
A2	3650	3626	0.66%	3633	0.47%
A3	3780	3746	0.90%	3752	0.74%
A4	3867	3857	0.26%	3847	0.52%
A5	3959	3942	0.43%	3938	0.53%
A6	4056	3996	1.48%	4003	1.31%
A7	4158	4123	0.84%	4136	0.53%
A8	4262	4233	0.68%	4241	0.49%
A9	4360	4304	1.28%	4325	0.80%
J1	3573	3535	1.06%	3658	−2.38%
J2	3647	3642	0.14%	3635	0.33%
J3	3751	3725	0.69%	3742	0.24%
J4	3823	3796	0.71%	3817	0.16%
J5	3903	3886	0.44%	3899	0.10%
J6	3990	3954	0.90%	3975	0.38%
J7	4081	4025	1.37%	4072	0.22%
J8	4176	4163	0.31%	4137	0.93%
J9	4273	4258	0.35%	4264	0.21%

表9-9　10#索塔成桥索力测试结果

拉索编号	成桥索力设计值（kN）	左索实测索力（kN）	与设计值偏差	右索实测游索力（kN）	与设计值偏差
A1	3523	3514	0.26%	3501	0.62%
A2	3620	3595	0.69%	3599	0.58%
A3	3739	3704	0.94%	3712	0.72%
A4	3813	3796	0.45%	3779	0.89%
A5	3891	3853	0.98%	3842	1.26%
A6	3973	3946	0.68%	3952	0.53%
A7	4058	4013	1.11%	4005	1.31%
A8	4144	4105	0.94%	4112	0.77%
A9	4233	4202	0.73%	4208	0.59%
J1	3533	3512	0.59%	3505	0.79%
J2	3629	3603	0.72%	3612	0.47%
J3	3748	3725	0.61%	3714	0.91%
J4	3822	3800	0.58%	3802	0.52%
J5	3900	3874	0.67%	3884	0.41%
J6	3982	3957	0.63%	3946	0.90%
J7	4067	4035	0.79%	4028	0.96%
J8	4153	4128	0.60%	4117	0.87%
J9	4242	4215	0.64%	4206	0.85%

表9-10　11#索塔成桥索力测试结果

拉索编号	成桥索力设计值（kN）	左索实测索力（kN）	与设计值偏差	右索实测游索力（kN）	与设计值偏差
A1	3563	3542	0.59%	3516	1.32%
A2	3637	3614	0.63%	3607	0.82%
A3	3742	3721	0.56%	3718	0.64%
A4	3814	3796	0.47%	3786	0.73%
A5	3894	3867	0.69%	3854	1.03%
A6	3981	3952	0.73%	3944	0.93%
A7	4073	4026	1.15%	4017	1.37%
A8	4167	4137	0.72%	4126	0.98%
A9	4265	4228	0.87%	4239	0.61%

续表

拉索编号	成桥索力设计值（kN）	左索实测索力（kN）	与设计值偏差	右索实测游索力（kN）	与设计值偏差
J1	3558	3526	0.90%	3516	1.18%
J2	3661	3625	0.98%	3611	1.37%
J3	3791	3745	1.21%	3952	−4.25%
J4	3878	3826	1.34%	3869	0.23%
J5	3970	3947	0.58%	3924	1.16%
J6	4067	4033	0.84%	4033	0.84%
J7	4169	4152	0.41%	4152	0.41%
J8	4273	4238	0.82%	4244	0.68%
J9	4371	4359	0.27%	4339	0.73%

由索力实测数据可知，实测成桥索力与设计索力偏差均小于10%，索力实测值均符合设计要求。

四、九嶷大桥主桥荷载试验结果

1. 主桥静力荷载试验结果

（1）主梁测试结果

①挠度测试结果

本次试验在工况Ⅱ和工况Ⅲ中分别测试主桥中跨跨中（第十跨）最大挠度和主桥边跨（第九跨）最大挠度。在工况Ⅱ、Ⅲ满载作用下，相应测试截面附近未发现裂缝存在明显活动性、延伸和出现新裂缝等异常现象；卸载后，各测点的最大相对残余变形为6.93%，小于规范规定的20.0%的限值，表明结构各测试截面在试验过程中处于弹性工作状态。各测点实测挠度校验系数介于0.64～0.67之间，实测挠度均小于计算值，表明主梁结构竖向刚度满足设计要求。详细测试结果见表9-11。

②应变测试结果

在工况I满载作用下，B-B截面（9#塔处主梁截面）附近未出现裂缝存在明显活动性、延伸和出现新裂缝等异常现象；卸载后，各测点最大相对残应力值为10.0%，小于规范规定的20.0%的限值，表明结构该测试截面在试验过程中处于弹性工作状态。各个测点实测应变校验系数介于0.54～0.92之间，各测点校验系数均符合规范限值范围，说明该测试截面强度满足设计要求。详细测试结果见表9-12。

表 9-11　静力荷载试验挠度测试结果

工况	测点编号		实测值一级（mm）	实测值二级（mm）	实测值满载（mm）	残余变形（mm）	相对残余变形（mm）	弹性值（mm）	计算值（mm）	校验系数
工况Ⅱ	C-C截面	C-1	-5.5	-17.1	-25.6	-0.1	0.39%	-25.5	-38.3	0.67
		C-2	-5.6	-17.1	-25.6	-0.2	0.78%	-25.4	-38.3	0.66
		C-3	-5.7	-17.2	-25.5	-0.3	1.18%	-25.2	-38.3	0.66
		C-4	-5.5	-17.7	-25.6	-0.7	2.73%	-24.9	-38.3	0.65
工况Ⅲ	A-A截面	A-1	-4.7	\	-9.8	-0.6	6.12%	-9.2	-14.4	0.64
		A-2	-4.8	\	-9.7	-0.3	3.09%	-9.4	-14.4	0.65
		A-3	-4.7	\	-9.8	-0.5	5.10%	-9.3	-14.4	0.65
		A-4	-4.9	\	-10.1	-0.7	6.93%	-9.4	-14.4	0.65

注：挠度向下为负，向上为正。

表 9-12　工况Ⅰ满载作用下B-B截面应变测试结果

测点编号	实测值一级（$\mu\varepsilon$）	实测值二级（$\mu\varepsilon$）	实测值满载（$\mu\varepsilon$）	残余应变（$\mu\varepsilon$）	相对残余应变（%）	弹性值（$\mu\varepsilon$）	计算值（$\mu\varepsilon$）	校验系数
Z1	-2	-4	-7	0	0.0	-7	-13	0.54
Z2	-2	-6	-8	0	0.0	-8	-13	0.62
Z3	-2	-4	-6	0	0.0	-6	-7	0.86
Z4	1	3	4	0	0.0	4	6	0.67
Z5	3	7	12	0	0.0	12	14	0.86
Z6	3	8	13	0	0.0	13	15	0.87
Z7	–	–	–	–	–	–	8	–
Z8	-3	-5	-6	0	0.0	-6	-7	0.86
Z9	-4	-8	-11	1	9.1	-12	-13	0.92
Z10	-3	-6	-10	0	0.0	-10	-13	0.77
Z11	-2	-3	-4	0	0.0	-4	-7	0.57
Z12	1	2	4	0	0.0	4	7	0.57
Y1	–	–	–	–	–	–	-13	–

续表

测点编号	实测值一级（με）	实测值二级（με）	实测值满载（με）	残余应变（με）	相对残余应变（%）	弹性值（με）	计算值（με）	校验系数
Y2	−3	−5	−9	0	0.0	−9	−13	0.69
Y3	−2	−4	−6	0	0.0	−6	−7	0.86
Y4	1	3	5	0	0.0	5	6	0.83
Y5	3	6	9	0	0.0	9	14	0.64
Y6	4	6	11	0	0.0	11	15	0.73
Y7	1	3	5	0	0.0	5	8	0.63
Y8	−2	−4	−6	0	0.0	−6	−7	0.86
Y9	−3	−8	−10	−1	10.0	−9	−13	0.69
Y10	−3	−7	−9	0	0.0	−9	−13	0.69
Y11	−2	−4	−5	0	0.0	−5	−7	0.71
Y12	1	3	4	0	0.0	4	7	0.57

注：1. 拉应变为正，压应变为负。2. "−"表示测点损坏或无有效数据。

在工况Ⅱ满载作用下，D−D截面（10#塔处主梁截面）附近未出现裂缝存在明显活动性、延伸和出现新裂缝等异常现象；卸载后，各测点最大相对残应力值为14.3%，小于规范规定的20.0%的限值，表明结构该测试截面在试验过程中处于弹性工作状态。各个测点实测应变校验系数介于0.61~0.80之间，各测点校验系数均符合规范限值范围，说明该测试截面强度满足设计要求。详细测试结果见表9-13。

表9-13　工况Ⅱ满载作用下 D−D 截面应变测试结果

测点编号	实测值一级（με）	实测值二级（με）	实测值满载（με）	残余应变（με）	相对残余应变（%）	弹性值（με）	计算值（με）	校验系数
Z1	−3	−10	−13	0	0.0	−13	−18	0.72
Z2	−2	−8	−11	1	9.1	−12	−18	0.67
Z3	−1	−4	−6	0	0.0	−6	−9	0.67
Z4	2	4	5	0	0.0	5	8	0.63
Z5	4	10	13	0	0.0	13	18	0.72
Z6	5	11	14	1	7.1	13	20	0.65

续表

测点编号	实测值一级（με）	实测值二级（με）	实测值满载（με）	残余应变（με）	相对残余应变（%）	弹性值（με）	计算值（με）	校验系数
Z7	2	6	8	1	12.5	7	10	0.70
Z8	−1	−3	−6	0	0.0	−6	−9	0.67
Z9	−4	−10	−13	−1	7.7	−12	−18	0.67
Z10	−3	−8	−11	0	0.0	−11	−18	0.61
Z11	−1	−4	−7	0	0.0	−7	−9	0.78
Z12	−	−	−	−	−	−	9	−
Y1	−3	−8	−13	0	0.0	−13	−18	0.72
Y2	−3	−6	−11	0	0.0	−11	−18	0.61
Y3	−2	−4	−7	0	0.0	−7	−9	0.78
Y4	2	4	6	0	0.0	6	8	0.75
Y5	2	7	12	0	0.0	12	18	0.67
Y6	4	10	12	−1	8.3	13	20	0.65
Y7	3	6	7	−1	14.3	8	10	0.80
Y8	−2	−5	−7	0	0.0	−7	−9	0.78
Y9	−4	−8	−13	0	0.0	−13	−18	0.72
Y10	−3	−8	−12	0	0.0	−12	−18	0.67
Y11	−2	−4	−7	0	0.0	−7	−9	0.78
Y12	2	4	6	0	0.0	6	9	0.67

注：1. 拉应变为正，压应变为负。2. "−"表示测点损坏或无有效数据。

在工况Ⅱ满载作用下，C-C截面（第10跨跨中主梁截面）附近未出现裂缝存在明显活动性、延伸和出现新裂缝等异常现象；卸载后，各测点最大相对残应力值为12.5%，小于规范规定的20.0%的限值，表明结构该测试截面在试验过程中处于弹性工作状态。各个测点实测应变校验系数介于0.61~0.94之间，各测点校验系数均符合规范限值范围，说明该测试截面强度满足设计要求。详细测试结果见表9-14。

表 9-14　工况 Ⅱ 满载作用下 C-C 截面应变测试结果

测点编号	实测值一级（με）	实测值二级（με）	实测值满载（με）	残余应变（με）	相对残余应变（%）	弹性值（με）	计算值（με）	校验系数
Z1	5	21	32	0	0.0	32	49	0.65
Z2	5	23	35	-1	2.9	36	49	0.73
Z3	3	12	18	0	0.0	18	20	0.90
Z4	-11	-18	-25	0	0.0	-25	-35	0.71
Z5	-10	-27	-47	-1	2.1	-46	-71	0.65
Z6	-13	-29	-51	1	2.0	-52	-76	0.68
Z7	-11	-25	-38	-1	2.6	-37	-47	0.79
Z8	3	11	18	2	11.1	16	20	0.80
Z9	6	21	33	3	9.1	30	49	0.61
Z10	4	19	30	-1	3.3	31	49	0.63
Z11	4	10	16	-2	12.5	18	20	0.90
Z12	-12	-26	-33	-1	3.0	-32	-41	0.78
Y1	5	23	35	0	0.0	35	49	0.71
Y2	5	20	31	0	0.0	31	49	0.63
Y3	3	10	15	0	0.0	15	20	0.75
Y4	-11	-23	-30	0	0.0	-30	-35	0.86
Y5	-13	-33	-50	-1	2.0	-49	-71	0.69
Y6	-16	-36	-49	1	2.0	-50	-76	0.66
Y7	-12	-27	-43	1	2.3	-44	-47	0.94
Y8	4	10	17	1	5.9	16	20	0.80
Y9	6	24	37	0	0.0	37	49	0.76
Y10	6	25	39	0	0.0	39	49	0.80
Y11	4	8	13	0	0.0	13	20	0.65
Y12	-11	-25	-33	0	0.0	-33	-41	0.80

注：1. 拉应变为正，压应变为负。2. "-"表示测点损坏或无有效数据。

　　在工况 Ⅲ 满载作用下，A-A 截面（第9跨跨中主梁截面）附近未出现裂缝存在明显活动性、延伸和出现新裂缝等异常现象；卸载后，各测点最大相对残应力值为15.4%，小于规范规定的20.0%的限值，表明结构该测试截面在试验过程中处于弹性工作状态。各个测点实测应变校验系数介于0.58～0.95之间，各测点校验系数均符合规范限值范围，说明该测试截面强度满足设计要求。详细测试结果见表9-15。

表9-15 工况Ⅲ满载作用下A-A截面应变测试结果

测点编号	实测值一级（μɛ）	实测值二级（μɛ）	残余应变（μɛ）	相对残余应变（%）	弹性值（μɛ）	计算值（μɛ）	校验系数
Z1	12	25	0	0.0	25	39	0.64
Z2	14	28	0	0.0	28	39	0.72
Z3	8	13	−1	7.7	14	16	0.88
Z4	−12	−20	0	0.0	−20	−28	0.71
Z5	−23	−40	0	0.0	−40	−56	0.71
Z6	−19	−36	−1	2.8	−35	−60	0.58
Z7	−14	−29	0	0.0	−29	−37	0.78
Z8	6	14	0	0.0	14	16	0.88
Z9	13	27	−2	7.4	29	39	0.74
Z10	–	–	–	–	–	39	–
Z11	6	13	0	0.0	13	16	0.81
Z12	−14	−25	0	0.0	−25	−32	0.78
Y1	20	34	−2	5.9	36	39	0.92
Y2	16	31	−4	12.9	35	39	0.90
Y3	–	–	–	–	–	16	–
Y4	−13	−23	0	0.0	−23	−28	0.82
Y5	−24	−40	−1	2.5	−39	−56	0.70
Y6	−24	−51	0	0.0	−51	−60	0.85
Y7	−16	−32	0	0.0	−32	−37	0.86
Y8	6	13	−2	15.4	15	16	0.94
Y9	19	36	−1	2.8	37	39	0.95
Y10	19	35	0	0.0	35	39	0.90
Y11	7	15	0	0.0	15	16	0.94
Y12	−17	−30	0	0.0	−30	−32	0.94

注：1. 拉应变为正，压应变为负。2. "–"表示测点损坏或无有效数据。

（2）索塔测试结果

①塔顶纵桥向位移测试结果

本次试验在工况Ⅱ和工况Ⅳ中分别测试中塔（10#塔）塔顶最大纵桥向位移和边塔（9#塔）塔顶最大纵桥向位移。

在工况Ⅱ、Ⅳ满载作用下，9#、10#塔未发现异常现象，卸载后，塔顶相对残余位移为7.6%，小于规范规定的20.0%的限值，表明结构各测试截面在试验过程中处于弹性工作状态。各塔顶实测位移校验系数介于0.74～0.83之间，实测位移均小于计算值，表明主塔结构刚度满足设计要求。详细测试结果见表9-16。

表9-16 静力荷载试验塔顶位移测试结果

工况	测点编号	实测值一级（mm）	实测值二级（mm）	实测值满载（mm）	残余变形（mm）	相对残余变形（mm）	弹性值（mm）	计算值（mm）	校验系数
工况Ⅱ	10#塔顶	1.9	5.6	7.9	0.6	7.6	7.3	8.8	0.83
工况Ⅳ	9#塔顶	5.2	\	10.3	0.4	3.9	9.9	13.4	0.74

注：1. 位移方向大里程侧为正，小里程侧为负；2. "\"表示无有效数据。

②塔底应变测试结果

在工况Ⅱ满载作用下，F-F截面（10#塔塔底截面）附近未出现裂缝存在明显活动性、延伸和出现新裂缝等异常现象；卸载后，各测点最大相对残应力值为15.4%，小于规范规定的20.0%的限值，表明结构该测试截面在试验过程中处于弹性工作状态。各个测点实测应变校验系数介于0.56～0.94之间，各测点校验系数均符合规范限值范围，说明该测试截面强度满足设计要求。详细测试结果见表9-17。

表9-17 工况Ⅱ满载作用下F-F截面应变测试结果

测点编号	实测值一级（με）	实测值二级（με）	实测值满载（με）	残余应变（με）	相对残余应变（%）	弹性值（με）	计算值（με）	校验系数
1	10	20	26	3	11.5	23	36	0.64
2	5	9	12	1	8.3	11	18	0.61
3	-2	-9	-13	0	0.0	-13	-18	0.72

续表

测点编号	实测值一级（με）	实测值二级（με）	实测值满载（με）	残余应变（με）	相对残余应变（%）	弹性值（με）	计算值（με）	校验系数
4	−4	−18	−28	0	0.0	−28	−36	0.78
5	7	20	26	4	15.4	22	36	0.61
6	5	8	10	0	0.0	10	18	0.56
7	−3	−11	−16	1	6.3	−17	−18	0.94
8	−5	−21	−32	2	6.3	−34	−36	0.94

注：拉应变为正，压应变为负。

在工况Ⅳ满载作用下，E-E截面（9#塔塔底截面）附近未出现裂缝存在明显活动性、延伸和出现新裂缝等异常现象；卸载后，各测点最大相对残应力值为8.7%，小于规范规定的20.0%的限值，表明结构该测试截面在试验过程中处于弹性工作状态。各个测点实测应变校验系数介于0.58～0.76之间，各测点校验系数均符合规范限值范围，说明该测试截面强度满足设计要求。详细测试结果见表9-18。

表9-18　工况Ⅱ满载作用下E-E截面应变测试结果

测点编号	实测值一级（με）	实测值二级（με）	实测值满载（με）	相对残余应变（%）	弹性值（με）	计算值（με）	校验系数
1	−14	−26	−1	3.8	−25	−39.6	0.63
2	−7	−14	1	7.1	−15	−19.8	0.76
3	7	14	0	0.0	14	19.8	0.71
4	11	24	1	4.2	23	39.6	0.58
5	−11	−23	2	8.7	−25	−39.6	0.63
6	−6	−12	1	8.3	−13	−19.8	0.66
7	7	13	1	7.7	12	19.8	0.61
8	13	24	1	4.2	23	39.6	0.58

注：拉应变为正，压应变为负。

2. 主桥动力荷载试验结果

（1）主桥结构自振特性测试结果

九嶷大桥主桥各阶实测频率均大于计算值，表明结果刚度指标良好。详细测试结果见表9-19。

表9-19　主桥结构自振特性参数测试结果

序号	振型描述	实测频率（Hz）	计算频率（Hz）	阻尼比（%）
1	1阶对称竖弯	0.853	0.708	0.663
2	2阶对称竖弯	0.949	0.813	0.456
3	3阶反对称竖弯	1.498	1.407	0.579
4	4阶对称竖弯	1.781	1.548	0.263

（2）主桥结构动应变测试结果

无障碍行车试验。在第十跨跨中截面（C-C截面）在各个工况下主梁底板箱内测点实测的最大动应变在5.17~5.68$\mu\varepsilon$之间，实测冲击系数在1.01~1.04之间，均小于设计期望限值1.05的要求，满足规范要求。详细测试结果见表9-20。

表9-20　C-C截面无障碍行车动应变测试结果

序号	车速（km/h）	测点位置	最大动应变（$\mu\varepsilon$）	冲击系数（Hμ）
1	20（无障碍）	主梁底板箱内	5.28	1.02
2	30（无障碍）	主梁底板箱内	5.29	1.04
3	40（无障碍）	主梁底板箱内	5.68	1.02
4	50（无障碍）	主梁底板箱内	5.17	1.01

注明：拉应变为正，压应变为负。

五、九嶷大桥引桥荷载试验结果

1. 引桥静力荷载试验结果

（1）挠度测试结果

本次试验在工况Ⅱ和工况Ⅲ中分别测试引桥中跨跨中（第六跨）最大挠度和引桥边跨（第五跨）最大挠度。在工况Ⅱ、Ⅲ满载作用下，相应测试截面附近未发现裂缝存在明显活动性、延伸和出现新裂缝等异常现象；卸载后，各测点的最大相对残余变形为10.8%，小于规范规定的20.0%的限值，表明结构各测试截面在试验过程中处于弹性工作状态。各测点实测挠度校验系数介于0.83～0.98之间，实测挠度均小于计算值，表明主梁结构竖向刚度满足设计要求。详细测试结果见表9-21。

表9-21　静力荷载试验挠度测试结果

工况	测点编号		实测值一级（mm）	实测值二级（mm）	实测值满载（mm）	残余变形（mm）	相对残余变形（mm）	弹性值（mm）	计算值（mm）	校验系数
工况Ⅱ	D-D截面	左侧	-1.3	-2.6	-4.2	-0.3	7.1%	-3.9	-4.0	0.98
		右侧	-1.0	-2.5	-3.7	-0.4	10.8%	-3.3	-4.0	0.83
工况Ⅲ	A-A截面	左侧	-2.4	-3.2	-4.4	-0.4	9.1%	-4.0	-4.8	0.84
		右侧	-0.8	-2.3	-4.6	-0.2	4.3%	-4.4	-4.8	0.92

注：挠度向下为负，向上为正。

（2）应力应变测试结果

在试验工况Ⅰ满载作用下，B-B截面附近未出现裂缝存在明显活动性、延伸和出现新裂缝等异常现象；卸载后，各测点最大相对残余应变值为14.3%，小于规范规定的20.0%的限值，表明结构该测试截面在试验过程中处于弹性工作状态。各个测点实测应变校验系数介于0.62～0.90之间，各测点校验系数均符合规范限值范围，说明该测试截面强度满足设计要求。详细测试结果见表9-22。

表9-22　工况Ⅰ满载作用下B-B截面应变测试结果

测点编号	实测值一级（με）	实测值二级（με）	实测值满载（με）	残余应变（με）	相对残余应变（%）	弹性值（με）	计算值（με）	校验系数
Z1	2	3	10	1	10.0	9	10	0.90
Z2	0	-2	-4	0	0.0	-4	-5	0.80
Z3	-4	-10	-14	-2	14.3	-12	-19	0.63
B1	-9	-15	-18	-1	5.6	-17	-21	0.81
B2	-6	-11	-16	-1	6.3	-15	-21	0.71
B3	-5	-13	-17	0	0.0	-17	-21	0.81
B4	-8	-14	-19	0	0.0	-19	-21	0.90

续表

测点编号	实测值（一级）（με）	实测值（二级）（με）	实测值（满载）（με）	残余应变（με）	相对残余应变（%）	弹性值（με）	计算值（με）	校验系数
B5	−8	−13	−16	0	0.0	−16	−21	0.76
B6	−4	−9	−14	−1	7.1	−13	−21	0.62
B7	−7	−11	−15	0	0.0	−15	−21	0.71
Y1	2	2	3	0	0.0	3	4	0.75
Y2	−1	−3	−5	0	0.0	−5	−7	0.71
Y3	1	−2	−13	−1	7.7	−12	−19	0.63

注：拉应变为正，压应变为负。

在试验工况Ⅱ满载作用下，D−D截面附近未出现裂缝存在明显活动性、延伸和出现新裂缝等异常现象；卸载后，各测点最大相对残余应变值为18.8%，小于规范规定的20.0%的限值，表明结构该测试截面在试验过程中处于弹性工作状态。各个测点实测应变校验系数介于0.67~0.85之间，各测点校验系数均符合规范限值范围，说明该测试截面强度满足设计要求。详细测试结果见表9−23。

表9−23　工况Ⅱ满载作用下D−D截面应变测试结果

测点编号	实测值一级（με）	实测值二级（με）	实测值满载（με）	残余应变（με）	相对残余应变（%）	弹性值（με）	计算值（με）	校验系数
Z1	−3	−9	−16	−3	18.8	−13	−16	0.81
Z2	3	5	6	1	16.7	5	7	0.71
Z3	6	17	28	3	10.3	25	30	0.83
B1	7	16	29	2	6.9	27	33	0.82
B2	8	13	30	2	6.7	28	33	0.85
B3	6	11	23	1	4.4	22	33	0.67
B4	7	18	27	2	7.4	25	33	0.76
B5	7	14	28	0	0.0	28	33	0.85
B6	6	15	26	0	0.0	26	33	0.79
B7	8	14	25	1	4.0	24	33	0.73
Y1	0	−1	−6	−1	16.7	−5	−7	0.71

测点编号	实测值（一级）（με）	实测值（二级）（με）	实测值（满载）（με）	残余应变（με）	相对残余应变（%）	弹性值（με）	计算值（με）	校验系数
Y2	3	5	11	2	18.2	9	12	0.75
Y3	7	13	27	2	7.4	25	30	0.83

注：拉应变为正，压应变为负。

在试验工况Ⅲ满载作用下，A–A截面附近未出现裂缝存在明显活动性、延伸和出现新裂缝等异常现象；卸载后，各测点最大相对残余应变值为16.7%，小于规范规定的20.0%的限值，表明结构该测试截面在试验过程中处于弹性工作状态。各个测点实测应变校验系数介于0.60~0.90之间，各测点校验系数均符合规范限值范围，说明该测试截面强度满足设计要求。详细测试结果见表9-24。

表9-24　工况Ⅲ满载作用下A–A截面应变测试结果

测点编号	实测值一级（με）	实测值二级（με）	实测值满载（με）	残余应变（με）	相对残余应变（%）	弹性值（με）	计算值（με）	校验系数
Z1	-3	-7	-18	-3	16.7	-15	-17	0.88
Z2	5	8	12	2	16.7	10	11	0.90
Z3	6	11	28	2	7.1	26	39	0.67
B1	5	18	29	2	6.9	27	43	0.63
B2	13	27	43	4	9.3	39	43	0.90
B3	11	28	41	3	7.5	38	43	0.88
B4	13	26	41	4	9.8	37	43	0.86
B5	11	25	39	1	2.6	38	43	0.88
B6	9	17	35	1	2.9	34	43	0.79
B7	13	19	30	4	13.3	26	43	0.60
Y1	-1	-4	-6	-1	16.7	-5	-6	0.83
Y2	\	\	\	\	\	\	17	–
Y3	7	18	31	2	6.5	29	40	0.73

注：1.拉应变为正，压应变为负。2."–"表示测点损坏或无有效数据。

在试验工况Ⅳ满载作用下，C–C截面附近未出现裂缝存在明显活动性、延伸和出现新裂缝等异常现象；卸载后，各测点最大相对残应力值为11.3%，小于规范规定的20.0%的限值，表明结构该测试截面在试验过程中处于弹性工作状态。各个测点实测剪应力校验系数介于0.63~0.88之间，各测点校验系数均符合规范限值范围，说明该测试截面强度满足设计要求。详细测试结果见表9–25。

表9–25　工况Ⅳ满载作用下C–C截面剪应力测试结果

测点编号	实测值一级（MPa）	实测值二级（MPa）	实测值满载（MPa）	残余应力（MPa）	相对残余应力（%）	弹性值（MPa）	计算值（MPa）	校验系数
Z1	0.081	0.102	0.204	0.023	11.3	0.181	0.286	0.63
Z2	0.068	0.137	0.268	0.017	6.3	0.251	0.286	0.88
Z3	0.046	0.115	0.236	0.021	8.9	0.215	0.286	0.75
Y1	0.073	0.105	0.245	0.012	4.9	0.233	0.286	0.81
Y2	0.101	0.147	0.221	0.017	7.7	0.204	0.286	0.71
Y3	0.091	0.141	0.191	0.011	5.8	0.18	0.286	0.63

注：拉应变为正，压应变为负。

2. 引桥动力荷载试验结果

（1）引桥结构自振特性测试结果

九嶷大桥引桥各阶实测频率均大于计算值，表明结果刚度指标良好。详细测试结果见表9–26。

表9–26　引桥结构自振特性参数测试结果

序号	振型描述	实测频率（Hz）	计算频率（Hz）	阻尼比
1	1阶反对称竖弯	3.438	3.296	0.536%
2	2阶对称竖弯	3.988	3.888	0.931%

（2）引桥结构动应变测试结果

无障碍行车试验。在第六跨跨中截面（D–D截面）在各个工况下主梁底板箱内测点实测的最大动应变在7.23~8.18$\mu\varepsilon$之间，实测冲击系数在1.02~1.03之间，均小于设计期望限值1.09的要求，满足规范要求。详细测试结果见表9–27。

表 9-27　D-D 截面无障碍行车动应变测试结果

序号	车速（km/h）	测点位置	最大动应变（με）	冲击系数（Hμ）
1	20（无障碍）	主梁底板	8.06	1.02
2	30（无障碍）	主梁底板	7.23	1.03
3	40（无障碍）	主梁底板	7.78	1.02
4	50（无障碍）	主梁底板	8.18	1.02

注明：拉应变为正，压应变为负。

六、结论

1. 结构初始状态调查结论

（1）桥面高程线型测量

桥面线形基本平顺，同一测试断面的对称测点具有良好的对称性，高程数据基本符合设计要求。

（2）成桥索力

实测成桥索力与设计索力偏差均小于10%，索力实测值均符合设计要求。

2. 主桥荷载试验结论

（1）主桥静力荷载试验结论

①加载效率

主桥静载试验荷载效率在0.86~1.05之间，满足《公路桥梁荷载试验规程》（JTG/T J21-01-2015）的相关要求，同时表明试验荷载所产生的最不利效应可反映设计规范基本可变荷载效应的特征。

②挠度测试

在满载作用下，主桥各控制截面附近未出现裂缝存在明显活动性、延伸和出现新裂缝等异常现象；各测点实测的最大相对残余变形为6.93%，小于规范规定的20.0%的限值，表明结构处于弹性工作状态。实测的主梁控制截面挠度校验系数在0.64~0.67之间，实测值均小于计算值，满足规范限值要求，表明结构竖向刚度能够满足设计要求。

③主梁应力（应变）测试

在各工况满载作用下，主桥主梁各控制截面附近未出现裂缝存在明显活动性、延伸和出现新裂缝等异常现象；各测点实测的最大相对残余应变为

15.4%，小于规范规定的20.0%的限值，表明结构处于弹性工作状态。实测的主梁控制截面应力校验系数在0.54～0.95之间，各测点校验系数均符合规范限值范围，表明结构强度能够满足设计要求。

④桥塔偏位测试

在工况Ⅱ、Ⅳ满载作用下，9#、10#桥塔未发现异常现象，塔顶相对残余位移为7.6%，小于规范规定的20.0%的限值，表明结构各测试截面在试验过程中处于弹性工作状态。各塔顶实测位移校验系数介于0.74～0.83之间，各测点校验系数均符合规范限值范围，表明主塔结构刚度满足设计要求。

⑤桥塔应变测试

在工况Ⅱ、Ⅳ满载作用下，9#、10#桥塔塔底控制截面附近未出现新裂缝等异常现象；各测点实测的最大相对残余应变为15.4%，小于规范规定的20.0%的限值，表明结构处于弹性工作状态。实测的主塔控制截面应力校验系数在0.56～0.94之间，各测点校验系数均符合规范限值范围，表明结构强度能够满足设计要求。

（2）主桥动力荷载试验结论

①结构自振特性测试

主桥实测竖向基频为0.853，大于计算值0.708，说明结构动刚度指标良好，实测各阶阻尼比均在正常范围之内。

②行车试验测试

主桥实测冲击系数在1.01～1.04之间，均小于设计期望限值1.05的要求，满足现行公路规范要求。

3. 引桥荷载试验结论

（1）引桥静力荷载试验结论

①加载效率

引桥静载试验主梁荷载效率介于0.91～1.05之间，满足《公路桥梁荷载试验规程》（JTG/T J21-01-2015）的相关要求，同时表明试验荷载所产生的最不利效应可反映设计规范基本可变荷载效应的特征。

②挠度测试

在满载作用下，引桥各控制截面附近未出现裂缝存在明显活动性、延伸和出现新裂缝等异常现象；各测点实测的最大相对残余变形为10.8%，小于规范规定的20.0%的限值，表明结构处于弹性工作状态。实测的主梁控制截面挠度校验系数在0.83~0.98之间，实测值均小于计算值，表明结构竖向刚度能够满足设计要求。

③应力（应变）测试

在满载作用下，引桥各控制截面附近未出现裂缝存在明显活动性、延伸和出现新裂缝等异常现象；各测点实测的最大相对残余应力（应变）为18.8%，小于规范规定的20.0%的限值，表明结构处于弹性工作状态。实测的主梁控制截面应力校验系数在0.59~0.90之间，各测点校验系数均符合规范限值范围，表明结构强度能够满足设计要求。

（2）引桥动力荷载试验结论

①结构自振特性测试

引桥实测竖向基频为3.988Hz大于计算值3.888Hz，说明结构竖向动刚度指标良好。实测各阶阻尼比均在正常范围之内。

②行车试验测试

引桥实测冲击系数介于1.02~1.03之间，均小于设计期望限值1.09要求，满足现行规范要求。

4. 总体结论

九嶷大桥静动载试验结果表明：九嶷大桥主、引桥的桥梁静、动力性能符合设计及规范要求，具有承受预定设计荷载（城-A级）的足够强度和刚度。

至此，历时3年多的九嶷大桥已全面完工，在这1000多个日日夜夜的建设过程中，在我和我的团队的管理之下，未发生一起质量、安全事故，向永州人民交出了一份满意的答卷。

后 记

　　九嶷大桥是永州市中心城区首座大型斜拉桥，也是近年来永州地区唯一获得湖南省优质工程奖项的市政桥梁工程，对永州城市建设的意义非同一般。同时，九嶷大桥也是我在工程行业完成的最后一个项目。桥梁全面建成后，我离开了永州城投集团，来到了广东岭南职业技术学院，从工程行业，加入了教育行业，继承了我的祖父、祖母和母亲的职业，成了一名光荣的人民教师。

　　对于我的家庭而言，九嶷大桥本身的意义更是非同寻常。我身患重病的父亲曾表示，在他百年之后无需土葬，火化后骨灰直接从九嶷大桥上撒入湘江，他要好好地看一看儿子修建的大桥。在民政部门的见证下，我们完成了父亲的遗愿。

　　今后，我可能不会以工程项目参建者的身份直接投身各项工程的建设，希望我的学生们，能沿着我走过的道路，继续扛起建设大旗，为祖国的建设增砖添瓦！

赵春齐

2022年于广东岭南职业技术学院